Otto von Corvin

Aus dem Leben eines Volkskämpfers - Erinnerungen

Otto von Corvin

Aus dem Leben eines Volkskämpfers - Erinnerungen

ISBN/EAN: 9783743620728

Hergestellt in Europa, USA, Kanada, Australien, Japan

Cover: Foto ©ninafisch / pixelio.de

Manufactured and distributed by brebook publishing software (www.brebook.com)

Otto von Corvin

Aus dem Leben eines Volkskämpfers - Erinnerungen

Aus dem

Leben eines Volkskämpfers.

Erinnerungen

von

Corvin.

*Bene facit, qui ex aliorum erroribus
sibi exemplum sumat.*

Zweiter Band.

Amsterdam,
Gebrüder Binger.
1861.

Inhalt.

III. Lieutenants-Leben.
(Fortsetzung.)

Seite

Achtes Capitel. Hofarthsheim. — Ein wenig Klatsch. — Der Oberst zu Hause. — Erziehung. — Rückkehr. — Frankfurter Krawall. — Meine jüngste Schwachheit. — Möbelheim. — Das verzauberte Haus. — Helene. — Der Nebenbuhler. — Die Großmutter. — Der Papa. — Selige Tage. —. Ende. — Versetzung nach Saarlouis. — Zukunftspläne. — Die Fürstin. — Ein Brief von ihr 3

Neuntes Capitel. Marsch nach Saarlouis. — Der dortige Bürgermeister. — Festungsdienst. — Trostlose Lage. — Unser Oberst desertirt zuerst. — Besuch in Möbelheim. — Helene nach Paris ent- und ich angeführt. — Die schöne Provençalin. — Ich beschließe Schriftsteller zu werden. — Brief von Sallet. — Rendezvous mit ihm. — Ich werde Vorsteher der Schwimmschule. — Unsere Unterhaltungen. — Jagd. — Der confuse H. — Mein Freund B. — Duelle. — Fritz v. Asmuth. — Ich schreibe ein Trauerspiel. — Held. — Urlaubsreise nach Hofahrisheim. — Die drei Brüder. — Der Homöopath. — Dr. Hromada. — Zukunftspläne und Reise nach Paris beschlossen. — Ein tolles Pferd. — Besuch im Schloß F. — Meine hochwürdigste Cousine. — Reise nach Berlin und Paris . . . 36

Zehntes Capitel. Paris. — Eduard D. — Julie S. — La petite Eugénie. — Auf dem Lande! — Chantilly. — Recognoscirungen. — Nach Biarmes. — Der confuse Wegweiser. — Seltsames Begegnen. — Die Spitzenklöpplerin. — Hoffnung. — Die Directrice der Hundekomödie. — Der Held macht sich ausgezeichnet lächerlich. — Schauerliche, melodramatische Gerüchte. — Vous êtes Prrrussien! — Die hohle Gasse. — Donner und Blitz. — Monsieur le Maire. - Molzelles. — Wieder in Paris. — Ein guter Plan. — Eine Parenthese. — Rückkehr nach Chantilly. — Monsieur Caster. — Helenens Noth und Klage. — Die nächtliche Expedition. — Ueberfall von Biarmes. — Hurrah! — Entsetzen! — Unterredung.

— Der Spitzenhändler im Schrank. — Rückkehr nach Paris. — Se. Hoheit der souveraine Herzog Karl von Braunschweig! — Baron Anblau. — Rückkehr nach Saarlouis. — Erster Arrest. — Nachricht vom groben C., dem Schwiegervater in spe. — Ich erhalte den erbetenen Abschied und reise ab 76

IV. Schriftsteller-Leben.

Erstes Capitel. Die goldene Freiheit. — Leipzig. — Höfliche Leute. — Wer bin ich? — Seltsames Abenteuer. — Ueberraschung. — Erwartung. — Festgefressen. — Der Wirth. — Abreise. — Knapp! — Demütiger Einzug in Hofahrtsheim. — Wolle. — Ein Brief von Sallet. — Besuch im Stift 111

Zweites Capitel. Thale. — Die Roßtrappe. — Mein Wirth. — Jägerleben. — Förster Taube. — Der alte Brothuhn. — Wildschweinsjagden. — Der Keiler und der Gastwirth. — Abendanstand. — Hallali! — Der Student der Philosophie. — Seltsame Nachtscene. — Waldbrand. — Kaninchenjagd. — Der alte Karlist 126

Drittes Capitel. Reise nach Gotha. — Empfang am Hofe. — Die junge Herzogin. — Prinz Albert. — Hofgesellschaften. — Einfachheit. — Ein Günstling. — Wie man eine Hofcarriere macht. — Anerbieten des Herzogs. — Minister von Cerlowitz. — Freundlichkeit des Herzogs und portugiesische Aussichten. — Abreise nach Dortmund. — Frankfurt. — Der Lohnbediente und der Vater des Königs von Portugal. — Wiedersehen 153

Viertes Capitel. Dortmund. — Land und Leute. — Bier. — Die Tante Palpiti. — Louise. — Langenberg. — Literatur in Dortmund. — Briefe aus dem Monde. — Die Hunnaden gedruckt. — Hassan, ein dramatisches Märchen. — Drei Briefe von Sallet. — Trostlose Lage. — Ich beschließe, mein Glück zu versuchen — und gehe in die Welt . . 167

Fünftes Capitel. Frankfurt. — Glückliches Omen. — Ein „Schlippche" von 1837. — Eduard Duller. — Mozartfeier in Darmstadt. — Sanguinische Hoffnungen. — Meine Vorlesung. — Erfolg. — Pläne. — Brief von Sallet. — Krankheit. — Besuch von Sallet. — Kissingen. — Coburg. — Meiningen. — Audienz beim Herzog. — Ludwig Bechstein. — Abenteuer mit der Frankfurter Polizei. — Der Preußische Gesandte. — Uebersiedlung nach Bockenheim. — Harte Zeit und Liebe. — Brief von Sallet . 194

Sechstes Capitel. Drei Wirthe. — W. R. — Die Zeitschrift „der Jäger." — Die Tischede in der Stadt Ulm. — Die Maler. — Brief von Sallet. — Sein Besuch. — Erfolg des Jägers. — Alexander Fischer und sein Masaniello. — Letzter Brief von Friedrich von Sallet . . . 223

Siebentes Capitel. Die Gesellschaft Nr. 16. — Der alte Weidner. — Wieder einmal in Mainz. — Der Waldmensch vom Vogelsberg. — Der alte Dietzel. — Erste Reise nach Leipzig. — Gute Geschäfte. — Rückkehr. — Ich werde Frankfurter Bürger. — Das Römergelaut. — Auf der Kirchenbuchführung. — Warum ich nach Hanau ziehe. — Zweite Reise nach Leipzig. — Hochzeit. — Hanau. — Jagden. — Held. — Trübe Wolken.

— Dritte Reise nach Leipzig. — Veränderungen. — Ich ziehe von Hanau nach Leipzig 212

Achtes Capitel. Reise. — Magdeburg. — „Manquirt." — Adelige Hungerleiderei. — Die Burg. — Hosahrtsfutter. — Jagd. — Fatale Reise. — Vor und in Potsdam. — Das Cadettenhaus. — Die Pfaueninsel. — Die gestohlene Börse. — Berlin. — Ankunft in Leipzig. — In Krottendorf. — Die verfluchten Complimente. — Mein Nestor. — Hundegeschichten. — Otto Baumann. — Meine neue Wohnung. — Fromme Hausgenossen. — Ein Schriftstellervampyr. — Friedrich Fleischer. — Der niederländische Freiheitskrieg. — Holländische Uebersetzung. — Wieder ein Traum 265

Neuntes Capitel. Leipzig vor zwanzig Jahren. — Zwei Hotels. — Das Rosenthal und der Regenmacher Kintschy. — Studenten. — Buchhändler. — Anecdote von Hamburg geborgt. — Die Wahlverwandtschaften. — Der Schriftstellerverein. — Fr. Gerstäcker. — H. Laube. — Iduna Laube. — Der Starost. — Laube's Famulus. — Der gefälligste Ehemann. — Der Schauspieler Döring. — „Noch ein bißchen Sorte." — Dr. Kuranda. — Saphir. — Charlotte von Hagen. — E. Maria Dettinger. — C. Herloßsohn. — A. Glaßbrenner. — A. Weil. — Moritz Hartmann. — G. Herwegh. — Hoffmann von Fallersleben. — Dr. Diehl. — „Deutschlands Zopf wird immer kleiner." — Carl Beck. — Jul. Kaufmann. — Dr. Halthaus. — Prof. Biedermann. — Sasse. — Der Marinerath Jordan. — G. Kühne. — R. Blum. — Dr. Wuttke. — O. Marbach. — Dr. Dietzmann. — Dr. Bernhardi. — Dr. Schiff. — J. Chownitz. — Herr Hofrath Singer und der Herzog von Gotha. — Dr. Crocus oder die Kunst ohne Geld zu leben. — Theater 290

Zehntes Capitel. Held. — Die schwarze Marotte. — Die Locomotive. — Schriftstellerleiden. — Gefängniß. — In Schleusitz. — Die Tricots der Lola Montez und der König von Preußen. — Der Majestätsbeleidiger auf der Citadelle in Magdeburg. — Verpuppung und Entwicklung. — Verbindungen mit Herzog Carl von Braunschweig. — Herr von Anblau. — Briefe. — Des Herzogs neuer Kammerherr. — Prinz Louis Napoleon und der Herzog. — Mr. Smith. — Literarische Unternehmungen. — Historische Denkmale des Christlichen Fanatismus. — Verbindung mit Held zur Herausgabe der „Illustrirten Weltgeschichte" 345

Elftes Capitel. Zu Hause. — Morgenstunde hat Gold im Munde. — Die Tischecke im Hotel de Pologne. — Philisterfreuden. — Eine Hinrichtung. — Die Schwimmanstalt. — Ein „coulanter" Apotheker. — Schmerzliche Resultate. — Reise nach Kissingen. — Held's neue Maretten. — Ein Tuchpoet. — Quacksalberei und Jammer. — Die Wasserbeschauerin. — Hofahrtsheim zum letzten Male. — Der gräfliche Schwiegersohn und die Wette. — Letzter Brief meines alten Generals. — Die Kaltwasseranstalt. — Kally. — Professor Cerutti. — Verrückte Anklänge aus der Lieutenantszeit. — Differenzen mit dem apothecirenden Hasenschlächter. — Vergleich. — Reise nach Wiesbaden. — Mordschießen in Leipzig und Brief eines Augenzeugen. — Der Krakuse. — Merkwürdige Eröffnungen . 392

Zwölftes Capitel. Ausflüge. — Altenburg. — Zwickau. — Fußreise. — Schneeberg. — Spitzenklöppler. — Armuth im Erzgebirge. — Wie man am Besten hilft. — Eibenstock. — Die Glyphographie. — Sorgen. — Die Herren Haase Söhne in Prag. — Dummheit und Undankbarkeit. — Berlin. — Zwei Briefe von Alex. v. Humboldt. — Der Herzog von Gotha. — Musikalischer Abstecher. — Mendelssohn. — Lortzing. — Uebersiedlung nach Gotha. — Sensation. — Der Adel. — Der Minister von Stein. — Sein Anerbieten. — Die Philosophen-Versammlung. — Im Hause. — Carl Merkel. — Ludwig Storch. — Ausflüge. — Papiergeld. — Reise nach Paris. — Aussichten dort. — Brief von Storch . . 424

III.

Lieutenants-Leben.

(Fortsetzung.)

Achtes Capitel.

Hofahrtsheim. — Ein wenig Klatsch. — Der Oberst zu Hause. — Erziehung. — Rückkehr. — Frankfurter Krawall. — Meine jüngste Schwachheit. — Rödelheim. — Das verzauberte Haus. — Helene. — Der Nebenbuhler. — Die Großmutter. — Der Papa. — Selige Tage. — Ende. — Versetzung nach Saarlouis. — Zukunftspläne. — Die Fürstin. — Ein Brief von ihr. —

So sehr ich mich auch freute, meine Verwandte und Freunde in Berlin wiederzusehen, so hielt ich mich doch nur kurze Zeit in dieser Stadt auf, denn ich war begierig, Hofahrtsheim kennen zu lernen, wo mein Freund Gustav mehrmals gewesen war und wovon er mir eine sehr angenehme Schilderung gemacht hatte. Das Gut liegt in einer Provinz des preußischen Staates, welche der unzufriedene Conducteur des Eilwagens, der übrigens auf den theils sehr schlechten Feldwegen nichts weniger als eilte, unhöflicherweise mit dem Namen „die Hunde-Türkei" bezeichnete.

Ich ward von der Familie von Schultze so freundlich aufgenommen, als ich es nur erwarten konnte. Nicht gleiches Schicksal hatte mein Hündchen, welches aus den Zimmern verbannt wurde. Ich bin von vornherein mißtrauisch gegen Leute, welche Hunde nicht leiden können. — So einförmig auch das Leben auf dem Lande, besonders im Winter, ist, so war es mir doch neu und ich unterhielt mich vortrefflich. Ich ging viel auf die Jagd und ritt ein junges Pferd zu,

1*

was mir viel Vergnügen machte. Häufig begleitete ich auch den Obersten auf weiten Spaziergängen, denn er war weder Jäger noch Reiter, und wir gingen häufig querfeldein, weil er sagte, es bringe Segen, wenn der Herr über seine Felder gehe. Wo er einen Stein liegen sah, warf er ihn bei Seite. „Das macht nicht viel Mühe," meinte er, „und hilft nicht viel, aber doch etwas." —

Das Gut, welches der Oberst selbst bewirthschaftete, war in trefflichem Stand gehalten und die Wege meistens mit Obstbäumen bepflanzt, was sonst in jener Gegend nicht gebräuchlich ist. Der Hof war groß und die massiven Wirthschaftsgebäude sehr stattlich; dagegen war das Wohnhaus, trotz des in Stein gehauenen Schultzeschen Wappens über der Thür, häßlich und höchst uncomfortable. Alle Zimmer im Hause waren in Uebereinstimmung mit des Obersten preadamitischen Handschuhen und kaum nothdürftig eingerichtet; außerdem sah man überall, daß die Hausfrau nichts verstand. Der Oberst selbst schlief in einer nur geweißten Kammer ohne Vorhänge in einer alten tannenen Bettstelle, und sein eignes Zimmer war ebenso dürftig eingerichtet. Es hing da wohl ein alter Kronleuchter, allein nicht einmal ein Spiegel war vorhanden. Die Zimmer der Damen waren nicht besser. In den Fremdenzimmern, die alle besondere Namen hatten, standen schwere Vierpfoster-Bettstellen, allein die Betten waren moderig und der Staub lag fingerhoch. Ein Teppich war natürlich ein unbekanntes Ding im Hause. Der Oberst war geizig und gab nur Geld aus, wo es galt, irgend welche seiner Ehrgeizpläne auszuführen oder „dick zu thun". Letztere Schwachheit wurde von seiner Frau so reichlich getheilt, daß selbst der Oberst sich darüber lustig machte. Sie war eine geborne Gräfin, wie früher bemerkt, und that, tals ob im Hause ihrer Eltern fürstliche Pracht geherrscht habe. Das ärgerte den Oberst und er gab mir die ergötzlichste Schilderung von der gräflichen Lumperei, die an Don Ranudo di Colibrados erinnerte. Als er heirathete, erhielt er von der Mutter der Braut ein Stück Leinwand mit der stolzen Inschrift „Bräutigamslinnen", welche für Hemden bestimmt, aber selbst für seinen Bedienten zu grob war. Auch mit blaugewürfelten, groben, leinenen Taschentüchern wurde er beschenkt.

Da „Vornehmheit" der Oberstin über Alles ging, so kränkte der plebejische Name Schultze sie sehr und es geschah hauptsächlich auf ihre Veranlassung, daß der Oberst den Namen Hofahrtsheim annahm und sogar von der Regierung legalisiren ließ. Diese thörichte Sucht nach Vornehmheit wurde denn auch frühzeitig dem Töchterchen eingeimpft, die dafür schwärmte, einst „Ew. Excellenz" zu heißen, weshalb ich ihr den Scherznamen „kleine Excellenz" gab, den sie sich sehr gern gefallen ließ. Ich hatte damals das Glück, in der Gunst der Frau Oberst zu stehen und es war Alles recht, was ich trieb, denn ich verscheuchte die Langeweile und wußte von vornehmen Bekanntschaften zu reden. Hofgeschichten und ähnlicher Klatsch bildeten stets das Thema der Abendunterhaltung der Damen, während der Oberst las oder „Patience" legte. Letzteres war seine besondere Liebhaberei, und wenn ihm etwas durch den Kopf fuhr, dessen Eintreffen er erproben wollte, so sprang er in der Nacht aus dem Bette, um Patience zu legen, wovon er unendlich viele Variationen wußte.

Eine andere seiner Liebhabereien war das Verfertigen von Pappschachteln und kleben und bekleben von allerlei Dingen. Oft sah ich ihn einige Packe zerrissener preußischer Thalerscheine mit aller Sorgfalt ausbessern. — Ihm machte Niemand etwas recht, besonders für seinen persönlichen Gebrauch und er behauptete, daß kein Frauenzimmer einen Knopf annähen, oder ein Unterwämschen oder Herrenhemde zuschneiden könne. Das Schneidern war bei ihm förmlich Leidenschaft, und als ich mir während meines Aufenthaltes Hemden machen lassen wollte, bestand er darauf, sie zu= zuschneiden. Sie geriethen alle wie Reithemden, und als ich beim Anprobiren unmäßig lachte, wurde er böse, bis er endlich selbst in mein Gelächter mit einstimmte. — Er hatte alle Schubfächer voll kurioser Dinge, da er sich nicht entschließen konnte, etwas Nützliches wegzuwerfen, und ich erlaubte mir zu Zeiten diese Schätze zu plündern. Da die Knöpfe einer Weste defect und auf dem Gute keine zu ha= ben waren, so begann ich einige sehr schöne Knöpfe, die ich in einem der Schubfächer gefunden hatte, in des Obersten Beisein anzunähen. Er konnte das nicht lange mit ansehen, nahm mir die Weste aus der Hand und begann selbst zu nähen. Als er damit beschäftigt war, klopfte es, und da der Oberst glaubte, es sei der Bediente, so rief er „herein" ohne sich stören zu lassen. Es war indessen der Landrath, einer der größten Landbesitzer der Provinz, und der Oberst war in großer Verlegenheit, auf diese Weise überrascht zu werden. Er wollte die Weste bei Seite schleudern; allein sie nahm unglücklicherweise eine falsche Richtung und blieb, gerade zwischen dem Obersten und dem erstaunten Landrath, am Kronleuchter hängen. Ich mußte zum Zimmer hinaus= stürzen, um nicht in ein tolles Gelächter auszubrechen.

Die ganze Nachbarschaft behandelte den Obersten mit großer Aufmerksamkeit, mehr weil man wußte, wie außer= ordentlich empfindlich er über Mangel daran war, als wegen seiner vornehmen Stellung in der Gesellschaft, die er über= schätzte und worauf er Ansprüche gründete, zu denen er keineswegs berechtigt war. Wer den Hochmuth oder die

Eitelkeit des Obersten verletzte, konnte darauf rechnen, daß es ihm bei irgend einer Gelegenheit eingetränkt wurde; ja in späterer Zeit, als mit Alter und Kränklichkeit seine Reizbarkeit zunahm, konnte er selbst Anverwandte, die gegen ihn „manquirt" oder die „égards" verletzt hatten, auf das Bitterste und Rücksichtsloseste verfolgen. Er selbst erlaubte sich jedoch in dieser Beziehung viel Freiheit, eben weil er sich dazu durch sein Alter und „seine Stellung" berechtigt glaubte und überhaupt despotische Neigungen hatte. Seine Leute zitterten vor ihm und selbst Frau und Tochter waren davon nicht ausgenommen.

Der Umgang mit dem Obersten war daher ziemlich schwierig; allein von sehr großem Nutzen für mich. Er beobachtete mich fortwährend, als wolle er meinen Charakter bis in die geheimsten Fasern erforschen und hofmeisterte an mir vom Morgen bis zum Abend. Waren wir zusammen in Gesellschaft gewesen, dann nahm er mich, wenn wir nach Hause kamen, vor und unterwarf mein Benehmen, ja jedes Wort, das ich gesprochen hatte, einer scharfen Kritik, jedoch nicht in unfreundlicher Weise, und machte mich darauf aufmerksam, wo und wie ich „manquirt" hätte. War er über irgend einen faux pas böse, was bei meiner Lebhaftigkeit nicht selten vorkam, so merkte ich den Grad seines Erzürntseins an dem Grad, wie er den Schnupfen hatte; denn im Aerger, wenn er ihn nicht polternd ausließ, sondern unterdrückte, pflegte er oft hintereinander durch die Nase Luft einzuziehen, wie Jemand, der den Schnupfen hat, und bei ihm konnte man buchstäblich sagen: Es hat ihn etwas verschnupft. Seine Worte waren bei solcher Veranlassung nie derb oder gar unartig; er hob nur während des Abkanzelns verweisend den Finger und sagte: „Das mußten Sie ja nicht thu—n! Das war sehr manquirt!"

Er suchte mir Interesse für die Landwirthschaft einzuflößen und hätte es gern gesehen, wenn ich in den Ställen und Scheunen, oder mit dem Inspector in den Feldern umhergelaufen wäre und mich überhaupt mehr um landwirthschaftliche Gegenstände bekümmert hätte. Da ich daran wenig Geschmack fand, so sagte ich stets, daß mir solche Kenntniß doch nichts nütze, da ich Officier sei und schwerlich ein Landgut haben würde. „Wer kann das wissen," entgegnete er einst, „Du kannst ja mein Schwiegersohn werden." — Es ist möglich, daß er wirklich damals dergleichen Absichten hatte, denn er fand Gefallen an mir und die Art, wie er diese Bemerkung hinwarf, war ganz die, mit welcher er Dinge berührte, die ihm Ernst waren und worüber er die Meinung des Anderen erforschen wollte. Sehr oft sprach er sich übrigens dahin aus, daß er seine Tochter jedem rechtlichen Manne geben würde, gleichviel ob adelig, ob reich oder nicht, wenn er ein anständiger Mensch sei und seine Tochter ihn liebe. Seine Frau war dagegen anderer Meinung und ihr Schwiegersohn mußte wenigstens Graf sein. Als daher der Oberst diesen Gegenstand später abermals berührte, meinte er, wenn ich sein Schwiegersohn würde, müsse ich meinen Grafentitel wieder aufnehmen. Seine Tochter war damals noch ein Kind und ich viel zu unbesorgt um meine Zukunft, als daß ich ernstlich hätte daran denken sollen, auf dieses Ziel hinzuarbeiten. Ich antwortete auf solche ausholende Aeußerungen des Obersten meist scherzend und habe Ursache zu glauben, daß er wegen der geringen Wichtigkeit, welche ich auf solche Andeutungen legte, verdrossen war.

Der Oberst war, wie früher erwähnt, in braunschweigschen Diensten gewesen. Die Details der braunschweigschen Revolution, wie die Schilderung der darin thätigen Personen, deren Lebensgeschichte von Jugend auf, jede auf sie bezügliche Anecdote und dergleichen, lieferten ihm einen unerschöpflichen Stoff zu Erzählungen, die ich nicht nur geduldig mit anhörte, sondern wofür ich mich auch endlich in Folge seines lebhaften und originellen Vortrags interessirte.

Ueber den politischen Glauben des Obersten war es schwer ein Urtheil zu fällen. Einerseits war er durchaus Aristokrat und ergebener Diener der Fürsten, und andererseits konnte kein Demokrat unserer Zeit freiere Ansichten haben. Beide Elemente wogten in seinem Innern durcheinander, ohne sich jemals förmlich zu vermischen, so daß sein Benehmen und seine Aeußerungen oft die wunderlichsten Gegensätze darboten. Aristokrat und Fürstendiener war er durch Geburt, Erziehung und Gewohnheit und zu demokratischen Ansichten führte ihn sein Verstand. Während er nach Ehrenbezeugungen von Fürsten förmlich lechzte und all seinen Scharfsinn und all seine Verbindungen und Einfluß dazu benutzte, irgend einen höheren Titel, oder einen Orden zu erlangen, hörte man ihn oft Aeußerungen aussprechen, welche mich in das lebhafteste Erstaunen setzten und die zu langen Discussionen führten.

Die Lehren, welche ich aus den Unterhaltungen des Obersten zog, legten den Grund zu meiner demokratischen Gesinnung, denn bis dahin hatte ich noch gar keine politische Meinung gefaßt; an deren Stelle hatte ich nichts als den Lieutenantstitick. Von den aristokratischen und monarchischen Hinneigungen des Obersten konnte ich deshalb nicht wohl etwas annehmen, weil dieselben in zu grellem Widerspruch mit seinen anderen Ansichten standen und er oft selbst darüber lachte, wenn ich ihn auf den Mangel an Logik aufmerksam machte, und eingestehen mußte: „es sei das Alles dummes Zeug, was aber durch Gewohnheit mit ihm verwachsen sei." Damals beschäftigte er sich lebhaft mit Plänen, dem Herzog Carl wieder zu seinem Herzogthum zu helfen, und als er mich erst näher kennen lernte und gewahr wurde, daß mehr hinter mir stecke, als man mir bei meinem heitern und sorglosen Wesen zutraute, daß ich nicht nur Fähigkeit zum Grübeln und Träumen, sondern vielleicht noch mehr zum Handeln und vor allen Dingen kühnes, waghalsiges Handeln besonderen Reiz für mich habe, — theilte er mir eine Rolle in dem von ihm beabsichtigten Drama zu; das heißt, er dachte mich dazu zu benutzen, die heißen Kastanien für ihn aus dem Feuer zu holen.

Die Art und Weise, wie mich der Oberst erzog, war sehr spaßhaft, weil er außerordentlich lebhaft war und alle seine Reden durch merkwürdige Modulationen in der Stimme oder lebhafte Geberden illustrirte. Als er mir beweisen wollte, daß man durch anhaltende gelinde Thätigkeit weit sicherer seinen Zweck erreiche, als durch plötzliche Heftigkeit, versuchte er es, mich mit Gewalt vom Stuhle zu werfen, was ihm natürlich nicht gelang, da ich stärker war als er und widerstand. Einige Tage später stieß er mich, als ich in einem Buche vertieft dasaß, fortwährend leise mit dem Finger, worüber ich lachte, bis ich endlich, da er nicht aufhörte, es müde wurde und mich auf einen andern Stuhl setzte. — Bat ich ihn um etwas, dann schlug er es ab und sagte: "Bewege mich dazu, daß ich es thue." — Nun mußte ich seine Neigungen und seine Schwächen analysiren, dann meine Kräfte und beider Beziehung zu dem zu erreichenden Gegenstand prüfen. Meistens begnügte er sich mit Auseinandersetzung des Plans, den ich gegen ihn ausführen würde, und wenn ich dann ganz kaltblütig seine geheimen Schwächen an's Licht zog, die er mir verborgen zu haben meinte, dann ärgerte er sich zuerst, lachte dann aber und ließ meiner Beobachtungsgabe Gerechtigkeit widerfahren.

Da er ein vorzüglich praktischer Mann war und es liebte, den Nutzen einer Sache handgreiflich zu verstehen, so ärgerte er sich denn auch über Träumer und Phantasten und war kein besonderer Freund der Poesie. Einmal, als er lebhaft in seiner Stube auf- und abging, blieb er stehn und rief: „Der Knabe saß am Bach und weint!" — Warum sitzt denn der verfluchte Bengel da und heult? Man sollte ihm die Hosen herunterziehn und die Ruthe geben, damit er eine Ursache hat."

Wenn er sich auch aus Versen nichts machte, so liebte er doch die Musik. Er spielte das Violoncello ausgezeichnet im Takt; allein es war scheußlich mit anzuhören und die kleine Excellenz weinte beinahe, wenn der Vater den Heulkasten herbeischleppte, um sie auf dem Clavier zu begleiten. Mit ihm Whist zu spielen, war fast ebenso entsetzlich, denn er hielt sich für einen der besten Whistspieler in der Welt und sein Partner hatte einen schweren Stand. Spielte ich Schach mit ihm, dann mußte ich auf einen Wink der Oberstin manchmal absichtlich verlieren, denn der Schweiß stand ihm auf der Stirn, und er wurde bald blaß bald roth, wenn ihn der Verlust der Partie bedrohte.

Mein Urlaub war längst abgelaufen; allein ich hatte noch nicht die geringste Lust, unter Hauptmann Toll's Herrschaft zurückzukehren und verschaffte mir für eine kleine Erkenntlichkeit ein Krankheitsattest von dem Arzt eines benachbarten Landwehrbataillons, welches ich an mein Regimentscommando einschickte.

Wir besuchten die benachbarten Gutsbesitzer und ich lernte manche sehr angenehme Familien kennen. Zu Zeiten wurden auch in der Hauptstadt des Bezirks Bälle gegeben, denen alle adelige Familien beiwohnten. Diese Bälle wurden die Mondscheinsbälle genannt, weil sie nur stattfanden, wenn der Mond schien, da die Wege in dunkelen Nächten lebensgefährlich waren. Chausseen waren in jenem Theil des preußischen Staates noch nicht zu finden, wie denn überhaupt die alten, „treuen" Provinzen, deren man in jeder Beziehung sicher war, auch in jeder Beziehung vernachlässigt wurden, — wie der Oberst und Andere behaupteten. In dem ganzen Bezirk war auch keine Garnison.

Endlich im Frühjahr 1833 hielt ich es für räthlich, nach Mainz zurückzukehren. Als ich in das Regimentsbüreau trat, mich zu melden, sagte der Adjutant: „Es ist gut, daß Sie kommen, denn eben war ich im Begriff, Sie auf Befehl des Obersten requiriren zu lassen." Ich lachte, denn das hätte durch den Commandeur des Landwehrbataillons geschehen müssen, dessen Arzt mir das Krankheitsattest ausgestellt hatte. Der Oberst empfing mich sehr ungnädig und äußerte gegen Jemand, daß ich nie wieder Urlaub haben solle.

Ich war auf meiner Reise durch Frankfurt gekommen, welches ich in lebhafter Aufregung fand, wegen des mißglückten Putsches, der zwei Tage vorher stattgefunden hatte. Man beabsichtigte die Frankfurter Hauptwache zu stürmen, in welcher eine Anzahl von politischen Gefangenen saßen, sich außerdem der Bundeskanzlei zu bemächtigen und, wie man sagte, auch für revolutionäre Zwecke eine gezwungene Anleihe bei Rothschild zu machen, obwohl dies wie ich bestimmt weiß, eine Verläumbung war. Es hieß, daß zu diesem Ende zehntausend Bauern auf ein bestimmtes Zeichen eingelassen werden sollten. Die Sache wurde jedoch verrathen und scheiterte. Mehrere Studenten verunglückten, Andere wurden gefangen und eine Anzahl der Anstifter retteten sich nach mancherlei Abenteuern durch die Flucht. Eine

Hauptrolle in dieser Angelegenheit spielte Herr von Rauschenblatt, der nach Paris entkam und später in Straßburg lebte.

In Folge dieser Unruhen wurde beschlossen, wie es hieß zum Schutz des Bundes, Frankfurt und Umgegend durch österreichische und preußische Truppen zu besetzen. Die preußische Garnison von Mainz hatte ein Bataillon zu stellen, welches aus allen vier dort anwesenden zusammengesetzt wurde. Da die Expedition als eine Art Vergnügenspartie betrachtet wurde, so war ich natürlich nicht unter den dazu commandirten Officieren und sehr froh darüber, da mich allerlei Fesseln in Mainz zurückhielten und besonders ein allerliebstes Mädchen, dessen Bekanntschaft ich schon vor meiner Rheinreise gemacht hatte.

Als ich eines Abends durch ein sehr enges Gäßchen ging, welches nach dem Marktplatz führte, sah ich ein wunderschönes Mädchen im bloßen Kopf und in größter Eile vom Markte kommen. Indem ich plötzlich meinen Mantel öffnete, sperrte ich die schmale Gasse und das Mädchen war gefangen. Sie bat mich, sie laufen zu lassen, sie habe Eile und sei in der Apotheke gewesen, um etwas für ihren Vater zu holen, da er unwohl sei. Eleonore oder Lorchen, so hieß sie, war ein Mädchen wie Milch und Blut, mit Augen „von dem allerunheiligsten Blau," wie Moore sagt, und Haaren wie der allerschönste Flachs. Ein reizenderes Kindergesichtchen als das ihrige gab es gar nicht und sie war erst sechszehn Jahre alt.

Wir wurden später besser bekannt. Sie hatte eine angenehme Stimme und überraschte mich eines Tages mit der Nachricht, daß sie Sängerin zu werden beabsichtige. Sie schien mir so kindlich unschuldig und so ohne Ahnung von den Gefahren, welche im Theaterleben sie bedrohten, daß ich bei dem Gedanken, sie in der singenden Theaterhölle zu sehen,

ganz entsetzt war und bringend abrieth. Da sie aber auf
ihrem Kopf bestand, so beschloß ich ihren Plan auf andere
Weise zu hintertreiben. Die Fürstin interessirte sich für das
Theater und ein Wort von ihr zu dem Director war ent-
scheidend. Ich bat sie also, ihren Einfluß geltend zu machen
und den Director zu veranlassen, das junge Mädchen abzu=
weisen, wenn es sich melden würde. Die Fürstin, die stets
bereit war, etwas Gutes zu thun, erfüllte meine Bitte; allein
leider war es zu spät, denn der Director hatte Lorchen be=
reits angenommen.

Es war eigenthümlich, daß dieses Mädchen trotz ihrer
großen Schönheit mich heimlich abstieß. Sie schien mich sehr
lieb zu haben; war aber nie leidenschaftlich, sondern stets
freundlich, ruhig und Herr ihrer Worte und Sinne. Ich
konnte bei ihr nicht recht warm werden, so viel Mühe ich
mir auch zu Zeiten gab, diese bei meiner Jugend und Leb=
haftigkeit so räthselhafte, heimliche Kälte zu überwinden. Und
dennoch konnte ich nicht den geringsten Tadel an ihr finden;
ihr Betragen war musterhaft und unschuldig, trotzdem daß
sie im Chor sang. Es war mir bei ihr manchmal zu Muth,
wie dem Faust auf dem Blocksberg, als er das rothe
Mäuschen aus dem Munde der reizenden Hexe springen sah.

Das in der Umgegend von Frankfurt liegende Bataillon
entsprach nicht der Absicht, welche man durch dessen Zusam=
mensetzung zu erreichen hoffte und es wurde beschlossen, daß
mein Bataillon dasselbe ablösen solle.

Am Abend vor unserem Ausmarsch begleitete mich Lor=
chen zum ersten Mal in meine Wohnung, um den in Hofahrts=
heim geborenen Sohn meiner kleinen Hunde-Helene in Em=
pfang zu nehmen. Als ich etwas unternehmender wurde,
sagte Lorchen mit ihrer verzweifelten Ruhe: „Pfui, schäme
Dich Otto." Und Otto schämte sich. Dies zur Beruhigung

für einige meiner gegenwärtigen Freundinnen, die sich auf das Lebhafteste für meine „Moralität" interessiren. Außer dem vierfüßigen Paris hatte ich Lorchen auch meine ganze Junggesellenwirthschaft überantwortet und wir nahmen einen ziemlich kühlen Abschied.

Schon um zwei Uhr Morgens sollten wir ausmarschiren, um bei guter Zeit an dem Orte unserer Bestimmung einzutreffen. Mein Hauptmann hieß Feldwebel und Unterofficiere einen „Schweinecorporal" über den anderen und jammerte und flennte vor der Compagnie, als seien ihm ein halbes Dutzend Mütter gestorben.

Meine Compagnie war nach Rödelheim bestimmt und hinter Höchst schlugen wir einen dorthin führenden Seitenweg ein. Das Wetter war ungewöhnlich warm, trotz des heftigen Windes, der uns über und über mit Chausseestaub einpuderte, so daß wir sämmtlich aussahen, wie Pappelschwärmer.

Endlich lag das reizende Oertchen Rödelheim vor uns, in Grün gebettet wie ein mit Smaragden umgebener Diamant. Der Hauptmann ließ die Compagnie in der Hauptstraße einschwenken. Gerade vor unserer Front lag ein großes dreistöckiges Haus im grellsten Sonnenlichte da; sämmtliche Jalousieen der zahlreichen Fenster waren geschlossen, die Thür ebenfalls und überhaupt keine Spur von Leben zu erblicken, was mir einer so stattlichen Compagnie gegenüber nicht nur befremdlich, sondern fast beleidigend schien. Das Geheimnißvolle dieses verzauberten Hauses reizte mich, und als ich von dem Fourier erfuhr, daß es ein Officiersquartier und für Lieutenant v. A. bestimmt sei, wußte ich es zu veranstalten, daß dieser in das für mich angewiesene Haus und ich in das verzauberte gelegt wurde.

Endlich war unser „August" — so hatten die Soldaten den Hauptmann getauft — mit seinen Quälereien fertig und ich schritt höchst neugierig ein Paar Stufen zu der verschlossenen Pforte hinan. Innerhalb derselben trat mir der Eigenthümer mit einem ziemlich brummigen Gesichte entgegen. Herr C. war ein Italiener im Alter von etwa sechszig Jahren, der eine Frau aus „dem Niederland" geheirathet hatte, welche einige zwanzig Jahre jünger war als er. Er hatte eine nicht unbedeutende Fabrik, welche zwei Reisende nöthig machte, besaß außerdem ein Haus in Sachsenhausen und galt für einen reichen Mann. — Frau C., die mir ein hübsches Zimmer im dritten Stock anwies, war eine sehr stattliche Frau in den Dreißigern, mit einem wahrhaft classisch schönen Kopfe und bei weitem freundlicher als ihr bärbeißiger Gatte vom Comersee, der das Militär nicht leiden konnte, und mich lieber im Pfefferlande als in seinem Hause gesehen hätte; die Leute nannten ihn den alten groben C. und behaupteten, er sei eifersüchtig wie der Mohr von Venedig.

Meine Ankunft war nicht so unbemerkt gewesen, als ich wähnte. Durch die Jalousieen eines Eckzimmers im dritten Stock beobachteten zwei Paar Mädchenaugen, ein nußbraunes und ein kohlschwarzes, mit großem Interesse unser Thun und Lassen. Die nußbraunen Augen gehörten der ältesten Tochter des Hauses, welche den Soldatenhaß ihres Vaters theilte und erst Tags zuvor gelegentlich in einer Gesellschaft erklärt hatte, daß sie keinen Officier leiden könne und nie mit einem tanzen würde. Sie hatte uns — weibliche Neugier konnte nicht widerstehen — nur einen flüchtigen Blick geschenkt und von ihrem Beobachtungsposten hinwegtretend ihre zwei Jahre jüngere, schwarzaugige Schwester wegen des Interesses gezankt, welches sie den unten aufgestellten Truppen schenkte. Plötzlich schlug die kleine Mina in die Hände und rief: „Helene, wir bekommen den hübschen Officier!" was eine zornige Entgegnung zur Folge hatte.

Als ich kaum einen beträchtlichen Theil zweier deutscher Bundesstaaten von meinem Gesicht und aus meinen Haaren entfernt hatte, wurde ich zu Tisch gerufen und fand meinen Platz zwischen dem Herrn und der Frau vom Hause. Da saßen noch die Mutter der Frau und vier Kinder, und ein Stuhl war leer.

Weiß Gott, wie gleich in der ersten Minute die Rede auf das Heirathen kam und ich zu der Aeußerung veranlaßt wurde, daß ich nie heirathen würde, da ja Andere hübsche Frauen genug hätten. Ob dieser leichtsinnigen Rede sah die Wirthin auf den Teller und auf der Stirn des alten Italieners zog sich eine bedenkliche Wolke zusammen. In demselben Augenblicke öffnete sich die Thür und die älteste Tochter, welche „die Woche" hatte, trat herein.

Wahrscheinlich hat mancher Leser schon von der Liebe auf den ersten Blick gehört und ungläubig gelächelt; allein ich kann ihm nicht helfen und muß der Wahrheit gemäß berichten, daß es mir beim Anblick dieses Mädchens war, als führe mir ein electrischer Funken ins Herz und als höre ich im Himmel sämmtliche Engel einen Tusch blasen. Ein Blitz erleuchtete das ganze vor mir liegende Leben, und ohne zu hören, hörte ich mit dem innerlichen Ohr mächtige sanfte Stimmen jubeln: „Sieh, das ist sie, das ist die andere Hälfte deiner Seele, das ist dein Weib!" — Abermals zur Beruhigung einiger meiner Freundinnen beeile ich mich, hinzuzufügen, daß sie sich als meine bedeutend bessere Hälfte auswies.

Helene war gegen sechszehn Jahre. Der alte Bildhauer Z. pflegte zu sagen, er würde tausend Gulden darum geben, wenn er sie zur Statue einer Hebe abformen dürfe. Sie trat mit einer Schale in der Hand ins Zimmer, —

es war Rindfleischsauce und nicht Nectar — und Hebe selbst hätte sie nicht mit mehr Grazie halten können. Sie trug an jenem Tage ein einfaches gelbes Kattunkleid mit dunkeln runden Tupfen und schwarzen Litzen, welches zu der Titianfarbe ihrer Haut ganz besonders paßte. Schultern und Brust waren zum Theil frei, die Arme bloß, und edlere Formen konnte kaum ein griechisches Meisterwerk aufweisen. Die Form des Kopfes war fast noch schöner und edler als die der Mutter und der einfache Knoten, in welchen das feine, dunkelbraune Haar geschlungen war, hob den Adel dieser Form mehr, als es irgend eine gekünstelte Frisur gethan haben würde. Das Gesicht war nicht regelmäßig schön, obwohl äußerst lieblich, und das Profil außerordentlich weich und delikat, besonders die Stirn und die Linien des Kinns und des unübertrefflich reizend geschnittenen kleinen Mundes.

Der Officier von unserm Regiment, welchen ich im Hause abgelöst hatte, war einer der roh'sten Burschen, die ich jemals kennen gelernt, und eben nicht geeignet, im Auslande als ein Muster eines preußischen Lieutenants präsentirt zu werden. Er war gegen Ende des französischen Krieges Feldwebel oder Unterofficier in irgend einem andern Contingent gewesen und dann in unsere Armee getreten, wo er zwar den Namen eines Officiers erhielt, allein die Manieren eines Korporals nicht ablegen konnte. Er war ein mehr als sechs Fuß langer, brandhaariger Mensch mit rothem Schnapsgesichte. Lachte er über irgend etwas, so wieherte er wie ein Pferd, schlug ein Schnippchen mit einer Hand und wühlte mit der andern zwischen den Beinen, während der eine Fuß hinten ausschlug. Er sprach schlecht von Jedermann, sobald aber einer der von ihm Verläumdeten ihm einen Schoppen Wein oder auch nur einen Schnaps vorsetzte, sagte er: „Es ist ein ganz ausgezeichneter Mensch, ich habe ihn kennen gelernt."

Gegen diesen Menschen vortheilhaft abzustechen, war eben kein großes Verdienst. Die Familie meines Wirthes fand Gefallen an mir und die älteste Tochter verlor ihr Vorurtheil gegen Officiere, wenigstens ließ sie mich, ungerechter Weise, als eine seltene Ausnahme gelten.

Der Vater war wie gesagt ein Italiener, und es herrschte in seinem Hause durchweg mehr italienische Sitte in Bezug auf die Freiheit des Umgangs. Die Töchter verkehrten viel und ungenirt mit jungen Männern, die bei der außerordentlich großen Gastfreundschaft in diesem Hause häufig in demselben zu finden waren. Die Manieren der Töchter wichen dadurch bedeutend von denen gewöhnlicher deutscher Bürgermädchen ab; sie waren frei und ungezwungen wie im schönen Süden; allein eben diese große Freiheit erhielt sie unbefangen und naiv, und sie waren, obwohl bereits zur Blüthe herangereift, unschuldiger und unerfahrener als es viele blondhaarige, blauaugige deutsche Pensionärinnen von sich rühmen können.

Der ältesten Tochter hatten sich trotz ihrer Jugend schon gute Partieen dargeboten, doch hatte sie bisher alle Freier abgewiesen. Endlich hatten die Eltern eine Partie zwischen ihr und einem der Reisenden des Hauses arrangirt, einem wohlhabenden, ganz angenehmen jungen Manne, und Helene hatte bis dahin weder Ja noch Nein gesagt, so daß Großmutter und Vater die Sache beinahe als abgemacht betrachteten. Der junge Mann selbst hatte mit der Hauptperson noch nicht gesprochen; da er aber ein einziges Muttersöhnchen war, so ließ er sich nicht träumen, daß er einen Korb erhalten könne. Als ich in das Haus kam, wurde er zurückerwartet, und ich hörte durch eine dritte Person, daß dann die Verlobung gefeiert werden solle.

Acht Tage eines beständigen Zusammenlebens in einem Hause, wo es mit italienischer Umgangsfreiheit zugeht, machen zwei junge Leute mehr bekannt als eine Bekanntschaft von einem Jahr unter gewöhnlichen Verhältnissen. Helene und ich suchten uns wie Eisen und Magnet, denn es zog uns eine unwiderstehliche Gewalt zu einander.

Eines Nachmittags fand ich Helene allein in einem Zimmer; sie sah bewegt und sogar blaß aus. Als sie mich sah, schwankte sie, so daß sie sich an einem Möbel halten mußte. Bestürzt fragte ich, was ihr fehle und erhielt mit unsicherer Stimme die Antwort: „Herr N. ist eben angekommen!" Es war dies der Reisende des Hauses, der ihr bestimmte Bräutigam. Als er vom Wagen stieg, war er, wie ich später erfuhr, ihr im Hausgange begegnet, und als er ihr die Hand reichen wollte, gab sie ihm die linke. „Bekomme ich nicht die rechte Hand?" hatte er gefragt, worauf sie ihm auch die linke entzogen hatte und weggelaufen war. Unter diesen Umständen war denn eine Erklärung unvermeidlich. Ich fragte sie, ob sie mich lieb habe? und so weiter, und erhielt die befriedigendsten Antworten. Wir gingen sogleich zur Mutter und sagten ihr, an welcher Krankheit wir litten; natürlich hatte dieselbe dies schon lange gemerkt und war gar nicht überrascht; sie hatte gegen den Schwiegersohn nichts einzuwenden und sprach unter den gewöhnlichen Thränen: „Behaltet Euch lieb und gebt Euch einen Kuß!" Schluchzend sagte Helene: „Das haben wir schon gethan!" und mitten in den Thränen brachen wir in ein lautes Lachen aus.

Herr N. war unterdessen ebenso unglücklich wie ich glücklich. Die Großmama, deren Liebling er war, kam bestürzt aus seinem Zimmer und erklärte, er liege verzweiflungsvoll auf seinem Bette und wolle sich mit aller Gewalt todtschießen. Ich beruhigte sie durch die Versicherung, daß ich mich schon mehrmals todtgeschossen hätte und es durchaus nicht gefährlich sei. Sie schlug die Hände zusammen und rief: „Was ein Lieutenant!" — Nicht lange darauf brauchte sie die Nachricht, Herr N. habe gesagt, er wolle sich mit mir schießen, und als sie darüber lamentirte, gab ich ihr das Versprechen, ich wolle ihren Liebling ganz zart verwunden, worauf sie wieder die Hände zusammenschlug und rief: „Was ein Lieutenant!"

Wie die Großmutter hieß, wußten nur wenige Leute; Jedermann nannte sie die „Großmutter." Ein Brief mit dieser Adresse wäre ganz sicher in ihre Hände gekommen, denn sie war Allerwelts Großmutter. Ohne Zweifel war einmal eine Zeit, wo sie nicht Großmutter und eine sehr schöne, elegante Dame war, die Aufsehn machte und bewundert wurde von Kosacken und Franzosen; allein die Kosacken waren in Rußland und die Franzosen gleichfalls, und die schöne Frau war nun die alte Großmutter und trug alle Tage dasselbe blaue gedruckte Kattunkleid, während die schönen Shawls und glitzernden Steine und all der Putz in einem alten Pult begraben lagen, wie die Franzosen, welche sie einst an dem schönen Halse bewunderten, in den Feldern von Moskau.

Der alte Pult der Großmutter war ein höchst merkwürdiger Pult und schien aus einem Feenmärchen nach Rödelheim versetzt zu sein. Was er eigentlich enthielt, wußte Niemand, allein daß er alles enthielt, was irgend jemand brauchte, das wußte Jedermann. Wer etwas wollte, ging zur Großmutter, und als ich sie einst lachend bat, mir ein Reitpferd daraus hervor zu holen, würde es Niemand im Hause besonders in Erstaunen gesetzt haben, wenn sie es gethan hätte. — Abends, wenn schon alles schlief, ging die Großmutter im Hause umher und sah in jede Ecke, zog jedes Schubfach auf und guckte in jedes Töpfchen. Sie wanderte durch alle Schlafzimmer, und wo das Füßchen eines Enkelchens unter der Decke hervorsah, deckte sie es sorgsam zu. Sie probirte alle Riegel und Schlösser, ob sie auch hübsch geschlossen waren, und wenn sie nicht gewesen wäre, meinte sie, würde das Haus längst weggetragen worden sein. Oft ging sie gar nicht zu Bett, und wer zuerst aufstand, fand sie schlafend auf einem Stuhl im Wohnzimmer.

Ihr spezielles Departement im Hause war der Kaffee, den sie denn auch in unendlich vielen Graden beständig zu jeder Stunde des Tages oder der Nacht bereitet hielt. Der vornehme Gast und der Bettler, jeder fand seine standesgemäße Tasse Kaffee. Sie hatte keine Bedürfnisse, sie aß nichts besonders gern, sie machte sich nichts aus Wein und noch weniger aus Rum, und selten sah man sie dergleichen vor Andern trinken; allein wenn sie sich unbemerkt glaubte, naschte sie an allen offenen Flaschen, und wenn sie aus Versehen einen zu großen Schluck genommen, goß sie ganz ruhig Wasser zu und schwieg mäuschenstill, wenn man die Verdünnung bemerkte. Die Großmutter machte überhaupt alles so viel als möglich in der Stille ab und that heimlich, was sie ungescheut hätte öffentlich thun können; aber es gefiel ihr so besser.

Sie war ziemlich einsilbig, kam jedoch die Rede auf alte Zeiten, dann wurde sie lebendig und der Geschichten von ihrem seligen Manne, der ein lustiger Mann, war kein Ende. Außerdem interessirte sie sich nur noch für Heirathsgeschichten und was damit zusammenhing. In ihrer ganzen Art und Weise hatte sie eine so auffallende Aehnlichkeit mit der Amme aus Romeo und Julie, daß sie dem Dichter als Vorbild dazu hätte dienen haben können. Die Erzählung von dem „auf den Rücken fallen" ist eine antizipirte Geschichte der Großmutter in Versen. Auch hatte sie die Gewohnheit, die Pointe mehrmals unter lautem Lachen zu wiederholen, besonders wenn sie erzählte, was ihr seliger Mann gesagt hatte: „Gelt, Minchen, sagt' er, hat er gesagt, sagt' er," war eine beständig wiederkehrende Redefigur.

Seit der Reisende des Hauses ihre älteste Enkelin heirathen sollte, war er ein Gegenstand des allergrößten Interesses für die Großmutter; allein ich hatte ebenfalls ihren Beifall, und sie bedauerte innerlich, daß wir nicht alle Beide zugleich Helene heirathen könnten. — Mit dieser Heirath sah es meinerseits zwar noch sehr windig aus, denn ich hatte nichts als meinen Lieutenantsgehalt; allein wenn man zwanzig Jahre alt und verliebt ist, verschwinden alle Hindernisse wie Nebel, wenigstens in Gedanken. Die Hauptsache schien mir nun, dem alten Papa meine Absichten beizubringen und seine Einwilligung zu gewinnen. Obgleich ich eine ziemlich gute Meinung von mir selbst hatte, so sind die Papas der Geliebten doch stets Personen, die man mit einiger Besorgniß betrachtet, so lange man weiß, daß sie von unsern Absichten auf ihr Fleisch und Blut noch gar keine Ahnung haben, und mit dem „alten groben C." war überdies noch ins Besondere gar nicht zu spaßen.

Als es Abend wurde und er in seinem Comptoir allein war, dachte ich ihn zu überfallen. In dies Comptoir zog er sich zurück, wenn es irgendwie im Hause stürmte, oder seine Frau einen andern Willen hatte als den seinigen, wie das bei alten Männern, die junge schöne Frauen haben, oft vorkommt. In solchen Fällen pflegte er einen Rosenkranz oder zu seinem Schutzpatron zu beten und dann siegesgewiß hervorzukommen und die rebellische Frau zu fragen: ob sie nun sich anders besonnen habe? —

Er war von Jesuiten erzogen worden und hatte überhaupt von Jugend auf mit katholischen Geistlichen aller Art viel zu thun gehabt. Mehr als vierzig Jahre hatte er in Deutschland gelebt und seine italienische Frömmigkeit war in derselben bedeutend modificirt worden; allein dessenungeachtet war die Macht der Gewohnheit so stark, daß er sich von dem Einfluß der ersten Jugend-Eindrücke und dem besondern Respect vor den Geistlichen nicht losmachen konnte. Trotzdem hatte er die Sünde begangen, eine protestantische Frau zu heirathen, wofür ihm wahrscheinlich schwere Buße auferlegt wurde, bis sie gleichfalls die Messe besuchte. Die erste Nacht ihrer Ehe verbrachte er mit seiner jungen Frau, zu deren Erbauung, im Gebet.

Er hatte eine fast gelehrte Erziehung erhalten, und wenn auch sein hic haec hoc längst der Kenntniß von Tabaksblättern und Carotten Platz gemacht hatte, so war doch von diesem Eintauchen in das Meer der Wissenschaften ein leichter Firniß zurückgeblieben, der sich als Liebe zur Kunst und Poesie offenbarte, die ihm schon ohnedies als Italiener fast angeboren war. Herr C. sprach gut Französisch — während der Revolution hatte er eine zeitlang Secretär bei dem blutdürstigen Eulogius Schneider in Straßburg sein müssen — und Deutsch ebenfalls gut genug, wenn er sich nur, wie andere Leute damit begnügt hätte, seine Gedanken mündlich und schriftlich einfach und verständlich auszudrücken. Allein er hatte die Leidenschaft, den blumigen Styl seiner italienischen Lieblingsdichter nachzuahmen, und dazu reichte seine Kenntniß der Sprache nicht aus. War er grob, dann verstand ihn Jedermann, wollte er jedoch poetisch sein, so erschienen all seine Gedanken eingehüllt in eine duftige Wortwolke, durch welche man den Kern immer nur ahnen, aber nie deutlich erkennen konnte. Einen Redacteur würde er zur Verzweiflung gebracht haben, denn seinen Styl so zu bessern, daß die geahnten Gedanken klar ausgedrückt wurden, war ein Ding der Unmöglichkeit, ohne alles noch einmal zu schreiben. — Im Uebrigen war der alte Herr ein vortrefflicher Mann, wohlmeinend, ehrlich, nobel in seinen Gesinnungen und ein zärtlicher Gatte und Vater; allein sein Handeln glich seinem Styl, und es war schwierig, durch all die Blumen und Schnörkel hindurch den wahren Charakter des Mannes zu erkennen, der deßhalb oft von Leuten, die sich keine Mühe gaben, verkannt wurde. Dabei war er heftig wie ein Italiener und entzündbar wie Schießpulver.

Weiß Gott, es war ein schwerer Gang zu ihm ins Comptoir; allein das Resultat war besser, als ich erwarten konnte. Das Glück wollte, daß mein Nebenbuhler in seiner Verliebtheit und beunruhigt durch die Nachricht von der Einquartirung eines jungen Officiers, seine Reise so schlecht als möglich gemacht und verschiedene Böcke geschossen hatte, welche den Alten böse machten. Ueberdies gab die Liebe mir Beredsamkeit, und da meine Zunge die entgegenstehenden Schwierigkeiten hinwegräumte, so war das Resultat der Conferenz so günstig wie möglich. Konnte ich eine Frau anständig ernähren, dann stand meinem Glück nichts entgegen; weiter nichts.

Der gute N. hatte seine blutdürstigen Gedanken aufgegeben, als er mich mit Pistolen nach der Scheibe schießen und dreimal hinter einander das Centrum treffen sah. Er wurde bald wieder auf die Reise geschickt und war nicht ferner im Wege.

Es folgten nun drei Monate ungetrübten Glücks. Ich verstand es, mich bei allen Hausgenossen und Nachbarn immer

beliebter zu machen, und eine alte Kammerräthin war so
enthusiasmirt, daß sie Frau C. oftmals erklärte: „Nein,
Sie haben an dem Lieutenant eine wahre Perl' im Hause;
eine wahre Perl'!" Die „Perl" drehte das ganze Haus von
oben nach unten. Frau C. gab sogar ihre „Gutstub'"
zur Bühne her, auf der die „Landpartie nach Königstein"
mit vielem Lärm und Beifall aufgeführt wurde.

Ein solcher Sieg über Frau C. war keine Kleinigkeit,
denn die „Gutstub'" einer frankfurter Hausfrau ist ein
Ort, dessen Heiligkeit nur durch die der „guten Gutstub'"
übertroffen wird. In der Gutstub' hing über dem Sopha
ein großes Familiengemälde. — Frau C., in ihrem geräu=
migen Schooß einen nackten Knaben, schön wie ein Liebes=
gott, haltend, dem Helene ein Blumenkörbchen reicht, wäh=
rend die zweite Schwester mit dem Familienpudel auf der
andern Seite steht, und der Papa, wie er leibt und lebt,
vergnüglich im Hintergrunde eine Prise aus der eigenen Fabrik
nimmt. An den Wänden hingen verschiedene Engelbilder,
mit Schäfchen oder mit allegorischen Schmetterlingen auf
einem Wolkenbette liegend; die idealisirten Portraits verstor=
bener Kinder. Diese „Gutstub'" war das gewöhnliche Ge=
sellschaftszimmer; allein die „gute Gutstub" im ersten Stock
wurde nur bei außerordentlichen Gelegenheiten geöffnet, oder
wenn Fremde kamen, um die dort aufgehängten kostbaren
Gemälde zu sehen, die Reste einer schönen Gallerie von meh=
reren hundert Kunstwerken, welche ein Onkel der Großmutter
gesammelt und zum Theil auf diese vererbt hatte. Die
Krone der Sammlung war ein köstliches Bild von Titian,
wofür der Fürst=Primas vergeblich zwanzig tausend Gulden
geboten hatte.

Man hegte damals große Besorgnisse, daß an einem
alljährlichen Volksfesttage irgend welche Unruhen ausbrechen

würden, und traf, ihnen zu begegnen, allerlei militärische Vorbereitungen, die von dem vernünftigeren Theile der Officiere lächerlich gemacht wurden, da die Furcht vor einem Krawall abgeschmackt war. Das ganze Bataillon wurde in Bockenheim zusammengezogen und bivouakirte dort — in einem großen Wirthshaussaale, während die Gewehre im Hofe zusammengestellt waren.

Der Major nahm die Officiere des Bataillons zusammen und hielt ihnen eine Rede, um sie auf den in der Nacht erwarteten Kampf vorzubereiten. Er deutete an, daß es leicht zu einem Handgemenge kommen könne, und gab verschiedene Winke in Bezug hierauf, welche, da sie einen gelinden Zweifel an der Geschicklichkeit in Führung der blanken Waffe, — womit er übrigens nicht sagen wolle, daß es nicht sehr viele Officiere im Bataillon gebe, die sich darauf trefflich verständen, — bei der Ueberraschung aber — obwohl er die Geistesgegenwart vieler — der meisten wenn nicht aller Herren kenne — bei dem unvollkommenen Zustande der Degen übrigens voll Schwierigkeiten, — „nun meine Herren, Sie werden mich wohl verstanden haben." —

Lieutenant v. Asmuth, ein verheiratheter, älterer Officier und gescheuter Mann, der sich über die ganze Geschichte lustig machte, schlug mit dem ernsthaftesten Blick seinen Mantel auseinander und zeigte einen Dolch und zwei Pistolen in seiner Schärpe, indem er sagte: „Herr Oberstwachtmeister, ich bin auf jedes Handgemenge vorbereitet!" worüber wir Alle in ein schallendes Gelächter ausbrachen.

Am andern Tage wollte man Nachricht haben, daß der Angriff von Bonames her wirklich stattfinden sollte, und ich ward mit einer halben Compagnie in Rödelheim zurückgelassen, wo ich kunstgemäß meine Posten stellte und den Feind erwartete. Die Krawaller kamen aber nicht, worin sie sehr gescheut handelten. Mein Hauptmann war mit diesem Ausgang sehr unzufrieden, denn er hoffte begierig auf eine Gelegenheit, sich und seine Compagnie auszuzeichnen. Die einzige Veranlassung, die Demagogen — wie es hieß — zu Paaren zu treiben, versäumte er sehr zu seinem Aerger, und ich benahm mich dabei auf ganz unverzeihlich ungeschickte Weise.

Der Hauptmann, der die Bekleidungsangelegenheiten des Regiments unter sich hatte, war genöthigt, ein oder zwei Tage nach Mainz zu gehen. Der Oberlieutenant war dort zum Exercieren der Recruten commandirt und der älteste Unterlieutenant in Untersuchung; die Compagnie stand daher unter meinem Commando. Am Abend brachten mir die Soldaten, die mich lieb hatten und mir gern ein Zeichen davon geben wollten, ein Ständchen, und es that mir wahrhaft leid, sie zu ihrem eigenen Besten mit freundlichen Worten davon jagen zu müssen, da ich das Donnerwetter vorhersah, welches sie wegen dieses Ständchens von Seiten des eifersüchtigen Hauptmanns über sich brachten.

Am andern Tage war in dem Orte Ziehung zum Militärdienst, und die jungen Leute, die sich frei gezogen hatten, jubelten singend und geputzt mit Fahnen durch den Ort, um ihre Freude erkennen zu geben. Das war ein gewöhnlicher Gebrauch; aber diesmal, durch Wein und die Anwesenheit fremder Soldaten aufgereizt, die ihre Nebenbuhler bei den Mädchen waren, benahmen sie sich etwas lärmender als gewöhnlich und suchten das Militär durch das Singen von Freiheitsliedern zu ärgern.

Der Burgemeister kam ganz blaß zu mir, denn er fürchtete bereits alles Mögliche und wollte mich veranlassen, militärische Maßregeln zu ergreifen. Er meinte, da ich so jung war, mit mir machen zu können, was er wollte, und war daher sehr überrascht, als ich ihm sagte, er möge sich gefälligst um seine Angelegenheiten bekümmern und nicht um meine; ich habe die Polizei im Orte und nicht er. Ich ließ die Soldaten in ihre Quartiere beordern, um Collisionen mit den lärmenden jungen Leuten zu verhindern, die sich in einem öffentlichen Garten niedergelassen hatten. Durch das Zurückziehen des Militärs wurden sie übermüthiger und sangen alle möglichen verpönten Lieder.

Im Civilrock, den ich gewöhnlich im Hause trug, und die Pfeife im Munde ging ich allein in jenen Garten, wo ich außer den Krawallern auch deren Väter fand. Ich versammelte letztere, sprach vernünftig mit ihnen und bat sie, nach Kräften zu verhindern, daß ich von dem Lärm Notiz nehmen müsse, was ich höchst ungern thun würde. Meine vernünftigen Vorstellungen machten bessern Eindruck als es meine Bajonette gethan haben würden. Ein stämmiger Gärtner, der mich kannte, weil er im Hause meines Quartierherrn arbeitete, ging zu den Krawallern und gab seinem Sohn, der sich nicht fügen wollte, eine ungeheure Maulschelle. Andere Väter folgten diesem Beispiel und der „Aufruhr" hatte ein Ende. Den unruhigsten Schreier, der die Wache in seinem Unverstand reizte, faßte mein Feldwebel um den Leib und trug ihn, mitten aus seinen Kameraden heraus, in die Wachtstube. — Der Hauptmann war sehr ärgerlich, daß ich die Gelegenheit versäumt hatte, militärische Kräfte zu entfalten; allein da Vernunft und Erfolg so gänzlich auf meiner Seite waren, getraute er sich nicht, mir irgend welche Vorwürfe zu machen.

Wir Officiere waren häufig zu Gesellschaften eingeladen, welche die Gesandten in Frankfurt gaben; allein ich befand mich viel zu wohl in meinem Quartier, als daß ich Gesellschaften in Frankfurt hätte besuchen sollen, womit ich in Mainz übersättigt war. Auf dringende Einladung meines Majors besuchte ich jedoch ein dejeuner dansant, welches General von Welden gab und dem sämmtliche Gesandte und sonstige Aristokratie beiwohnte. Die Gesellschaft promenirte im Garten und getanzt wurde im Treibhaus, welches zu diesem Zweck eingerichtet worden war. Auch die Geldaristokratie war vertreten durch Herrn und Frau von Rothschild aus Paris. Die letztere war eine sehr hübsche junge Frau und ich tanzte mehrmals mit ihr. Als ich gegen Frau von Nagler, der Frau des preußischen Gesandten, bedauerte, daß Se. Excellenz, ihr Gemahl, der nicht anwesend sei, den ich als Kind gesehen und der damals freundlich gegen mich gewesen sei, sagte sie: „Mein Mann steht hinter Ihnen." Als ich mich umwandte, kam Herr von Nagler auf mich zu, nannte mich beim Namen und gab mir die Hand. Er behauptete, mich gleich wieder erkannt zu haben, fragte nach meiner Mutter und war sehr liebenswürdig. Er war fast unter Mittelgröße und schmächtig; sein Gesicht verrieth Klugheit und sein Blick war scharf. Da das Gerücht ging, daß die fremden Truppen bald die Gegend verlassen sollten und darüber am Bundestage berathen werde, erlaubte ich mir die directe Frage, ob und wann mir wohl abmarschiren würden. Herr von Nagler machte ein komisches Gesicht: „O damit hat es gute Wege. Wir sind sehr gründlich am Bundestag und übereilen uns nicht. Nachdem wir sechs Wochen beschlossen haben eine Sache anzufangen, befrühstücken wir dieselbe sechs Wochen ehe wir zur ersten Sitzung kommen. Dann werden die Sitzungen durch sechs Wochen Ferien unterbrochen und wenn diese zu Ende sind, fangen wir die Geschichte wieder von vorn an. Sie sehen also, daß Sie sich mit Ihren Vorbereitungen zum Abmarsch nicht zu übereilen haben." — Man hatte eben keine Luft die Truppen zurückzuziehen; sie blieben denn auch; aber wir wurden abgelöst. Im August erhielten wir nämlich die sehr betrübende Nachricht, daß unser Regiment von Mainz nach Saarlouis versetzt sei und daß wir baldigst dorthin abmarschiren sollten. Die Großmutter hoffte aufs neue für ihren Schützling, denn sie hatte nicht den allergeringsten Glauben an die Treu' eines Lieutenants, besonders eines so jungen und lustigen als ich einer war.

Als wir abmarschirten, ging Rödelheim beinahe in Thränenwasser unter, welches von den Mädchen des Ortes geweint wurde, von denen uns sogar eine Anzahl nach M. folgten. Als ich zum letztenmal vor unserm Abmarsch aus dieser Stadt in Rödelheim gewesen war und unter Versicherungen ewiger Liebe und so weiter Abschied von meiner Geliebten genommen hatte, war der Vater so freundlich, mich selbst in seinem Wagen nach Mainz zurückzubringen. Es geschah dies nicht nur aus Freundschaft für mich; er wollte nähere Erkundigungen über mich einziehen, was er eigentlich wohl schon früher hätte thun können.

Das Unglück wollte, daß er sein Quartier bei einem alten Freunde nahm, dem Weinhändler, Herrn Johann Adam, der gegründete Ursache hatte, mit mir höchst unzufrieden zu sein.

Mein Champagnerpump war bekannt geworden und anstatt von seinen Collegen und Geschäftsfreunden beklagt zu werden, ward er auf das Unbarmherzigste ausgelacht und dadurch mein grimmigster Feind. Er war daher mehr als irgend Jemand in Mainz davon durchdrungen, daß ich ein Taugenichts sei; ja er, das arme Opferlamm, behauptete, ich sei der allergrößte Taugenichts von allen Officieren nicht nur in Mainz, sondern in ganz Europa, und machte meinem Schwiegervater in spe eine so entsetzliche Schilderung von mir, daß diesem die wenigen Haare zu Berge standen und er beschloß, seine Tochter lieber Fenella nach in den Krater des Vesuvs als in das Unglück einer Ehe mit mir zu stürzen. Dazu kam noch, daß die diplomatischen Noten, welche er mit meiner Familie wechselte, eben nicht geeignet waren, ihn zu besänftigen. Adelsstolz einerseits und Kaufmannsstolz andererseits geriethen in Collision, und meine Träume wurden fortwährend beunruhigt durch das Bild meiner verzweifelnden Geliebten, die auf einem geflügelten Geldsack sitzend immer ferner von mir hinweg schwebte.

Schon als mir der Vater meiner Geliebten diese versprochen hatte, „sobald ich eine Frau ernähren könne", that ich Schritte, eine solche wünschenswerthe Stellung zu erreichen. Ich liebte aufrichtig und war zu jedem Opfer bereit, ja selbst „Dütchendreher" zu werden, bei welchem Gedanken es mich freilich überlief, als ob man mir Hirse in den Nacken schütte. Die Fürstin hatte mir schon früher gesagt, daß sie mir gern einen Platz am Hofe ihres Bruders verschaffen wolle. Der Herzog hatte, wie sie mir erzählte, nach einem Balle, dem er beiwohnte, gesagt, daß ich „sein Liebling sei." Auch die Mutter des Herzogs, der mich die Fürstin einst in Mainz vorstellte, hätte sich günstig über mich geäußert, nachdem sie mich mit ihren scharfen Augen durchbohrt; ja sogar vor der strengen Oberhofmeisterin — deren Gunst zu pflegen die Fürstin ganz besonders dringend rieth — hatte ich Gnade gefunden und endlich hatte mir die Fürstin eine Stelle als Kammerjunker angeboten. Ich lehnte dieselbe ab, weil ich kein Vermögen hatte und vorläufig gar kein Gehalt damit verbunden sein sollte.

Die Fürstin hatte mich stets mit solcher Freundlichkeit und mütterlichen Theilnahme behandelt, daß ich in der That einigermaßen berechtigt war auf ihre Fürsprache zu zählen. Außerdem hatte ich durch sie eine Menge hoher Bekanntschaften gemacht, die mir ebenfalls nützlich sein konnten. Manchmal, wenn wir in Wiesbaden waren, kamen fremde Fürsten, um der Prinzessin das Compliment zu machen. Ging sie bei solcher Gelegenheit auf und ab, obwohl sie das selten that, so pflegte sie meinen Arm zu nehmen, und ich fühlte mich ziemlich verlegen mit meinem Fürstengefolge. Graf Mensdorf bezeugte sich ebenfalls stets sehr freundlich und einige Mal, wenn wir gemeinschaftlich einer Jagd beiwohnten, nahm er mich in seinem Wagen nach Hause und behielt mich in meinen Jagdkleidern zum Diner bei sich, welches mit all den Umständen servirt wurde, als habe er ein Dutzend Gäste, obwohl wir Beide allein aßen. Von den vier Söhnen sah ich die beiden ältesten, die bei der Armee in Oesterreich waren, nur gelegentlich; allein die jüngsten sehr oft. Alexander, der jetzt Minister der auswärtigen Angelegenheiten in Oesterreich werden soll, sah ich noch im Regiment Langenau mit seinen schwarzen Kamaschen. Er war ein bescheidener, stiller junger Mann, schwarzhaarig und von dunkelm Teint. Der jüngste Sohn, Arthur, damals noch ein Knabe und unter seinem Gouverneur Herrn Adolph Bube, war blond und blauaugig und ein herzensguter Junge, dem die Bravheit und Ehrlichkeit aus den Augen leuchtete. —

Der diplomatische Unterricht des alten Obersten in Hofartsheim hatte mich zuerst darauf gebracht, daß die Verbindungen mit der Prinzessin und die Gunst der Herzogin von Würtemberg, die des Fürsten Metternich Schwester war, zu practischen Lebenszwecken zu benutzen sein möchte, und ich zweifelte nicht daran, eine mir genügende Stelle zu erhalten, besonders da meine Ansprüche romantisch bescheiden waren. Ich dachte mir nichts köstlicher, als mit meiner Helene in einer Försterwohnung mitten im Wald zu wohnen und schwärmte förmlich für diesen Gedanken, den ich zu realisiren beschloß. Zu diesem Ende schrieb ich an die Fürstin, welche in Schlangenbad war und erhielt von ihr folgende Antwort, welche ich als Testimonium meiner damaligen Narrheit hersetze:

Schlangenbad, den 6. August 1833.

„Ich habe Ihren Brief durch meinen Mann, der aus Mainz kam, erhalten und Ihren Wunsch meinem Bruder sogleich vorgetragen. — Er bedauert sehr, daß für den Augenblick gar keine Försterstelle offen, auch sind diese der Lohn für oft lange und treue Dienste für Jäger, die gleichsam von unten auf dienen und bei den Förstern als Burschen und Gehülfen auch auf Forst=Schulen ihr metier gründlich erlernen. — Also ist es leider nichts damit, doch können Sie es bei oder durch Obrist ** auch probiren; es ist mir Leid — da ich eine glückliche Ehe für das beste Mittel halte aus einem leichtsinnigen jungen Mann — einen ernsten und vernünftigen zu bilden — hätte ich so eine Stelle zu vergeben, so würde ich Sie Ihnen nicht versagen. — Also weiß ich wenig Trost — die Handlung müßten Sie auch erst lernen —? Es thuet mir Leid, daß ich Ihnen eine so unangenehme Antwort schicken muß,

Ihre Dienerin
Sophie Gräfin Mensdorf,
geb. Prinz. z. Sachs.=Coburg."

in Eile geschrieben.

Die Versetzung unseres Regiments, welches siebzehn Jahre in Mainz gestanden hatte, nach der kleinen Grenz=

festung Saarlouis war für uns Alle ein ganz entsetzlicher Schlag, und verdankten wir denselben, wie es hieß, einer Damenintrigue, um welche ich mich jedoch nicht näher bekümmert habe. Wir mußten von Mainz fort! Alles andere war Nebensache, und unter Thränen von Weibern, Mädchen und Gläubigern verließen wir eines Morgens die heiterste Rheinstadt.

Neuntes Capitel.

Marſch nach Saarlouis. — Der dortige Bürgermeiſter. — Feſtungsdienſt. — Troſt=
loſe Lage. — Unſer Oberſt deſertirt zuerſt. — Beſuch in Köbelheim. — Helene nach
Paris ent= und ich angeführt. — Die ſchöne Provençalin. — Ich beſchließe Schrift=
ſteller zu werden. — Brief von Sallet. — Rendezvous mit ihm. — Ich werde Vor=
ſteher der Schwimmſchule. — Unſere Unterhaltungen. — Jagd. — Der confuſe H.
— Mein Freund B. — Duelle. — Fritz v. Aßmuth. — Ich ſchreibe ein Trauer=
ſpiel. — Held. — Urlaubsreiſe nach Hofahrtsheim. — Die drei Brüder. — Der
Homöopath. — Dr. Hromada. — Zukunftspläne und Reiſe nach Paris beſchloſſen. —
Ein tolles Pferd. — Beſuch im Schloß F. — Meine hochwürdigſte Couſine. —
Reiſe nach Berlin und Paris..

~~~~~~

Der Marſch unſeres Regimentes nach Saarlouis war
ſehr angenehm, denn er führte uns durch das reizende Nahe=
thal und durch Gegenden, welche ſeit dem Franzoſenkriege
keine Truppen geſehen hatten. Vor dem zu Oldenburg ge=
hörigen Städtchen Birkenfeld überfiel uns ein Gewitterregen,
der uns bis auf die Haut durchnäßte. Ich war bei einem
Geometer einquartirt worden, der große Vorbereitungen ge=
macht hatte, mich feſtlich zu bewirthen; allein da wir ſpät
am Nachmittag ankamen und früher erwartet wurden, ſo
war die freundliche Wirthin wegen des Diners in aller=
größter Sorge und trotz aller Bitten, mir zu erlauben, mich
erſt umzukleiden, wurde ich gedrängt, mich, wie ich da war,
zähneklappernd und naß, zu Tiſche zu ſetzen, umgeben von
der Familie, die ſchon gegeſſen hatte und mir nun Geſell=

schaft leistete. Die große Artigkeit und Herzlichkeit meiner Wirthe machten dies Quartier zu dem unbehaglichsten, welches ich jemals gehabt hatte, ohne daß man es nur ahnte. Es liegt dort auch ein Fetzen Land, welcher dem Landgrafen von Homburg gehört, und dieser hatte große Sorge getroffen, daß wir besonders gut empfangen wurden und nichts bezahlen durften. Ich ward bei einem reichen Oeconomen einquartirt, der eigentlich neun Soldaten erhalten sollte, wofür ein Officier unter der Bedingung substituirt wurde, daß er ihn reichlich bewirthe. Das geschah denn auch; allein vor dem Abmarsch erhielt ich eine Rechnung, welche einem General zu hoch gewesen sein würde. Gerade als ich gegen solche Prellerei protestirte, kam ein Bote vom Landrath, der uns sagte, daß ich durchaus nichts zu bezahlen habe. — Eine Bäuerin, bei der ich einquartirt war, beobachtete ich, als sie einen Gurkensalat für mich zurechtmachte und war höchlich erstaunt, zu sehen, daß sie ganz gemüthlich den ganzen Inhalt ihrer Lampe darüber goß. —

Saarlouis ist eine Festung, welche von Vauban erbaut und wie man sich erzählte, von entlassenen Galeerensclaven und Frauenzimmern aus dem Palais royal bevölkert wurde, wie das auch seiner Zeit mit Canada geschah. Was daran wahr ist, weiß ich nicht, allein damals trugen eine Menge Bürger im Hause graue Jacken, die an den Schnitt der Galeerenkleidung erinnerten und die Frauen waren schön und üppig gewachsen und von einer andern Race, als sie in der Umgegend zu finden war. Ebenso war die Sprache ein ganz eigenthümlicher, nur auf die Stadt beschränkter, Dialekt, ein Gemisch von Deutsch und Französisch, welches große Aehnlichkeit mit einer Spitzbubensprache hatte und weder von einem Deutschen, noch einem Franzosen verstanden werden konnte. Selbst die Gebildeten machten im vertraulichen

Umgang Gebrauch von diesem Kauderwelsch, obwohl sie auch Französisch und Deutsch redeten.

Als diese Festung, die nur eine Stunde von der französischen Grenze liegt, an Preußen fiel, gab sich die Regierung alle Mühe, die Einwohner mit ihrem Schicksal zu versöhnen; allein ein eigenthümlicher Vorfall hätte beinahe das gute Vornehmen gleich am Anfange gestört. Der Bürgermeister war ein sehr geachteter und populärer Mann und die Einwohnerschaft war entrüstet, als er von der Regierung in auffallender Weise beleidigt wurde. Er erhielt nämlich einen Erlaß, der mit den empörenden Worten schloß: „Der dortige Bürgermeister wird angewiesen, für die Ausführung dieser Anordnungen Sorge zu tragen." Der Stadtrath versammelte sich und es wurde beschlossen, einen energischen Protest zu erlassen, in welchem man sich des beleidigten Bürgermeisters annahm und dessen Charakter volle Gerechtigkeit widerfahren ließ. Die Antwort, welche auf diesen Protest ertheilt wurde, war weit entfernt, die Aufregung zu beruhigen, sondern brachte gerade die entgegengesetzte Wirkung hervor, denn es hieß darin, „daß die Regierung durchaus nicht begreifen könne, was der dortige Bürgermeister, der dortige Stadtrath und die dortige Einwohnerschaft bezwecke, und daß es bei dem Erlasse sein Bewenden haben müsse." Man fand sich endlich veranlaßt, einen Regierungsbeamten nach Saarlouis zu schicken, der sich sehr wunderte, als man ihm voll Zorn erklärte, weder der Bürgermeister, noch der Stadtrath, noch die Einwohner seien dortig, — was nämlich in dem Saarlouiser Dialekt närrisch, oder verrückt bedeutet. Ich gebe die Anekdote, wie sie mir von dem „dortigen" Bürgermeister unter Lachen erzählt wurde.

Die Festung glich einem Schmuckkästchen und es war das kein Wunder, denn man hatte, um sie zu verstärken, noch über zwanzig Millionen daran verbaut und den Werken ein prachtvolles detaschirtes Fort und einen Brückenkopf beigefügt, und außerdem dieselbe mit acht artesischen Brunnen versehen, in deren Anlage sich der Ingenieurlieutenant Frommann auszeichnete. Die Stadt, welche den Mittelpunkt der Festungswerke bildete, hatte einen Flintenschuß im Durchmesser und bestand aus einem viereckigen, von einem Baumgang umgebenen, Waffenplatz oder Markt, von dem zwei Straßen, eine nach dem deutschen, die andere nach dem französischen Thor führte. Das Ganze war von acht Kasernen umgeben, welche am Fuß des Walles lagen und von gegen 4000 Mann bewohnt wurden, während die Stadt etwa halb so viele Einwohner enthielt. An den vier Ecken lagen höchst gemüthliche Pulvermagazine, deren jedes einige Tausend Centner Pulver enthielt. Das Auffliegen eines derselben würde die ganze Stadt und was in derselben lebte, gen Himmel gesprengt haben. Die Magazine und auch eine der Kasernen waren übrigens bombenfest.

Da Saarlouis so nahe an der Grenze lag, so wurde denn auch der Festungsdienst mit der äußersten Strenge ausgeübt. Am Morgen bei der Reveille begab sich der Lieutenant von der Ronde auf die Hauptwache und holte sich einen Gefreiten und vier Mann und den Schlüsselmajor, einen ausgedienten Unterofficier, mit welchem er sich nach der gegenüberliegenden Commandantur begab. Die Leute blieben vor der Thür, aber der Officier stieg mit dem Schlüsselmajor die Treppe hinauf und nahm die Schlüssel der Festung aus ihrem Verwahrort. Sie waren in zwei Ledersäcken enthalten, davon jeder die Schlüssel für eines der beiden Thore enthielt und die der Mann sich so umhing, daß einer auf der rechten, der andere auf der linken Seite war. Der vorangehende Officier zog den Degen, und sobald die

Schlüssel sich der Patrouille näherten, commandirte der Gefreite oder Unterofficier: „Achtung! Präsentirt's Gewehr!" Damit stellte sich der Schlüsselmajor in die Mitte der vier Mann und den Lieutenant an der Spitze begab man sich an das Thor. „Halt! Werda!" — „Schlüssel!" — „Heraus!" — „Achtung! Präsentirt's Gewehr!" — Die Schlüssel sind dasselbe für eine Festung, was die Fahne für ein Regiment ist; das Symbol der höchsten Ehre.

Nachdem man das Thor geöffnet und die Zugbrücke überschritten hatte, wurde dieselbe wieder aufgezogen und so jede, die man passirte, bis man an die äußerste Barriere kam, deren nach dem französischen Thor zu ungefähr siebenundzwanzig zu passiren waren. Vor der Barriere standen Wagen und ungeduldige Marktleute, welche auf den Einlaß warteten, der indessen nicht so ohne Weiteres erlaubt wurde. Man fand vor der Barriere noch eine Patrouille vom Fort Rauch, welche nun das mit Strauchwerk bewachsene Glacis abpatrouillirte, um sich zu überzeugen, daß keine französischen Truppen dort versteckt seien. Meldete der Führer, daß Alles unverdächtig sei, dann wurde das Thor erst geöffnet, aber niemals ein Eindringen der Marktleute gestattet, da durch dergleichen schon manche Festung überrumpelt worden ist. Die Schlüssel wurden dann zurück auf die Commandantur gebracht und Abends zum Schließen der Thore mit denselben Ceremonien wieder abgeholt. Während der Nacht sollten die Thore unter keinen Umständen geöffnet werden; allein einst nach einem Balle erlaubte es der Commandant, als ich die Ronde hatte, daß ich eine liebenswürdige Familie hinausließ, welche ganz in der Nähe der Festung ein Gut hatte. Einer der Söhne war französischer Ingenieurofficier in Metz und er kannte die Festung besser als ich; denn als ich den Damen tröstend sagte, daß nur noch zwei Barrieren zu öffnen seien, fiel er schnell ein: „Nein, noch drei" und er hatte Recht.

Das waren jedoch noch nicht alle Vorsichtsmaßregeln. Abends vor Dunkelwerden gingen der Lieutenant von der Ronde und der Schlüsselmajor von der Hauptwache aus, um die acht Poternen der Festung zu untersuchen. Es sind das unterirdische Gänge, die hauptsächlich zu Ausfällen dienen; aber auch als Eingänge in die Festung benutzt werden möchten, weshalb sie durch künstlich verschränktes Balkenwerk versetzt sind, dessen Sicherheit jeden Abend untersucht wird.

Laube nennt irgendwo Schkeubitz ein „gottverlassenes Nest;" hätte er Saarlouis gekannt, so würde er vielleicht sagen, daß Gott niemals darin gewesen sei. Wie es jetzt sein mag, weiß ich nicht, vielleicht ist es auch „von der Cultur beleckt" worden; allein damals war es ganz schauderhaft und besonders für uns, die wir von Mainz dorthin geschleudert wurden. Dennoch ging das 25. Regiment, welches seit dem Kriege dort gestanden hatte, nur ungern weg, wenigstens was die Officiere anbetrifft, denn die Gemeinen desertirten in ganzen Sectionen nach Frankreich, was eben als Vorwand für die Verlegung des Regiments diente.

In Saarlouis fehlte es damals geradezu an Allem, was ein gebildeter Mensch zu seiner Unterhaltung wünscht. Ein Buchbinder verkaufte zwar hin und wieder ein gedrucktes Buch, welches besonders verschrieben werden mußte; aber unsere einzige literarische Ressource war ein Journalzirkel, welcher unter der Leitung des Postsecretärs stand. Da die Mittel zum Studiren nicht allein, sondern zu jeder intellectuellen Unterhaltung auf diese Weise abgeschnitten waren, so blieb den Officieren nichts übrig, als entweder zu ihrem Amüsement die Soldaten zu quälen, oder zu Trunk und Spiel ihre Zuflucht zu nehmen.

Ein Hauptübelstand war in Saarlouis das Mißverhältniß zwischen der Zahl der weiblichen und männlichen Einwohner, welches um so mehr gefühlt wurde, als wenigstens die viertausend Infanteristen, Husaren und Artilleristen ꝛc. junge Leute waren. Für die Frauen und besonders für die Mädchen war das freilich kein Uebelstand, denn die Verzweiflung der Langeweile trieb manchen heirathsfähigen Junggesellen in das Ehejoch. Ich selbst kuppelte einen reichen, adeligen, aber blöden Hauptmann mit einem bürgerlichen, ganz leidlichen aber armen Mädchen zusammen. Ein anderer Hauptmann nahm den Abschied und heirathete das hübsche Töchterchen des Caffeewirthes; Apotheker- und Ledertöchter — letztere haben immer Vorliebe für zweierlei Tuch! — gingen ab „wie warme Semmel." Es hätte der Topf sehr schief sein müssen, der keinen Deckel fand!

Die verheiratheten Officiere waren selten in der Lage, Gesellschaft bei sich zu sehen und beschränkten sich auf Hausfreunde. Die bürgerlichen Honoratioren bestanden aus dem Landrath, dem Bürgermeister, einem Advokaten, zwei Apothekern, zwei Lederhändlern und einem Doctor, von denen die drei ersteren manchmal recht hübsche Gesellschaften gaben, zu denen auch Personen aus der Umgegend eingeladen wurden. Unsere Hauptressourcen für den gesellschaftlichen Verkehr waren aber für uns jüngere Officiere das Caffeehaus am Markte und die demselben schräg gegenüberliegende Hauptwache, wo der Wachthabende, gehörte er zu der jungen Clique, gewöhnlich Bank und die Gäste aus derselben frei zu halten pflegte. Das Casino, zu dessen Einrichtung die Fonds fehlten, diente nur zu großen Diners und gelegentlichen Bällen. Am Tage, wenn nicht mit Dienst beschäftigt, sah man die jungen Officiere wie närrisch um den Marktplatz rennen. Im Sommer ging man auch in ein benachbartes

Dorf, wo eine Kegelbahn in einem Garten war. Hier stand auf einer Tafel geschrieben: „Väter werden gebeten, ihre Kinder selber zu besorgen," was mir ein sehr billiges Verlangen schien. Die Langeweile bewirkte, daß ältere und jüngere Officiere näher zusammenrückten und die dienstliche Steifheit etwas gemildert wurde.

Wir hatten uns damit getröstet, daß unser Oberst auch in Saarlouis offenes Haus halten werde, wie er es in Mainz gethan. Jeden Abend, mit Ausnahme eines in der Woche, war man dort willkommen. Ich war nicht selten allein; aber nicht selten fand ich eine Gesellschaft von dreißig oder vierzig Personen zusammen, welche sich auf die allervortrefflichste Weise unterhielten, obwohl niemals gespielt, sondern entweder musicirt, oder nur eine lebhafte, interessante Unterhaltung geführt wurde. Wer daran keinen Geschmack fand, hütete sich wohl, hinzuzugehen, obwohl Manchen das gute Abendessen lockte, das stets bereit war, so viel Personen auch unvermuthet kommen mochten. Wir hatten aber in Bezug auf den Obersten die Rechnung ohne den Wirth gemacht; er ließ seine Familie in Mainz und nur einmal besuchte seine Frau Saarlouis, wo ihr das ganze Officiercorps in pleno eine Visite machte, bei der sie meinte, daß Saarlouis doch nicht so todt sei, indem sie schon seit ihrer Ankunft eine Equipage gesehen habe. —

Eines Tages auf Parade lief vor der Parole ein dumpfes Gemurmel umher; es hieß, der Oberst sei als Commandeur eines andern Regiments nach Mainz versetzt worden! — Sobald der Oberst sah, welche Wirkung diese Nachricht auf das Officiercorps machte, nahm er dasselbe zusammen und versicherte auf sein Wort, daß er keine Schritte zu dieser Versetzung gethan habe; allein der malitiöse Platzmajor las bei der Ausgabe der Parole mit lauter

.

Stimme ab: „Oberst v. — ist auf sein Ansuchen — als Commandeur des —sten Regiments nach Mainz versetzt worden." — Der Oberst, der ganz blaß wurde, rief das Officiercorps nochmals zusammen; als er jedoch wieder anfing, seine Unwissenheit zu betheuern, drehten wir ihm alle den Rücken und ließen ihn allein stehen. — Hätte er uns offen und einfach gesagt: „daß er eine Versetzung wünsche, weil Saarlouis ihm nicht die Mittel biete, seine beiden Töchter zu erziehen, wie er es wünsche" — das würde jeder von uns eingesehen und ihn entschuldigt haben; aber diese Art und Weise, uns zu verlassen, empörte uns Alle. — Die Majors hielten es Anstands halber für angemessen, ihm ein Abschiedsdiner zu geben, bei dem es sehr kühl zuging. Nach einer Rede meines früheren Majors herrschte eine sehr verlegene Stille und ich konnte einem närrischen Einfalle nicht widerstehen. Ich saß etwa drei oder vier Stühle vom Obersten entfernt und neben mir und gegenüber saßen junge Officiere. In halblauter Stimme sagte ich: „Der Oberst sei so gerührt von der Rede des Majors, — daß er sich nicht sogleich fassen könne, und da ich sein Herz kenne und die besondere Theilnahme, die er stets den „jüngeren und allerjüngsten Herrn" geschenkt, so erlaube ich mir in seinem Namen einige Abschiedsworte an diese bevorzugte Officiersklasse zu richten." — Man hörte jedes Wort, selbst die Majors schmunzelten und der Oberst übersah die leichte Satyre in meiner Rede, weil sie die gespannte, verlegene Stimmung in eine heitere verwandelte.

Er versammelte am Tage seiner Abreise das Regiment auf dem Glacis und nahm einen etwas theatralischen Abschied, wobei er dem Flügelmann die Hand schüttelte. Unter dem Officiercorps theilte er rechts und links Händedrücke aus, selbst an „allerjüngste Herrn", und es wurde bemerkt, daß er geflissentlich meine Hand und mein lachendes Auge vermied. — Ich hatte ihn aber eigentlich gern, denn er war ein sehr gebildeter, liebenswürdiger und guter Mann, der aber mehr zum Vorsteher eines Erziehungsinstitutes, als zum Commandeur eines Regimentes paßte. Er verließ uns im Jahre 1834 und an seine Stelle kam ein ganz vortrefflicher Mann und sehr tüchtiger Soldat, der einen ganz andern, mehr kameradschaftlichen Ton unter uns einzuführen trachtete; aber an der Steifheit der Majors und älterer Officiere scheiterte. Er pflegte am Anfang zwischen uns vor dem Caffeehaus zu sitzen, mit uns seine Pfeife zu rauchen und Domino oder Schach zu spielen, was er jedoch bald aufgeben mußte. Obgleich verheirathet, brachte er doch nicht gleich seine Familie mit, da Saarlouis keineswegs gesund war. Als Friedrich Wilhelm IV. — damals noch Kronprinz — unsere Festung für einige Stunden besuchte, wurden wir Officiere ihm einzeln vorgestellt, und als er an den Regimentsarzt kam, fragte er: „Nicht wahr? das ist wohl ein rechtes Fiebernest?" — „Zu befehlen, Ew. Königl. Hoheit," antwortete der Doctor, aber der Kronprinz rief schnell: „Gott bewahre, Gott bewahre, daß ich so etwas befehlen sollte!" —

Ehe ich es vergesse, muß ich doch noch bemerken, daß Saarlouis außer seiner Langweiligkeit eine Merkwürdigkeit besitzt, nämlich das Haus, in welchem der Marschall Ney geboren wurde. und welches durch eine Steintafel mit folgender Inschrift geziert ist: „Ici est né le Maréchal Ney," aus welchem Reim die Deutschen lernen können, wie der Name ausgesprochen wird.

Die Correspondenz mit meiner Geliebten wurde auf das Lebhafteste unterhalten, trotzdem daß der Schwiegerpapa in spe den Briefen eifrigst nachstellte. Er sollte ebenfalls die Erfahrung machen, daß Hindernisse und lebhafter Widerstand nur dazu dienen, die Liebe anzufachen. Um Weihnachten herum ließ mir die Sehnsucht länger keine Ruhe und ich mußte um jeden Preis nach Rödelheim. Der Oberst — noch der alte — schlug mir den Urlaub rund ab; allein ich beschloß, mich nicht abweisen zu lassen. Er stieg gerade in den Wagen, um zu seiner Familie nach Mainz zu fahren, als ich abermals meine Bitte vortrug und er sie mit Kopf- und Handbewegung ablehnte. „Nun, Herr Oberst," sagte ich, „dann verspreche ich Ihnen, ohne Urlaub zu gehen, denn ich habe mein Wort gegeben, zu kommen."

„Sie sind ein Tollkopf, mit dem nichts anzufangen ist; gehen Sie dies Mal noch, allein es ist das letzte Mal!"

Ich reiste also ab. Es war Sonntag, als ich in Frankfurt ankam und sogleich nach Rödelheim ging, wo ich von dem Hausherrn nichts weniger als freundlich empfangen wurde. Wir geriethen etwas hart aneinander, und wenn auch meine Besuche geduldet wurden, so sah ich ihn doch während meiner Anwesenheit in Rödelheim nicht wieder. Dieses Wiedersehen nach einer Trennung von mehreren Monaten trug natürlich nicht dazu bei, meine Liebe abzukühlen. Meine Geliebte und ich schwuren uns unendlich oft ewige Treue und aßen zusammen die Bonbons, welche ein alter, ungeheuer reicher und ungeheuerlich dicker, vom Vater begünstigter, Freier aus Mainz Helenen mitbrachte und den sie nur den „Froschkönig" zu nennen pflegte. Viel glücklicher und ruhiger kehrte ich nach Saarlouis zurück.

Der Vater meiner Geliebten dachte nun auf ernstliche Mittel, uns zu trennen und schrieb sogar an meinen Obersten und an meinen Major, ihm dazu behülflich zu sein, was natürlich keinen Erfolg hatte. Als Helene standhaft blieb und nicht allein den in Schnupftabak machenden Reisenden und den steinreichen dicken Froschkönig, sonderen auch, anderer Freier nicht zu gedenken, einen sehr reichen und braven jungen Mann aus einer sehr ansehnlichen Familie verschmähte, aus keinem anderen Grunde als dem unvernünftigen, daß sie mich liebe, beschloß der alte C. zu versuchen, was bei mir Trennung und bei Helenen Zerstreuung für eine Wirkung hervorbringen werde. Ich erhielt von meiner Geliebten einen verzweifelnden Brief, in welchem sie mir mittheilte, daß ihr Vater sie nach Paris zu ihrer Pflegeschwester schicken wolle, die dort an einen reichen Mann verheirathet war.

Mein erster Gedanke war natürlich, das zu verhindern, Helene zu entführen und anderer unpraktischer, romantischer Unsinn, der schon durch prosaische Geldmängel unmöglich gemacht wurde. Darüber waren wir aber vollständig einverstanden, daß wir uns vorher irgendwo sehen müßten und es wurde beschlossen, dies in Saarbrück zu thun, welches nur zwei Meilen von Saarlouis entfernt ist und wo die Pariser Post längere Zeit liegen blieb. Der Vater hatte nämlich Helene gesagt, daß sie über Saarbrück reisen werde und ich traf demgemäß alle Vorbereitungen. Ich war immer zwischen Saarlouis und Saarbrück unterwegs und stets bei der Ankunft des Eilwagens anwesend. Endlich kam der Tag, welcher in Helenens letztem Briefe als der ihrer Ankunft bezeichnet war. Mit klopfendem Herzen bewachte ich die aus dem Eilwagen steigenden Passagiere. Eine Dame stieg aus und mein Herz klopfte ungestüm; — aber es war nicht Helene! Der Vater hatte uns nur irre leiten wollen und sie unter Begleitung eines alten Bekannten über Brüssel nach Paris geschickt.

Die junge schöne Dame, die aus dem Eilwagen stieg, war eine Provençalin, die kein Deutsch sprach. Wir machten

im Paſſagierzimmer Bekanntſchaft und die Rede kam auf die
höhere Geſellſchaft in Mainz, wo ſie ſich aufgehalten hatte
und all meine Freunde kannte. Als ich ſie fragte, ob ſie
Fräulein v. — kenne, welche die liebliche Jenny bei der Fürſtin
abgelöſt hatte, antwortete ſie: „c'est ma fille." Ich machte
ein ſo entſetzlich einfältiges Geſicht, daß ſie laut auflachte,
denn die Mutter ſah ungefähr vier bis fünf Jahr jünger
aus als die Tochter. Der Name, den die Dame trug, war
nicht der ihrige. Man ſagte, ihre Tochter ſei die eines
gewiſſen Herzogs, der auch der Vater des Gatten ſei, an
welchen man dieſelbe verheirathete. —

Daß ich als Lieutenant nicht heirathen konnte wußte ich
und mußte daher darauf bedacht ſein, mir eine andere Lauf=
bahn zu eröffnen. Meine Hoffnungen auf meine vornehmen
Beſchützer waren bis dahin fehlgeſchlagen, denn auch die
Herzogin von Würtemberg, Fürſt Metternichs Schweſter, ant=
wortete mir von Wien aus „bedauernd". Oberſt von Schultze,
auf den ich am meiſten rechnete, ſchien durch meine ernſtli=
chen Heirathsabſichten mit der Tochter eines Tabaksfabrikanten
verſchnupft und ſeine ſeltenen Briefe waren froſtig. Ich
unterſuchte daher die in mir ſelbſt liegenden Hülfsquellen
und beſchloß, mich zum Schriftſteller auszubilden. Der Ge=
danke dazu kam mir durch die Erfolge eines Mannes, wel=
cher in Rödelheim der nächſte Nachbar des Herrn C. war
und der unter dem Namen Strahlenheim ein hiſtoriſches
Sammelſurium „Unſere Zeit" und andere Fabrikwerke her=
ausgegeben hatte. Der Mann konnte kaum einen ordent=
lichen Satz ſchreiben; allein er beſaß practiſches Talent. Er
war früher Hauptmann in einer Fremdenlegion geweſen,
zeigte dann eine zeitlang zwei hübſche Europäerinnen, deren
Haut zweckmäßig gefärbt wurde, als indianiſche Schlangen=
mädchen und wurde, als das erſchöpft war, Schriftſteller.

Dies Geschäft schlug so gut ein, daß er sich von dem Ertrag seiner Unternehmungen nicht allein Haus und Hof in Rödelheim kaufte, sondern auch auf einem gewissen Fuße lebte und Wagen und Pferde hielt.

Obwohl ich die Wissenschaften nicht ganz und gar an den Nagel gehängt hatte, so war ich doch keinesweges unterrichtet genug, irgend ein wissenschaftliches Fach zu erwählen, was auch mit Rücksicht auf Gelderfolg das allerundankbarste ist. Ich beschloß also, Novellen und Dramen zu schreiben, wozu ich mir einiges Talent zutraute. Die erste Novelle, die ich schrieb, spielte im Bauernkrieg und hieß: „die Hochzeit auf Sonnenstein." Sie wurde nie gedruckt und ist verloren gegangen, war aber gar nicht übel. Ein darin enthaltenes Lied — Morgenständchen — sandte ich an die Didaskalia und hatte das Vergnügen, mich zum erstenmal gedruckt zu sehen! Ob es Jedem so geht, wie mir, weiß ich nicht; allein ich hatte eine ganz unbändige Freude und konnte gar nicht müde werden, das ziemlich simple Liedchen immer und immer wieder zu lesen.

Da Sallet unter uns bereits als eine literarische Autorität angesehen wurde und ich ihn überdies lieb hatte, so schickte ich ihm denn auch einige poetische Versuche zu und erhielt von ihm folgenden Brief, dem ich die Bemerkung vorausschicken muß, daß er sich damals für das Examen zur Kriegsschule vorbereitete, durch welches er zum erstenmal glänzend durchfiel. Zum zweitenmal schrieb er seine Aufgaben in englischer Sprache und er passirte, da die Examinatoren vielleicht nicht gestehen wollten, daß sie die Sprache nicht verstanden, oder diejenigen, die sie verstanden, nichts von den Kriegswissenschaften wußten. Sein Abgang nach Berlin fand indessen erst viel später statt.

„Theuerstes verpfuschtes Universalgenie!

Wichtige anglo de bastion — épaulements — fougassés — ligne de défenses — points d'attaque — (und anderweitige) Angelegenheiten haben mich studirender Weise bis jetzt verhindert, mich meiner briefzubeantwortenden Schuldigkeit gegen Dich zu entlöthigen, weshalb ich mich verzeihungsbittender Weise Dir zu Füßen kollre. In Deinem Liede von der Auferstehung des Fleisches macht sich der kurze Refrain: „Süß Liebchen, hold Liebchen, wach auf" sehr gut und ist zweckmäßig und mit Tact angewandt, wogegen der Vers: „Er bläst, daß es Zeit schon zum Aufstehen sei," durch das vermaledeite „schon zum" das Trommelfell auf etwas nothzüchtigende Weise anpackt. Ad notam für später. Von dem andern Gedicht stehn nur Fragmente da, also kann auch mein Urtheil darüber nur Fragment sein. Die Schilderung der verschiedenen Schamhaftigkeitsausdrücke ist jedoch bei größerer Kürze mannigfaltig und treffend.

Ich treibe mich in nassen Gräben, italienischen Novellen, Wolfsgruben, englischen Aussprachelernungslabyrinthen, spanischen Reutern, spanischen Romanzen und conischen Zündlöchern abwechselnder Weise unermüdlich herum und habe also nie Langeweile. Auch bin ich hier mit jungen, gebildeten Leuten bekannt unter denen ein namhafter Dichter von Profession*) und habe mit ihnen ein literarischcardinalzotologischcrockcritischglühweinianisches Kränzchen. Deshalb habe ich auch mancherlei geschrieben, wofür Du Gott danken kannst, daß Du's nicht zu lesen brauchst, denn es ist nicht gemacht, einen bodenlosen Windhund zu amüsiren. Das Lied, das Asmuth meint, ist wahrscheinlich folgendes, das ich fast vergessen habe und nicht mehr achte: (Volti subito.)

---

*) Eduard Duller.

Du wackerer Krieger, sag mir an,
Was liebt ein deutscher Kriegesmann?
Zum ersten lieb' ich meinen Gott
Mit ganzer Seel' ohn' Arg und Spott.
Nicht mit gebeugtem Knie noch Sinn
Tret' ich vor meinen Schöpfer hin;
Das Haupt empor so wie den Muth
Bet' ich ihn an mit treuer Glut.
Die wackern Krieger schützet er
Wo käme da noch Furcht mir her?
Dann lieb' ich meinen König auch
Nicht weil es so Gesetz und Brauch,
Nein, weil er edel ist und gut
Lieb ich ihn mehr als Leib und Blut.
Zum dritten lieb' ich mein Vaterland.
Wie sehr ich's lieb soll meine Hand
Beweisen einst im blut'gen Strauß,
Drum spricht es jetzt mein Mund nicht aus.
Zum vierten lieb' ich mein gutes Schwerdt
Das ist mir mehr als Alles werth,
Nie will ich dich mein Schwerdt entweihn
Sollst immer brav geschwungen sein.
Dann lieb' ich auch mein Liebchen hold
Mit blauem Aug' und Haar wie Gold,
Die trägt mich auch in ihrem Sinn
Weil ich ein deutscher Krieger bin.
Und sterb' ich einst Soldatentod
Bet' ich im Sterben noch zu Gott,
Denk' ich noch bei dem letzten Blick
An König und Vaterland zurück,
Drück' ich noch in dem letzten Schmerz
Mein gutes blut'ges Schwerdt aus Herz
Und wird der letzte Seufzer frei,
Denk' ich noch an mein Liebchen treu.

Deine Braut muß wirklich ein interessantes Mädchen sein wegen ihres curiosen Geschmackes. Ich wenigstens

möchte lieber aus einem Glas ohne Boden trinken, als,
wenn ich ein Mädchen wäre, Dich heirathen. Ich will hier
nicht etwa auf physische Impotenz sticheln, sondern nur auf
moralische Indolenz und Insolenz. Damit mein Brief außer
Grobheiten und schlechten Witzen doch auch etwas für Deinen Schnabel enthalte, setze ich etwas aus meinen neuern
Sachen her, das Dir gewiß gefallen wird, wenn Du im
Stande bist einige Minuten aus Deinem Ich herauszu-
gehen und etwas Fremdes zu genießen. Attention au jeu,
la boule roule pour tout le monde, allons Messieurs
venez et écoutez:

> Jetzt horcht was das alte Quellmütterlein ꝛc.
> Sich wundert wo bleibt nur die Tochter mein?*)

Du siehst, daß mein Gemüth noch kein gedorrter Laber-
dan (zu deutsch: Stockfisch) noch meine Phantasie ein Berliner
Droschkengaul geworden ist; und so helfe Gott uns Allen.

Grüß mir alle Kameele, namentlich Bothmer, Schlich-
ten, Asmuth, Cramer, Krain, Wulfen, — aber ich müßte
noch viele Namen herschreiben; hab' ich einen vergessen, so
mache Du meinen Fehler gut, in Summa grüß' mir Alle,
die nicht Stockphilister sind, herzlich. Im Frühling komme
ich einmal zu Euch, so Gott will, bis dahin lebe wohl,
Gott beßre Dich! Dein Freund
Trier, den 7. Januar 1834. Fr. v. Sallet.

Um Deinem armen Witze Stoff zu Satyren zu geben,
habe ich einige Kleye und anderweitige Schmierereien gemacht.
Hony soit qui mal y pense."

---

*) Aus Sallets wunderschönem Gedicht: König Frühling, welches
in seiner Gedichtsammlung zu finden ist. Das Bruchstück ist zu lang,
um es herzusetzen.

Im nächsten Sommer beschlossen Dömming, Wolzogen, Oertel und ich, uns mit Sallet ein Rendezvous in Metloch zu geben, welches halbwegs zwischen Trier und Saarlouis an der Saar liegt. Wir alle waren zusammen im Cadettencorps gewesen und näher befreundet. Als wir eines schönen Abends in dem romantisch gelegenen Orte ankamen, trafen wir Sallet bereits an. Wir feierten unser Wiedersehn bei einer Bowle Glühwein, gingen aber frühzeitig zur Ruhe, da wir zu Fuße gegangen und müde waren, auch den schönen Morgen nicht verschlafen wollten. Wolzogen hatte entsetzliches Zahnweh und lief die ganze Nacht jammernd im Wirthszimmer umher, während wir Andern von einer Kammer mit zwei Betten Besitz nahmen, aus welcher wir ohne unser Wissen die Mädchen auf den Heuboden vertrieben hatten. Sallet machte sich ein Lager auf der Erde und ich schlief bei dem langen Dömming, obwohl eigentlich von Schlaf nicht die Rede war. Sallets Phantasie, vom Glühwein noch mehr erregt, ging die ganze Nacht spazieren und bevölkerte alle Ecken mit den barroksten Gestalten. Es war entsetzlich heiß, und da ich nicht ruhig liegen konnte, so warf mich der riesige Dömming endlich aus dem Bette. Ich ging hinaus in die sternenhelle Nacht und es verlockte mich die Saar, welche dort zwischen Felsen dahin rauscht. Ich stürzte mich hinein und hatte ein köstliches Bad. Als ich zurückkehrte und die Kameraden schlafend fand, fuhr ich Sallet mit meinem nassen Haar über das Gesicht. Er war sogleich munter, stand auf und ging mit mir hinaus. Der Morgen dämmerte kaum und die Vögel erwachten, als ich nochmals mit ihm in die Saar tauchte. Er konnte nicht schwimmen und wäre fast ertrunken, als er von einer Felsplatte unter dem Wasser plötzlich in das Tiefe gerieth. Als wir angezogen waren, gingen wir Hand in Hand der aufgehenden Sonne entgegen und genossen in trautem Gespräch eine der köstlichen Stunden, die man im ganzen Leben nicht vergißt. — Als wir ins Haus zurückkehrten, zeigten die Langschläfer ebenfalls Lust zu einem erfrischenden Bade und wir tauchten mit ihnen zum drittenmal in die Fluth.

Nach dem Frühstück gingen wir Alle in einen Hain an der andern Seite der Saar, wo Sallet, unter einem Baume sitzend, uns sein launiges dramatisches Märchen „die Prinzessin mit der langen Nase" vorlas, dessen Humor eigentlich Niemand als ich genoß. Gegen Mittag verließ uns Sallet und wir kehrten heitern Muthes auf einem Umwege nach unserm gottvergessenen Saarlouis zurück.

Wir hatten nicht nur einen neuen Obersten, sondern auch einen neuen Divisionsgeneral bekommen. Letzterer war ein noch größerer Kamaschenfuchser — Martinet nennen die Engländer solchen Officier — als mein toller Hauptmann. Die Truppen wurden daher gehörig mit Exerciren und Manövriren geplagt; aber ich hatte wenigstens im Sommer ein ziemlich bequemes und unabhängiges Leben, da ich mit der Leitung und Oberaufsicht der Garnisons-Schwimmanstalt beauftragt wurde. Ich war ein guter und ausdauernder Schwimmer und keiner meiner Schwimmmeister konnte es mir zuvorthun. Ich schwamm einst mit ihnen um die Wette, zuerst stromab und war ihnen weit voraus als: Kehrt! commandirt wurde und wir nun gegen den Strom zu schwimmen hatten. Ich überholte sie jedoch alle und war der erste am Ziel.

Ich war zu jener Zeit täglich wenigstens fünf bis sechs Stunden im Wasser, und da wir in unserm Officiercorps viele geübte Schwimmer hatten, so war die Anstalt stets sehr belebt und wir trieben alle möglichen Schwimmkünste. Ich erfand eine Menge Sprünge durch schwimmende oder vor-

gehaltene einfache und doppelte Reife, wie sie in der von
mir herausgegebenen „Schwimmkunst" abgebildet sind. Viele
von uns erlangten förmliche Seiltänzergeschicklichkeit in diesen
Sprüngen, aus denen nicht ein einzigesmal ein Unglück entstand. Ich stieg einst mit allen Schwimmmeistern auf das
der Anstalt gegenüberliegende Bastion, welches von einem
Cavalier überhöht wurde. Die Höhe war sehr bedeutend
und ich sagte scherzend zu einem etwas vorlauten und prah-
lerischen Schwimmmeister, nun möge er zeigen, ob er Muth
habe und einen Kopfsprung hinunter in die Saar machen.
Die Schwimmmeister schrieen dagegen aus und waren endlich dreist genug, mir den Sprung selbst zuzumuthen. Als
sie das in einer Weise thaten, die mich verdroß, sagte ich:
„Nun gut, ich will den Sprung thun und Euch zeigen, daß
es nicht so gefährlich ist; wer mir aber nicht nachspringt tritt
in die Compagnie zurück" — das heißt, hört auf Schwimmmeister zu sein. Die Leute machten sehr lange Gesichter.
Die Höhe war sehr bedeutend, aber die Saar an der Stelle
ganz außerordentlich tief. Ich sauste wie ein Pfeil durch
die Luft und in das Wasser und alle acht Meister folgten
meinem Beispiel ohne Schaden zu nehmen.

Was uns damals am meisten unterhielt, war das Tau-
chen, und Manche erlangten darin eine merkwürdige Geschicklichkeit. Es war einmal in der Nähe der Anstalt ein Schiff
gesunken und die Sage sprach von einer Kiste voll Fünf-
frankenstücken, die darin geblieben sei. Meine Leute tauchten
danach, ja nahmen oft Werkzeug mit auf den Grund, und
brachten eine Menge Holzwerk und Eisen herauf, aber keine
Silberkiste. Endlich entdeckten sie, daß auf dem Grunde eine
Menge behauener Steine lagen, und sie schafften von denselben mehrere Ruthen heraus, die sie eben im Begriff waren
zu verkaufen, als sie von dem Ingenieurofficier vom Platz

entdeckt wurden, der behauptete, diese Steine seien absichtlich in das — felsige — Bette versenkt worden, um das Fundament der Bastionen zu schützen. — Einer meiner Freunde, ein sehr fetter junger Officier, der vortrefflich schwamm, kam einst mit einer mehr als fußlangen Schmarre über den Rücken aus dem Wasser. Die Wunde klaffte und war scharfrandig, als sei sie mit einem Messer geschnitten worden, wahrscheinlich von einem spitzen und scharfen Felsstück. Sie blutete gar nicht und mein Freund fühlte sie nicht, denn sie war noch nicht durch den Speck gekommen, obwohl man einen Finger hätte hinein legen können.

Es war in Saarlouis Gebrauch — und ein sehr heilsamer und vernünftiger — daß die Damen frei im Fluß badeten, was sie stets in großer Gesellschaft thaten. Bei solcher Gelegenheit saß auf einer Erhöhung am Ufer eine alte Dame, welche wir die „Wachtgeiß" zu nennen pflegten. Einst geschah es, daß, grad als die alte Dame eingenickt war, die badenden Schönen von einer ganzen Compagnie Soldaten überrascht wurden, die sich ahnungslos und ungeahnt genähert hatten. Um solche Vorfälle zu vermeiden und in Sicherheit baden zu können, wurde ich von den Damen gebeten, ihnen einen Badeplatz auszusuchen, was ich denn auch zu allseitiger Zufriedenheit that. Ich stand mich überhaupt gut mit den Damen dort. Sie hatten einen Frauenverein gestiftet, wofür sie mit großer Aufopferung arbeiteten; allein der Ertrag der verkauften Loose war stets bedeutend unter der Erwartung und ich schlug vor, die Arbeiten und Geschenke zu verauctioniren und erbot mich, selbst den Auctionator zu machen. Die Auction, welche im Casino stattfand, machte viel Spaß, da ich all meine gute Laune aufbot, die Artikel anzupreisen. Manche von ihnen gingen zu ganz bedeutenden Preisen weg und der Erfolg war ein über alle Erwartung glänzender. Die Damen waren sehr dankbar, aber die bösen Buben unter uns nannten mich dafür das männliche Glied des Frauenvereins.

Im Casino fanden auch von Zeit zu Zeit Liebhaber-Concerte statt, die sehr hübsch waren und an denen Civilisten und Officiere mitwirkten. Ein junger Mann Namens Pose, der Stiefsohn unseres sehr geschickten Regimentsarztes und der seine Dienstzeit in unserm Regiment abmachte, war ein ganz ausgezeichneter Violinspieler. Einen Strich von ihm hörte man durch das ganze Orchester, und das Gefiddel sämmtlicher Liebhaber klang gegen sein Spiel wie Spatzengezwitscher. Er hatte ein sehr bedeutendes Talent, welches in Metz, wo er Concerte gab, auf das Schmeichelhafteste anerkannt wurde. Er besuchte mich zu Zeiten mit seiner Violine und entzückte mich, obgleich ich kein Musikenthusiast bin und besonders alles Mittelmäßige in der Musik gründlich verabscheue. Einmal gab er uns auf der Violine eine Scene zwischen einem Ehepaar und der Schwiegermutter, die so deutlich und verständlich war, daß man die Worte nicht vermißte. Ein andermal malte er mit Tönen ebenso meisterhaft ein Gewitter. Der junge Mann war kränklich und ist, fürchte ich, frühzeitig gestorben, denn wenn nicht, so würde er sich sicher einen großen Namen gemacht haben.

Die Herren des Generalcommando's in Coblenz meinten, daß wir viel Muße hätten und dachten darauf uns Beschäftigung zu geben. Wir erhielten daher von Zeit zu Zeit militärische Aufgaben. Unsere alten Hauptleute wurden schrecklich durch das Verlangen alarmirt, Berichte über die Manöver einzureichen, welche durch Situationspläne begleitet sein mußten. Ich wurde gebeten, den Manövern als Zuschauer beizuwohnen, um im Stande zu sein, den Hauptleuten zu helfen. Mein confuser Freund H., den ich das Con-

verfationslexikon nannte, aus dem von jedem Artikel die Hälfte
ausgerissen sei, war in der Einsamkeit von Saarlouis immer
weiser geworden und seine Sucht Alles wissen zu wollen,
wuchs förmlich zur Narrheit, die durch die Neckereien der
Officiere noch gesteigert wurde und endlich später in förm=
lichen Wahnsinn ausartete. Einst brachte man ihm einen
gewöhnlichen Kohlweißling (Schmetterling) den man durch
aufgestreute, trockene Farben wunderbar gefärbt hatte. Er
erklärte ihn für einen brasilianischen, sehr seltenen Schmetter=
ling mit entsetzlich langem, lateinischen Namen und ward
unbarmherzig ausgelacht. Eines Nachmittags, grad vor dem
letzten Termin, wenn die Manöverrelationen eingereicht wer=
den sollten, kam mein guter, ehemaliger Hauptmann — pfer=
debändigenden Angedenkens — beinahe weinend zu mir und
zeigte mir die Relation, die H. für ihn gemacht und mit
einem Plan begleitet hatte, auf dem die Berge wie große
Kreuzspinnen aussahen. Der gute Hauptmann dauerte mich
und ich arbeitete für ihn die ganze Nacht. Vor der Parade
am andern Tage brachte ich ihm eine vier Bogen lange Re=
lation und einen hübschen Plan. L. weinte vor Rührung
und wäre mir beinahe zu Füßen gefallen.

Die Jagdliebhaber unter uns wurden vom General=
commando befehligt, Schießversuche mit Wallbüchsen gegen
Scheiben und Rollkörbe anzustellen und uns dabei anbefohlen,
die Ladung so lange zu verstärken, bis die Büchse aus der
Gabel springen würde! Wir baten einstimmig uns zu diesem
Ende einige Paar Patentbacken von Coblenz zu senden.

Ich hatte mit mehreren Officieren zusammen die Jagd
von einigen Ortschaften in der Umgegend gepachtet, die mir
großes Vergnügen und Erholung gewährte. Einer der Theil=
haber wohnte mit mir in demselben Hause und wir waren
viel beisammen. Er war ein wohlhabender Bürgerssohn

von Mainz und ein großer Jagdliebhaber, obwohl kein Jäger. Einst erzählte er mir, daß er eine Menge Becassinen gesehen hätte und zwar auf den Bäumen sitzend und sich langer Schwänze erfreuend. Er paßte sich zum Officier ungefähr ebenso wie zum Jäger, denn er war sperrig und viereckig und dabei empfindlich. Da er aber ein sehr guter Junge war, so nahm ich ihn unter meine Flügel und er vergalt es mir durch große Anhänglichkeit. Er war gesund, kräftig und blühend mit braunen Locken, untersetzter Figur und großer Verehrer der Damen, denen er mit der Grazie eines Hippopotamos die Cour machte. Die Tochter des „dortigen" Bürgermeisters hatte sein Herz gerührt; allein er hatte manche Mitbewerber, mit denen er in Händel gerieth. In Folge davon bekam er ein Duell mit einem Artillerieofficier, in welchem ich sein Secundant war, aber nicht verhindern konnte, daß er durch einen Säbelhieb in den rechten Arm kampfunfähig gemacht wurde. Die Wunde war noch nicht heil, als er wegen derselben Dame mit meinem dicken Schwimmfreund in Händel gerieth. Dieser hatte ihn immer geringschätzig behandelt und mein Mainzer wollte ihn durchaus auf Pistolen fordern, was ich aber nicht zugab; ich willigte nur in krumme Säbel und hoffte die Sache beizulegen, bis die erste Wunde geheilt sein würde. Darin täuschte ich mich jedoch; mein Mainzer hatte Muth und Zorn und bestand darauf mit der linken Hand zu fechten. Ich protestirte vergebens und mußte endlich einwilligen, machte aber die Bedingung, daß es mir erlaubt sein sollte einzuspringen, sobald mein Freund aus der Parade käme und daß ich alle tiefen Hiebe auffangen dürfe. Das Duell fand in einem ausgeräumten Zimmer statt. Es interessirt vielleicht Nichtmilitärs zu wissen, wie es bei uns bei einem Säbelduell gehalten wurde. Die Duellanten entkleideten sich völlig bis zum

Gürtel und beschützten nur ihr Handgelenk durch ein um dasselbe gewickeltes seidenes Tuch. Das Duell fand mit gewöhnlichen, scharfgeschliffenen Cavalleriesäbeln statt, die ganz anders wie Rappiere gehandhabt werden müssen. Der Secundant setzt seinen rechten Fuß gegen den linken seines Freundes und parirt mit einem Rappier alle sogenannten Sauhiebe, wobei er übrigens selbst leicht eins über den Kopf bekommen kann. Das Duell ließ sich anfangs besser für meinen Freund an als ich dachte und er gab dem Gegner einen tüchtigen Hieb in die fette Seite, — aber verursachte nur einen breiten rothen Streifen, da er meine Ermahnung nicht beachtet, die Klinge flach anzuziehen, um scharf zu hauen, und einen flachen Hieb geführt hatte. Der Linkhändige ist eigentlich im Vortheil, aber mein Freund war zu ungeschickt; der Gegner hieb ihm einen Doppelhieb durch das Gesicht, der zweimal die Nase durchschnitt, aus deren Spitze ein kleiner Springbrunnen hervorspritzte. Während der Doctor die angenehme Operation des Zunähens vornahm, fragte der Secundant des Gegners ziemlich unartig: „Na, ist er nun zufrieden?" weshalb ich beinah mit ihm aneinander gerathen wäre. Mein Freund sagte: „das wird sich finden und es wurde beschlossen das Duell fortzusetzen, wenn der Arm desselben so weit geheilt sein würde, um ihm die Führung des Säbels zu gestatten. Als diese Zeit kam und der Tag bereits angesetzt war, weigerte sich sein Gegner fernere Genugthuung zu geben; „er habe es nicht mehr nöthig." Mein Freund, der auf sein frisches Gesicht eitler war als nöthig, stand immer vor dem Spiegel und nährte seinen Zorn durch Betrachtung der verhunzten Nase; er drang also ernstlich in mich, ihn kräftig zu unterstützen, und da noch andere verstärkende Umstände dazu kamen, so willigte ich darin, den Gegner auf Pistolen zu fordern. Da derselbe sich weigerte, so schrieb ich an den ältesten Hauptmann und stellte den Fall seiner Entscheidung anheim. Ich erhielt zur Antwort: „Daß Lieutenant X. meinem Freund so lange und so oft sich stellen müsse, bis derselbe erkläre Genugthuung zu haben." — Mein Hauptmann kam jedoch zu mir und bat mich die Sache gütlich beizulegen, da er überzeugt sei, daß es in meiner Macht stehe. Das that ich unter der Bedingung, daß der Beleidiger vor den Zeugen, welche die Beleidigung mit angehört hatten, Abbitte leiste. Das geschah wirklich und konnte allenfalls geschehen, da der Gegner sich einmal gestellt hatte. Damit war die Sache erledigt. Als ich den Abschied genommen und mein Mainzer Freund mich nicht mehr an der Seite hatte, gerieth er in Saarbrück in einer Gesellschaft mit Civilisten in Streit; er zog den Degen, dieser wurde ihm abgenommen und zerbrochen und er sonst thätlich mißhandelt. In Folge dieses Vorfalls mußte er den Abschied nehmen.

Ich wohnte eine Zeitlang mit dem confusen H. zusammen, der immer allerlei Geschäfte mit einem jüdischen Lotteriecollecteur hatte, dessen vorlautes und naseweises Betragen schon lange mein Mißfallen erregt hatte. Als ich einst von Wache kam und allein im Zimmer an meinem Schreibtisch saß, trat dieser Mensch, ohne anzuklopfen, den Hut auf dem Kopf, ins Zimmer und fragte sehr cavalièrement: „Ist H. nicht da?" Ich gab ihm keine Antwort und der Mensch stellte sich vor den Spiegel, wo er seine Cravate zurecht band. Als ich meinen Satz vollendet hatte stand ich ruhig auf, schlug ihm den Hut vom Kopf und gab ihm ein paar sehr derbe Maulschellen. Als er Miene machte sich zu wehren, faßte ich ihn ordentlich, und da mein Bursche, durch den Lärm angelockt, die Thür öffnete, spedirte ich ihn vermittelst eines Trittes durch dieselbe. Mein Bursche half ihm auf gleiche Weise die Treppe hinunter. Der wüthende Mann lief sogleich zum Obersten, welcher zwanzig Schritte von meinem Fenster bei der Parole war und klagte. Ich wurde sogleich beschieden. Während ich die Sache der Wahrheit gemäß erzählte, strich der Oberst — nicht der Prinzen erzieher — seinen langen Schnurrbart und sagte dann sehr ruhig: „Da haben Sie sehr Recht daran gethan, ich würde es ganz ebenso gemacht haben."

Unter den Officieren, mit denen ich in näherem, freundlichem Verkehr stand, war ein Lieutenant von Asmuth, ein nicht mehr junger Mann, der verheirathet war und Familie hatte. Ich hatte ihn in den Cantonnements bei Frankfurt näher kennen und schätzen gelernt. Er war ein herzensguter Mann, der viel, obgleich etwas veralteten, Humor und Talent zur Poesie hatte. Dieses Talent war jedoch nicht gebildet genug und seine Dichtungen litten an großer Breite und einzelnen Wunderlichkeiten. Er schrieb viele Gedichte und Lieder und ein populäres Epos „Friedrich der Große"; ebenso ein komisches: „Die Stolpriade" welche der Jobsiade nachgebildet und in der, bei großer Breite, viel köstliche Satyren und harmlose Drolligkeit enthalten war. Er schrieb auch ein hübsches, fünfactiges Lustspiel „Selim, der eitle Sultan," welchem ich später Aufnahme in den Leipziger Dramatischen Jahrbüchern von E. Willkomm und A. Fischer verschaffte.

Ich begann damals ein fünfactiges Trauerspiel in Jamben „die Hunyaden", wozu der Stoff aus meiner Familiengeschichte genommen war. Der Held desselben ist Ladislaus Corvin, der in Ofen hingerichtet wurde und die Heldin Anna von Ronnow, welche den König Ladislaus Posthumus umbrachte. Asmuths Umgang war sehr anregend und das Stück, welches ihm sehr gefiel, wurde schnell vollendet. Der confuse H. nahm auch oftmals Theil an unseren literarischen Conferenzen, die meistens bei einem andern Officier gehalten wurden, dessen Namen ich noch nicht genannt habe, der aber einen sehr bedeutenden Platz in meinen Erinnerungen einzunehmen bestimmt war. Nach meiner Ansicht ist er, trotz all seiner großen und nicht abzuleugnenden Fehler, die interessanteste und bedeutendste Persönlichkeit, mit der das Leben mich in Berührung gebracht hat, es ist — Held.

Friedrich Wilhelm Alexander Held wurde 1813 — daher die Vornamen — zu Neiße in Schlesien geboren. Sein Vater war Hauptmann und arbeitete später im Kriegsministerium zu Berlin, wo er starb. Sein Sohn wurde in das Militärwaisenhaus zu Potsdam geschickt, wo die Knaben zu Unterofficieren in der Armee erzogen werden. Die Einrichtungen dieser Anstalt weichen daher bedeutend von denen in den Cadettenhäusern ab. Held zeichnete sich bald so sehr vor allen anderen Waisenknaben aus, daß er nicht allein den höchsten Platz in dieser Anstalt erreichte, sondern ihm auch ganz ausnahmsweise gestattet wurde, von derselben aus das Fähnrichsexamen zu machen. Als solcher kam er zum 36. Regiment und besuchte die Divisionsschule in Trier. Das Officierexamen bestand er „mit Belobigungen," was äußerst selten vorzukommen pflegte. Aus diesem Grunde erregte er unter uns einiges Interesse, als er zum ersten Mal als Officier bei der Parole erschien; da er aber in seinem Aeußeren nichts Empfehlendes hatte, aus dem Waisenhause kam und ein Bürgerlicher war, so nahmen wir adeligen Hochnasen von ihm weiter keine Notiz und ich kam niemals mit ihm zusammen. Er war blond, hatte sehr kleine Augen, einen sehr großen Mund, sah bäuerischgesund aus, hatte plebegische Hände und Füße, einen Leib wie ein Windhund und durchaus keine elegante Tournüre; dabei hatte er nichts als seinen Gehalt, besuchte keine Gesellschaften, machte keine Schulden und war mit einem Wort für uns eine Null. Ich glaube, es war im Jahr 1831, als er zum Regiment kam. Der Oberst interessirte sich indessen einigermaßen für ihn, da er mit seiner Stiefmutter verwandt war.

Held wollte tanzen lernen und besuchte zu diesem Ende mit anderen Kameraden, die er von der Divisionsschule kannte, eine Tanzstunde in dem Gasthofe zur Stadt Alzei, wo er zwei Schwestern aus Oppenheim kennen lernte, die ein kleines Vermögen hatten. Eines Tages wurden wir durch die Nachricht überrascht, daß Held, der damals neunzehn Jahre alt war, die hübscheste dieser Schwestern heirathen wolle. Wir alle zuckten die Achseln zu dieser Narrheit und der Oberst ebenfalls; allein Held erfand dringende Gründe, die demselben die Einwilligung abnöthigten.

Wir hatten alle geglaubt, daß Held, was wir einen guten Kommißofficier nannten, werden würde, allein darin hatten wir uns getäuscht; er nahm den Dienst leicht und war ein sehr wenig dienstfertiger Officier. Dafür entdeckte man jedoch bald, daß er Verstand hatte und machte ihn zum Auditeur-Assistenten, dem man die vorläufigen Verhöre und Geschäfte der militärischen Gerichtsbarkeit übertrug. Da diesen Verhören stets ein anderer Officier beiwohnen mußte, so kam auch ich manchmal in seine Wohnung. Bei diesen Veranlassungen und auf der Schwimmanstalt wurde ich näher mit ihm bekannt. Seine Frau, die auch ihre Schwester bei sich hatte, war ein sehr hübsches und verständiges Weibchen und ich fing an, mich in ihrer Gesellschaft recht behaglich zu fühlen, die oft durch Asmuth und den confusen H. vermehrt wurde. In Saarlouis wurde Held's erstes Kind geboren. Da er die Kindertaufe für eine Dummheit hielt, so wollte er sein Kind nicht taufen lassen und dachte die Sache

damit abzumachen, daß er dem Pfarrer als Taufgebühren
fünf Thaler schickte. Dieser war beleidigt und die Geschichte
erregte einiges Aufsehen; um dem Gerede ein Ende zu
machen, fügte er sich und schickte das Kind durch sein Dienst=
mädchen, in Begleitung seines Burschen als Taufzeuge, in
die Kirche, wo die ihm lächerliche und gleichgültige Ceremonie
vorgenommen wurde.

Je näher ich Held kennen lernte, desto mehr Geschmack
fand ich an seinem scharfen Verstand und der Originalität
seiner Ansichten und gewann ihn lieb. Was mir seinen
Umgang noch lieber machte war, daß er Geschmack an lite=
rarischen Arbeiten hatte. Er schrieb zwar Anfangs nur einige
Unterrichtsbücher für die Armee, die ihm einiges Geld ein=
brachten, fing aber auch bald an, Dramen zu schreiben,
wozu mein Trauerspiel die Veranlassung gab. Er hatte vor
der Festung einen kleinen Garten gemiethet, wo wir manch=
mal Kaffee tranken und uns unsere Arbeiten vorlasen. Wir
beabsichtigten auch ein Liebhabertheater und studirten zu dem
Ende allerlei Stücke ein, wobei es jedoch sein Bewenden
hatte. —

Die Correspondenz mit meiner Geliebten in Paris wurde
natürlich unterhalten und wir sprachen uns gegenseitig Muth
ein. Der Briefwechsel mit Oberst von Schultze wurde auch
wieder lebhafter und er schien geneigt, meine Pläne zu för=
dern, obwohl er sich stets auf ganz allgemeine Versprechungen
beschränkte. Das Resultat dieses Briefwechsels war eine
abermalige Einladung nach Hofahrtsheim für den Winter
1834. Es wurde mir nicht schwer, durch unseren neuen
Obersten Urlaub zu erhalten und ich reiste demzufolge im
December ab.

Der Aufenthalt in Hofahrtsheim war diesmal ange=
nehmer als bei meinem ersten Besuch, denn der Oberst hatte

einem seiner Brüder, einem pensionirten Major, auf seinem
eigenen Gebiet ein kleines Gütchen abgelassen. Das Wohn=
haus lag nur etwa tausend Schritte von Hofahrtsheim und
Frau und Kinder des alten Majors waren äußerst liebens=
würdig. Es war eine Freude, in dieser Familie zu sein, in
welcher die herzlichste Liebe und Eintracht herrschte. Die
Frau war etwa dreißig Jahre jünger, als ihr mehr als
siebenzigjähriger Gatte, der aber, ein wenig Gicht abgerechnet,
sehr frisch und gesund und ein vortrefflicher, höchst liebens=
werther Mann war. Noch während meiner Anwesenheit
wurde in der Familie ein verspätetes Söhnchen geboren.
Das Benehmen der Frau gegen ihren Gatten hatte für mich
etwas höchst Rührendes, denn es war eine Mischung von
töchterlicher und ehelicher Zärtlichkeit, die der schönen be=
scheidenen Frau ganz besonders gut stand.

Hin und wieder kam auch ein jüngerer Bruder des
Obersten zum Besuch nach Hofahrtsheim. Er war preußischer
General außer Dienst und ein ziemlicher Leichtfuß. Man
hatte ihm niemals ein Regiment anvertraut, da er mit seinen
jungen Officieren zu spielen und andere Streiche zu machen
pflegte, sonst aber ein sehr tüchtiger und tapferer Soldat
war. Er war einer der kuriosesten Menschen, die man
sehen konnte, immer rastlos und unentschlossen. Wenn er
abreisen wollte, ließ er manchmal die Pferde dreimal an=
und ausspannen, und wenn er einen Entschluß gefaßt hatte,
that er oft in der nächsten Minute gerade das Gegentheil.

Die drei Brüder zusammen in dem Zimmer des Ober=
sten zu sehen, war höchst amüsant. Alle drei waren sehr
lebhaft, alle drei sprachen sehr laut. Wenn eine animirte
Unterhaltung stattfand, rannte der Oberst, in Pantoffeln
und zu kurzem Schlafrock, mit schnellen Schritten gerade
durch das Zimmer, immer denselben Weg hin und zurück

machend und dabei sehr laut aber mit etwas belegter Stimme
redend. Der General bewegte sich ebenso lebhaft, aber in
der Manier des Springers auf dem Schachbrett, sich kurz
auf dem Absatz umdrehend und seitwärts abspringend; er
schrie ebenso laut, wie der Oberst. Der Major, der auch
laut sprach, hatte genug zu thun, den beiden Brüdern aus
dem Wege zu gehen und sich fortwährend zu drehen und zu
wenden, wenn er ihnen beim Reden ins Gesicht sehen wollte.
Ich saß auf dem Sopha und genoß die Scene.

Die „kleine Excellenz" war sehr zart und das war kein
Wunder, denn die Mutter ließ sie fast niemals vor die
Thür gehen und frische Luft schöpfen, außer in ihrer Be=
gleitung. Da die Mutter aber „so kleine Füße" hatte und
ziemlich groß und stark war, so war sie eine sehr unwillige
Fußgängerin. In die Schule hatte das Mädchen auch nicht
zu gehen, denn sie wurde von einem jungen, sehr talent=
vollen Theologen im Hause unterrichtet. Da der Oberst
schon zwei Söhne verloren hatte, so war er natürlich sehr
um die Gesundheit des einzigen, wirklich sehr lieben Kindes
besorgt und hatte einen berühmten homöopathischen Arzt von
Teplitz, Dr. Hromada, veranlaßt, einen Winter auf seinem
Gute zuzubringen. Die Homöopathie machte damals Furore
und die ganze Familie des Obersten war förmlich fanatisch.
Die Frau hatte eine kleine Taschenapotheke und der Oberst
eine größere, aus welcher er seine Streukügelchen freigebig
vertheilte, wie er es aus Hahnemann's Organon erlernte,
in dessen Geheimnisse ich mich gleichfalls vertiefte. Es war
im Hause von nichts die Rede, als von Arnica, Aconitum
Napellus u. s. w. — Dr. Hromada war ein ganz ange=
nehmer Mann und durchaus kein Charlatan. Er war seinen
Eltern als Knabe fortgelaufen und nach England gekommen,
wo er in Oxford studirte, dazu in den Stand gesetzt durch

einen Onkel. Während des Krieges war er Arzt in der
Armee und mit Wellington in Spanien, von welchen Feld=
zügen er sehr interessante Dinge und Abenteuer zu erzählen
wußte. Später war er in Ostindien, von wo er nach West=
indien gerufen wurde, wo ein englisches Regiment fast ganz
erblindete. Da der Doctor vermuthete, daß diese Blindheit
irgend welchen klimatischen oder sonstigen lokalen Verhält=
nissen ihren Ursprung verdanke, so stellte er sorgfältige Nach=
forschungen unter den Eingeborenen an und erfuhr, daß der
Dampf der Leber eines Schweines, welches eine schwarze
Schwanzspitze habe, diese Blindheit kurire. Der Doctor
wandte also Leber an, ohne auf die Schwanzspitze des Thieres
zu achten, und die Soldaten wurden hergestellt. Der Doctor
erhielt als Anerkennung einen Orden. Als er nach Europa
zurückkehrte, wurde er selbst blind und blieb es für beinahe
ein Jahr. — Er besuchte Dr. Hahnemann als ein Ungläu=
biger, wie er sagte, überzeugte sich aber so vollständig von
der Richtigkeit und Wirksamkeit der Homöopathie, daß er sie
seitdem nur allein anwandte. Er bedauerte sehr, daß so
viele Charlatane diese Heilmethode verfolgten, ohne daran zu
glauben und nur der Mode wegen, wodurch die Homöo=
pathie ihren Credit verliere. Die Hauptsache sei, die Krank=
heit zu erkennen, denn anders sei es natürlich nicht möglich,
das richtige Mittel anzuwenden und dazu gehöre eben ein
geschickter, erfahrener Arzt.

Dr. Hromada hatte sich in Teplitz niedergelassen — dem
Namen nach stammte er aus Böhmen — und allerlei inter=
essante Versuche mit den dortigen Bädern vorgenommen,
indem er den homöopathischen Grundsatz auch auf ihren Ge=
brauch anwenden wollte. Er habe dergleichen Experimente,
sagte er, mit seinem eigenen sehr gesunden Knaben vorge=
nommen. Durch Bäder habe er ihn so weit gebracht, daß

er fast contract geworden sei und durch dieselben Bäder habe er ihn auch geheilt. Gesunde, militärpflichtige Leute habe er auf dieselbe Weise dienstunfähig gemacht und sie, wenn ihre Freisprechung erfolgt gewesen, wieder geheilt. Auch während der Cholerazeit machte er viele interessante Versuche, die ich jedoch vergessen habe; dagegen behielt ich eine andere seiner Erzählungen aus jener Zeit, deren Wahrheit er auf das allerernsthafteste versicherte. Er hielt sich eine Zeit lang auf einem alten, böhmischen Schlosse auf. Das Zimmer, welches er inne hatte, war jedoch nicht von ihm allein, sondern auch von einem Geist bewohnt, dessen Anwesenheit er hörte und fühlte, aber welchen er nie sah. Oftmals, wenn er Abends an seinem Tische saß, hörte er diesen Geist nicht allein im Zimmer auf- und abgehen, sondern sah auch, daß die Flammen der Kerzen hin- und herflackerten, wenn sein unsichtbarer Stubengenoß vorbei passirte. Der Doctor war so sehr an diese Gesellschaft gewöhnt, daß sie ihn sehr ruhig ließ, besonders da der Geist Vernunft annahm und leise auftrat, wenn der Doctor ihn bat, nicht so viel Lärm zu machen, da er ihn in seiner Arbeit störe. Es ist schade, daß der Doctor sich nicht in eine weitere Unterhaltung mit dem Geist einließ, in der Art, wie das in neuerer Zeit Mode geworden ist. —

Der Doctor heilte während seiner Anwesenheit in Hofahrtsheim Jedermann, der zu ihm kam, oder ihn rufen ließ, ohne irgend ein Honorar dafür anzunehmen. Des Obersten Haus glich einem Hospital, weil es beständig von Kranken belagert war. Der Doctor machte in der That merkwürdige Kuren. Unter anderen heilte er eine Frau, welche sechszehn Jahre lang am Magenkrampf gelitten hatte, ich glaube durch Arnica, so daß das Uebel ein ganzes Jahr ausblieb, wo eine neue Gabe nöthig wurde. Ein Mädchen, welches an der Schwindsucht litt und von den dortigen Aerzten aufgegeben worden war, machte dem Doctor sehr viel zu schaffen. Ich hörte ihn Nachts stundenlang in seinem Zimmer auf- und abgehen und er sagte mir, daß er sich das Gehirn zermartere, das richtige Mittel gegen die Krankheit zu finden. Eines Abends zehn Uhr kam er sehr vergnügt aus seinem Zimmer und bat den Obersten, anspannen zu lassen, um gleich das Mädchen zu besuchen, welches beinahe zwei Meilen von dem Gute wohnte. Die Schwindsüchtige wurde geheilt und die dortigen Aerzte waren so aufgebracht gegen Dr. Hromada, daß sie die Gesetze gegen ihn wegen seines unberufenen Practicirens zu Hülfe riefen. — Der Doctor gebrauchte niemals die Arzneien, die in einer homöopathischen Apotheke gemacht worden waren; er bereitete sie selbst und bewahrte die verschiedenen Verdünnungen in kleinen Fläschchen. Ich erprobte die Wirksamkeit seiner Medicin an meinem eigenen Körper. Ich zeigte dem Doctor eine Stelle auf meiner Brust, die ein wenig dunkler als die übrige Haut und etwas gelblich war. Am Abend vor dem Schlafengehen goß er einen einzigen Tropfen aus einem seiner Fläschchen in ein vollständig gefülltes, gewöhnliches Wasserglas, welches etwa einen halben Schoppen enthalten mochte. Davon ersuchte er mich, einen Eßlöffel voll zu nehmen und das Uebrige zugedeckt stehen zu lassen. Als er mich am Morgen fragte, was für eine Nacht ich gehabt, sagte ich ihm, daß ich von den allertollsten Träumen heimgesucht worden sei. „Gut," antwortete er, „heute Abend nehmen Sie zwei Eßlöffel voll aus dem Glase." Ich that es. Ich schlief vortrefflich und dachte gar nicht mehr an die genommene Medicin, als der Doctor mich fragte: „Haben Sie sich schon angesehen?" — Das hatte ich nicht gethan, und als ich meinen Körper betrachtete, fand ich ihn mit Flecken bedeckt. „Es steckt etwas in Ihrem Körper, das heraus muß; allein das erfordert Zeit und Diät, womit ich Sie hier nicht plagen will; ich werde Ihnen aber ein Fläschchen mitgeben und Sie mögen die Kur vollenden, wenn Sie Muße haben." — Unglücklicher Weise zerbrach das Fläschchen auf der Reise; aber das in mir steckende Uebel kam später nach dem Gebrauch von Kissingen heraus und quälte mich für mehrere Jahre.

Der Doctor blieb noch nach meiner Abreise in Hofahrtsheim. Der Oberst nahm ihn mit nach Gotha an den dortigen Hof und protegirte ihn auf alle mögliche Weise. Endlich reiste Hromada nach New-York, wo er sehr gute Geschäfte machte. Während seiner Abwesenheit starb sein Sohn, den er gerettet haben würde, wenn er zu Hause gewesen wäre. Dieser Gedanke und Anderes machten den Mann närrisch. Er starb einige Jahre später. —

Als ich nach Hofahrtsheim kam, hatte mich der Oberst mit einem mir unvergeßlichen Ausdruck gefragt: „Na, bist Du denn noch immer in den Tobaksspinner seine Tochter verliebt?" was mich beinahe zum Ausderhautfahren brachte. Als er jedoch sah, daß alle seine Vorstellungen nichts fruchteten und daß von keiner Liebelei die Rede war, mußte er es mit seinen Plänen und Absichten zu vereinigen, mir zu helfen. Er rieth mir also, den Abschied zu nehmen und sagte, er wolle sich Mühe geben, mich entweder in den Dienst des Herzogs Carl von Braunschweig, oder des Herzogs von Coburg zu bringen. Bis sich etwas finden werde, solle ich in Hofahrtsheim bleiben und die Landwirthschaft erlernen, was mir in keinem Falle schaden könne. — Da mein Herz nach Paris verlangte, wo meine Geliebte war, sich aber auch Herzog Carl aufhielt, so wußte ich es zu veranstalten, daß der Oberst sich mit einem Schreiben an den Letzteren dorthin abzuschicken beschloß.

Um diese Zeit erhielt ich einen Brief aus Paris, der mich in großes Erstaunen und in Verlegenheit setzte. Hätte ich mehr Lebenserfahrung gehabt, so würde ich schon aus der Unterschrift erkannt haben, daß der Brief nichts weiter war, als ein Scherz, den man sich auf meine Kosten machte. Er war nämlich unterzeichnet Maria Chorus, und rührte von einer angeblichen Freundin meiner flachsblonden Mainzer Brockenhexe her, welche nun Choristin an der Opera comique in Paris war. In diesem Briefe hieß es, daß Lorchen sich in Liebe zu mir verzehre, daß ich nach Paris kommen möge, sie zu trösten u. s. w.

Ich hatte in Saarlouis ein kleines Büchelchen: „Die Schwimmkunst," geschrieben, welches hauptsächlich für den Gebrauch in der Armee bestimmt war und auf die bloße Ankündigung zahlreiche Abonnenten fand. Dieses Büchelchen ließ ich in der zwei Meilen von Hofahrtsheim gelegenen Hauptstadt der Provinz drucken, weshalb ich oft dorthin zu reiten hatte. Reiten war eins meiner größten Vergnügungen, und meine erste Frage nach meiner Ankunft war nach den Reitpferden. Das, welches ich zugeritten hatte, war nicht mehr da, aber außer einem alten, sehr schönen aber steifen Schimmelhengst, war da eine Halbblutstute, die der Oberst erst kürzlich gekauft hatte, die aber Niemand reiten wollte, da sie einen Reitknecht dermaßen abgeworfen hatte, daß er mehrere Wochen im Bette liegen mußte. Gleich, als ich aufstieg, ging der Kampf an; ich ließ aber den Kutscher mit der langen Peitsche kommen und das Pferd tüchtig strafen, sobald es nur auf die Hinterfüße trat. Die Stute war wunderschön, kräftig und schnell; hatte aber die äußerst gefährliche Gewohnheit, sich zu überschlagen. Sie versuchte das mehrmals mit mir, aber ich war auf meiner Hut und litt niemals Schaden, obwohl die Oberstin mir prophezeihte, man werde mich nächstens einmal auf einer Tragbahre ins Haus bringen. Um der Stute das Bäumen und Ueberschlagen abzugewöhnen, versuchte ich alles Mögliche ohne Erfolg, bis ich endlich darauf kam, am Kopfgestell eine ziemlich dicke Schnur anzubringen, welche unter der Kehle durch und auf Rollen lief und welche ich mit den Zügeln in der Hand hielt. Sobald die Stute anfing zu steigen, zog ich diese Schnur kräftig an, wodurch ihr die Kehle zugeschnürt wurde. Das Mittel half.

Das Stift, in welchem meine Lieblingscousine Stiftsdame war, lag etwa zehn Meilen von Hofahrtsheim und ich schrieb ihr, daß ich sie besuchen wolle. Sie war zum Besuch auf Schloß J. an der meklenburgischen Grenze, welches einem Herrn von W. gehörte. Dieser lud mich sehr verbindlich ein und ich machte auf der obenerwähnten Stute die Reise in erstaunlich kurzer Zeit. Dabei fällt mir ein Streich ein, den dieses Pferd dem jungen Grafen W., einem Neffen der Oberstin, spielte. Dieser hatte auf einem der Mondscheinsbälle die drei reizenden Töchter des Oberforstmeisters von S. kennen gelernt, der sechs Meilen von Hofahrtsheim wohnte. Der Graf wollte ihm eine Visite machen und ritt auf der Stute hinüber. Der Oberforstmeister sah ihn kommen und ging vor die Thür und die jungen Damen standen am Fenster. Als der Graf, sie höflich grüßend, seine Mütze schwang, nahm die Stute das übel, drehte kurz um und blieb nicht früher stehen, als bis sie wieder in Hofahrtsheim angekommen war. Das Erstaunen des Oberforstmeisters und seiner Töchter war unbeschreiblich.

Schloß F. war ein merkwürdiges, uraltes Gebäude, in welchem es durchaus nicht geheuer war. In eines der Staatszimmer ging man selbst am hellen Tage nur mit Zittern und Zagen. Mir wurde ein Zimmer in einem Thurm angewiesen und es wurde als das einzige bezeichnet, in dem es nicht spuke; es hieß die Zelle und war mit einem Ueberfluß von Schränken in der holzgetäfelten Wand versehen, daß in denselben eine ganze Armee von Geistern Platz gehabt hätte. Herr von W. nahm selbst den Leuchter und führte mich die Treppe hinauf, durch den Ahnensaal in mein Zimmer, was er, wie er sagte, zum ersten Mal mit jedem Gast thue. Die Familie war äußerst liebenswürdig und ich brachte einige sehr angenehme Tage dort zu. — Ich freute mich außerordentlich, meine Cousine wieder zu sehen und sie schien sehr wohl gelitten, besonders von einem sechs Fuß großen bildschönen Inspector, welcher die großen Güter des Herrn von W. bewirthschaftete. Obwohl ich selbst eine Kaufmannstochter liebte und heirathen wollte, so nahm ich es doch fast übel, daß ein Bürgerlicher meiner Cousine den Hof zu machen sich erdreistete. — Von Schloß F. begleitete ich meine Cousine nach Stift H., wo sie allein ein Haus bewohnte, da ihre Mutter, die Generalin, gestorben und ihre Schwester in Berlin war. Gleich am ersten Abend wurde ich zur Aebtissin eingeladen, die eine Schwester meines alten Obersten im Potsdamer Cadettencorps war. Ich verbrachte im Stift einige sehr glückliche Tage und meine Cousine versprach, Alles zu thun, was in ihren Kräften stände, meine Liebe zu befördern. Sie gab mir einen herzlichen, schwesterlichen Brief an meine Geliebte mit und bot ihr, wenn sie es annehmen wolle, ein Asyl in ihrem Hause.

Im Februar 1835 reiste ich von Hofahrtsheim ab und zunächst nach Berlin, um zu hören, wie meine Tante über meine Heirathspläne denke. Meine Cousine, die gerade bei ihr vom Stift zum Besuch herüber gekommen war, hatte für mich gesprochen und ich fand, daß die Tante ganz und gar nichts gegen die Ehe hatte, doch könne ich, sagte sie, auf ihre Hülfe nicht rechnen. Selbst diese Art der Zustimmung von einer Verwandten, die ich so sehr verehrte und liebte, war mir von großem Werth.

Zehntes Capitel.

Paris. — Eduard D. — Julie E. — La petite Eugénie. — Auf dem Lande! — Chantilly. — Recognoscirungen. — Nach Biarmes. — Der confuse Wegweiser. — Seltsames Begegnen. — Die Spitzenklöpplerin. — Hoffnung. — Die Directrice der Hundekomödie. — Der Held macht sich ausgezeichnet lächerlich. — Schauerliche, melodramatische Gerüchte. — Vous êtes l'rrrussien! — Die hohle Gasse. — Donner und Blitz. — Monsieur le Maire. - Molzelles. — Wieder in Paris. — Ein guter Plan. — Eine Parenthese. — Rückkehr nach Chantilly. — Monsieur Casier. — Helenens Noth und Klage. — Die nächtliche Expedition. — Ueberfall von Biarmes. — Hurrah! — Entsetzen! — Unterredung. — Der Spitzenhändler im Schrank. — Rückkehr nach Paris. — Se. Hoheit der souveraine Herzog Karl von Braunschweig! — Baron Anblau. — Rückkehr nach Saarlouis. — Erster Arrest. — Nachricht vom groben C., dem Schwiegervater in spe. — Ich erhalte den erbetenen Abschied und reise ab.

Nachdem ich beinahe acht Tage und acht Nächte im Postwagen gerädert worden war, kam ich eines Morgens in Paris an. Meine Geliebte hatte mir die Adresse eines Hotels angegeben, in welchem ich Eduard D. finden sollte, durch den unsere Correspondenz ging. Eduard war in den Frankfurter Krawall verwickelt gewesen und hatte sein Vaterland verlassen; er lebte seitdem in Paris und fand Beschäftigung bei Buchhändlern, für welche er klassische deutsche Werke in's Französische übersetzte. Er war ein genauer Bekannter einer Freundin Helenens und hatte es übernommen, uns auf die angegebene Weise zu dienen. Als ich der Adresse folgte und in die bezeichnete Straße kam, war kein Hotel darin zu finden, und der Commissionair, der meinen Koffer trug, brachte mich in einen Gasthof in der rue Boulois. Glücklicherweise wußte ich die Wohnung Eduards im Quartier latin.

Mein erster Gang war natürlich auf die Boulevards, wo an der Ecke der rue du Helder die Pflegeschwester meiner Geliebten ein großes und fashionables magasin de nouveautés hatte. Bei ihr wohnte Helene und vielleicht verschaffte mir der Zufall das Glück, sie zu sehen. Als ich in die Nähe des Ladens kam, klopfte mein Herz wie ein Schmiedehammer; ich ging gewiß zehnmal daran vorüber, ehe ich den Muth sammeln konnte, hineinzutreten, um den ziemlich ungeschickten Plan auszuführen, den ich mir erdacht hatte.

Als ich in den Laden trat, sagte ich, daß ich von Frankfurt komme und versprochen habe, Fräulein Helene E. eigenhändig einen Brief zu überliefern. Alsbald erschien eine ganz reizende junge Frau, deren Schönheit dadurch noch pikanter wurde, daß sie damals das Haar kurz abgeschnitten, wie ein Mann, trug, was ihr ganz reizend stand; es war Helenens Pflegeschwester, Madame S. — Sie nöthigte mich in einem Nebenzimmer zum Sitzen und sagte mir, daß Helene verreist sei, allein sie wollte ihr den Brief, den ich für sie zu haben behauptete, nachschicken. Ich lehnte das ab, da ich versprochen habe, ihn persönlich zu überliefern, um mich zugleich von dem Wohlbefinden der jungen Dame zu überzeugen.

Aus dem Zimmer, in welchem wir saßen, führte eine leichte eiserne Treppe in den obern Stock, und da ich der Versicherung von Madame S. nicht glaubte, so hoffte ich stets, Helene diese Treppe herabkommen zu sehen. Das war nicht der Fall, allein ich sah ein anderes hübsches Mädchen, welches mich mit ihren großen schwarzen Augen höchst bedeutungsvoll ansah und, soviel ich aus den Briefen Helenens entnehmen konnte, die „kleine Eugenie", eine Cousine von Madame S., sein mußte.

Da ich endlich keinen Vorwand zu längerem Bleiben hatte, stand ich auf, und als Madame S. — ich will sie lieber Julie nennen — nach meinem Namen fragte, nannte ich den eines Freundes. Eben im Begriff den Laden zu verlassen, begegnete ich den Augen der kleinen Eugenie, die mir einen bedeutungsvollen Blick zuwarf, welcher mich sogleich zum Stehen brachte. Ich that, als fiele mir plötzlich ein, daß ich ein Paar Handschuhe brauche, welche mir Julie selbst brachte. Als ich bemerkte, daß wir an dem einen äußersten Ende des Ladentisches standen und Julie an das andere Ende würde gehen müssen, um Geld zu wechseln, da sich dort die Kasse befand, so bezahlte ich die Handschuhe mit einem Goldstück. Meine List gelang; kaum hatte Julie den Rücken gekehrt, als die kleine Eugenie mit großer Gewandtheit ein Billet in meinen Hut warf, welchen ich auf den Ladentisch gestellt hatte. Sowohl Eugenie als Julie hatten mich auf der Stelle nach einem Miniaturbilde erkannt, welches Helene von mir besaß.

Als ich auf die Straße kam und es mit Sicherheit thun konnte, öffnete ich das erhaltene Billet; es war von Helenen und die Tinte fast noch frisch. Sie schrieb mir, daß sie gezwungen sei, „auf das Land" zu gehen und eben im Begriff abzureisen, daß sie mich jedoch um jeden Preis sehen müsse. Auf das Land! — Ich wollte fast närrisch darüber werden! Auf das Land! Das Land ist um Paris ganz verdammt weitläufig! — Ich wußte mir nicht zu rathen und beschloß, mit Eduard darüber zu reden, den ich sogleich aufsuchte. Wir kannten uns noch nicht persönlich;

allein er war nicht älter als ich — obwohl etwas erfahrener — und in diesem Alter wird man schnell bekannt.

Er wußte ebenfalls nicht zu sagen, wohin Helene „auf das Land" gegangen sein könne, und es blieb nichts übrig, als den Versuch zu machen, die kleine Eugenie zu sprechen, um es von ihr zu erfahren. Am Tage wollte ich mich nicht in der Nähe des Ladens blicken lassen und wartete daher die Dunkelheit für meinen Versuch ab.

Als ich nach Finsterwerden an der Ecke der rue du Helder umherstrich und mein Gesicht an die Scheiben drückte, erkannte mich die kleine Eugenie, die auf der Lauer war, auf der Stelle und kam zu mir auf die Straße. Sie sagte, Helene sei in Chantilly bei Herrn D., dem Spitzenfabrikanten, welcher sie auch nach Paris gebracht hatte. Man hatte einen meiner Briefe aufgefangen und daraus erfahren, daß ich nach Paris kommen würde; aus diesem Grunde war Helene an demselben Morgen genöthigt worden, abzureisen. Sie war kaum fort, als ich in den Laden trat. Die kleine Eugenie war sehr theilnehmend und konnte gar nicht aufhören, uns „pauvres enfants" zu beklagen. Ich war so erfreut darüber, daß sie mir den Aufenthaltsort Helenens nannte, daß ich sie jubelnd in meine Arme schloß und ihr einen Kuß mitten auf den Mund gab, worüber sie sehr erstaunt war.

Am andern Tage fuhr ich mit dem Postwagen nach Chantilly ab, wo ich am Nachmittag ankam und im Hotel d'Angleterre abstieg. Ich fragte Jedermann nach Herrn D., und war höchlich verwundert darüber, daß ihn Niemand kennen wollte. Mit Träumen von Helenen schlief ich ein, und als ich frühzeitig am andern Morgen erwachte, begann ich sogleich meine Nachforschungen nach Herrn D. auf's Neue. Chantilly ist ein hübsches Städtchen und neuerdings bekannt durch die dort gehaltenen Wettrennen; rings umher liegen eine große Menge Landhäuser, und wenn es mich auch über= raschte, daß ein nicht unbedeutender Spitzenhändler, wie Herr D., nicht bekannt war, so erklärte sich das allenfalls durch die Annahme, daß er in einer dieser ziemlich zerstreuten Villen lebte. Der sehr nahe liegende Gedanke, auf dem Postbureau nach ihm zu fragen, fiel mir nicht ein, denn ich war in manchen Dingen noch sehr unerfahren.

Mehrere Stunden lang strich ich nun um alle Land= häuser, die mir aussahen, als ob sie einem Spitzenhändler gehören konnten, und faßte besonders jedes einsame Fenster in's Auge. Ich überkletterte Zäune und Mauern, und wer mich sah, mußte glauben, daß ich irgend einen Einbruch beabsichtigte. Unter solchen Fenstern, die mir Vertrauen einflößten, trillerte oder pfiff ich ein meiner Geliebten be= kanntes Lied, welches sie sicher an's Fenster gelockt haben würde. Alle meine Mühe war jedoch vergebens, und sehr niedergeschlagen kehrte ich nach einigen Stunden in meinen Gasthof zurück. Auf den Rath der Wirthin gab ich einem Commissionair den Auftrag, seine Bemühungen mit den meinigen zu verbinden und wir zogen nun Beide getrennt aus, die Nachforschungen fortzusetzen. Gegen Mittag traf ich mitten im Ort mit diesem Manne zusammen, der jedoch ebenso wenig etwas entdeckt hatte als ich.

Als ich endlich in eine kleine Gasse kam, sah ich eine alte Frau mit einem ehrwürdigen Schnurrbart vor der Thüre sitzen. Als ich meine bereits mehr als hundertmal wieder= holte Frage nach Herrn D. an sie richtete, fragte sie mich, ob ich den alten oder den jungen Herrn meine? Da ich bei näherem Nachforschen erfuhr, daß „l'enfant" nun gegen fünfzig Jahre alt sein könne, war ich ziemlich sicher, meinen Mann gefunden zu haben. Die gute Alte sagte mir, daß er schon seit vielen Jahren nicht mehr in Chantilly, sondern in Biarmes wohne, welches einige Meilen seitwärts liege. Als ich vergnügt in den Gasthof zurückkehrte, fand ich den Commissionair mit derselben Nachricht und beschloß, mich augenblicklich auf den Weg zu machen.

Der Weg nach Biarmes führte mitten durch den Wald. Ich zog mein grünes Jagdhemde über den Rock, schnitt mir einen tüchtigen Stock ab und sah so ausländisch wie möglich aus, was ich durch meine Verkleidung grade hatte vermeiden wollen. Es war zwar mitten im Februar, allein das Wetter war wie im Frühling, und die Landschaft und der Wald sahen aus wie bei uns zwei Monate später. Ich schritt rüstig vorwärts, sehr erstaunt darüber, auf meinem Wege fast keinem Menschen zu begegnen; es war als wandere ich in einem amerikanischen Urwalde, nur daß der Wald von Chantilly von unzähligen Wegen zur Parforcejagd durchschnitten war, die das Verirren sehr begünstigten. Da ich mir die Richtung von Biarmes hatte zeigen lassen, so fand ich mich trotzdem zurecht, bis ich an einen Punkt kam, von welchem gegen vierundzwanzig Alleen sonnenförmig ausstrahlten. Der Wegweiser mit ebenso vielen Armen machte mich nicht weiser, denn auf ihnen stand: avenue du duc d'Orléans, du Prince X. Y. Z., du Roi ec., niemals aber der Ort, wohin diese Straße führte. Da nun wenigstens sechs der vor mir liegenden nach Biarmes gehen konnten, so beschloß ich; ruhig die Ankunft irgend eines Menschen abzuwarten, den ich um Rath fragen könne. Der Punkt, auf dem ich mich befand, schien mir zu diesem Ende der günstigste des ganzen Waldes und ich setzte mich geduldig am Fuße des Wegweisers nieder.

Ich brauchte nicht lange zu warten. Die mir gegenüber liegende Allee herauf kam ein Reiter, welcher von zwei schönen Hühnerhunden begleitet wurde, die mich bald wedelnd umsprangen, da mein Jagdhemd den Geruch von manchem Hasen oder Huhn zurückbehalten haben mochte. Als ich aufstand, zog der Reiter den Zügel an und betrachtete mich aufmerksam; mein Jagdhemd und mein roher Waldknittel mochten ihm eben kein großes Zutrauen einflößen. Als er herankam, fragte ich nach dem Weg, und nachdem er ihn mir gesagt hatte, erkundigte er sich, zu wem ich in Viarmes wolle? — Als ich Herrn D. nannte, sagte er zu meinem Erstaunen: „Ah, Sie sind Herr von Corvin! Ich kenne Ihre Angelegenheit. Sie suchen eine junge Dame, Namens Helene." —

Der Mann hatte alle Ursache, sich an meinem Erstaunen zu weiden, denn ich muß ein ausgezeichnet einfältiges Gesicht gemacht haben. Es kam mir auch wirklich sehr unverhofft, mich hier mitten in einem Walde, mitten in Frankreich, von einem mir ganz zufällig begegnenden Reiter nicht nur bei meinem Namen angeredet, sondern ihn auch sogar mit dem Zweck meiner Reise bekannt zu finden!

„Sind Sie etwa Herr D.?" fragte ich endlich. — „Nein," sagte er lächelnd, „mein Name ist Casier und ich wohne in Chantilly; allein ich war gestern bei meinem Freund D. zum Frühstück, als er mit der jungen Dame aus Paris ankam, und daher wußte ich, daß Sie erwartet würden. Als nun heute Morgen Ihr Commissionär zufällig zu mir kam, sich nach Herrn D. erkundigte und Sie mir beschrieb, wußte ich gleich, wer Sie waren und ritt zu meinem Freunde hinüber, um ihn von Ihrer Ankunft in Kenntniß zu setzen. — Wollen Sie die junge Dame sprechen, so müssen Sie sehr vorsichtig verfahren." Er sagte mir ferner, das Haus des Herrn D. liege mitten in einem von einer hohen Mauer umgebenen Garten, und es würde mir schwer werden, anzukommen. Ich versicherte ihn jedoch, daß eine Mauer nur ein sehr kleines Hinderniß sei und daß ich meine Geliebte sprechen wolle und müsse, da ich einzig zu diesem Ende mehrere hundert Meilen gemacht habe.

Als der Mann hinwegritt, bemerkte ich an dem Ausdrucke seines Gesichtes, daß ihm seine Handlungsweise leid that und daß ich seine Theilnahme gewonnen hatte. Ich fand, was er gethan hatte, sehr begreiflich und natürlich; allein dessenungeachtet schickte ich ihm doch einige Segenswünsche nach, die ich nicht eben wiederholen will.

Den gegebenen Anweisungen folgend, kam ich denn auch bald nach Biarmes, wo ich mir ein Zimmer und ein Mittagessen bestellte, von dem ich nicht einen Bissen berührte. In dem vereinsamten Wirthszimmer saß eine Frau, welche Spitzen klöppelte; ich fragte sie nach der Wohnung des Herrn D. und sie sagte mir, daß sie für denselben arbeite. Vorsichtig fragte ich nach den Personen in seinem Hause, und sie antwortete, „daß Herr D. neulich eine Engländerin mit von Paris gebracht habe, die mir ähnlich sehe, und daß sie den Koffer der Dame von der Post nach Hause getragen habe." Da sie gerade eine Arbeit abzuliefern hatte und zu diesem Ende nach D.'s Hause gehen mußte, so suchte ich sie durch ein Fünffrankenstück und das Versprechen eines andern zu bewegen, dieser jungen Dame heimlich ein Billet zuzustecken und mir die Antwort zu bringen, was sie auch ohne große Umstände zu unternehmen versprach.

Da unsere Correspondenz oft in Gefahr gerieth, unterschlagen zu werden, so hatten meine Braut und ich eine Chiffreschrift verabredet; in dieser schrieb ich ein offenes Zettelchen, welches sie von meiner Anwesenheit unterrichtete und worin ich sie bat, mir die Mittel anzugeben, wie ich sie sprechen könne.

In unbeschreiblicher Aufregung in meinem Zimmer auf und nieder rennend, erwartete ich die Rückkehr der Spitzenklöpplerin. Endlich kam sie. Sie sagte mir, es sei alles gut gegangen. Als die junge Dame das Billet angesehen, sei sie roth geworden „bis auf die Fingerspitzen." Für den Augenblick sei keine Antwort zu erwarten, da man gerade bei Tisch sitze, allein sie wolle nach einiger Zeit wieder hingehen, um dieselbe zu holen. — Ich mußte mich in Geduld fügen. Nach längerer Zeit kam die Spitzenklöpplerin zwar ohne Antwort, allein mit einer andern Frau zurück, die mir sagte, daß sie im Hause des Herrn D. beschäftigt sei und mir eine Unterredung mit Fräulein Helene verschaffen und ein anderes Billet überbringen wolle. Ich war außerordentlich erfreut und gab ihr Geld, welches sie nur mit Widerstreben nahm. Das fiel mir ein wenig auf.

Nach sehr kurzer Zeit kam diese neue Vertraute zurück und sagte mir, daß ich meine Geliebte sprechen könne, allein nicht im Hause des Herrn D. und daß ich ihr folgen möge. Das that ich mit einigem Mißtrauen, da mir Helene gar kein Zeichen geschickt hatte, durch welches die Zuverlässigkeit des Boten garantirt war; allein was konnte mir viel begegnen? Für den Nothfall war ich mit einem Jagdmesser (Knicker) bewaffnet; wenn man stets gewohnt ist, einen Degen an der Seite zu tragen, fühlt man sich ohne Waffe außerordentlich unbehaglich.

Ich folgte meiner Führerin durch mehrere Gäßchen in ein Zimmer, in welches man unmittelbar von der Straße eintrat. In demselben befand sich in einer Ecke ein Verschlag, der als Comptoir diente; mehrere Frauen waren im Zimmer anwesend. Man wies mich in dieses Comptoir, wo ich meine Geliebte finden würde. Mit klopfendem Herzen trat ich ein und hätte beinahe eine starke, ziemlich große

Dame in meine Arme geschlossen, die eine Art von Turban auf dem Kopfe trug, einen offenen Brief in der Hand hatte, und die ich, ihrem Aussehen nach, für die Directrice einer Affen- und Hundekomödie hielt. Sie gab sich mir indessen als Madame D. zu erkennen und zugleich einen Brief von Helenen, in welchem diese mich bat, sobald als möglich wieder abzureisen, da sie mich nicht sehen könne, aber fest an dem zu halten, „was sie mir in ihrem letzten Billet gesagt habe." Daß ich dich unendlich liebe! u. s. w., u. s. w. dachte ich, wie es in jedem Billetchen stand, und ballte den erhaltenen Brief wüthend in der Hand zusammen.

Die Directrice der Hundekomödie weidete sich an meiner Täuschung und meinem Zorn und stand da, lächelnd wie eine böse Fee. Wäre ich meiner Sinne mehr mächtig gewesen und der französischen Sprache gleichfalls, dann würde ich der Dame gute Worte gegeben und meinen Zweck sicher erreicht haben; denn beleibte Vierzigerinnen widerstehen niemals den Bitten und Schmeicheleien eines hübschen jungen Mannes von Zwanzig, besonders wenn derselbe verliebt ist; ihr Herz schmilzt wie Butter, wie ich das manchmal erlebt hatte. Allein mein durch die Aufregung noch gebrochener werdendes Französisch war eben nicht geeignet, Schmeicheleien auszudrücken. Als mir Madame D. mit großer Schadenfreude sagte: „Sie wollen Fräulein Helene sprechen? — Sie werden sie nicht sprechen!" antwortete ich: „Ich will!" was sie so zornig machte, daß sie anfing zu tanzen. Sie sagte mir nun triumphirend, Helene sei mit Herrn D. bereits auf dem Wege nach Paris. Ich war lächerlich wüthend, und da mein Französisch mich gänzlich verließ, so machte ich meinem Zorn in einem halben Dutzend deutscher Kernsprüche Luft, die Niemand verstand und worüber die Directrice der Hundekomödie und der ganze Chor der Spitzen-

Klöppeläffinnen in ein schallendes Gelächter ausbrachen. Mir war zu Muth, als solle ich vor Zorn närrisch werden.

Man wird sich vielleicht darüber wundern, daß meine Liebe bei Französinnen nicht mehr Theilnahme und Hülfe fand; allein dies hatte seinen sehr vernünftigen und für die Französinnen ehrenvollen Grund. Daran war der Korb Champagner schuld, der Herrn Johann Adam mit monat= lichen Gehaltsabzügen von zwei Thalern bezahlt werden sollte, wenn nämlich die Reihe an ihn kam, über welches Arran= gement er sehr zornig und mein erbitterter Feind wurde. Er hatte Helenens Vater ein Schauergemälde von mir ent= worfen, so daß dieser meinen mußte, Don Juan sei ein Tugendheld im Vergleich mit mir. Unter den guten Leuten in Biarmes war daher verbreitet, „die junge Dame sei von ihren Eltern hierher geschickt worden, um den Nachstellungen eines deutschen Grafen zu entgehen, der sie entführen, zu seiner Maitresse machen und dann im Stich lassen wolle, wie es schon mit einer Menge anderer Mädchen von ihm geschehen sei.

Trostlos kehrte ich in meinen Gasthof zurück und schloß mich in meinem Zimmer ein, um mich auszuflennen, ohne daß es Jemand gewahr würde. Das war nach einer halben Stunde geschehen und ich konnte ruhiger darüber nachdenken, was zu thun sei. Der Brief von Helene war ohne allen Zweifel ihr abgezwungen worden, und der Schluß bezog sich darauf, „daß sie mich unter allen Umständen sehen müsse." Daran hielt ich fest und beschloß, zu diesem Ende kein Mittel unversucht zu lassen. Ferner zweifelte ich daran, daß Helene Biarmes verlassen habe und beschloß, ehe ich etwas weiteres unternahm, mir hierüber Gewißheit zu verschaffen. — Zu diesem Ende ging ich nach dem Hause des Herrn D. und schellte an der Thür. Eine alte Frau öffnete mir; ich fragte nach Fräulein Helene und bot ihr einen Napoleonsd'or, wenn sie mir eine Unterredung mit ihr verschaffen, ja sie mir nur von Ferne zeigen wolle. Es war vergebens; sie sagte mir, „die Dame sei mit Herrn D. verreist und alle Thüren seien verschlossen." Ich bot ihr mehr Geld und endlich zwölf Napoleons, — alles baare Geld, das ich bei mir hatte! — Vergebens! — Sie schlug die Thüre zu und rief: »Vous êtes Prrrussien!"

Unterdessen war meine arme Helene in einem Zimmer des Hauses eingeschlossen, und als es schellte, hatte sie die feste Ueberzeugung, daß ich an der Thür sei und wollte verzweifeln!

Dicht an dem Hause des Herrn D. arbeiteten in einer langen Gasse Seiler, die nothwendig gesehen haben mußten, wenn ein Wagen von der Thür abgefahren war. Diese Leute fragte ich und sie sagten mir, Herr D. sei vor etwa einer Stunde in sein Cabriolet gestiegen mit derselben Dame, mit welcher er vor einigen Tagen gekommen, und habe den Weg nach Paris eingeschlagen. Daß diese Leute durch Madame D. veranlaßt waren, dies zu sagen, konnte ich natürlich nicht wissen, und beschloß nun, wo möglich das Cabriolet einzuholen, was ich mit Hülfe von Extrapost und guten Trinkgeldern zu erreichen hoffte.

Als ich, um nach meinem Gasthof zurückzukehren, durch eine von Gartenmauern gebildete enge Gasse schritt, trat mir plötzlich aus einer kleinen Thür die Directrice der Hundekomödie entgegen, und ihr Turban wackelte herausfordernd. Sie stemmte beide Arme in die Seite und fragte spaßhafter Weise nach meinen Papieren. Ich antwortete mit der Gegenfrage, ob sie Polizeicommissarius sei? und der Behauptung, daß ich dasselbe Recht habe, die Straße zu benützen, wie sie selbst. Sie sagte: „Monsieur, vous êtes fou!"

was ich höchst unartig mit: „Madame, vous êtes folle!" beantwortete, worüber der Turban sich so ärgerte, daß er beinahe seinen Halt verlor.

Es hatte sich ein Kreis von Zuschauern gebildet, die sich höchlich zu amüsiren schienen, während ich beinahe vor Zorn darüber erstickte, daß ich den vor mir stehenden zwei Centnern Erbsünde anständiger Weise nicht zu Leibe gehen konnte. Ein langer Bauernlümmel, der auf Armslänge von mir stand, schrie: „O hé!" und lachte über eine Drohung von mir, als wolle er seine langen Ohren fressen. Auf ihn entlud sich daher das lange zurückgehaltene Donnerwetter in einer concentrirten Fundamental=Ohrfeige, die den darüber höchlich Erstaunten an die Erde brachte; denn meiner schlanken, nicht eben großen Gestalt und meinem jugendlichen Gesichte konnte man nicht wohl einen solchen Arm zutrauen.

Madame D. verlor vor Entsetzen wieder fast ihren Turban und schickte nach Monsieur le Maire, der ihr Haus= freund war. Ich dachte, sie schicke nach der Polizei, wogegen sich mein Officiersstolz dermaßen empörte, daß ich ganz außer mir gerieth und mein Jagdmesser zog, dessen Funkeln Alle zum Weichen brachte. „C'est un enragé!" schrieen sie, und da die Franzosen sehr vernünftiger Weise vor einem solchen allen Respect haben, so ließen sie mich ungehindert meinen Gasthof erreichen.

Ich bestellte sogleich Postpferde, hatte aber den Verdruß, zu hören, daß sie nicht zu haben wären, da Biarmes keine Poststation sei und ich zu diesem Ende nach Moizelles gehen müsse, welches zwei Stunden entfernt sei. Das beschloß ich zu thun, und machte mich augenblicklich auf den Weg. Ueber= all fragte ich nach dem Cabriolet des Herrn D. und über= all fand ich Leute, welche ein solches, mit einem Herrn und einer Dame darin sitzend, und bespannt mit einem „grand cheval jaune" gesehen haben wollten.

Ein Arbeiter, der in Biarmes beschäftigt und in Moizelles zu Hause war, begleitete mich, angelockt durch meine Blouse, die er mit meinem Gesichte und sonstigem Anzug durchaus nicht in Einklang bringen konnte. Da ich seit ein paar Tagen fast gar nichts gegessen hatte und meine Kräfte anfingen, sich zu erschöpfen, so trat ich mit meinem Begleiter in eine am Wege liegende Kneipe, wo ich mit wahrer Wolfsgier eine schauerliche Wurst und eine Flasche Rothwein zu mir nahm, die aber meine Lebensgeister gründlich erfrischten.

Als ich in die Nähe von Moizelles kam, war es bereits dämmerig. Einem bärtigen Gensdarmen, der uns begegnete, fiel ich auf; er hielt mich an und fragte: wer, wie, wo und wohin? Ich sagte ihm, daß ich preußischer Officier sei und mir das Vergnügen mache, einen Theil Frankreichs zu Fuße zu durchwandern. Er wunderte sich darüber, daß ich schon Officier, und noch mehr, als ich ihm sagte, daß ich es schon seit fünf Jahren sei. Meinen Paß wollte er gar nicht sehen und zeigte mir mit außerordentlicher Artigkeit den Weg nach der Posthalterei.

Als ich von dem Posthalter eine Chaise und zwei Pferde Extrapost verlangte, sah er mich und meine Blouse von oben bis unten an und lachte mir dann gerade ins Gesicht. Das nahm ich denn sehr übel und wandte das Mittel an, welches ich schon mehrmals als recht wirksam bei Franzosen erprobt hatte, — ich ward grob. Ich sagte ihm, daß es eine Dummheit sei, über mich zu lachen, wenn ich mich vielleicht nicht geläufig auszudrücken verstünde; käme er nach Deutschland, dann wäre er ja gar nicht einmal im Stande, Pferde zu verlangen, und ich müsse ihm sagen, daß er der einzige Flegel sei, den ich bisher in Frankreich angetroffen habe. Der Mann wurde nun sehr artig, und nachdem er meinen Paß gesehen hatte, ohne welchen er keine Pferde geben dürfe, sorgte er dafür, daß ich das Verlangte erhielt.

Es war, wie schon oben bemerkt, im Februar, und da ich keinen Mantel bei mir hatte, so fror ich in meinem zweirädrigen Halbwagen ganz entsetzlich, und der Weg nach St. Denis ward mir sehr lang. Der Postillon, welcher ritt, sagte stets, daß wir gleich dort wären; allein es war zehn Uhr Abends, als wir ankamen. Da Extrapost in Frankreich ziemlich kostspielig ist, so erkundigte ich mich bei dem Postillon nach einer andern Gelegenheit, und er brachte mich nach dem Omnibus. Ich bewog den Conducteur desselben, da sich andere Passagiere nicht fanden, gegen Zahlung einer mäßigen Summe, mich allein nach Paris zu fahren und auf den Boulevards in der Nähe der ruo du Helder abzusetzen.

Es war Mitternacht, da ich anlangte; allein das ist in Paris, besonders in jenem Theil der Stadt, noch früh, und die Läden waren noch sämmtlich offen. Ich zeigte mein Gesicht abermals an der Fensterscheibe der „mère de famille" — so hieß das Magazin der Madame S. — und hatte das Glück, die kleine Eugenie, welche stets auf dem qui vivo war, auf die Straße zu locken.

„Mon Dieu! ich denke Sie sind in Chantilly!" — „Hol' der Fuchs Chantilly! Ist Helene nicht hier?" — „Mais non! Sie ist in Chantilly!" — Ich erzählte ihr nun meine Abenteuer. Sie rang ihre hübschen Händchen und rief einmal über das andere: „Pauvres enfants!" — Da sie mir nicht rathen konnte, so sagte ich ihr gute Nacht und setzte mich in ein Cabriolet, um zu Eduard zu fahren, mit dem ich weitere Schritte berathen wollte. Ich traf bei ihm seinen Bruder und andere Flüchtlinge.

Ich wollte um jeden Preis Helene sprechen und hatte zu diesem Ende auf dem Wege nach dem Quartier latin einen Plan entworfen, der zwar ziemlich abenteuerlich, aber nichts weniger als unausführbar war. Ich trug ihn Eduard und seinen Freunden vor, die ihre Hülfe zusagten, wenn ich am Morgen nichts Besseres gefunden haben würde, allein sehr vernünftige Ansichten und Bedenken in Bezug auf Gensdarmerie und Bauernprügel äußerten. — Der wilde Plan war nämlich folgender. Wir Alle wollten nach Biarnies fahren und, da das Haus des Herrn D. ganz allein in einem Garten lag, den Eingang erzwingen und alle Verbindung der Hausbewohner mit Außen so lange verhindern, bis ich meine Geliebte gesprochen und ihr mitgetheilt, was ich zu sagen hatte.

Während der Nacht kam mir besserer Rath. Da mein Koffer noch im Gasthofe in Chantilly stand, so mußte ich jedenfalls dorthin zurückkehren, um ihn abzuholen. In jenem Orte wohnte Herr Casier, der Reiter mit den zwei Hunden, dem ich im Walde unter dem vielarmigen, konfusen Wegweiser begegnet war, und ich dachte an den Ausdruck seines Gesichtes, als er von mir schied. Auf diese Miene baute ich meinen Plan; ich wollte den Mann besuchen; er sollte mir auf friedlichem Wege zu einer Unterredung mit Helenen verhelfen. Dieser Plan wurde von meinen Freunden für weit vernünftiger erklärt, und ich beschloß daher, am andern Tage nach Chantilly zu reisen, da vorher keine Post abging. Am Tage besah ich mir in Gemeinschaft mit Eduard Paris.

Da Eduard am Abende anderweitig engagirt war und ich nicht wußte, was ich mit meiner Zeit anfangen sollte, so beschloß ich, Lorchen aufzusuchen, an welche mich der Brief in meiner Brieftasche erinnerte. Sie wohnte in der rue Grenelle St. Honoré, und als ich nach ihr fragte, umarmte mich beinahe die deutschredende Elsäßer Köchin, führte mich in Lorchens Zimmer, welches Eingänge direct aus Hof und Küche hatte, und sagte mir, daß Mademoiselle in der Oper sei und vor Freude außer sich gerathen würde, mich zu sehen. In dem Zimmer standen zwei Betten, und die gesprächige Köchin theilte mir mit, daß Lorchen mit einer andern Choristin aus Mainz zusammen wohne. Ein deutscher Musikdirector, welcher herzu kam und sich ohne Umstände an den im Zimmer stehenden Flügel setzte, rieth mir, in die Oper zu gehen und dort Lorchen aufzusuchen. Ich solle nur zum Portier der Bühne mit recht deutschem Accent sagen: „Jo suis dans le chocur allemand," und er werde mich ohne Umstände passiren lassen.

Ich beschloß, diesem Rath zu folgen und ging nach der Opéra comique, die damals noch der Börse gegenüber lag. Hier wurde nun schon achtzig Abende hinter einander der Freischütz gegeben, zu welchem Ende man deutsche Chöre engagirt hatte. Für die „feingebildeten" Franzosen paßte natürlich das deutsche Ammenmärchen nicht, und höchst geist= reiche französische Johann Ballhorns hatten das deutsche Stück nach französischem Geschmack verbessert. Es hieß nun Robin des bois, und Samiel war gestrichen, das heißt, man hatte ihn in einen alten Jäger verwandelt, der zwar allerdings auch noch der Teufel, aber ein französirter war. Die Wolfsschluchtscene war auch französirt, und als die ge= spenstischen Ungeheuer Caspar aus seinem Kreise trieben, trieben sie mich ebenfalls zum Theater hinaus, da meine deutsche Dummheit diese französische Verballhornung nicht länger ertragen konnte. Es. war jedoch nicht an dem in Rede stehenden Abend, daß ich mir diesen Aerger bereitete.

Ich lief ganz keck die Treppe hinauf, und als der Por= tier sich neugierig nach mir erkundigte, schrie ich: „Je suis dans le choeur allemand!" und schlüpfte auf die Bühne. Ich mußte aber zu anständig für einen deutschen Choristen aussehen, denn der Portier schlüpfte mir nach und erwischte mich am Fuße eines zur Wolfsschlucht gehörigen Felsens. Ich wollte ihn mit einem Fünffrankenthaler beschwichtigen; er hatte gegen denselben nicht das Geringste einzuwenden, steckte ihn in die Tasche, erklärte aber bestimmt, daß er bei Verlust seiner Stelle keinen Wolf in seinen Schafstall lassen dürfe. Alles, was er thun könne, sei, dem Schäfchen, welches ich wahrscheinlich fressen wolle, meine Karte zu bringen. Diese händigte ich ihm ein und er machte sich damit auf den Weg, doch nicht bevor er mich außer dem Bühnenparadiese und die Thür zu demselben wohl geschlossen wußte. Lachend wartete ich am Fuß einer kleinen Treppe von etwa sechs Stufen.

Plötzlich öffnete sich die Thür und mit fliegenden Haaren stürzte ein halb bekleidetes reizendes Mädchen hervor, die Stufe hinunter mir in die Arme, weinend und lachend zugleich; es war Lorchen. Meine Karte hatte sie bei der Toilette überrascht, gerade als sie eben damit beschäftigt war, sich als Jungfer für den Freischütz zu maskiren, der noch nicht begonnen hatte. Sie war damit nicht weiter als bis zum ersten, sehr kurzen Unterröckchen vorgerückt; allein sie sah deshalb nicht weniger hübsch aus. Das waren dieselben schönen blauen Augen, dasselbe unschuldige Kindergesichtchen und dieselben Flachshaare wie in Mainz; allein sie war größer, schlanker und voller in Busen und Hüften geworden, was ich nicht für einen Mangel erklären konnte.

Sie ließ gleich durch eine Freundin, die ihr den Mantel brachte, sagen, daß sie nicht wohl geworden sei und fuhr mit mir in ihre Wohnung. Dort legte sie ihren Mantel natürlich ab und sah in ihrem unvollendeten Jungfercostüm sehr bedenklich reizend aus. Dabei erstickte sie mich beinahe mit Küssen, so daß sie im Laufe der Unterhaltung zu der pathetischen Versicherung veranlaßt wurde, „daß ihre Unschuld ja alles sei, was sie besitze." Das schien mir für eine Pariser Choristin ein wenig einträgliches Kapital; die Versicherung rührte mich aber unendlich und erzeugte den festen Entschluß, das tugendhafte Mädchen in keiner Weise ärmer zu machen. Noch heute bin ich glücklich darüber, denn hätte ich mich zum Raub an ihrer Armuth verleiten lassen, so wär' sicher kein Zweifel gewesen, daß ich's „bis an mein selig Ende spürte," wie Herr Schwertlein.

Als das Theater zu Ende war, kam Lorchens Stubengenossin, wahrscheinlich eine ebensolche Kapitalistin, in Begleitung ihres „Bräutigams." Lorchen hatte mir soviel zu erzählen und wollte mich nicht gehen lassen; ich mußte mich in das neben ihr stehende Bett legen, das der anderen Kapitalistin gehörte, welche die Nacht mit ihrem „Bräutigam" auf einem Sessel zu verplaudern die Gefälligkeit hatte.

Diese Nacht war trotz aller Unschuld eine keineswegs angenehme, und ich weiß nicht, woher es kam, daß ich mir beständig eine Stelle aus einem Gedichte wiederholen mußte, welches ich einst bei einer feierlichen Veranlassung declamirt hatte:

„Siegen ziemt dem Göttersohne,
Sich besiegen aber weiht
Ihm die höchste Strahlenkrone
Himmlischer Unsterblichkeit."

Ich glaube, das Gedicht heißt: „Herkules am Scheidewege."

Ich bedauere, daß ich die Unterhaltung der drei Zurückbleibenden nicht mit anhören konnte, nachdem ich am Morgen von ihnen Abschied genommen hatte! Erst mehrere Jahre nachher wurden mir in Bezug auf Lorchen die Augen geöffnet. Schon bald nach ihrem Engagement in Mainz offenbarte sich ihr glänzendes Talent. In Wiesbaden gab sie sich für eine Gräfin aus; der Herzog von Nassau verliebte sich in sie und fuhr mit ihr im offenen Wagen spazieren. Später spielte sie häufig auf einer kleinen Bühne in Offenbach, ehe sie nach Paris ging — und ich war nicht wenig erstaunt über die Nachrichten, welche ich zufällig von ihrem Leben erhielt. — Als ich sie zum Abschied in Paris besuchte, fragte sie mich um Rath, was sie thun solle? Ein berühmter Sänger wolle sie heirathen. Ich sagte, daß es sehr gescheut von ihr sein würde, wenn sie demselben ihre Hand reichte und gab ihr meinen Segen. Seitdem habe ich nichts wieder von ihr gehört.

Am nächsten Vormittage kam ich in Chantilly an und machte sogleich Herrn Casier meinen Besuch. Er war erfreut, mich zu sehen, sagte, daß er mich erwartet habe und daß er den Tag vorher meinetwegen nach Biarmes geritten sei; es sei sehr thöricht, meinte er ferner, daß man mich meine Geliebte nicht habe sehen lassen und versprach, selbst mit mir am Nachmittage hinüber zu fahren. Der freundliche Mann lud mich zu sich zu Tische und vorher zu einem Spaziergange ein, bei welchem er mir die Schönheiten und Merkwürdigkeiten seines Wohnortes zeigte. Unter den letzteren war das in der Revolution beinahe gänzlich zerstörte Schloß der Condés und das zu demselben gehörige und vollständig erhaltene Stallgebäude, welches mehr einem Schlosse ähnlich sieht, als manche Residenz regierender Fürsten. Solche Pferdeställe giebt es, glaub ich, in der ganzen Welt nicht mehr! Auch eine Kapelle ist in dem Gebäude, in welcher sonst an jedem St. Hubertustage sämmtliche Jagdhunde — ich weiß nicht, ob die Jagdpferde auch — eine Messe mitanhören mußten. Herr Casier war außerordentlich für seinen

Wohnort eingenommen und forderte mich mehr als einmal auf, den Ruhm von Chantilly weiter zu verbreiten, was ich eben nicht nöthig hatte, da der Ort bekannt genug war.

Nach Tisch sagte mir mein liebenswürdiger Wirth, daß es besser sei, wenn wir zu Fuß nach Viarmes gingen; sein Cabriolet sei bekannt, meine Geschichte habe in dem kleinen Orte Aufsehen gemacht und käme er mit mir an, dann würde es einen Auflauf geben; zu Fuß könne er aber in Herrn D.'s Haus gelangen, ohne durch das Dorf zu gehen. Ich fügte mich natürlich allen Anordnungen des freundlichen Mannes.

Meine arme Helene hatte unterdessen auch mancherlei zu leiden gehabt. Die Leute, bei denen sie war, konnten gar nicht begreifen, daß sie ihnen nicht fußfällig für die Mühe dankte, welche sie sich gaben, mich fern zu halten. Es schien ihnen von der alleräußersten Wichtigkeit, zu verhindern, daß wir uns auch nur eine Viertelstunde allein sähen, was als ganz sicherer Ruin betrachtet worden wäre. Franzosen haben gar keine Idee von einer innigen deutschen Liebe; sie fassen alles rein sinnlich auf und betrachten den Geliebten und seine Geliebte wie Pulver und Feuer, die man nie zusammen bringen dürfe.

Als ich zum ersten Mal in Viarmes war, hatte man Helene „zu ihrem eigenen Glücke" in ihrem Zimmer eingeschlossen und sie gezwungen, das Billet zu schreiben, welches die Directrice der Hundecomödie mir übergab; die Schreiberin hatte aber gehofft, ich würde den pfiffigen Schluß des Briefchens sogleich verstehen.

Als Helene am Sonntag in die Kirche ging, war sie ein Gegenstand allgemeiner, ihr höchst unangenehmer Aufmerksamkeit. „Das ist sie!" flüsterten die Leute und zeigten sie sich einander mit den Fingern. Herr D. und seine zwei Centner beturbanter Erbsünde waren ganz stolz darauf, eine so merkwürdige Person in ihrem Hause zu haben; allein Herr D., der keinen Ueberfluß an Muth hatte, war die Sache sehr bedenklich. Man hatte ihm gesagt, ich führte nicht allein ein Jagdmesser, sondern auch Pistolen bei mir und hätte seine Mauer für gar kein Hinderniß erklärt! Das beunruhigte seine Phantasie ganz außerordentlich, und als er sich endlich mit Zittern und Zagen schlafen legte, stellte er eine geladene lange Entenflinte neben sein Bett.

Die Nacht war windig und der Zufall wollte, daß ein Laden an einem der Fenster im Schlafzimmer meiner Geliebten los gegangen war und vom Winde hin und her geschlagen wurde. Das hörte Herr D. in seinem Bette, gab seiner fetten Gattin einen Rippenstoß und Beide saßen mit sehr bedenklichen Gesichtern horchend da. Es war kein Zweifel, der verwegene, mit Pistolen und Jagdmesser bewaffnete deutsche Lieutenant hatte die Mauer überstiegen und war im Zimmer der deutschen Helena, die beide Gatten in diesem Augenblick nach Frankfurt oder nach Troja, oder noch weiter hinwegwünschten. Die zwei Centner Weiblichkeit erinnerten den zitternden Spitzenhändler daran, daß er Mann sei und ein „crimen raptus" in seinem Hause nicht dulden dürfe, sondern sich waffnen müsse, um den deutschen Paris nöthigenfalls zu bekämpfen.

Klappernd vor Muth entwand sich Herr D. seinen Decken und ihm nach wälzte sich als Reserve seine gewichtige Hälfte. Voran schritt der muthige Spitzenhändler, wie es dem Manne zukam. Sein Haupt war beschützt durch eine erhabene weiße Nachtmütze und sein unterer Mensch durch weiße Unterhosen; seine Rechte war bewehrt mit der langen Entenflinte, die er weit von sich streckte, damit sie ihm keinen Schaden thun könne, wenn sie etwa unversehens losginge.

Hinter ihm folgte die treue Gattin, das Licht in der einen
Hand und mit der anderen die Unterhosen des Mannes am
weitesten Theil haltend, um den Muth des Verwegenen,
wenn nöthig, zu zügeln.

Helene lag wachend im Bett und dachte an mich, als
sich leise ihre Thüre öffnete und mit bebenden Schritten die
lächerliche Procession ins Zimmer rückte. Sie that, als ob
sie schliefe und hatte die größte Mühe, ihr Lachen zu unterdrücken. Man suchte — o Schmach! — unter dem Bette,
im Bette und sogar in jedem Schubfach nach dem ver-
mutheten Liebhaber; öffnete das Fenster, schloß den Laden
und weit muthigeren Schrittes verschwand das abenteuerliche
Paar, dem Helene ein Gelächter nachschickte, welches sich
nicht länger unterdrücken ließ.

Herr Casier und ich gingen durch den Wald nach Biarmes. Unterwegs sagte er mir, daß er mich in das Haus
des Herrn D. führen wolle, aber bitten müsse, ihm meine
Pistolen anzuvertrauen, damit kein Unglück geschehe. Ich
versicherte ihn, daß ich nichts als mein Messer bei mir habe,
welches ich ihm überlieferte; sollte mich in jenem Hause ohne
seine Schuld Verrath erwarten, dann würde mir der erste
beste Stuhl eine genügende Waffe sein.

Wir begegneten dicht vor Biarmes einigen Frauen, die
sich entsetzten, die Hände gen Himmel schlugen und riefen:
„Oh Monsieur Casier, que faites vous?" — In der
Nähe des Hauses von Herrn D. sahen wir auf dem Wege
zwei Damen, wovon die eine eine Guitarre trug und deren
dunkles Haar durch eine rothe Blume geschmückt war. Die
Dame blieb stehen, — wir sahen uns an, erkannten uns
und stürzten uns jubelnd in die Arme. Wir hatten uns
seit mehr als einem Jahre nicht gesehen. „Voila le pot
au roses!" lachte Herr Casier und die andere junge Frau,

welche die Gattin des Madame D. befreundeten Maires war, schlug die Hände zusammen und weinte vor Vergnügen.

Wir traten in das Haus und kamen in die Küche, in welcher meine Freundin, die Directrice der Hundecomödie, damit beschäftigt war, irgend einen Teig mit einem Löffel zu rühren. Als sie mich erblickte, stieß sie einen Schrei des Entsetzens aus, ließ den Rührlöffel fallen und streckte mit der anderen Hand den Topf, den sie hielt, nach mir aus, als wolle sie mich als Sachverständigen über dessen Inhalt consultiren. Dann gerieth ihr Turban in eine zitternde Bewegung der Entrüstung und ihrem Mund entrang sich der verzweifelnde Ausruf: „Oh, Monsieur Casier, vous nous faites malheureux!"

Dieser begütigte die Aufgeregte und verschwand; die beiden Damen verschwanden und der Turban verschwand. Ich ging in den Garten und bald kam dort ein ganz angenehmer Mann zu mir, der sich als der Hausfreund, der Maire, zu erkennen gab. Ihm erzählte ich nun, daß ich weder Ent- noch Verführungsgedanken und keine andere Absicht habe, als meine Geliebte in Gegenwart einer dritten Person zu sehen, um ihr für unsere Zukunft wichtige Mittheilungen zu machen, zu welchem Ende ich mehr als zweihundert Stunden mit der Post gereist sei.

Er machte ein pfiffiges Gesicht, als wolle er sagen: „Alterchen, wir waren sonst auch ein sehr unternehmender Schwerenöther und wissen sehr wohl, was wir auf deine Reden zu geben haben!" Allein das Resultat der Unterhaltung war, daß mir eine halbstündige Zusammenkunft mit meiner Geliebten in Gegenwart des Maires gestattet wurde.

Da dieser kein Deutsch verstand, so konnten wir uns sagen, was wir wollten; allein der Zuhörer meinte zu errathen, warum es sich handle, und fragte Helene beständig mit pfiffigem Blick: „Ob ihr meine Propositionen gefielen und ob sie darauf einginge?" Ich gab mir Mühe, ihn von seiner vorgefaßten Meinung abzubringen; allein Helene, welche durch die ganze unwürdige Handlungs- und Denkweise dieser Leute verletzt war, bat mich, von keinem dieser abgeschmackten Menschen Notiz zu nehmen und ihnen nicht zu antworten. Der Turban kam alle Augenblicke in das Zimmer und mahnte, der Unterhaltung ein Ende zu machen; endlich kam auch Herr Casier, der nach Hause wollte, und wir nahmen mit schwerem Herzen Abschied.

Auf dem Rückwege fiel es mir ein, daß ich Herrn D. gar nicht gesehen hatte und fragte Herrn Casier, ob derselbe nicht zu Hause gewesen sei? Casier hatte schon fortwährend für sich gekichert und brach nun in lautes Lachen aus. Er erzählte mir, daß er, aus der Küche gehend, seinen Freund gesucht und — im obersten Stockwerk des Hauses in einem Schrank versteckt gefunden habe, aus welchem er den vor Angst Zitternden hervorgezogen. Der Maire sei ein Poet und habe versprochen, daß man morgen in Biarmes einen Chanson auf D. singen und worin verewigt werden sollte, wie D. sich vor einem deutschen Officier in einen Schrank versteckt habe.

Casier sagte mir ferner, daß Herr D. am anderen Morgen Helene nach Paris zurückbringen wolle, da er es seiner eigenen Gesundheit schuldig sei, eine so lebensgefährliche Schöne nicht länger unter seinem Dache zu behalten.

Den Abend brachte mich Herr Casier in das Caffeehaus in Chantilly, wo eine feine Nase sogleich entdeckte, daß ich deutschen Tabak rauchte und ich mir durch Preisgeben meines gefüllten Beutels sämmtliche Anwesende zu Freunden machte. Die Dame am Buffet betrachtete mich immer mit erstaunten Augen, denn sie hatte gehört, daß ich gegen sechshundert Stunden von Paris geboren sei, was ihr ganz unglaublich schien.

Herr Casier brachte mich endlich an die Posthalterei, wo die nach Paris gehende Diligence in der Nacht erwartet wurde. Passagierstuben auf kleinen Stationen waren damals in Frankreich nicht gebräuchlich; da der Postwagen erst in einigen Stunden erwartet wurde und ein Spazieren im Freien wegen des herabströmenden Regens nichts weniger als angenehm war, so gab ich einem der Postillone ein Trinkgeld, wofür er mir sein Bett anwies, welches in einem sehr großen Stalle in einem Pferdestande und zwar so aufgeschlagen war, daß man von hier aus beide Reihen der Pferde übersehen konnte. Ermüdet schlief ich bald ein, und als mich nach einigen Stunden, mitten in der Nacht, der Postillon erweckte, war ich einige Augenblicke ganz verwirrt, so daß ich mich gar nicht besinnen konnte, wo ich war. Ein Schimmel, der gemüthlich seinen Kopf in mein Bett steckte, brachte mich zu dem Bewußtsein, daß ich mitten in Frankreich in einem Pferdestalle meine Nachtruhe gehalten habe.

Am anderen Vormittage ging ich zu Herrn S., dem Manne der Pflegeschwester meiner Braut. Er war ein sehr liebenswürdiger Mann und die Rolle, die er mir gegenüber zu spielen hatte, setzte ihn in Verlegenheit. Als ich ihm sagte, daß Helene in einigen Stunden in Paris sein werde, glaubte er so wenig daran, daß er mir eine Unterredung mit ihr in Gegenwart seiner Frau versprach, worauf ich ihm sein Ehrenwort abnöthigte, welches er widerstrebend gab, aber später gewissenhaft hielt.

Ich blieb noch vierzehn Tage in Paris. Welche Qual war es für mich, die Geliebte so nahe zu wissen und sie nur so selten und unter solchen Beschränkungen sehen zu können. Stunden lang umschwärmte ich Abends das Haus, um vielleicht nur einen Blick von ihr zu erhaschen. Im vollen Regen stand ich einst einen ganzen Abend, durch einen Fiacre gedeckt, ihrem Hause gegenüber und schmachtete einen fühllosen Haubenkopf an, welcher an ihrem Fenster stand. Keines der in Chiffern geschriebenen Billetchen, die sie mir auf die Straße warf, erreichte seine Bestimmung; sie wurden alle vom Winde hinweggeführt. Endlich wurde mir für einen Morgen um acht ein Rendezvous im Laden eines benachbarten Epiciers zugesagt, wo wir uns wenigstens unbehorcht von Anderen mittheilen konnten, was wir für die Zukunft beschlossen. Ich war pünktlich, wie es einem Soldaten zukommt, und nicht wenig erstaunt, darüber gezankt zu werden, daß ich eine ganze Stunde zu spät komme! Sie hatte — wie das einem verliebten Mädchen zukommt — sieben schreiben wollen und acht geschrieben. —

Da ich den Brief an den Herzog von Braunschweig in meinem Koffer gelassen hatte, der in Chantilly zurückblieb, so mußte ich dessen Abgabe bis zu meiner Rückkehr von diesem Orte verschieben. Der Herzog hatte mir auf meine schriftliche Anfrage eine Stunde bestimmt und ich begab mich in sein Haus, welches in den Champs Elysés lag. Der Portier examinirte mich erst sehr sorgfältig, ehe er mich dem Kammerherrn des Herzogs, Baron von Andlau meldete. Dieser hieß bekanntlich früher Bitter und war Canzlei-Director in Braunschweig gewesen. Von allen Dienern des Herzogs war er der einzige, der ihm treu blieb. Dafür wurde er durch den Baronstitel belohnt, welcher dem sehr geizigen Herzoge nichts kostete. Herr von Andlau war ein sehr hübscher Mann von angenehmen Manieren und freiem, offenen Wesen. Er war gerade im Begriff sich anzukleiden, als ich eintrat, während welcher Procedur er viel und lebhaft sprach. Er erzählte mir, wahrscheinlich um die große Vorsicht des Portiers zu erklären, daß verschiedene Mordversuche gegen den Herzog gemacht worden seien; daß aber Jemand, der dergleichen beabsichtige, wenig Aussicht auf Erfolg habe, da der Herzog immer bewaffnet und außerdem körperlich sehr gewandt sei. Ich mußte innerlich lachen bei diesen Winken und an ein Dolchmesser denken, welches ich in Paris gekauft und in jenem Augenblick in meiner Tasche hatte. Wäre es zufällig entdeckt worden, so würden die absurden Mordgeschichten um eine andere absurde vermehrt worden sein. Der Baron erzählte mir auch, daß Gift auf den Herzog keine Wirkung habe, da er es immer gleich von sich gebe.

Als der Herzog kam, war Herr von Andlau in einem Nebenzimmer, dessen Thür er jedoch offen ließ, entweder um unsere Unterhaltung zu hören, oder bei der Hand zu sein, wenn ich etwa einen Mordversuch im Schilde führen sollte. Ich war natürlich sehr neugierig, den Herzog zu sehen, von dem ich so viel gehört hatte und in dessen Dienste ich zu treten hoffte. Er war damals ein hübscher Mann von mittlerer Größe, schlank und mit angenehmem, aber blassem Gesicht. Er trug einen kurzen Pelzrock und einen Shawl nachlässig um den Hals geschlungen; in der Hand hielt er ein Taschentuch, als er mit etwas affectirtem Wesen eintrat und mit einem ebensolchen, etwas näselndem Ton sagte: „Sie haben Briefe von Oberst von Schultze?" — Ich gab ihm den Brief und nahm auf seine Einladung ihm gegenüber am Kamin Platz. Während er las, beobachtete er mich mehrmals, über den Brief hinwegsehend, doch ließ er sich über den Inhalt desselben gar nicht aus. Er fing sogleich an von Uniformen zu reden und war sehr genau über die Anzahl der Knöpfe unterrichtet. Das machte damals einen bedeutenden Theil der Regenten-Wissenschaft aus. Der Her-

zog bemerkte, daß ich seinem früheren Adjutanten, Herrn
von Grabau, sehr ähnlich sehe. — Ich erzählte ihm, daß
ich mit einer Dame gereist sei, welche man in Saarbrück
für die Herzogin von Berry gehalten habe, von deren An=
kunft die Polizei unterrichtet gewesen sei. Diese Nachricht
schien den Herzog sehr lebhaft zu interessiren; als ich ihm
jedoch die Dame beschrieb, die ziemlich groß war, sagte er
mit Bestimmtheit, daß es die Herzogin nicht gewesen sei,
welche er genau kenne.

Ich sah den Herzog während meiner Anwesenheit in
Paris nicht wieder, noch nahm er weitere Notiz von mir,
als daß er mir auf einen Wechsel, den ich auf Oberst
von Schultze ausstellte, zweihundert Francs durch Herrn
von Andlau auszahlen ließ, der zu diesem Ende zu mir
in das Hôtel du Nord kam, wo gerade Eduard war.
Dieser hatte den Baron früher gesehen und erzählte mir,
daß er und Andere dem Herzog glauben gemacht, daß man
ihn zum deutschen Kaiser wünsche. Die Gerüchte, welche
von den Beschäftigungen und dem Leben des Herzogs in
Paris nach Deutschland kamen, waren wenig geeignet, einen
guten Eindruck auf die Deutschen zu machen. Der Eindruck,
den der Herzog auf mich machte, war im Ganzen kein un=
vortheilhafter, so weit es seine äußere Erscheinung betraf.
Ein wenig mehr Aufmerksamkeit oder Freundlichkeit von seiner
Seite gegen den Abgesandten eines seiner eifrigsten Anhänger
und Freunde wäre wohl am Platze gewesen und würde mich
eifriger gemacht haben, ihm selbst zu dienen. Der Herzog
hat jedoch nicht die Art und Weise, sich Freunde zu gewinnen
und in Folge seiner Charaktereigenthümlichkeit hat er stets
das Unglück, wenn er einmal sein Mißtrauen besiegt, Schwind=
lern zu vertrauen, die dann die erste beste Gelegenheit er=
greifen, sich für ihre Dienste bezahlt zu machen, da der

Herzog niemals selbst daran denkt, es zu thun und undankbar und geizig ist. Ein ehrlicher Mann hat keine Chance auf Erfolg bei ihm und wird sich sobald als nur immer möglich von ihm loszumachen suchen. Es liebt ihn kein Mensch und er scheint das auch nicht zu wollen, denn er verletzt das Ehrgefühl eines jeden bis in die tiefsten Tiefen des Gemüths, da er weder an Ehre noch Ehrlichkeit, noch an irgend eine Tugend in irgend einem Menschen glaubt. Wer ihm gefallen will, muß sich ein Loch in das Knie bohren lassen können und dabei lächeln, sich, figürlich gesprochen, einen Tritt vor den Hintern gefallen lassen und noch dafür bedanken. Sein Geiz entspringt keineswegs aus Mangel; im Gegentheil, er ist ungeheuer reich und verbraucht nur einen sehr kleinen Theil seiner Revenuen. Bei seiner Flucht von Braunschweig nahm er sechs Millionen Thaler mit; ich hörte aber nicht, daß er Herrn von Andlau die paar Tausend Thaler wiederersetzte, welche dessen ganzes Vermögen ausmachten und welches er beim Schloßbrande verlor. — Der Oberst von Schultze war mit meinem Empfang sehr unzufrieden. Ich werde später noch mehrmals Gelegenheit haben, von Herzog Carl zu reden, denn die in Paris angeknüpfte Verbindung wurde bei einer anderen Gelegenheit fortgesetzt.

Nachdem ich meine Geliebte einige Mal in Gegenwart ihrer Pflegeschwester, Madame S., in deren gleichfalls in der Rue du Helder gelegenem Wohnhause gesehen und von ihr mit schwerem Herzen Abschied genommen hatte, reiste ich wieder nach Saarlouis zurück. Als ich eines Nachmittags dort ankam, hörte ich, daß am Abend ein Maskenball im Casino stattfinden sollte. Da der confuse H. krank war und den Ball nicht besuchen konnte, so veranlaßte er mich, seine Fra Diavolo-Maske anzunehmen und so auf den Ball zu gehen, wo ich um so mehr unerkannt zu bleiben hoffte, als nur sehr wenige Personen von meiner Rückkehr wußten. Da ich mich noch nicht gemeldet hatte, so wollte ich mich nicht demaskiren; allein mein Major, der deshalb gefragt wurde, gestattete es und ich wurde freundlich von allen Kameraden bewillkommnet, mit denen ich sämmtlich auf einem sehr freundschaftlichen Fuße stand. Ich hatte sie sehr lieb und noch jetzt kann mir keine größere Freude werden, als mit einem von ihnen zusammen zu treffen. Ich habe später im Leben manche tüchtige Männer kennen und achten gelernt und mich in Freundschaft mit ihnen verbunden; allein die Freundschaft, bei der das Herz warm wird, empfindet man nur gegen Jugendfreunde.

Als ich mich am anderen Tage auf der Parade beim Obersten meldete, ignorirte er zwar, daß ich in Paris gewesen, was man ohne besondere Erlaubniß von Berlin nicht durfte, bedauerte aber, mir vierundzwanzig Stunden Stubenarrest geben zu müssen, da ich einen Tag zu spät von Urlaub gekommen war. Mein Degen wurde also vom Adjutanten abgeholt und ich blieb vierundzwanzig Stunden zu Hause.

Ich hatte an den Vater meiner Geliebten geschrieben, um ihn von meinen Plänen und Aussichten in Kenntniß zu setzen und erhielt eine Antwort, die folgendermaßen anfing:

P. P. „Soeben empfing ich den einliegend zurückfolgenden Brief. Muthen Sie mir 60r nicht zu, daß ich Ihretwegen lesen lerne, vielmehr lernen Sie schreiben, es ist kein böser Rath, weil heutzutag derjenige nicht fortkommt, der nicht wenigstens leserlich schreiben kann. Ich habe mich mit doppelter Brille abgemüht; allein leider kann ich aus einzelnen, mühsam zusammen gegrübelten Worten mir keinen Sinn zusammen buchstabiren." — Man sieht, mein guter Schwiegerpapa in spe verblente seinen Namen, „der grobe C."

Er sagte in diesem Briefe, daß ich mit dieser Reise nach Paris meiner Unbesonnenheit die Krone aufgesetzt habe.

Als ich um meinen Abschied einkam, wurde ich zu meinem Major gerufen, der mich dringend davon abmahnte und endlich seine Einwilligung verweigerte. Ich erklärte ihm jedoch rund heraus, daß ich fest dazu entschlossen sei und wenn ich den Abschied auf mein Gesuch nicht erhalte, irgend etwas thun wolle, daß man ihn mir geben müsse. Als der Major mich so entschieden reden hörte und davon überzeugt war, daß ich mein Wort halten würde, gab er nach, da er ein guter Mann war, der es freundlich mit mir meinte und mich keine Unbesonnenheit begehen lassen wollte. Er verlangte jedoch erstlich die Einwilligung meiner Eltern, da ich noch nicht mündig war, und außerdem eine schriftliche Zusage des Obersten von Schultze für die Versprechungen, welche derselbe mir gemacht hatte. Die Eltern, die nun in Dortmund wohnten, wohin mein Stiefvater als Director des Gymnasiums versetzt worden war, versagten diese Einwilligung nicht, da sie eben nicht anders konnten, und auch von dem Obersten empfing ich das in den bündigsten Ausdrücken abgefaßte Versprechen, daß ich, um bei ihm die Landwirthschaft zu erlernen, für mehrere Jahre freie Station und einen monatlichen Gehalt haben solle. Damit waren die militärischen Behörden zufrieden und im Mai 1835 kam die Cabinetsordre, durch welche mein Gesuch bewilligt wurde.

Viele meiner Kameraden beneideten mich um meine Aussichten, hauptsächlich aber wohl deshalb, weil ich Saarlouis verließ, wo ihnen der Aufenthalt unerträglich wurde. Mehrere dachten, meinem Beispiele zu folgen und andere, die es nicht konnten, gingen zum Theil an den Genüssen zu Grunde, mit denen sie sich dort in Ermangelung von edleren die Zeit vertreiben mußten. Ich führe hier das Schicksal

einiger derselben an, da ich vielleicht später nicht werde darauf
zurückkommen können. Mein Freund Fritz von Asmuth starb;
mein Freund Theodor ebenfalls; der confuse H. wurde ver=
rückt und starb; B. mit dem ich eine zeitlang nahe befreundet
war, gerieth in Händel und mußte den Abschied nehmen;
Lieutenant v. G. ging eines Abends spät auf die Saarbrücke,
warf seinen Mantel ab und ertränkte sich; Lieutenant L. er=
schoß sich, als er von einem Ball zurückkam; sein Bursche
fand ihn am anderen Morgen auf seinem Sopha sitzend,
von zwei Kugeln durchbohrt und die abgeschossenen Pistolen
neben sich. Held endlich trat, noch ehe er den Abschied er=
halten hatte, in einem Nachbarstädtchen als Schauspieler auf
und wurde Schauspieler. Mir würde vielleicht ebenfalls ein
trauriges Loos beschieden worden sein, wenn ich nicht den
Muth gehabt hätte, mich bei Zeiten loszureißen. Ende Mai
reiste ich ab; Held und seine Frau begleiteten mich bis Saar=
brück und von ihren freundlichsten Wünschen begleitet, bestieg
ich den Eilwagen, der mich nach Osten entführen sollte.

IV.

Schriftsteller-Leben.

Erstes Capitel.

Die goldene Freiheit. — Leipzig. — Höfliche Leute. — Wer bin ich? — Seltsames Abenteuer. — Ueberraschung. — Erwartung. — Festgefressen. — Der Wirth. — Abreise. — Knapp! — Demüthiger Einzug in Hofahrtsheim. — Wolle. — Ein Brief von Sallet. — Besuch im Stift.

O goldene, goldene Freiheit! rief ich halb seufzend halb lachend, als ich meine geringe Baarschaft überzählte. Damals konnte ich noch lachen beim Anblick dieses traurigsten aller Gegenstände, — eines leeren Geldbeutels! Damals hatte ich noch die Tasche voll goldener Hoffnungen und die mir lächelnd zunickende Zukunft schlug der grämlichen Gegenwart ein keckes Schnippchen. Ueberdies war Geldnoth mein Normal-Zustand als Lieutenant gewesen und Gewohnheit hatte dieser Plage den Stachel abgestumpft. Selbst geldlose Freiheit erschien mir ein berauschendes Glück und schaudernd gedachte ich der ledernen Kamaschenknechtschaft, der ich so eben entflohen war. Hatte ich am Abend zu viel gegessen, dann erschien mir stets im Traum als Alp mein Hauptmann, sein „Ruuu—hig! — eins, eins, eins!" winselnd, oder sein „Parademarsch!" bellend, so daß ich entsetzt in die Höhe fuhr und, kalten Schweiß auf der Stirne, aus tiefstem Herzen ein Gott sei dank! stöhnte. Kurz, ich genoß vorläufig den Sonnenschein meiner neuen Freiheit und von ihm geblendet, gewahrte ich noch nicht die im Schatten schleichenden unheimlichen Gestalten, mit denen ich noch so vertraute Bekanntschaft machen sollte.

Da der Oberst geschrieben, daß er über Leipzig nach Teplitz reisen und mich dorthin mitnehmen werde, so dachte ich mir die kostspielige und langweilige Fahrt nach Hofahrtsheim zu ersparen und beschloß, ihn in Leipzig zu erwarten. Ich stieg also in dem der damaligen Post gegenüberliegenden Gasthofe zur Stadt Berlin ab und traf sogleich Maßregeln, daß der Oberst bei seiner Ankunft in Leipzig von meiner Anwesenheit unterrichtet würde. Das war leicht zu arrangiren, denn in jener unschuldigen Zeit mußte man noch seine Pässe am Thore abgeben.

Ich war zum erstenmal in der Buchhändlerstadt, und da ich bis zum Mittagessen noch Zeit hatte, so beschloß ich, einen Spaziergang, sie zu besehen. Merkwürdig höfliche Leute, diese Sachsen, dacht' ich, als mich in den Straßen und auf der Promenade viele Herren und selbst erröthende Damen grüßten. — An der Table d'hôte nahm ich aus Versehen den Platz eines Abonnenten ein; als ich es bemerkte und das Versehen verbessern wollte, drang man mit eifrigster Artigkeit in mich, den Platz doch ja zu behalten, so daß es unhöflich gewesen wäre abzulehnen. Nach der Suppe fand der mir gegenübersitzende Herr für nöthig, mir zu versichern, daß ich ganz außerordentlich wohl aussehe, was von mehren anderen Herren mit grinsendem und kopfwackelndem Empressement bestätigt wurde. Meiner Versicherung, daß ich immer so ausgesehen habe, widersprach man höflich und behauptete, daß ich bei Weitem nicht so wohl ausgesehn, als ich das letztemal in Leipzig gewesen. Man nahm es für einen Scherz, als ich versicherte, daß ich zum erstenmal hier sei, und behauptete, mich lange zu kennen.

Ich sah nun wohl, daß man mich für Jemand anders hielt; allein es war mir erst nach den ernstlichsten Versicherungen möglich, meinen Namen zu erfahren. Ich hörte mit Erstaunen, daß ich der bekannte Schauspieler Emil Devrient sei. Endlich fand man, daß derselbe etwas älter sei als ich, auch helleres Haar habe; daß wir aber sonst die erstaunlichste Aehnlichkeit, selbst in der Stimme hätten. Noch fünf und zwanzig Jahre später wurde diese Aehnlichkeit bemerkt, die ich übrigens nicht so auffallend finden konnte.

Eine sehr schöne Schauspielerin, die durch Leipzig reiste und in der Stadt Berlin logirte, mußte sich auch in der Person geirrt haben; denn als ich Abends in mein Zimmer kam, fand ich ein sehr zärtliches Billet, ohne Adresse, welches eine sehr freundliche Einladung enthielt. Das lustige Mißverständniß löste sich auf lustige Weise zu beiderseitiger Zufriedenheit.

Da ich nicht einen Menschen in Leipzig kannte, so langweilte ich mich entsetzlich, und immer wollte der Oberst noch nicht kommen. Ich hatte so lange geschwankt, ob ich nicht lieber abreisen solle, bis mir dies unmöglich wurde. Mein bescheidener Geldvorrath war so geschmolzen, daß er nicht mehr hinreichte meine Rechnung zu bezahlen. Das war keine kleine Verlegenheit; der Oberst konnte noch lange ausbleiben und ein Brief reiste damals wenigstens vier bis fünf Tage. Ich entschloß mich also, dem Wirth meine Lage zu eröffnen und that dies in einem Briefe, in welchem ich ihn bat, meinen Koffer als Pfand zu behalten und mich abreisen zu lassen. Der Wirth kam, den Hut auf dem Kopf, in mein Zimmer, pflanzte sich breit auf das Sopha und sagte: „Na, das ist ja eine schöne Geschichte." Er sprach mit äußerster Verachtung von zurückgelassenen Koffern und versicherte, daß er eine ganze Sammlung von solchen habe, die niemals eingelöst worden seien. Als ich ihm sagte, daß der meinige alle meine Briefe und Papiere enthalte, die ich gewiß nicht im Stich lassen würde, lachte er hell auf und versicherte, daß er in diesen unerlösten Koffern ganze Rieße kostbarer Documente besitze. Ich dachte nun meinen höchsten Trumpf auszuspielen und gab ihm feierlich mein Ehrenwort, daß ich ihm das Geld sogleich schicken würde; allein er lachte noch lauter und gab mir sein Ehrenwort, daß er noch mehr uneingelöste Ehrenwörter als Koffer habe und daß er die letztern, selbst wenn sie leer wären, vorzöge. Ich war außer mir vor Scham und Wuth über das Benehmen des Wirthes, der mir ein Scheusal schien, obwohl er in der That ein guter und verständiger Mann war. Er hatte Menschenkenntniß genug zu sehen, daß er mit keinem Schwindler von Profession zu thun habe und zeigte sich sehr vernünftig. Er schoß mir noch einige Thaler vor, damit ich abreisen konnte und behielt den Koffer.

Mein Geld reichte nur bis eine Station vor Magdeburg, wo ich zur Verwunderung der Mitpassagiere ausstieg, um meine Reise „auf Schusters Rappen" fortzusetzen. In Magdeburg fand ich den versprochenen Wagen nicht vor und mußte mich entschließen, die acht Meilen bis Hofahrtsheim zu Fuße zu gehen. Es war noch früh am Tage im Juni; ich hatte erst zwei Meilen gemacht; das Wetter war wunderschön und ich dachte am Abend bei meinem diplomatischen Schutzpatron einzutreffen, besonders wenn ich eine nähere Straße einschlug, die ich mir nach der Karte vorgezeichnet hatte. Ich machte mich also rüstig auf den Weg, trillernd und singend mit den Lerchen um die Wette. Am Nachmittag zog ein Gewitter herauf und überfiel mich mitten in einer obdachlosen, hundetürkischen „Landschaft", so daß ich bis auf die Haut durchnäßt wurde. Das war ich von der Jagd gewohnt und hatte wenig zu sagen, besonders da gleich darauf die Sonne wieder mit aller Glut herniederstrahlte; allein der doppelte Proceß des Einweichens und Austrocknens verengte meine an sich schon knappen, neuen Stiefeln, was mir eine fast unerträgliche Qual verursachte. Halb ohnmächtig vor Schmerz kam ich endlich in einem Dorfe an, welches noch zwei Meilen vom Ziele meiner Reise entfernt lag.

Um nach dem "Kruge" zu fragen trat ich in ein Haus, wo ich in einem großen, freundlichen Zimmer einen Mann, mit dem Ausbessern von Knabenkleidern beschäftigt, auf einem Tische sitzend fand. Der intelligente, milde Ausdruck seines Gesichtes überraschte mich ebenso wie der Wohlklang und die Correctheit seiner Sprache, die schlecht mit den Ideen zusammenstimmte, welche ich mir von einem Dorfschneider gemacht hatte. Er sagte mir lächelnd, er sei — der Schullehrer des Orts und flicke die Kleider seiner Schulkinder, um seine sehr geringe Einnahme durch einen Nebenverdienst zu vermehren. Als ich mein Erstaunen äußerte belehrte er mich, daß es in andern Dörfern Schullehrer gebe, welche noch weit übler daran wären als er. Es war das vor fünfundzwanzig Jahren und ich hoffe zur Ehre der preußischen Regierung, daß es keine Dorfschullehrer mehr in Preußen giebt, die genöthigt sind, sich durch Schneidern oder Schustern vor Hunger zu sichern.

Da ich kein Reitpferd oder passendes Fuhrwerk in dem Dorfe auftreiben konnte und überhaupt wegen meiner erschöpften Kasse vorsichtig sein mußte, so beschloß ich im Kruge zu übernachten, wo ich für wenige Groschen ein einfaches Mahl und noch einfacheres Lager auf reinlichem Stroh fand.

Nachdem ich meine engen Stiefel auf dem Spann aufgeschnitten hatte, gelang es, die entzündeten Füße hineinzuzwängen und unter entsetzlichen Schmerzen, die mich an die

Tortor der spanischen Stiefeln erinnerten, hinkte ich durch die blühenden Felder und alle mich umlachende Junipracht. Endlich waren die zwei Jammermeilen vollbracht; aber der Schmerz hatte mein Gesicht so entstellt, daß der ehrliche Cantor von Hofahrtsheim ganz entsetzt zurückfuhr, als er mir auf seinem Morgenspaziergange begegnete und mich an der Stimme erkannte, mit der ich ihn begrüßte.

Der Oberst war allein im Hause, durch wirthschaftliche Geschäfte verhindert, Weib und Tochter ins Bad nachzueilen. Er empfing mich freundlich genug; allein dennoch merkte ich, daß ich ihm nicht gelegen kam und meine Begleitung nach Teplitz unbequem war. Er war oft abwesend und ich meistens allein; aber ich hatte keine Langeweile, denn Feld und Garten standen in üppigster Pracht und ich genoß in vollen Zügen den herrlichen Sommer. In einer schattigen, blühenden Laube sitzend, umweht vom Duft der Orangenbäume und vor mir den schilfumkränzten Teich, auf dem Wasserhühner geschäftig hin und her schwammen, schrieb ich ein Gedicht, welches die Scene und das Glück meiner Freiheit malte. Ich sandte es meinem Freunde Sallet, von dem ich folgende Antwort erhielt, welche mich beschämte und zur richtigen Würdigung meiner Lage brachte.

„Lieber Wiersbitzki!

Wenn ich Dir auf Deinen vorigen Brief nicht antwortete, so war das nicht Nichtachtung. Ich verachte und übersehe Keinen, der was mit mir zu thun haben will, besonders Keinen, bei dem ich, so verschieden auch unsere Charaktere sein mögen, Anklang für Vieles finde, das mir hoch und schön erscheint. Aber Deinen Brief fand ich in Breslau, als ich vom Manöver kam. Er hatte schon einige Zeit da gelegen, ich mußte noch zu allerlei Verwandten herumreiten, dann von

allen Abschied nehmen und wieder nach Berlin gehen. So
verzog sich denn die Sache, und da aus Deinem Briefe her=
vorzugehen schien, daß Dein Aufenthalt nur provisorisch sei,
so wußte ich nicht, wo Du zu treffen sei'st. Ich wartete
daher ruhig ab, bis ein zweiter Brief von Dir kommen
würde und wie ich gedacht, so geschah's. Glaube nicht, daß
ich mir ein gewisses Uebergewicht über Dich zu geben dachte,
indem ich Dich zweimal anklopfen ließ. So bin ich gar
nicht, im Gegentheil habe ich selbst schon öfters zwei, ja selbst
mehr Briefe an Andere geschrieben, um nur eine Antwort zu
bekommen. —

Nun aber laß Dir vorhersagen, daß ich, da Du m e i n e
M e i n u n g wissen willst, ehrlich mit Dir umzugehn gedenke.
Vielleicht wird Dir manches von dem, was ich sage, philister=
haft vorkommen, als wollte ich den Mentor spielen, aber da
irrst Du Dich; ich will nur meine Ueberzeugung aussprechen
— sie Andern aufdringen zu wollen ist einerseits arrogant,
andrerseits nutzlos, denn was einem von außen kommt,
was einer nicht aus sich selbst entwickelt, ist doch werthlos
für ihn.

Fürs erste also thue ich Dir kund, daß wir über das
Wort Freiheit sehr verschiedener Ansicht sind. Du jubelst
darüber, daß Du sie, nach der auch ich, wie Du sagtest, strebe,
endlich errungen hast, ich aber, verzeih' mir, begreife weder
Deinen Jubel, noch wie Du mein Streben so ganz hast
mißverstehen können. Meiner Meinung nach warst Du viel
freier, als Du Malabrette exercirtest und Dir dafür monat=
lich Dein Gehalt verdientest, das Dir Keiner streitig machen
und schmälern durfte, und Dir Keiner schenkte, als nun, da
Du freilich thun kannst, wozu Du Lust hast, dagegen aber
lediglich von der Gunst und Ungunst eines Andern abhängst.

Wer frei werden will, der werde es aus und durch sich selbst, nicht durch Andere. Das letztere ist eine Freiheit, die der Leibeigenschaft ziemlich nahe steht. Ich setze den Fall, ich nähme jetzt meinen Abschied und nährte mich vom Uebersetzen englischer oder italienischer Schriften (was practisch sehr ausführbar wäre), so lebte ich doch von meiner eigenen Arbeit, und dennoch würde ich mich als ein Unfreier fühlen. Warum? Weil mir die Noth nicht vergönnte, meinen Geist frei zu entfalten und in selbstständigen, meiner würdigen Leistungen meiner Zeit, meinem Vaterlande zu dienen so viel an mir ist. Ich würde mich gegen meine Ueberzeugung, gegen meinen bessern Drang zum Handlanger erniedrigen müssen. Sieh, das ist wieder eine andere Seite der Knechtschaft als Deine. Du hängst von Deinem Onkel ab, ich würde dem Buchhändler leibeigen sein. Deshalb ist es ein Schritt, der besser überlegt sein will, als Du es wahrscheinlich gethan hast, wenn man sich von einer einmal gewonnenen, festen Stellung, die nicht so ganz unwürdig sein mag, als Du es meinst, lossagt, um fortan allein für sich da zu stehen. Auch ich denke noch immer, wie sonst, einst den bunten Rock auszuziehen, nicht etwa weil ich ihn für meiner unwürdig, sondern nur, weil ich mich für nicht dazu geschaffen erkenne. Aber ich werde es gewiß nicht eher thun, als bis ich mich so weit herangebildet habe, um wirklich selbstständig, durch Bildung und entwickelte innere Kraft über äußere Umstände gebietend, anstatt von ihnen abhängend, auftreten zu können. Fühle ich mich nie so weit befähigt, so bleibe ich was ich bin, überzeugt, daß ein gewöhnlicher Officier mehr fürs Allgemeine leistet, als ein ungereiftes, verpfuschtes, durch die Noth gedrücktes, ja vielleicht zu Schändlichkeiten getriebenes Genie. Es ist freilich lächerlich, guten Rath zu geben, wenn der Andere schon gewählt hat, die Spritzen zu probiren, wenn das Haus abgebrannt ist, aber ich meine, daß solche Betrachtungen nie zu spät kommen. Du hast immer noch Muße und Zeit genug, Dich zusammen zu raffen und so hinzustellen, daß Du zu Jedermann sagen kannst: „Wenn Du mich nicht mehr magst, gut! ich kann auch ohne Dich bestehen." Wenn Du, woran ich sehr zweifle, wirklich mit nach Lissabon gehen solltest, so hast Du schon einen Anhalt. In einer Lage, wie Deine, muß man das kleinste Geschäft nicht verachten, sondern sich ihm mit Eifer widmen. Dann wird es zu einer Brustwehr, die in unserer Defensiv=stellung gegen die Welt doch wenigstens einige Deckung ge=währt. — Solltest Du wirklich nach Lissabon gehen, so bitte ich Dich, mir ja zu schreiben, aber auch interessante Briefe. Nicht blos aus Eigennutz, sondern, da Dir an meiner Mei=nung gelegen ist, um Deiner selbst willen; denn wenn ich von einem Menschen, der sich an merkwürdigen Orten und unter merkwürdigen Umgebungen befindet, einen ordinären Brief lese, so halte ich ihn (ich kann mir nun einmal nicht helfen) auch sogleich für einen ordinären Menschen. Ich glaube Du weißt, was ich sagen will, und stimmst mit mir überein. Ich habe Briefe aus Constantinopel gelesen, die so jämmerlich langweilig waren, ich glaube es könnte einer was Interessanteres über Saarlouis schreiben, und das will viel sagen. Also, wenn Du ferne Länder zu sehen bekommst, auf mit den Augen! den auswendigen und den inwendigen, sonst würde ich Dich, mit Deiner Erlaubniß, für etwas halten müssen, wofür ich Dich bis jetzt nicht gehalten habe, nämlich für einen Tropf.

Aber ich habe bis jetzt noch nichts von Deinen poetischen Bestrebungen gesagt. Glaube nicht, daß ich sie verkenne. Nur, wenn Du Dich ihrethalben verpflichtet gefühlt hast, Dich von aller andern, Dir lästigen Thätigkeit loszumachen, so bist Du wohl nicht ehrlich gegen Dich selbst gewesen. Bekenne aufrichtig, die Beschäftigung als Officier nimmt weder so viel Zeit weg, noch erschlafft sie (was man wohl oft von faulen Menschen hört, die ihren Stumpfsinn damit entschuldigen wollen) Geist und Körper so, daß man nicht zu schönen Leistungen im Gebiet des Geistes tüchtig bliebe. Du hast mich früher wohl selbst anders sprechen hören, aber da sprach ich oft schnell hin, was ich nicht überlegt hatte, oder ich war überhaupt noch ein Knabe. Der Verstand kommt nicht vor den Jahren. Da aber poetische Arbeiten jetzt Deine Hauptbeschäftigung zu sein scheinen, so bitte ich Dich innigst, und das im Namen der so vielfach geschändeten Poesie: nimm die Sache nicht leicht, geh mit Ernst und ächtem Kunststreben daran! Halte nicht jeden flüchtigen Einfall, der Dir den Kopf heiß macht, gleich für das Rechte, zersplittere Deine Zeit und Kraft nicht an Ausübung des Frivolen. Denke über die ewigen Regeln der Kunst mit Ernst und Eifer nach und betrachte vor Allem eine kräftige, feste Gesinnung als die nothwendige Grundlage, ohne die nur gebrechliche Gebäude aufgeführt werden. Daß ich es nicht der Mühe werth halten würde, Dich so ernstlich zu beschwören, wenn ich Dich nicht für fähig hielte, etwas zu leisten, siehst Du wohl ein.

Hierbei will mir etwas von Dir nicht gefallen, und ich glaube, daß es Deinem geistigen Streben sehr nachtheilig werden kann, nämlich: daß Du den Grund und Boden verkennst, auf dem Du gewachsen bist. Gieb diesen Irrthum auf, wenn es Dir möglich ist, denn ein Irrthum ist es. Du bist in Deutschland geboren und erzogen, Du sprichst die deutsche Sprache und dichtest in der deutschen Sprache und willst kein Deutscher sein. Was ist das für eine possirliche Grille! Nimm Dich in Acht, daß sich die deutsche Sprache nicht an Dir rächt. Wenn Du weder deutsch denken noch deutsch fühlen willst, wie kannst Du dann deutsch und zu deutschen Gemüthern reden wollen? Deine Magyarennationalität ist nun einmal für Dich verloren, ist Dir ganz fremd, nur ein Phantom. Eine Nationalität aber muß jeder Mensch haben und freue Dich, daß Du für Deine alte eine bessere eingetauscht hast. Die Deutschen scheinen Dir Mittelbinger zu sein, weil sie das Aechte, das Hohe und Edle fest und unverbrüchlich bewahren, während die Andern sich unruhig hin und herwerfen und ewig nach etwas rennen, was sie nie finden werden, weil sie es nicht (wie die Deutschen) in sich haben. Ich bitte Dich, thu nur einen Blick auf die Literaturen, und wenn Du in irgend einer so viel Großes, Liebliches, Inniges, ja, wenn Du es einmal verlangst, selbst so viel Excentrisches und Freches findest, als in der deutschen, so magst Du mich castriren. Der deutsche Geist, das deutsche Gemüth haben sich nach allen Richtungen, in die Höhe und Tiefe, auseinandergegeben und sich in Allem wieder gefaßt, zusammengerafft und zum Ehrwürdigen, ewig Bleibenden concentrirt. Das wirst Du in der Literatur finden, und daß diese der eigenste Abdruck des Volksgeistes, ja mehr, der Volksgeist selbst, der in ihr seine Gestalt gewonnen hat, sei, das bejaht jedes Handbuch als etwas längst Bekanntes, und Du wirst es doch nicht abstreiten wollen.

Von Deinem Bibelunternehmen rathe ich Dir ab. Einmal sind diejenigen soidisant-Gebildeten, die sich schämen die Bibel zu lesen oder die nicht fähig sind das Schöne unter dem uns fremden Schmuck, (den ich nicht, mit Dir, Schwulst nennen möchte. Wir müssen das nicht mit unsern Brillen ansehn. Es ist eben ein eigenthümliches Element einer alten, merkwürdigen Zeit und Sprache) zu erkennen, gar nicht werth, daß man etwas für sie thue und daß überhaupt von

ihnen die Rede sei. Wer fremde Literaturen genießen will,
dem soll der Brei nicht um den Mund geschmiert werden.
Er bilde sich so weit, daß er fremde Eigenheiten capiren und
als zum Ganzen einer Volkscharakteristik nothwendig gehörend
betrachten lernt, er stutze nicht gleich, wenn er einmal etwas
findet, das bei ihm zu Hause, in Krähwinkel oder sonst wo,
nicht bekannt und üblich ist. Wer nicht auf diesem Standpunkte steht, der versteht, was man ihm bieten könnte, doch
falsch, und es hieße sich an hohen Geisteswerken versündigen,
wenn man sie ihm nach seinem eklen Munde säuberlich ap-
pretiren wollte. Ferner aber ist Dir der Stand der Sache
nicht genau bekannt. Es ist nicht zu läugnen, daß Luther,
theils wegen der damaligen Stufe der Sprachkenntniß, theils
von seinem kirchlichen Zweck durchdrungen, Vieles ohne Absicht corrumpirt hat. Hierzu gehört namentlich das Hohe
Lied, ein üppiger Liebesgesang, dem er einen geistigen, heiligen Anstrich und eine solche Deutung hat geben wollen.
Von dergleichen Stücken der Bibel aber haben wir bereits
treffliche Uebersetzungen, die ganz vorurtheilsfrei die Sache
geben, wie sie ist, freilich (und meiner Meinung nach mit
Recht) mit Beibehaltung aller Eigenthümlichkeiten. Diese
sind aber von Männern geliefert, die eine tiefe Kenntniß
der Ursprache sich erworben hatten. Ich habe selbst noch
nichts davon gelesen, weiß es aber. Der vorzüglichste ist:
Hitzig. Schon Herder fing damit an. Du siehst, wie sehr
Du hier im Nachtheil stehen würdest; Du könntest nur aus
der trüben Quelle schöpfen, und, da Du noch dazu beschnei-
den und der jetzigen Dichtungsweise anpassen willst, so
würdest Du nur Ungeheuer liefern, die sich zum Original
verhielten wie der Télémaque zum Homer. Die Zeiten
sind aber Gott sei Dank vorbei, wo dieser in alle Sprachen
übersetzt und bewundert wurde. Der menschliche Geist hat

über seine eigne Verirrung gerichtet und dem unwiderruflich den Stempel der Lächerlichkeit aufgedrückt, was wirklich ein verkehrtes, seichtes und abgeschmacktes Streben war. Denke nur an die vortrefflichen römischen und griechischen Helden, mit Perrücke und Stahldegen in der französischen Tragödie und gehe in Dich und bereue Deinen kühnen Plan. So äußerlich, zufällig und unpassend, wie uns jetzt die Perrücken vorkommen, würden unsre Wendungen und Modephrasen einer spätern Zeit an den Büchern der Bibel erscheinen. Ein andermal mehr und auch etwas von mir. Aus der Länge meines Briefes wirst Du sehen, daß ich Dich nicht nachlässig abgespeist habe. Riskire es also nur, mir wieder zu schreiben, vergiß aber nicht, immer genau anzugeben, wo Dich ein Brief treffen kann. Lebe wohl und finde Beruhigung und Wohlergehen in und außer Dir!

Berlin, den 25. Januar 1836. Dein Freund
Fr. v. Sallet."

Manche der in diesem Brief ausgesprochenen Gedanken drängten sich mir auf, bevor ich ihn erhielt. Ich hatte im Grunde ganz dieselben Ansichten über Freiheit als Sallet; allein das Wechseln der Fesseln ist oft schon solche Wohlthat, daß man die neuen am Anfange kaum fühlt. Als ich anfing sie zu fühlen, war ich auch schon entschlossen, sie bei nächster Gelegenheit abzuwerfen und sie nur einstweilen geduldig zu tragen. Der Oberst schien es gut mit mir zu meinen und versprach mir durch seinen Einfluß eine Stellung zu verschaffen, welche mich zu meinem Ziele, oder demselben doch näher führte; ob er sein Wort halten wollte oder konnte, mußte sich bald zeigen. Er hatte, wie er sagte, zu diesem Ende allerlei Schritte gethan, deren Erfolg abgewartet werden mußte. Bestimmt sprach er sich darüber nicht aus, sondern begnügte sich mit Andeutungen. Vorläufig machte er große Vorbereitungen zu einer längern Abwesenheit von seinem Wohnsitz; schloß Verkäufe ab über Saaten, die noch auf den Feldern standen und war noch sehr eifrig mit Vorrichtungen zur Ernte beschäftigt, so daß er mir Muße genug übrig ließ. Um ihm aus dem Wege zu gehen, beschloß ich meine gute Cousine Fernande im Stift zu besuchen, welches ich im Sommer noch nicht gesehen hatte.

Ich ritt einen wunderschönen Schimmelhengst, den Vater der ganzen Pferdebevölkerung einige Meilen in die Runde, und nahm zur Gesellschaft einen gelben Bullenbeißer mit, der groß und stark wie eine Löwin und mir besonders anhänglich war. Ueberall auf dem Wege blieben die Leute stehen, bewundernd meinen prachtvollen Thieren nachblickend. Meine liebe Cousine war allein in ihrem freundlichen Häuschen und ich verlebte mit ihr einige sehr glückliche Tage, an welche ich noch oft mit Wehmuth zurückdenke. Ich sah sie damals zum letztenmal. Sie heirathete den früher erwähnten schönen Inspector, der sich in Posen ein Gut gekauft hatte, und starb im ersten Wochenbette. Dieser Verlust schmerzte mich tief, denn ich hatte sie sehr lieb. —

Als ich nach Hofahrtsheim zurückkehrte, waren alle Pferde eifrig damit beschäftigt, die Rübsaat zu dreschen, da der Oberst das Geld dafür mitnehmen wollte. Ich merkte, wie früher erwähnt, daß meine Anwesenheit in Teplitz nicht sehr erwünscht gewesen wäre; denn es schien eine Art von Ehestandsfeldzug für die „kleine Excellenz" im Werke und die Anwesenheit eines jungen Mannes, der mit der Familie auf vertrautem Fuße stand, konnte auf einen der jungen Grafen und Standesherren, nach denen man angeln wollte, einen zurückschreckenden Eindruck machen. Aus diesen mir diplomatisch angedeuteten Gründen ging man sehr zuvorkommend auf den von mir geäußerten Wunsch ein, während der Abwesenheit der Familie von Hofahrtsheim in das Bodethal zu gehen; eine Gegend, deren romantische Reize mich seit meinem ersten Besuche wie ein Zauber verfolgt hatten.

Zweites Capitel.

Thale. — Die Roßtrappe. — Mein Wirth. — Jägerleben. — Förster Daube. — Der alte Brothuhn. — Wildschweinsjagden. — Der Keller und der Gastwirth. — Abendanstand. — Hallalih! — Der Student der Philosophie. — Seltsame Nachtscene. — Waldbrand. — Kaninchenjagd. — Der alte Karlist.

Ich fuhr mit der Post nach Quedlinburg, welches zwei Meilen von der Roßtrappe entfernt ist und wohin ich zu Fuß zu gehen beschloß. Ein Mann wurde gemiethet, meinen Koffer zu tragen und mir als Führer zu dienen. Er war seines Handwerks ein Schmuggler und die Erzählung seiner vielfachen nächtlichen Abenteuer verkürzte mir den Weg. Die Schmuggler pflegten ihr Geschäft in ganzen Banden zu treiben und häufig fielen blutige Gefechte zwischen ihnen und den Grenzjägern vor. Mit Bewegung zeigte mir der Mann einen Platz, auf welchem ein solcher nächtlicher Kampf stattgefunden hatte. Eine Abtheilung Grenzjäger lag im Hinterhalt und empfing die nichts ahnenden Schmuggler mit einer Salve. Viele derselben wurden getödtet, unter ihnen die Frau meines Führers; er selbst wurde verwundet. Dessenungeachtet hatte er sein gefährliches Handwerk nicht aufgegeben.

Der einzige kleine Gasthof im Dorfe Thale selbst war von Damen aus benachbarten Städten eingenommen, welche die frische Bergluft genießen und das neu eingerichtete Bad gebrauchen wollten; ich war daher genöthigt, mir ein anderes Unterkommen zu suchen und ward von dem Wirth zu einem reichen Bauer gewiesen, der ganz allein in seinem Hause wohne, aber ein sehr seltsamer alter Kauz und außerordentlich mißtrauisch gegen Fremde sei.

Das bezeichnete Haus und Gehöft lag mitten im Dorfe. Es war, obwohl äußerst einfach und ländlich, doch stattlicher als die andern Häuser und alle Fenster desselben waren mit Weinlaub umrankt, was mir ganz besonders gefiel. Erst nach langen Unterhandlungen auf offener Straße gelang es mir, das Mißtrauen des alten kuriosen Eigenthümers zu überwinden und ihn durch Anbieten einer hohen Miethe zu bewegen, mir ein großes Zimmer nebst Schlafstube, beide im ersten Stock, abzulassen. Ich war entzückt von meiner Wohnung. Der Fußboden war zwar nicht gedielt, sondern mit einem harten Kalkestrich bedeckt, was im Sommer nichts zu sagen hatte, sondern kühl und angenehm war. Das größte Prachtstück unter den sehr einfachen Möbeln war ein altes Rohrsopha. Dafür waren aber die vier Fenster fast zugewachsen mit Weinlaub, durch welches das zu grelle Sonnenlicht gedämpft wurde. Ich fühlte, daß ich in diesem Zimmer dichten könnte, und das war die Hauptsache, denn ich beabsichtigte, ein neues Trauerspiel zu schreiben.

Hätte mir aber das Zimmer auch nicht gefallen, ich würde es des Hausherrn wegen genommen haben, der eine neue Nummer in meinem Charakteren=Museum zu werden versprach. Man glaubt in Deutschland gewöhnlich, daß England die meisten Originale hervorbringe; allein das ist ein Irrthum, wenigstens in Bezug auf das moderne England, wo ein Jeder gezwungen ist, seine Individualität der seiner Klasse sclavisch anzupassen. Ein Abweichen gilt für ungehörig, oder selbst unanständig. Originalität in Individuen kann sich nur in Ländern entwickeln, wo große sociale Freiheit besteht, die in England durchaus nicht zu finden ist. Es ist eine eigenthümliche Wahrnehmung, daß alle Völker, welche die größte politische Freiheit besitzen, in socialer Hinsicht die unfreiesten sind und umgekehrt. Eine kürzlich verstorbene englische Schriftstellerin, Mrs. Jameson, die Deutschland sehr genau kannte, sagte: „Ich habe oft gedacht und gefühlt, daß während wir in England politische Freiheit haben, wir nichts besitzen, was der persönlichen und individuellen, der gesellschaftlichen Freiheit der Deutschen, selbst unter ihren schlechtesten Regierungen, gleich käme."

Diese sociale Freiheit, welche jede Individualität gelten läßt, ist der freien Entwicklung der Charaktereigenthümlichkeit äußerst günstig, wozu bei uns Deutschen auch noch die besondere Richtung des allgemeinen Volkscharakters beiträgt. Ich behaupte, es giebt unter keinem Volke der Welt so viele Originale, als unter den Deutschen; obwohl deren Excentricität sich seltener in närrischen Handlungen äußert, wie wir sie zu Zeiten von Engländern hörten und mehr eine innerliche als äußerliche ist.

Mein Hausherr war ein kleiner, magerer Mann, der die Siebenzig passirt haben mochte und auf Beinchen einhertrippelte, die denen eines alten contracten Mopses sehr ähnlich waren und deren gewundene Schönheit durch schmutzige lederne Kniehosen und lange blaue Strümpfe nicht verdeckt wurde. Die Ansicht der Hinterfront war durch keine Schöße verunziert, denn der alte Reckleben trug gewöhnlich eine Jacke. Das von pfiffigen Augen belebte, höchst bewegliche, faltenreiche Gesicht war mit einer gebogenen Nase geziert, welche sich dem Kinn bedeutend näherte, da die beide einst fern haltenden Zähne längst verschwunden waren. Reckleben war seiner Zeit ein Landmetzger gewesen, hatte sich nun aber längst „auf seine Güter" zurückgezogen, die in seinem Bauerngehöft bestanden, wozu natürlich einige Morgen Land gehörten, und welches er ganz allein mit einem Ziegenbock bewohnte. Ob er außer diesem Ziegenbock sonst noch Angehörige hatte, weiß ich nicht, denn er empfing nie Besuch und nur zur Zeit der Ernte sah man einige Mädchen in seiner Scheune und im Hofe beschäftigt, wohin auch oft die Dorfschönen kamen, ihre Ziege am Strick, um dem Geißbock eine regeneratorische Visite zu machen. Der alte Mann besorgte alle häuslichen Geschäfte selbst und war auch sein eigener Koch. Er that sich viel auf seine Geschicklichkeit in diesem Fach zu gut und überrraschte mich am Tage meines Einzuges durch ein Geschenk selbstgemachten Kirschfladens, wovon ich, um ihn nicht zu beleidigen, in seiner Gegenwart ein Stück hinunterwürgen mußte.

Obwohl als Einsiedler lebend und sehr mißtrauisch, war der alte Reckleben doch kein Misantrop. Als Landmetzger hatte er die Welt gesehen und hielt sich für einen Lebemann, der mit Vornehm und Gering umzugehen wußte. Vor mir, dem „Herrn Baron", erschien er stets die Mütze in der Hand, in gebückter Haltung, die krummen Beinchen noch sechs Zoll weiter als gewöhnlich auseinander gesperrt, ein stereotypes süßes Grinsen im Gesicht und in einem weinerlich demüthigen Tone lebhaft quieckend. Er erzählte außerordentlich gern, und kam er auf seine Processe zu reden, dann wurde er beweglich wie ein Hampelmann und Beinchen und Aermchen mußten zur Unterstützung seiner ihm noch immer nicht schnell genug scheinenden Zunge beitragen. In die höchste Aufregung gerieth er einst bei der Erzählung von einem Rechtsstreit, den er wegen eines Ackers mit seinem Nachbar geführt hatte. Es schien ihm durchaus nothwendig, daß ich die Lage der strittigen Aecker genau begriff und er zeichnete mir davon einen Situationsplan, wie ihn gewiß noch niemals, so lange die Welt steht, ein Ingenieur gezeichnet hat. Mit Daumen und Zeigefinger der linken Hand kniff er eine Falte in sein Gesicht und schrie, um die Falte nicht zu zerstören, durch den einen Mundwinkel: „Das ist Stubbjen's Acker." Mit der Rechten kniff er eine andere Falte, fast unverständlich murmelnd: „Das ist mein Acker." Dann ließ er die Finger los, da er sie zum Demonstriren brauchte, und die Ackerfalten blieben stehen, lange genug, um die Sache klar zu machen, da er sich Mühe gab zu reden, ohne das Gesicht zu bewegen. Er gerieth aber immer mehr in Eifer und die Bewegung beider Zeigefinger, mit denen er bald auf Stubbjen's, bald auf seinen Acker im Gesichte zeigte, wuchs an Geschwindigkeit, bis mein tolles Gelächter der komischen Scene ein Ende machte.

Gegen Niedere war aber sein Benehmen bei Weitem verschieden; da war er der personificirte Bauernstolz. Ich sah ihn einst in der Ernte „seine Leute" auf dem Felde besuchen. Er hatte seine neueste Jacke an und auf dem Kopf eine verschossene, grünsammetne Pelzmütze. An einem Riemen hing ihm über der Brust ein kleiner Kober, den die in die Seite gestemmte linke Hand nach hinten hielt; mit der Rechten stützte er sich auf einen Dornenstock. Er hatte den Kopf in den Nacken geworfen und die hochmüthig vorgestreckte Unterlippe und heruntergezogenen Mundwinkel gaben ihm einen ganz köstlich hochmüthigen Ausdruck. Dem Leser mag nach meiner Beschreibung dieser alte Mann nicht besonders originell oder komisch erscheinen; allein mir war er eine nie versiegende Quelle der Unterhaltung, denn ich brauchte ihn nur anzusehen, um eine neue lächerliche Entdeckung zu machen.

Was mich neben der Naturschönheit hauptsächlich nach Thale gelockt hatte, war die Hoffnung, dort in den königlichen und Privatforsten jagen zu dürfen. Hierin wurde ich auch nicht getäuscht, obwohl der königliche Oberförster nichts weniger als gefällig und ein durchaus unpopulärer Griesgram war, von dem man höchst bedenkliche Dinge munkelte. Er sollte, hieß es, einstmals einen Wilddieb unter den barbarischsten Umständen getödtet haben. Dergleichen Gerüchte sind in Waldgegenden sehr gewöhnlich. Des Oberförsters größter Widersacher war der Förster des Gutsherrn, eines Herrn von Busche, der irgendwo in Hannover lebte und bei Thale weitläufige Privatwaldungen besaß. Förster Daude war bekannt als kühner Jäger; allein nun war er, obwohl noch jung, von Rheumatismus geplagt und glich in seinen Bewegungen einem ausgedienten Hühnerhunde. Er war der Urheber des Bades in Thale und sein Eigenthümer, wenn ich nicht irre. Zu jener Zeit war übrigens das Bad noch sehr in der Kindheit und seine Concurrenz wurde von Alexisbad nicht gefürchtet. Förster Daude war freundlich bereit, zu meinem Vergnügen beizutragen, und da er nicht dienstfähig war, so wurde ich seinem Gehülfen, dem alten Brothuhn, überantwortet.

Wie alt der „alte Brothuhn" sei, wußte man nicht; allein die ältesten Bewohner des Dorfes behaupteten, daß er vor vierzig Jahren ganz ebenso ausgesehen habe wie heute. Er selbst sagte, daß er „so um die Achtzig herum sei." Sein blondes Haar war weder auffallend dünn, noch zeigte es eine Spur von Weiß, noch war seine untersetzte, kräftige Gestalt gebeugt. Er hielt stets gleichen Schritt mit mir und ich sah ihn niemals müde. Sein breites, bartloses, ehrliches Gesicht war geröthet von der Luft. Bekleidet war er zu allen Jahreszeiten mit einem grünen Jagdhemd, **unter**

welchem er ein Mittelding zwischen Jagdmesser und Hirsch=
fänger trug. Die ganze Erscheinung des Mannes war die
eines gut erhaltenen Fünfzigers.

Alte Jäger sind oft einfach wie die Kinder, aber nie
dumm, obwohl zu Zeiten abergläubisch, was indessen bei
meinem alten Begleiter nicht der Fall war. Aus gedruckten
Büchern hatte er sehr wenig gelernt, aber desto mehr aus
dem Buche der Natur, welches offen vor ihm aufgeschlagen
lag. In tiefer Waldeinsamkeit dachte er über Manches nach,
was er im Dorfe oder in der Kirche gehört hatte und "färbte
es grün", wie er sich ausdrückte, das heißt, er paßte es sei=
nem Jägerverstande an. Ich gewann schnell sein Zutrauen,
denn ich lachte nie über seine Fragen, deren Meinung ich
mir schnell aus dem "Grünen" in's Deutsche zu übersetzen
verstand und die manchen Professor und Philosophen in Ver=
legenheit gesetzt haben würden. Manchmal, auf einsamen
Waldwegen neben mir wandelnd, blieb er plötzlich stehen,
machte gegen mich Front und rief: "Sagen Sie mir mal,
Leitnamt, was meinen die Pfaffen mit der Dreieinigkeit?"
oder "wovon entsteht denn eigentlich der Wind?" — oder
"was sind denn das für Hundsfötter die Diplomaten, die
so viel Confusion anrichten?" — Er behandelte mich ganz
als seines Gleichen und ohne Umstände, war aber niemals
unbescheiden, sondern that in ruhiger Weise Alles, was zu
meinem Vergnügen beitragen konnte. Ich besuchte ihn manch=
mal in seiner reinlichen Wohnung. Seine alte Lebensge=
fährtin hatte sich gleichfalls gut erhalten und war einfach,
milde, bescheiden, frei. Nie sah ich ein Paar, welches mich
mehr an Philemon und Baucis erinnert hätte, als dieses.

Der Gastwirth, bei dem ich zu Mittag aß, war ein
kleiner humoristischer Mann mit magerem, rothem Polichi=
nello=Gesicht und einer großen, hübschen Tochter. Herr

Würfel war in der That ein gewürfeltes Männchen, das ziemlich ehrlich war für einen Gastwirth und einen vortrefflichen Magen für Jägerlatein hatte.

Eines Tages kam der alte Brothuhn zu mir und sagte: „Leitnamt, ich hab 'nen Keiler gespürt mit 'ner Fährte so lang wie meine Hand. Ich denk', ich kenn' ihn und weiß auch, wo er steckt. Wir müssen auf ihn treiben." Ein Keiler von solchem Kaliber brachte natürlich das ganze grüne Corps in Bewegung und ein Treiben ward beschlossen. Würfel, der Alles mit anhörte, bekam das Jagdfieber und drückte den Wunsch aus, mit gegen den caledonischen Eber zu Felde, oder vielmehr zu Holze zu ziehen.

Am nächsten Morgen hatte Brothuhn den Keiler bestätigt und allen Schützen ihre Plätze angewiesen. Ein Dickicht war vor uns, aber wir standen in einem gelichteten Stück Hochwald mit niedrigem Unterholz, welches eine ziemlich freie Aussicht erlaubte. Der jagdlustige kleine Würfel, mit einer Flinte beinahe so hoch als er selbst, stand zwischen zwei königlichen Unterförstern in der Nähe einer sehr zugänglichen Buche. Viele Jäger haben den festen Glauben, daß Hasen und besonders Füchse die tiefsten physiognomischen Kenntnisse besitzen und sich stets die unentschlossensten Schützen aussuchen, um deren gefährliche Linie zu passiren. Der ehrwürdige Keiler, dem der Jagdzug galt, schien der Lavater seines Geschlechts, denn anscheinend gegen allen gesunden Schweineverstand erwählte er sich den unruhig zappelnden Würfel. Als das ungeheuerliche Thier, mit Hauern von zwölf Zoll Länge, langsam aus dem Dickicht hervortrat und gleichsam unbekümmert um Schützen oder Treiber, ohne alle Eile, oft anhaltend und den Boden untersuchend, in grader Linie auf den glücklichen Gastwirth los ging, machte sich dieser noch kleiner als er war und seine rothe Nase erblaßte;

„das Herz fiel ihm in die Hosen" und sich erinnernd, daß
Keiler nicht fliegen können, begann er plötzlich mit der Behendigkeit eines Affen die klug ausgewählte Buche zu erklettern, deren sehr bequemen ersten Ast er bald erreichte, sein
Gewehr am Stamme zurücklassend. Auf das nicht zu unterdrückende Gelächter der Zuschauenden richtete der Keiler
den Kopf in die Höhe und avancirte in kurzem Trabe bis
an den Stamm, dessen Ast den gebaumten Würfel trug.
„Schießen Sie doch!" rief man dem etwa achtzig Schritt
davon stehenden königlichen Unterförster zu; allein diesem
hatte der schwarze Waldprinz gleichfalls imponirt; er antwortete mit verwirrter Stimme: „Ich kann nicht; ich habe
den Stecher von meiner Büchse gebrochen!" — Wahrscheinlich hatte er es absichtlich gethan, denn der „ritterliche"
Keiler pflegt zu Zeiten dem Schützen schnell auf den Leib
zu rücken, und der baumlange Förster zeigte ebenso wenig
Lust zu einem solchen Zweikampf, als der kleine Gastwirth.

Als der Keiler am Fuße der „Würfelbuche" ankam,
blieb er stehen, den Boden untersuchend und eine „säuische
Rede" haltend, wie Würfel versicherte; dann warf er das
dort liegende Gewehr bei Seite und trabte unbelästigt davon,
während Würfel, auf dem Aste sitzend, ehrerbietig seine
Mütze zog und ihm nachrief: „Ich empfehle mich Ew. Hochwürden; bitte, empfehlen Sie mich der hochwürdigsten Frau
Gemalin und der ganzen hochwürdigsten Sauerei."

Dieser Vorfall gab natürlich Veranlassung zu unendlich
vielen Scherzen und Neckereien gegen den Förster und den
kleinen Würfel, der klug genug war, sich am meisten über
sich selbst lustig zu machen. Der alte Brothuhn zuckte nur
die Achseln und sagte: „Leitnamt, ich kenne den Wechsel.
Heut ist's nichts; aber übermorgen wollen wir uns anstellen."

Ich war damals ein sehr geübter Büchsenschütz und hatte mich gleich am ersten Tage bei den Jägern in Respect gesetzt. Als mehrere derselben mit mir auf den Anstand gingen, wollte ich einen alten Schuß los werden und Daude zeigte lächelnd auf eine Elster, die in beträchtlicher Entfernung auf der Spitze einer Pappel saß. Ich legte schnell an und das Glück wollte, daß ich den Vogel herunterschoß. Ein andermal schoß ich einen Fuchs im vollen Laufe mit der Büchse.

An dem bestimmten Tage machten Brothuhn und ich uns bei guter Zeit auf den Weg. Es war noch vor Sonnenuntergang, als wir auf dem Wechsel anlangten. Brothuhn stellte sich an dem Fuß eines Hügels am Ausgange einer Schlucht auf, deren Boden etwas sumpfig war; ich postirte mich einige hundert Schritt von ihm auf einem Fußweg, am Abhange desselben Hügels, vor welchem die sumpfige Schlucht lag. Es war ein köstlicher Abend und der Wald in seiner höchsten Feiertagspracht. Die Strahlen der untergehenden Sonne durchblitzten die dichten Buchenkronen, ihr Laub mit einem Schauer grüngoldner zitternder Lichtfunken übersprühend. Eichhörnchen, deren buschige rothe Schwänze wie Flammen leuchteten, durchhuschten in munterem Spiel diese smaragdnen Dome, in denen Sylvans gefiederte Kammersänger ihr Abendlied erschallen ließen.

Die Sonne sank tiefer; in den Gründen lagerte sich bläulicher Duft; es ward stiller und die süßen Noten der Weindrossel riefen das gefiederte Geschlecht zur Ruhe. Da rauschte es durch die Lüfte, als ob das wilde Heer nahe, und prasselnd endete das Geräusch in nicht fernen Baumwipfeln. Es war Auerwild, welches zur Ruhe ging. Junge Jäger werden begreifen — und alte auch — wie mein Herz klopfte und wie meine Blicke den Wald durchforschten. Die

Wange des Hügels, an dem ich stand, ward noch von der
Sonne zum Abschied geliebkost, als ein riesiger wilder Kater
aus der Schlucht herauf kam und sich etwa zwanzig Schritt
von mir, auf den Weg setzte. Die Sonne schien ihm behaglich, er leckte und putzte sich wie eine Hauskatze, und
wenn irgend ein Thierchen durch das Laub raschelte, duckte
er sich und seine Augen flammten. Ich legte meine Büchse
auf den leichtsinnigen Räuber an; ich stach und sein Leben
hing an der Bewegung meines Fingers. Ich setzte wieder
ab, denn wenn ich schoß, verscheuchte ich den Keiler, der mir
weit interessanter erschien, als irgend ein Katze. Dieser hier
schien es aber förmlich auf seinen Tod anzulegen; denn nachdem er beinahe eine Viertelstunde auf dem Wege gesessen,
ging er langsam den Hügel hinan und setzte sich abermals,
mir noch näher als vorher. Ich legte wieder an und setzte
wieder ab, bis ich der Versuchung doch noch zu erliegen
fürchtete und ihn durch eine Handbewegung mit ungeheuerem
Luftsprung in das Dickicht sandte.

Sterne erschienen am Himmel; die stille Nacht umfing
mit weichen Armen wollüstig Thal und Berg; nirgends Geräusch, nur hie und da geheimnißvolles Knistern und Flüstern
in den Büschen, durchsäuselt von einem leisen Winde. Fle-
dermäuse wiegen sich geräuschlos in der Luft und ebenso geräuschlos segelt die Eule. Hin und wieder kreuzt ein Haase
den Weg, macht ein Männchen, windet und geht. Hinter
dem gegenüberliegenden Berg steigt der Mond herauf, nicht
silbern, winterlich kalt, sondern golden, sommerlich warm.

Horch! da knackt ein zerbrochener Zweig in der Schlucht
unter mir; es kommt näher, es knackt wieder und dazwischen
ein dumpfer Laut, ein kurzes Grunzen, gleich uff! uff! —
Mein Herz schlägt wie ein Schmiedehammer, — ich weiß
nicht ganz genau, ob allein vor Freude. Die Büchse ist

bereit, der Hirschfänger in der Scheide gelockert. Kein Spaß das, denk' ich, ein Zweikampf mit solchem Gegner. Ein überlaufener Frischling (jährig Schwein) an dem ich die ersten Sporen verdiente, warf mich über den Haufen, daß ich die Beine gen Himmel streckte, zum Gelächter aller Jäger. Das war ein Säugling im Vergleich zu diesem schwarzen Prinzen, den ich gesehen und dessen ungeheuerliche Verhältnisse ich mit staunender Ehrfurcht betrachtet hatte. Doch ich war zum Aeußersten bereit, indessen — ich will es gestehen — heimlich wünschend, der Keiler möchte mich mit seinem Besuche verschonen. Beinahe eine Stunde lang wurde ich in dieser Aufregung erhalten; dann entfernte sich das Geräusch von mir, wahrscheinlich weil der Wind eine andere, mir ungünstige Richtung genommen hatte.

Plötzlich hörte ich den scharfen Knall von Brothuhns Büchse. „Ehe der alte Mann sein Bratenmesser unter dem Jagdhemd hervorkrabbelt," dacht' ich, „hat ihm der Keiler drei Ellen Gedärme herausgewickelt," und im vollen Lauf eilte ich zur Hülfe. Es bot sich mir ein eigenthümlicher Anblick. Der alte Jäger lud ruhig seine Büchse und etwa zwanzig Schritte von ihm, hell vom Monde beleuchtet, saß der ungeheuere Keiler, den Kopf schüttelnd, als ob er die Einladung des Gevatters Tod leidenschaftlich ablehne. „Er hat genug," sagte Brothuhn, „fangen Sie ihn ab Leitnamt!" —

„Very cool indeed," dachte ich, aber auf deutsch, und hätte es bei Weitem vorgezogen, das Leben des „ritterlichen Thieres" durch eine Kugel zu enden, wenn ich mich nicht vor dem Alten geschämt hätte, der bei meinem Zögern still in sich hineinlachte. Ich entschloß mich nun schnell und führte einen kräftigen Stoß auf das Blatt des todtwunden

Ebers, welcher hinter dem einen Lauscher (Ohr) getroffen war. Brothuhn lachte, als ich ein paar Schritte zurücksprang, denn meine Klinge hatte sich, ohne einzubringen, auf dem zolldicken, eisenharten Schilde des Keilers beinahe bis zum Brechen gebogen und der sterbende Waldfürst beantwortete meinen Angriff nur durch ein ärgerliches Grunzen und heftigen Ruck mit dem Kopf, ohne daß sein Körper sich eine Handbreit von der Stelle bewegt hätte. "Fangen Sie ihn nur von vorn ab, Leitnamt," lachte Brothuhn, und hielt die Büchse schußfertig, "ich passe schon auf." Die Zähne zusammenbeißend, tauchte ich meinen Stahl bis an's Heft in die Brust des Keilers, der zusammenstürzte und fast lautlos verendete. Ich wischte meine Klinge an seiner rauhen Schwarte ab und fuhr mit dem Taschentuch über meine Stirn, auf der helle Tropfen perlten.

Als Würfel am Abend das Abenteuer hörte, lief er im Zimmer umher, heftig die Hände schüttelnd und mit komischer Grimasse schreiend: "Ne, ne, ne, — nix für mich, nix für mich." — Uebrigens wußte Brothuhn wohl, daß er mich keiner besonderen Gefahr aussetzte, denn der Keiler war alt und seine Waffen (Hauzähne), obwohl sehr lang, doch schon an der Spitze so gekrümmt, daß er damit keinen sehr großen Schaden thun konnte, besonders krank wie er war. Am gefährlichsten sind dreijährige Keiler, deren Waffen wie Messer schneiden und die dem Schützen auf dem Leibe sind, ehe er "Hui Sau!" sagen kann. Solche Keiler nennen die Jäger scherzhaft "Hosenflicker." — Der alte Bursche war der stärkste Keiler, der seit Jahren in jener Gegend geschossen worden war. Als er zerwirkt wurde, fand man eine Kugel mitten auf der Stirn eingewachsen und noch vier oder fünf andere in der Schwarte. Brothuhn behauptete, daß die Bekanntschaft des Keilers mit seiner Büchse eine alte sei.

Im Gasthof hielt sich ein schwindsüchtig aussehender Student auf — ich weiß nicht ob als Badegast oder einfacher „Naturkneiper," der, seinen Kant unter dem Arm, in den Wald zu schlendern und dort, im grünen Dickicht gelagert, zu lesen pflegte. Er hatte nicht die geringste Ahnung davon gehabt, daß es dort vierbeinige wilde Heglianer gebe, welche möglicherweise unschuldige Kantianer angreifen könnten, und es wurde ihm bei der Erzählung der Jäger sehr unheimlich. Er erkundigte sich mit ängstlichem Gesicht bei dem Schelm von Wirth, ob wirklich „zureichender Grund" zur Angst für ihn vorhanden sei, wenn er harmlos im Grünen liege und Kants Kritik der reinen Vernunft studire. „Was!" schrie Würfel, „reine Vernunft? — gefressen werden Sie von den hochwürdigsten, unvernünftigsten Bestien!" — Wegen ihres schwarzen Kleides pflegte der Gastwirth die wilden Sauen nie anders, als hochwürdig zu tituliren. Der Student lachte freilich, aber der Wald war ihm verleidet, denn beim geringsten Geräusch befürchtete er, den „zureichenden Grund" in einem kampflustigen, heglianisch gesinnten Keiler zu entdecken und traurig und schwindsüchtig kehrte er nach Berlin in seine wissenschaftlichen böhmischen Wälder zurück, wo höchstens überhandnehmende philosophische Schweinerei den Schüler Kants erschrecken konnte.

In Gegenden, wo stets Jagd auf sie gemacht wird, sind die wilden Sauen so scheu, daß sie fliehen, sobald sie einen Menschen hören oder wittern; sie greifen nur an, wenn gereizt oder verwundet. Förster Daude stand große Angst aus, als er, in einer dunklen Nacht durch einen Hohlweg reitend, sich plötzlich mitten in einem Rudel wilder Sauen befand, die jedoch keine feindliche Notiz von ihm nahmen. Ein anderes Ding ist es mit angeschossenen Sauen; da ist wirklich Gefahr vorhanden, denn es gibt kein muthigeres Thier, als ein wildes Schwein, gleichviel Keiler oder Bache. Während meines Aufenthalts im Bodethal erlebte ich ein Beispiel.

Ich hatte gegen Abend eine Sau krank geschossen; fand viel Schweiß auf dem Anschuß, den ich verbrach und ging deshalb in das Dorf einen Schweißhund zu holen. Daude rieth mir, ein paar Stunden zu warten, damit die Sau kränker werde; es sei Mondschein und er wolle mir einen erfahrenen Jäger und Schweißhund mitgeben. — Als der Mond aufgegangen war, machten wir uns auf den Weg. Der Forstlaufer, nur mit der Büchse bewaffnet, hatte einen kleinen unansehnlichen Köter am Riemen, den ich niemals für einen guten Schweißhund gehalten haben würde; der jedoch berühmt in der ganzen Umgegend war, nicht nur wegen seiner guten Nase, sondern mehr noch wegen seines unübertrefflichen Muthes. Seine Haut war geflickt wie ein altes Felleisen, denn fast nach jeder Affaire mußte irgend ein Loch darin zugenäht werden. Der Forstlaufer lachte als ich ihn tadelte, daß er keinen Hirschfänger bei sich habe. Mit dem Hund und seiner Büchse, meinte er, brauche er keinen; er habe nie einen geführt.

Der Schweißhund zog am Riemen eifrig der Fährte nach und wir folgten über Berg und Thal. Die Sau hatte sich mehrmals niedergethan und schien sehr krank. Wir dachten, sie verendet zu finden, und da sie nach unserer Meinung in einem vor uns liegenden Dickicht stecken mußte, welches mühsam mit dem Hund am Riemen zu durchdringen war, so wurde dieser gelöst und ich ging auf die andere Seite, um vielleicht die Sau bei ihrem Rückzug anzutreffen. Plötzlich hörte ich den Hund Standlaut geben; dann war Alles still und es folgte weder Schuß noch irgend ein Laut des Hundes, doch bald darauf ein Jammergeschrei, das mich zu größter Eile ermahnte. Dem Schreien um Hülfe nachgehend, kam ich auf eine lichte Stelle und wurde Zeuge eines Schauspiels, welches nichts weniger als spaßhaft erschien. Der arme Forstläufer lag auf dem Bauche und schrie aus Leibeskräften, während die verwundete Sau auf ihm herumtrampelte und ihm buchstäblich die Fetzen vom Leibe riß. Der kleine tapfere Schweißhund hatte sich in einem ihrer Ohren festgebissen und wurde bei jedem Schlag mit dem Gebrech hin- und hergeschleudert. Nur mit Mühe gelang es mir, die wüthende Bache — zum Glück war es kein Keiler — auf dem niedergestreckten Jäger abzufangen, denn der wie ein Flederwisch hin- und herfliegende Hund war mir im Wege. Der Forstläufer war über und über in Blut gebadet; allein glücklicherweise war es nur das der Sau. Der Hund hatte sogleich diese gepackt und den Jäger verhindert, von seiner Büchse Gebrauch zu machen. Während er eine glückliche Gelegenheit abpaßte, einen Schuß anzubringen, warf ihn die Sau um und er war nun darauf bedacht, seinen Kopf und Leib zu schützen, ihr sein Hintertheil preisgebend, welches für längere Zeit mit allen Farben des Regenbogens geschmückt war. Der Jäger trug nämlich ein Paar sehr starke hirschlederne Hosen, welche ihm bis unter die Arme gingen und die ihn gegen die Hafen der ohnehin schon geschwächten Bache beschützten. Er empfing hier eine sehr eindringliche Lehre vom Nutzen des Hirschfängers und hinkte äußerst kleinlaut nach Hause, wo er noch obendrein ausgelacht wurde.

Des Abends gingen wir häufig auf den Anstand und stellten uns in das reife Getreide, weiße Hemden über den Kleidern und weiße baumwollene Nachtmützen auf dem Kopfe. Ich kannte jeden Schritt und Tritt so genau, daß ich mich selbst mitten in der Nacht überall zurecht fand, und manchmal stieg ich vom Hexentanzplatz ins Bodethal hinab, weil dies der kürzeste, obwohl ein sehr gefährlicher Weg war. Einst erschreckte mich aber ein Uhu, der dicht über meinem Kopfe ganz unerwartet sein fürchterliches Huhuhu hu—e! hören ließ, dermaßen, daß ich fast meinen Halt verloren hätte.

Der Sommer war außerordentlich warm und trocken; seit sechs Wochen war kein Regen gefallen und das Wasser in der Bode fast versiegt. Eines Nachts rief der alte Reckleben, mein Wirth, und machte mich auf den Feuerschein von der Roßtrappe her aufmerksam, wohin eine Menge Leute eilten, vom Oberförster aufgeboten. Es hieß, der ganze Forstort Winzenburg stehe in Flammen; ein glimmender Pfropfen der Kanone auf der Roßtrappe habe die trockene Haide entzündet. — Ich hatte noch niemals einen Waldbrand gesehen und durfte eine solche Gelegenheit nicht vorüber gehen lassen.

Ich folgte den Leuten, die mit Eimern und Handwerkszeug den Weg zur Roßtrappe hinaufstiegen, während andere in das Thal eilten, da ich von der Höhe den besten Anblick des großen Feuerwerks zu haben hoffte. Ich fand oben den Oberförster und den Förster ziemlich rathlos, denn es fehlten alle Mittel des Feuers Herr zu werden. Da war kein Tropfen Wasser zum Löschen, denn selbst die tausend Fuß unter uns liegende Bode war fast ausgetrocknet und das dürre Gras und Haidekraut brannte wie Zunder. An ein Begrenzen des Feuers durch Gräben war gleichfalls nicht zu denken, denn überall stieß man sogleich auf den Felsen; es blieb also nichts übrig, als mit großen Baumzweigen bewaffnet die Flammen auszuschlagen, wenn sie aus dem Bodethal die bewachsenen Felsenschluchten hinaufliefen, und die Bäume zu fällen, welche in diesen Schluchten standen und deren Wipfel dem dichter bewaldeten Thalkesselrande zu nahe waren.

Der Anblick von der Roßtrappe hinab auf die Teufels= brücke war ein höchst merkwürdiger, wie er nur selten einem Menschen geboten wird und ihn zu beschreiben ist nicht leicht. Der Ausdruck Felsenkessel läßt sich recht eigentlich auf den Theil des Bodethals anwenden, in welchen man von der Roßtrappe hinunter blickt. Im Grunde desselben, einge= engt von mächtigen Felsen schäumt die Bode über unzählige Steinblöcke dahin. Ungefähr in der Mitte des Thals, wo eine ruhigere tiefe Stelle der Bode auch wirklich der Kessel genannt ist, und in welchem der Sage nach die vom Haupte der Pinzessin gefallene Krone liegt, nähern sich die Uferfelsen so sehr, daß man beide Seiten durch einen hinübergeworfe= nen Baumstamm verbinden konnte, welcher zum Gedächtniß neben der sicherern neuen Holzbrücke — der Teufelsbrücke — liegen blieb. Die Entfernung derselben von dem Bette der Bode ist nicht sehr bedeutend, aber nach beiden Seiten er= heben sich die Wände des Thalkessels in soliden, vielfach zerklüfteten Felsenwänden, aus denen groteske Klippen gleich ungeheueren aufwärts zeigenden Fingern oder Nasen hervor= ragen. Nach der Richtung des Dorfes Treseburg zu ist das Thal anscheinend gänzlich durch eine ebensolche groteske Felsenwand geschlossen, über welche man, auf der gegen= überliegenden Roßtrappe stehend, die Spitze des Vater Brockens hinübergucken sieht. Die Roßtrappe selbst liegt auf dem Nacken eines Felsenhalses, der sich jener Felsenwand gegen= über ausstreckt und das Thal von der anderen Seite nach dem Dorfe Thale zu schließt. Auf der äußersten Spitze des= selben ist ein hölzerner Pavillon errichtet, von dem man nach beiden Seiten hin einen herrlichen Blick auf die grün= durchwachsenen zerrissenen Felsen unter und über sich hat.

Der größte Durchmesser dieses sich nach unten zu verengenden Felsenkessels mag etwa tausend Schritt sein. Die Feuchtigkeit, welche aus dem an den Felsenblöcken sich zerstäubenden Wasser der Bode beständig aufstieg, war natürlich der Vegetation günstig, und an den Ufern sowohl, als überall, wo sich in den Spalten und auf den Abstürzen Erde sammeln konnte, hatten sich Büsche und Bäume eingeklemmt und der Boden mit Haidekraut oder anderen Kräutern bedeckt. Letztere waren, wie bemerkt, trocken wie Zunder, denn nicht nur der Regen fehlte ihnen, sondern auch die Feuchtigkeit von der Bode, die nun nicht gegen die Felsen ihres Bettes zerstäubte, sondern spärlich und kaum sichtbar sich zwischen denselben hindurch schlich. Alles, was in diesem Thalkessel brennbar war, stand in hellen Flammen und der Schein derselben erleuchtete nicht nur jeden Punkt dieses Kessels mit der Klarheit eines Ballsaales, sondern bildete auch über demselben einen wenigstens ebenso umfangreichen Lichtdom, der durch die aufwirbelnden Rauchwolken die mannigfachsten Gestalten und Schattirungen annahm. Im Bette der Bode und an deren Rändern sah man geschäftige kleine Figuren hineilen, deren dunkele Gestalten sich scharf gegen den lichten Flammengrund abzeichneten. Ebenso sah man auf diesem Grunde hie und da die Gestalt von Männern, die an einem Seile schwebend, die Axt in der Hand, von Felsenvorsprüngen heruntergelassen wurden, um irgend einen gefährlichen Baum in das Thal zu stürzen. Es war dies ein mißliches Unternehmen, denn oft rannten wüthende Feuerschlangen plötzlich die Felswände entlang, die am Rande aufgestellten Vertheidiger mit glühendem Athem anhauchend und zurücktreibend. Hinter dem Weg nach dem obenerwähnten Pavillon waren mehrere tausend Schock Wasen (Reisigbündel) aufgehäuft, und es war von größter Wichtigkeit, sie vor den Flammen zu schützen, denn geriethen sie in Brand, so war der auf der Hochebene stehende Wald verloren. Eine Menge Leute waren daher, mit Baumzweigen in den Händen, auf dem schmalen Wege aufgestellt, um sie zu vertheidigen und das hatte wenig Schwierigkeit, so lange nur einzelne der erwähnten Feuerschlangen aus dem Thal heraufzischten, was jedes Mal geschah, wenn das Feuer einen der mit langem Gras oder Haidekraut bewachsenen scharfen Grate erreichte, die sich die Felsenwand hinunterschlängelten; allein plötzlich war es, als ob sich all diese Flammenteufel zu einem gemeinsamen Angriffe entschlossen hätten. Mit der Behendigkeit von Tigerkatzen sprangen und rannten Feuerbündel und Feuerschlangen in Schaaren die Felsenwände hinan und haushohe Flammen leckten gierig über den Weg hinüber, so daß wir alle uns plötzlich auf die Erde werfen mußten, um sie über uns hinwegschießen zu lassen. Glücklicherweise fanden die Flammen nur spärliche Nahrung und das lange Gras loderte schnell hinweg. Nach solchem Angriff bot ein Felsenabhang einen eigenen Anblick. Hie und da irrte noch eine Flamme; hie und da glimmte noch eine Stelle; der Fels glich einer vielfensterigen Burg, in welcher man die Bewohner in der Nacht aufgestört hat und in der man verwirrt hin= und hereilt. Auf dem höchsten Vorsprunge eines solchen Felsens, der Teufelskanzel, stand in hellster Lichtglorie der Oberförster als eine groteske Erscheinung. Ueber der Uniform hatte er einen kattunenen Weibermantel, welcher der Roßtrappenwirthin gehörte, und auf dem Kopf eine weiße baumwollene Zipfelnachtmütze, unter welcher das rothbraune Gesicht seltsam hervorglänzte. Von diesem hohen Standpunkte herab ertheilte er mit lauter Stimme seine Befehle, welche von den neckenden Berggeistern in hundertfachem Echo wiederholt wurden. Durch den von erleuchteten

Rauchwolken durchwirbelten Lichtdom flatterten aus ihren
Schlupfwinkeln aufgescheuchte Raubvögel mit klagendem Ge=
schrei, erschreckt und angezogen durch die entsetzliche Erschei=
nung. — Einen zauberhaften Anblick gewährte es, wenn
eine der in den Felsenspalten stehenden Fichten oder Tannen
in Brand gerieth. Zuerst brannten die harzigen Spitzen
der Zweige in weißer Flamme, und es war als ob sich die
Berggeister einen riesigen Weihnachtsbaum angezündet hätten.
Es dauerte ziemlich lange, bis die stärkeren Zweige und die
Nadeln Feuer fingen, oder eine dicke rothe Flamme, mit
schwarzem Rauch verbrämt, den Stamm umleckte.

Als die Gefahr dringend wurde, befahl der Oberförster
einem Förster — demselben, welcher bei der Wildschweins=
jagd den Stecher von seiner Büchse brach — nach dem Pa=
villon vorzugehen und von hier aus die Vertheidigungsan=
stalten zu leiten; da derselbe jedoch ein Hasenfuß war
und befürchtete, von den Flammen abgeschnitten zu werden,
so erbot ich mich, diesen Posten einzunehmen und dem Ober=
förster beizustehen. Unsere Bemühungen hatten denn auch
den glücklichen Erfolg, das Feuer endlich im Bodekessel zu
lokalisiren und der Oberförster verließ seine Feuerwarte.
Er rief mir zu: „Wollen Sie eine Tasse Thee trinken?"
Zuerst hörte ich diese Worte aus seinem Munde, dann kamen
sie mir nochmals ganz deutlich von dem gegenüberliegenden
Hexentanzplatz zurück und dann jubelte und kicherte es im
Thal: Thee trinken, Thee trinken! und alle Bergkobolde und
Elfen murmelten und flüsterten die seltsame Mähr dem
alten Brocken zu. Das Echo dort ist ganz wunderbar.

Ich folgte der Einladung des Oberförsters, denn die
Nachtluft war da oben auf den Bergen sehr frisch. Eben
im Begriff, mir eine Pfeife zu stopfen, sah ich auf einem
nicht weit entfernten Felsen einen Hirsch und zwei Thiere,

die vorsichtig den gewohnten schmalen Pfad entlang schlichen und dann neugierig in das Thal hinunterschauten. Es ist den Jägern bekannt, daß Hirsche sich oft in die Nähe von brennenden Kohlenmeilern hinstellen, entweder angezogen durch die Wärme, oder aus Neugierde. — Ohne ein Wort zu sagen, langte ich nach meiner Büchse, welche ein kleiner Junge trug der hinter mir stand, und winkte den Andern mit der Hand. Ich legte an und feuerte auf den Hirsch, der hellbeleuchtet dastand. Ehe noch eben der Knall von dem Hexentanzplatz zurückkam, sahen wir den Hirsch hoch in die Luft springen und mit einem ungeheueren Satz in das Thal hinunterstürzen. Der Schuß, zu dem mich Jagdeifer verführte, that mir leid, denn der Hirsch war durch den Sturz auf den Felsen von einer Höhe von mehreren hundert Fuß fast gänzlich unbrauchbar geworden.

Der Brand hatte der Schönheit des Bodethals für diesen Sommer großen Abbruch gethan; allein die Roßtrappe blieb nach wie vor mein Lieblingsplatz. In der Nähe desselben hatte damals eine Frau ein kleines Haus, oder vielmehr Hütte, wo man Kaffee, Birkwasser und andere Erfrischungen haben konnte. Eine Merkwürdigkeit dieses Platzes war ein Zaunkönigpaar, welches mit den Menschen so vertraut war, daß es zwischen ihnen auf den Tischen umhersprang und sich sogar ohne besondere Mühe fangen ließ. Es war dies um so merkwürdiger, als der Zaunkönig sonst außerordentlich furchtsam ist und nicht selten vor Angst in einer Falle stirbt, wenn dieselbe nicht mit einem Versteck versehen ist, wohinein er schlüpfen kann.

Ueber meine Jagdvergnügungen versäumte ich jedoch meine literarischen Beschäftigungen nicht; im Gegentheil, sie wurden durch die einsamen Gänge in dem frischen Walde begünstigt. Ich begann ein Trauerspiel in Prosa: „die Gräfin von Chatraubriant", wovon ich drei Acte fertig schrieb. Meine „Hunyaden" waren längst vollendet, und als ich sie — „auf Verlangen" der meist aus Frauen und Mädchen bestehenden Badegesellschaft vorlas, hatte ich die Genugthuung, ihnen allen Thränen zu entlocken. Bücher erhielt ich aus einer Leihbibliothek in Quedlinburg und lebte so ein recht angenehmes, einfaches Leben. Zu Zeiten waren auch Concerte in dem Gasthause der Blechhütte, die dicht am Fuße der Roßtrappe liegt, und wo alle Damen, eifrig strickend, anwesend waren.

In der Nähe von Thale war ein großer Fischteich, der in der Mitte eine mit dichtem Rohr bewachsene Insel hatte, auf welcher Tausende von Staaren ihre Nachtruhe hielten. Dieser Teich war deshalb besonders interessant, weil sich auf demselben oft mehrere Tage lang fremde Wasservögel aufhielten, welche ein ferner Sturm von Norden her verschlagen hatte. Ich schoß dort einen großen wilden Schwan mit der Büchse und auch einen Cormoran, den ich vorher noch nicht gesehen hatte, und der wahrscheinlich von der Elbe herkam, wo diese Vögel zu jener Zeit in solcher Menge erschienen, daß sie der Fischerei beträchtlichen Schaden zufügten.

Mein Jagdvergnügen in den königlichen Forsten ward sehr beschränkt durch die Anwesenheit des Forstraths Pfeil, des bekannten Forstschriftstellers, der alljährlich einige Wochen in einem einsamen Jagdhause zubrachte und täglich Pürschen ging. Er war sehr eitel auf sein gutes Schießen und feuerte nie auf einen Hirsch, wenn er nicht sicher einen Blattschuß anbringen konnte. Jeder Hirsch, der vom Jagdhause in das Dorf herab geschickt wurde, trug denn auch auf dem Blatt das Zeichen seines Erlegers. — Ich mußte mich also nun häufiger der niedern Jagd zuwenden, und sie hatte auch ihre Annehmlichkeiten. Es gab dort, besonders in der Nähe des Stubenberges, zahlreiche Kaninchen, die in den Felsen ihre Baue hatten. Die Jagd gehörte dort dem Besitzer einer benachbarten Papiermühle, den ich deshalb nicht weniger gern besuchte, weil er sehr hübsche und liebenswürdige Töchter hatte. Ein kahler Berg, der durch eine kleine Wiese von einem kleinen Dickicht getrennt wurde, gewährte uns viel Vergnügen. Das Dickicht wurde abgetrieben und die Kaninchen kehrten eilig in ihre Baue zurück. Nun wurde irgend ein Bau ausgewählt und von ihm bis zum Dickicht eine Reihe von Schützen schußfertig aufgestellt. Dann wurden Frettchen in den Bau geschickt und bald flogen, wie aus der Pistole geschossen, die erschreckten Einwohner über die Wiese dem Dickicht zu, auf welchem Wege sie unser Feuer auszuhalten hatten. Es erfordert einige Geschicklichkeit, einen so schnell dahin rasenden kleinen Pelzhandschuh zu treffen. Waren alle Kaninchen aus ihren Bauen in das Dickicht getrieben, dann stiegen die Schützen auf eigens dazu eingerichtete in demselben stehende Bäume. Treiber jagten nun die Kaninchen hin und her, welche von oben herab leicht gesehen und erlegt wurden. Ich erinnere mich, daß wir — vier oder fünf Schützen — an einem Morgen auf diese Weise nicht weniger als ein hundert und zwei und dreißig Stück schossen.

Als die Hühnerjagd aufging, kamen Forstschüler von Neustadt-Eberswalde zum Besuch und wir hatten in den Wiesen sehr viel Vergnügen. Wir avancirten gewöhnlich in Linie, die Hunde vor uns, und da beständig Ketten aufstanden, so knallte es fortwährend. Zu eifrige Schützen, die immer über die Linie hinausbrachen, nahmen Daube und ich zwischen uns und bestraften sie dadurch, daß wir die vor ihnen aufstehenden Hühner herunterholten, wenn sie kaum ein paar Fuß über dem Grase waren.

Zu jener Zeit — und wahrscheinlich heute noch — bestand großer Neid zwischen den preußischen und braunschweigschen Jägern, deren Grenze bis nahe an das Gebiet von Thale heranreichte. Was die preußischen Jäger am meisten verdroß war, daß diese Grenze von den Braunschweigern eingehegt wurde, wodurch das Herüberwechseln des Wildes verhindert wurde. Man ärgerte sich daher gegenseitig, und wenn eine im Preußischen angeschossene Sau im Braunschweigischen ausgemacht wurde — man hatte das Recht der Folge —, so wurde stets das Eingeweide derselben um einen Baum gewickelt, zum Zeichen, daß ein Stück Wild den Nebenbuhlern vor der Nase weggeschnappt war.

Als die Treibjagden im Felde angingen, erhielt ich auch Einladungen von benachbarten Jagdbesitzern. Unter ihnen war für mich der interessanteste ein reicher Oberamtmann der eine große Braunschweigische Domäne gepachtet hatte. Er war ein alter jovialer Mann und großer Freund der Tafel. Denen, die zum erstenmal bei ihm waren, wurde stets ein dickes geschliffenes Weinglas hingesetzt, aus dem man nicht trinken konnte, ohne sich zu begießen, wenn man das Geheimniß nicht kannte. Es waren nämlich unter dem Rande überall Löcher eingeschliffen, die man nicht wohl entdecken konnte. Zum Schluß des Mahles erschien ein großer gläserner Stiefel, der ein paar Flaschen hielt und die Runde machte.

Im Speisezimmer des Oberamtmanns hing zwischen den Bildern von allerlei schönen Pferden das Portrait des Herzogs Wilhelm, den Viele, trotz aller Bundesbeschlüsse, einen Usurpator nannten. Der Oberst, welcher seine Ideen für die Restauration des Herzogs Karl keineswegs aufgegeben hatte und stets dafür intriguirte, hatte mir aufgetragen, mich nach der Stimmung der Einwohner jener Gegend zu erkundigen und besonders unter den Förstern, Jägern und einflußreichen Landbesitzern. Ich hatte Nachricht davon erhalten, daß der Oberamtmann dem neuen Herzoge nichts weniger als geneigt sei, obwohl er ihn nicht selten zur Jagd bei sich sah. Dieser letztere Umstand hätte zur Ausführung gewisser Pläne sehr leicht benutzt werden können, allein sowohl der Oberst als der Herzog Karl schwatzten weit mehr als sie handelten und nebenbei war der Herzog, wie schon erwähnt, sehr geizig. Hätte er nach der Braunschweigschen sogenannten Revolution, als er wieder in sein Herzogthum einzudringen gedachte, einige Tausende unter die ihm ohnedies anhänglichen Jäger, Förster und Köhler der Harzgegend vertheilt, anstatt sie mit etwas Schnaps zu tractiren, hätte er sich an ihre Spitze gestellt und nur ein wenig männliche Entschlossenheit gezeigt, so würde ihm die Contrerevolution ohne alle Schwierigkeit gelungen sein.

Doch ich kehre wieder zu meinem alten Oberamtmann zurück. Einst nach Tische neckte ich ihn über das in seinem Speisezimmer aufgehängte Porträt des Herzogs Wilhelm. „Hm, er hängt da für spionirende Esel zwischen all dem Viehzeug," — antwortete er, und als ich ihn lachend „einen alten Karlisten" nannte und ihm erzählte, das ich den Herzog in Paris gesehen und gesprochen habe und daß derselbe den Gedanken der Rückkehr noch keinesweges aufgegeben habe, äußerte er einmal über das andere und in immer schnellerer Folge: „Närrischer Kerl! — närrischer Kerl!" nahm mich endlich geheimnißvoll bei der Hand und führte mich in ein anderes Stockwerk seines weitläufigen Hauses. Ohne ein Wort zu sagen, öffnete er eine Thür und wir traten in ein schönes Zimmer, an dessen Wand ein großes und schönes Porträt des Herzogs Karl hing. Ich respectirte die feierliche Stimmung des alten wackern Herrn, die mir, einem Herzog Karl gegenüber, vielleicht sehr lächerlich erschienen sein würde, wenn ich nicht gehört gehabt hätte, daß der alte Oberamtmann durch Dankbarkeit an den Herzog gefesselt war, was ich der sehr großen Seltenheit wegen erwähne.

Es war schon spät im Herbst, als mir die Rückkehr des Obersten nach seinem Gute angezeigt wurde. Mit Bedauern verließ ich das schöne Bodethal, welches ich seit jener Zeit nicht wieder gesehen habe. Eine Novelle von mir in den Hausblättern, „Ilse," verdankt der Erinnerung an diesen Aufenthalt ihren Ursprung.

Drittes Capitel.

Reise nach Gotha. — Empfang am Hofe. — Die junge Herzogin. — Prinz Albert. — Hofgesellschaften. — Einfachheit. — Ein Günstling. — Wie man eine Hofcarriere macht. — Anerbieten des Herzogs. — Minister von Corlowitz. — Freundlichkeit des Herzogs und portugiesische Aussichten. — Abreise nach Dortmund. — Frankfurt. — Der Lohnbediente und der Vater des Königs von Portugal. — Wiedersehen. —

Bei meiner Rückkehr nach Hofahrtsheim fand ich die gewöhnliche Knauserei, aber eine doppelte Dosis Hoffahrt. Da man sich nach dem heitern Babeleben langweilte und ich mich wohl hütete, etwas Vernünftiges zu sagen, sondern eifrig bemühte, so viel Unsinn als möglich zu schwatzen und zu treiben, so wurde ich denn von der Frau vom Hause recht gnädig behandelt und sogar als eine Art Nothwendigkeit betrachtet, da man doch vor Jemand den frisch angesteckten Pfauenschwanz sein Rad schlagen lassen mußte. Die Waldsteins, die Clarys hatten die Schultzes grad wie ihres Gleichen behandelt, denn der angebackene Name Hofahrtsheim war der eines alten gräflichen Geschlechts, und hörte man den Obersten von seinen — obwohl ganz hübschen — Gütern reden, so mußte man glauben, daß er wenigstens einige „Herrschaften" besitze.

Für mich hatte der Oberst, wie man zu sagen pflegt, „große Rosinen im Sack". Das schriftliche Versprechen, welches er mir gegeben hatte, sah er indessen höchst ungern in meinen Händen, und es war für einen alten, erfahrenen Mann nicht schwer, auf einen jungen Menschen zu wirken, dessen Charakter er so genau studirt hatte. Der Erfolg entsprach denn auch seinen Erwartungen. Ohne daß er ein directes Verlangen ausgesprochen hätte, überlieferte ich ihm das Papier, erklärend, daß ich dasselbe nicht gebrauche, sondern unbedingt seinen freundschaftlichen Absichten in Bezug auf mich traue. Ich wußte indessen sehr wohl, daß ich dem Obersten durch den Gebrauch des Papiers höchstens Unannehmlichkeiten bereiten, aber sonst nichts durch dasselbe erzielen konnte. Durch Trotzen auf ein Recht forderte ich den selbstwilligen Mann nur zum Widerstande heraus; zu einem Kampfe, dem ich damals noch durchaus nicht gewachsen war, weil ich ohne ihn gänzlich hülflos dastand; indem ich ihm aber unbedingtes Zutrauen zu schenken schien, schmeichelte ich seiner Eitelkeit und machte ihn geneigt, sein Wort zu halten. Sehr bald darauf hatte ich Grund, die Richtigkeit meiner Handlungsweise zu erkennen, denn als ich im Gespräch mit dem Obersten mich veranlaßt fühlte, ein auf sein ausdrückliches Versprechen begründetes Recht zu behaupten, gerieth er in Zorn und sagte: „Nun gut, ich habe es versprochen; aber ich will's nicht halten. Was denn?" —

Der Oberst veranlaßte mich, ein Buch zu schreiben, welches „Herzog Karl und die Revolution in Braunschweig" betitelt war. Ich stellte dasselbe eigentlich nur aus seinen Angaben zusammen und er sah das Manuscript unendlich oft durch, um hier und da Abänderungen zu machen. Wenn er also das Buch gegen mich stets als „mein" Buch bezeichnete, so hatte er gewissermaßen ein Recht dazu; ich schrieb indessen die Vorrede.

Zu jener Zeit war die Heirath zwischen dem Prinzen von Coburg-Koharh und der Königin von Portugal beschlos-

sen worden und Graf Lavradio, der portugiesische Gesandte,
war in Gotha, wo große Festlichkeiten stattfanden. Um den=
selben beizuwohnen, beschloß die Familie von Hofahrtsheim
nach Gotha zu gehen. Der Oberst schickte Frau und Tochter
voraus; er blieb noch zurück, ich glaube, weil er gewisse
Dinge noch nicht vom Herzog von Coburg erreicht hatte, die
er erreichen wollte. Sein Bruder war einer der höchsten
Personen am Coburger Hofe, und der Herzog schenkte dem=
selben großes Vertrauen. Durch geschickte Benutzung dieses
Bruders hoffte der Oberst seine zwei hauptsächlichsten Wünsche
zu erlangen: den sächsischen Hausorden und die Erhebung
zum General, denn er war mit seinem alten Rang als Oberst
in die Dienste des Herzogs getreten, — natürlich ohne irgend
welche Functionen und ohne irgend welchen Gehalt.

Es war im Winter 1836 — ich glaube im Januar —
als wir den Damen nach Gotha folgten. Die Festlichkeiten
waren vorüber, als wir ankamen; der künftige Gemahl der
Königin von Portugal und Graf Lavradio waren bereits ab=
gereist, aber am Hof und in der Stadt sprach man von
nichts Anderem.

Nachdem ich den Hofmarschällen meine Visite gemacht
hatte, erhielt ich durch den Hoffourier eine Einladung zu
einer Abendgesellschaft im Schlosse. Der wohlgenährte Hof=
fourier überraschte mich durch eine ganz genaue Kenntniß
meiner Privatverhältnisse und meiner freundlichen Beziehungen
zu der Schwester des Herzogs, der Gräfin Mensdorf, welche
in Böhmen gestorben war. Als ich mein Erstaunen über
seine Wissenschaft ausdrückte, äußerte der Mann mit selbst=
gefälligem Lächeln: „Oh, da müßte ich ja nicht bei der
Wiener geheimen Polizei angestellt gewesen sein!" —

Dem Herzoge war ich schon in Mainz vorgestellt wor=
den und derselbe hegte sehr freundliche Gesinnungen in Be=

zug auf mich. Am Tage nach einem Ball bei Graf Mensdorf, dem auch der Herzog beiwohnte, hatte seine Schwester zu mir gesagt: „Mein Bruder meinte gestern, Sie seien sein Liebling auf dem Ball." Die beiden jungen Prinzen hatte ich gleichfalls in Mainz gesehen und gesprochen; aber die junge Herzogin, die zweite Gemahlin des Herzogs, eine Prinzessin von Würtemberg, hatte ich noch nicht gesehen; ich wurde ihr an jenem Abend durch den dienstthuenden Kammerherrn vorgestellt. Sie empfing mich auf eine äußerst schmeichelhafte und liebenswürdige Weise, indem sie laut sagte, daß es alle Umstehenden hören konnten: „Sie sind kein Fremder hier; meine Schwägerin hat mir recht oft und viel von Ihnen erzählt." Die Herzogin war damals eine schöne, stattliche Dame mit angenehmem Gesicht, üppigen Formen und ganz wunderschönem Fuß. Sie kleidete sich sehr geschmackvoll und liebte den Tanz leidenschaftlich.

Ich ward auch der liebenswürdigen und bescheidenen Fürstin von Leiningen und andern Damen vorgestellt; ebenso dem Bruder der Herzogin und vielen Herren des Hofes, über deren Aufnahme ich in keiner Hinsicht zu klagen hatte. Mehrere der coburgischen Officiere, von denen die meisten zugleich als Kammer- oder Hofjunker fungirten, waren gleichfalls anwesend und ich ward bald bekannt mit ihnen. Die beiden Prinzen, die damals noch unter ihrem Erzieher, Rath Florschütz standen, waren sehr freundlich gegen mich, namentlich aber Prinz Albert, dessen Gesicht und Benehmen mich besonders anzogen. Die Gesellschaft fand in den Zimmern des letzten, excentrischen Herzogs von Gotha statt und diese enthielten manche seltsame und kostbare Dinge, die mir Prinz Albert erklärte. Ein Zimmer, in welchem der Herzog seine Partie machte, war sehr kostbar eingerichtet; es standen darin massiv silberne Stühle; der Prinz sagte mir, wieviel

die Ausschmückung dies kleinen Zimmers gekostet hatte; es
war eine bedeutende Summe, deren Betrag ich aber vergessen
habe. Was mir als besonders merkwürdig auffiel und meine
Phantasie sehr rege machte, war ein sehr geschickt angelegtes
Cabinet, von dessen Dasein ein Uneingeweihter keine Ahnung
hatte. Es bildete die Hälfte eines Zimmers, von dem es
durch eine Wand von dickem gefärbten Glas getrennt war,
in der ein Spiegel stand, welcher sich auf den Druck wendete
und als Thür diente. Eine andere Thür führte aus dem
Cabinet auf den Corridor. Man konnte durch die gläserne
Wand nicht in das Cabinet sehen; allein man sah von In=
nen Alles was vorüber ging. In demselben standen sehr
einladende Divans, die zu Zeiten von Herrn benutzt wurden,
welche der Gesellschaft entfliehen, sich aber doch nicht gänzlich
entfernen wollten.

Der Ton, der in diesen Hofgesellschaften herrschte war
nichts weniger als steif; es ging dort mit einer eleganten
Ungenirtheit zu, welche nur durch die Gewohnheit, in solchen
Kreisen sich zu bewegen, erworben werden kann, dann aber
sehr behaglich und angenehm ist, während sie den Neuling
in eine ganz unheimliche Stimmung versetzt. Ich habe sehr
gescheidte Leute in solchen Gesellschaften gesehen, die vor Ver=
legenheit nicht wußten wie sie sich wenden und drehen sollten,
obgleich sie in bürgerlichen Gesellschaften für Muster eines
guten Benehmens galten. Andere, die nicht verlegen waren,
ahmten die Ungenirtheit nach, ohne die Eleganz und machten
den Eindruck eines Hippopotamos, das zu tanzen versucht.

An jenem Abende wurde getanzt. Die einzige Unan=
nehmlichkeit war dabei für mich, daß ich einen ebenso guten
Geschmack hatte wie die Prinzen, denn es geschah mir einige=
mal, daß ich die von mir engagirte Dame aufgeben mußte,

weil sie von einem der jungen Prinzen, oder dem Herzog von Würtemberg „befohlen" worden war.

Der alte Herzog von Coburg galt für sehr genau, ja geizig, obwohl er ungeheuer reich war und immer neue Mittel aufzufinden wußte, sein Vermögen zu vermehren. Seine „verrufenen" Sechskreuzerstücke sind noch nicht vergessen. Da der Herzog spät zu Mittag aß, gewöhnlich wenn er von einer Jagdpartie zurückkehrte, so fühlte er selten das Bedürfniß eines Soupers; aber so leicht es den Hofleuten auch wurde, ihren Geist und Willen dem ihres Gebieters anzupassen, so wollte dies doch nicht ebenso gut mit ihren Magen gelingen, und wer zu einer Abendgesellschaft eingeladen war, mußte sich entweder durch ein spätes Diner vorbereiten, oder der Hoffnung vertrauen, den Gasthof zum Riesen noch nach Mitternacht offen zu finden. Nicht selten wurde das Hungergemurmel so laut, daß es nicht nur dem vielgeneckten Gothaischen Hofmarschall, sondern selbst dem Herzoge zu Ohren kam, der dann schnell ein kaltes Souper befahl, welches in ungefähr derselben Weise abgemacht wurde, wie ein Jagdfrühstück im Freien; der Mangel an Ceremonie dabei wurde dann höchstens durch den Mangel an Lebensmittel übertroffen.

Wenn nicht getanzt wurde, so setzte man sich zum Kartenspiel. Die jungen Herren spielten gewöhnlich ein Gesellschaftsspiel mit Karten und theilten sich in zwei Tische, deren jeder von einem der beiden Prinzen präsidirt wurde. Einst bei einer kleinern Theegesellschaft im Salon der Herzogin spielte ich allein mit Prinz Albert „schwarze Dame." Ich gewann fortwährend und der Prinz sagte, daß gegen solch Glück nicht aufzukommen sei; endlich schlug ich ihm vor, die Karten, die ich aufgenommen, mit ihm zu tauschen, allein er verlor dennoch und wollte nicht weiter spielen. Ich erin=

nerte ihn scherzend an den Glauben, daß Derjenige Glück in der Liebe habe, welcher im Spiel unglücklich sei. Ein sehr niedliches Hoffräulein sah erröthend in ihren Schooß und der alte Obermarschall drohte mir lächelnd mit dem Finger, denn er verstand besser was ich meinte. Schon zu jener Zeit war von einer Heirath des Prinzen mit der Königin von England die Rede, wenigstens hatte der Herzog darüber mit dem alten Obermarschall gesprochen, von dem es der Oberst gehört hatte und durch den ich einen Wink erhielt, zugleich mit dem Rath, mich dem Prinzen womöglich angenehm zu machen. — Der Prinz zog, um mir ungefähr sechs und dreißig Kreuzer zu bezahlen, eine kleine lederne Geldtasche mit Stahlbügel hervor, auf welcher mit Stahlperlen „souvenir" gestickt war. Die Börse war leer; der Prinz schüttelte sie lachend und sagte: „Ich habe den Schlüssel zu meiner Chatoulle verloren." Es hat mir immer viel Spaß gemacht, daß mir Prinz Albert noch zehn Silbergroschen schuldig ist. Man sagte mir, daß die Prinzen nicht mehr, als dreihundert Gulden das Jahr als Taschengeld erhielten. Ihre Erziehung war überhaupt sehr einfach und vernünftig, und da sie Beide viele natürliche Anlagen besaßen, so ist es denn kein Wunder, daß sie Männer geworden sind, welche in der Gesellschaft eine Stellung einnehmen würden, selbst wenn sie keine Fürsten wären. Prinz Albert war damals ein sehr hübscher junger Mann, ruhig, freundlich und verbindlich. Der Erbprinz war dunkler, sein Gesicht nicht so regelmäßig, aber er war lebhafter, als Prinz Albert, ja, oft rasch in seinem Wesen, aber eben so freundlich, einfach und liebenswürdig.

Um einen kleinen Auftrag der Herzogin zu besorgen, mußte ich eines Vormittags zu den Prinzen gehen. Sie bewohnten mit ihrem Gouverneur einige Zimmer in dem ober-

sten Stock des Gothaischen Schlosses, von wo aus man eine
schöne Aussicht auf die Stadt hatte. Ich mußte über einen
geräumigen Boden, wo Theaterdecorationen gemalt wurden,
und es dauerte lange, ehe ich einen Jäger fand, der mich
anmeldete. Als ich in ein schmales Zimmer trat, von dem
rechts und links offen stehende Thüren in andere führten,
hörte ich Jemand sehr schön Klavier spielen und dann die
Stimme des Erbprinzen, der aus dem einen Zimmer rief:
„Du Albert, da ist Jemand." Die Musik verstummte;
Prinz Albert erschien in Hemdsärmeln, zog aber schnell einen
Rock an, als er mich sah und empfing mich sehr freundlich.
Die Zimmer waren außerordentlich einfach eingerichtet; kurz,
die Prinzen wurden in derselben Weise erzogen, wie irgend
ein wohlhabender, vernünftiger Privatmann seine Söhne erziehen würde. War dies Folge der ökonomischen Neigungen
des Herzogs, oder der Ueberlegung, das bleibt sich ziemlich
gleich; die beiden Prinzen hatten den offenbarsten Gewinn
davon. Beide waren sehr beliebt nicht nur am Hofe, sondern
auch unter den Bürgern von Gotha.

Ich war oftmals zum Diner eingeladen, welches gewöhnlich sehr schnell abgemacht wurde, da der Herzog spät von
der Jagd kam und das Schauspiel vor seinem Erscheinen
im Theater nicht anfing. Diese Eile behagte den Hungrigen
nicht besonders. Die Tafel war gut; aber die Hofherren
klagten, daß der Hofmarschall ihnen solch schauderhaften Wein
vorsetze. Auch Coburger Bier wurde in Gläsern herumprä-
sentirt. Ein- oder zweimal wurde ich auch zu einem herzoglichen Diner außerhalb der Stadt abgeholt, wo der Herzog
verschiedene petites maisons hatte. Gewöhnlich waren dabei
nur die Prinzen und die höchsten Hofchargen, aber keine
Damen zugegen. Bei einem solchen Diner saß ich dem
Herzog gegenüber. Ich erinnere mich desselben sehr wohl,

weil ich durch eine Aeußerung die ich machte, eine sehr peinliche Sensation hervor brachte. Als ich noch in Mainz fast täglich die Anlage besuchte und die Gräfin Mensdorf dort sah, lernte ich einen Herrn Häuser kennen, der sich Braunschweigscher Rittmeister nannte und zu dem Herzog Karl in besondern Beziehungen zu stehen angab. Da er nicht mehr im Dienst war, so kleidete er sich stets in Civil. Er war ein großer, sehr schöner Mann, im Styl des verstorbenen Herzogs von Coburg, und seine äußerliche Erscheinung, unterstützt durch eine einfache, ausgesucht feine Toilette, machte einen höchst günstigen Eindruck. Dieser Mann suchte meine Gesellschaft, spielte mit mir Billard und bat mich endlich, ihn der Prinzessin vorzustellen. Diese war froh, einige Unterhaltung zu haben und ich konnte seinen Wunsch erfüllen. Nachdem ich die Fürstin längere Zeit nicht gesehen hatte, sagte sie zu mir: „Der Rittmeister Häuser hat sechshundert Gulden von mir borgen wollen; ich habe nichts übrig und habe ihm nichts gegeben." Seitdem hatte ich nichts wieder von diesem Rittmeister gehört, als kurz vor meiner Ankunft in Gotha, aber von wem habe ich vergessen. Ich weiß nicht, wie ich darauf kam, bei Tafel diesen Namen im Gespräch zu erwähnen; allein kaum war es geschehen, als eine allgemeine betretene Stille eintrat. Der Name hatte auch des Herzogs Ohr getroffen; er fragte schnell: „Haben Sie vom Rittmeister Häuser gehört, — kennen Sie ihn?" — Ich war ziemlich verlegen, da ich mir die Ursache dieses Eindrucks nicht zu erklären wußte und antwortete ausweichend; allein der Herzog fragte bestimmt und ich sagte: „Er ist in Amerika wegen Fälschung gehängt worden." Der Herzog verfärbte sich und selbst die Messer und Gabeln hörten auf zu klappern. Nach der Tafel erhielt ich die Lösung. Rittmeister Häuser war mit einer Empfehlung der Gräfin Mensdorf an den Coburger

Hof gekommen und hatte dem Herzoge so außerordentlich gefallen, daß er bald gleichsam sein Günstling wurde. Er begleitete den Herzog auf die Jagd und dieser behandelte ihn mit einer Auszeichnung und Vertraulichkeit, welches die ganze „Hofbagage" außer sich brachte. Es war auch unerträglich, denn der neue Günstling war nicht einmal ein Edelmann! Was da kabalirt und intriguirt wurde, um dem plebejischen Eindringling ein Bein zu stellen, kann man sich denken und es war daher kein Wunder, daß der elegante Bürgerspitz von den adeligen Windhunden endlich vom Hof gehetzt wurde. Obwohl ich die nähern Umstände nicht weiß, so glaube ich doch, daß dies nicht ohne Widerstand von Seiten des Herzogs abging.

In damaliger Zeit war es noch nicht schwer an solchen kleinen Höfen „eine Carriere" zu machen, wenn man einige nöthige Bedingungen erfüllte. Eine und die hauptsächlichste war, daß man Geld hatte, oder die Leute glauben machen konnte, daß es der Fall sei, ferner daß man von gutem Adel und angenehmem Aeußern war, sich anständig zu benehmen wußte und Französisch reden konnte. Kurz vor meiner Ankunft in Gotha war ein ehemaliger preußischer Landwehrlieutenant einer Schauspielerin dorthin nachgelaufen. Er besaß noch ein paar tausend Thaler und hatte Verstand genug den Plan zu fassen, sich vermittelst zweckmäßiger Anwendung derselben am Hofe eine Stellung zu machen. Geld war am Coburgschen Hofe ein seltener Artikel und mit einigen Tausenden konnte man ungeheuren Wind machen. Herr v. *** verstand dies sehr wohl. Da ihm seine Landwehrlieutenants-uniform nicht stattlich genug war, um damit Sonntags an der herzoglichen Tafel zu erscheinen, so erlaubte er sich ohne Umstände die Landstands=Uniform einer preußischen Provinz anzulegen, in der seine Familie Güter besaß, zu der er aber nicht das allergeringste Recht hatte. Sein Plan gelang vollständig. Ich sah ihn später in einem guten Posten und ein paar stattliche Orden baumelten auf seine Brust herab. Als ich ihn lachend bewunderte und fragte, in welchem Krieg er diese Orden verdient habe, war er sehr verlegen und ich erfuhr, daß er sie von einer Reise als Trinkgeld mit heimgebracht habe. Hätte ich das Anerbieten der Gräfin Mensdorf angenommen, mich zum Kammerjunker zu machen, so wäre ich jetzt wahrscheinlich auch eine Hofexcellenz und trüge einen Bandladen auf dem Leibe.

Der Herzog wollte mich gern bei sich behalten; allein man konnte nicht darüber einig werden, in welcher Eigenschaft. Der Oberst schlug vor, durch mich die Coburgische Armee nach preußischem Muster umformen zu lassen, wodurch er all die alten und jungen Officiere beleidigte, die gar nicht umgeformt sein wollten und sie selbst gegen mich aufbrachte. Später haben sie sich dennoch in die Veränderung finden müssen.

Ich hatte viele Unterredungen mit dem Minister von Carlowitz, einem höchst wohlwollenden Manne und auch einige Privataudienzen bei dem Herzog, die indessen zu keinem Resultate führten. Der Herzog empfing gewöhnlich Morgens um neun Uhr, ehe er zur Jagd ging und war dann im Jagdrock und rothjuchtenen Wasserstiefeln. Er hatte eine gewinnende Weise zu reden, und seine ganze Erscheinung war sehr einnehmend. Er sprach meistens leise und neigte häufig freundlich den Kopf, wenn er mit Jemand redete. Als ich ihn zum letztenmal sah, schlug er mir vor, „bis sich etwas Besseres finde" als Officier in seinen Dienst zu treten. Durch den Bruder des Obersten wußte ich sehr wohl, was damit gemeint war, nämlich eine Stellung in der Nähe des Prinzen Albert, wenn derselbe die Königin von England heirathen würde; allein so verlockend diese Aussicht auch erschien, so war die ganze Heirath doch eben nur noch ein Project und außerdem hatte mir der Oberst gesagt, daß der Herzog oft und leicht verspreche, aber selten sein Wort halte. Ferner wußte ich, daß der Herzog nicht die Gewalt hatte, mich meiner Anciennität nach anzustellen, und daß ich als jüngster Lieutenant hätte eintreten müssen. Es hätte in der That ein sehr einfältiges Ansehen gehabt, wenn ich in einer so unbedeutenden Armee jüngster Lieutenant geworden wäre, nachdem ich im preußischen Dienst in meinem Regiment schon vierzehn oder fünfzehn Officiere hinter mir hatte. Ich bat den Herzog, mich, ohne meine Anciennität zu bestimmen, als Lieutenant à la suite anzustellen — wie er einen schwedischen Major als Major à la suite angestellt hatte — allein er ging darauf nicht ein und ich lehnte das ganze Anerbieten bestimmt und lebhaft ab. „Ueberlegen Sie es sich," sagte der Herzog; allein ich antwortete ziemlich aufgeregt, daß bei solchem Anerbieten gar nichts zu überlegen sei. Einige Tage darauf ward ich zu dem Minister von Carlowitz beschieden. Dieser sagte mir, der Herzog, der abgereist sei, lasse sich mir empfehlen und mir sagen, daß er mich in Gotha als seinen Gast betrachtet habe, und ich meine Hôtel-Rechnung auf das Schloß zum Finanzrath Schnür schicken möge. Zugleich eröffnete mir der Minister, es sei die Absicht des Herzogs, mich seinem Neffen, dem Könige von Portugal, als Adjutant zu empfehlen, da Graf B., ein junger koburg'scher Officier, der dazu bestimmt war, nun nicht gehe. Sollte aber die Stelle vielleicht schon besetzt sein, so solle ich als Capitain in der portugiesischen Armee angestellt werden. Ich mußte meine Adresse bei dem Minister lassen, damit er mich von dem Erfolge benachrichtigen könne. — Graf B. hatte sich, als das lebensgroße Portrait der Königin in Gotha bei Hofe ausgestellt war, eine unehrerbietige Aeußerung entschlüpfen lassen, welche weiter getragen und sehr übel genommen wurde.

Es war sehr liebenswürdig von dem Herzog, mich als sein Gast zu betrachten, da er mich nicht eingeladen; allein da der Betrag meiner Rechnung mir von dem gleichfalls abgereisten Obersten eingehändigt worden war, so hielt ich es nicht mit einem Rechtlichkeitsgefühl für vereinbar, das Anerbieten des Herzogs anzunehmen. Als ich dies dem Finanzrath Schnür sagte, war er sehr erstaunt und rief: „Um des Himmels Willen nehmen Sie es an; denn es ist ein so seltener, fast unerhörter Fall, daß der Herzog etwas schenkt, und schlagen Sie es ab, so ist das ein Vorwand, daß er vollends gar nichts mehr giebt, außerdem möchte er es auch übel nehmen." Nun, es bedurfte keiner großen Ueberredung, denn der Oberst hatte mich sehr karg mit Geld versehen und ich erhielt für jeden Tag meiner Anwesenheit in Gotha einen Ducaten ausgezahlt, was vollkommen genug war, da ich meistens bei Hofe gegessen hatte.

Der Oberst schien der Ansicht, sich nun all seiner gegen mich übernommenen Verpflichtungen entledigt zu haben, da ich die brillante Stellung eines jüngsten koburgischen Lieutenants ausgeschlagen hatte. Von einer Rückkehr nach Hofahrtsheim war ebensowenig die Rede, wie von Auszahlung der geringen Summe monatlich, zu der er sich schriftlich verbunden hatte, und ich sah mich genöthigt, zu meinen Eltern nach Dortmund zu gehen, wohin mein Stiefvater als Director des Gymnasiums versetzt war.

Auf meiner Reise dorthin kam ich durch Frankfurt, und da man mir gesagt hatte, daß der Herzog von Coburg sogleich meinetwegen an seinen Bruder schreiben wolle, so hielt ich es für zweckmäßig, die Anwesenheit des letzteren in Frankfurt zu benutzen, mich ihm persönlich vorzustellen. Ich begab mich daher in den russischen Hof, wo der Herzog von Coburg=Cohary logirte und bat seinen Adjutanten, mich anzumelden. Während ich in einem Saale schon eine ziemliche Weile gewartet hatte, sah ich einen Mann hindurchgehen, den ich seiner Kleidung und seinem Aussehen nach für einen Lohnbedienten hielt. Um ihn zu befragen, klopfte ich dem Manne auf die Schulter; derselbe drehte sich schnell um und an einer gewissen Familienähnlichkeit erkannte ich, daß ich den Herzog selbst vor mir hatte. Ziemlich verwirrt brachte ich mein Anliegen vor. Der Herzog hatte noch keinen Brief empfangen, und das war Alles, was er mir sagen konnte.

Was mich noch mehr wie die Anwesenheit des Herzogs interessirte, war indessen die meiner Geliebten, die von Paris zurückgekehrt war. Man hatte kein Mittel unversucht gelassen, sie von mir zu trennen und beinahe den Zweck durch die Vorstellung erreicht, daß sie durch ihr Festhalten meine ganze Laufbahn zerstöre. Ich sah sie indessen dreimal im Geheimen und fand Mittel, ihre Zweifel und Bedenken zu entfernen und sie zu bewegen, ihr Schicksal für immer an das meinige zu fesseln.

Glücklicher, als ich es lange gewesen war, verließ ich Frankfurt. Als ich in Mainz auf das Dampfschiff kam, fand ich mehrere Herren, die ich in Gotha kennen gelernt hatte, und welche dem jungen Prinzen nach Lissabon folgten. Als ich Major *** mein Verkennen des Herzogs im russischen Hof erzählte, lachte er sehr und gab zu, daß man ihm nach dem Rocke leicht für einen Lohnbedienten hätte halten können. Er schiene wenig auf Kleider zu geben, denn als sein Sohn nach Gotha gekommen sei, habe sich der regierende Herzog über den Schnitt seiner Kleidung förmlich entsetzt und ihn vierundzwanzig Stunden vor aller Welt versteckt gehalten, bis der Hofschneider anständige Kleider gemacht habe.

Viertes Capitel.

Dortmund. — Land und Leute. — Bier. — Die Tante Palpiti. — Louise. — Langenberg. — Literatur in Dortmund. — Briefe aus dem Monde. — Die Hunnaben gedruckt. — Hassan, ein dramatisches Märchen. — Drei Briefe von Callet. — Trostlose Lage. — Ich beschließe, mein Glück zu versuchen — und gehe in die Welt.

Dortmund ist eine ehemalige freie Reichsstadt, die allmälig zu einem ziemlich unbedeutenden Landstädtchen herunter gesunken war. Große Gärten, angelegt an früher bebauten Stellen, zeigten vom Verfall der ehemaligen Blüthe. Seitdem hat die Stadt durch Anlage der Eisenbahn sich wieder gehoben. Sie war der Sitz eines Oberbergamts, eines Landgerichts und besaß ein Gymnasium, hatte aber damals keine Garnison. Das Beamtenthum war daher zahlreich vertreten und von gesellschaftlicher Wichtigkeit, obwohl auch der Bürgerstand sich eine ziemlich unabhängige, beinahe reichsstädtische Bedeutung erhalten hatte. Der Mittelpunkt des gesellschaftlichen Verkehrs war das Casino, in dem Beamte und Philister zusammen kamen, ungeheuer viel rauchten und ungeheuer viel Dortmunder Bier consumirten, auf dessen Fabrication jeder Dortmunder stolz war. Mein Stiefvater pflegte zu sagen, man müsse sich erst den Geschmack verderben, um Geschmack daran zu finden. Das galt hauptsächlich von dem „Altbier," welches zwei Jahre alt sein

mußte, um die Stärke und denjenigen Grad der Säure zu
erlangen, der einer Dortmunder Biergurgel behagte. Der
Stolz der Stadt war aber der „Adam", Bier, welches zehn
Jahre alt und in der That ein empfehlenswerthes Getränk
ist, aber nicht wie Bier schmeckt und verrätherisch stark ist.
Ein adamitischer Katzenjammer wurde als der jämmerlichste
geschildert, der einem Adamssohn befallen könne. Als Friedrich
Wilhelm IV. nach Dortmund kam und den großen Dort=
munder Löwen besichtigte, von dem ich noch reden werde,
wurde ihm in einem großen Pokal der flüssige Stolz Dort=
munds präsentirt. „Was ist das?" fragte der König. „Das
berühmte Dortmunder Bier," antwortete man mit Selbst=
gefühl. Es war ein sehr heißer Tag und der König durstig.
„Ah, Bier? gerad Recht," sagte er und leerte den Becher
bis auf den Grund. Die Glieder der Deputation sahen sich
erstaunt und mit verbissenem Schmunzeln an; sie wußten,
was folgen würde, aber nicht die ahnungslose Majestät.

Bier wird in der Dortmunder Landessprache übrigens
nicht Bier, sondern Beir genannt; überhaupt erregte das
dortige Deutsch meine Verwunderung und mein Lächeln nicht
nur wegen der ungewöhnlichen Aussprache des ch, sondern
auch wegen eigenthümlicher Redeformen. Als mich ein Dort=
munder versicherte, daß er Schinken und Wurst an sich habe,
hielt ich es für einen schlechten Witz; allein er wollte damit
sagen, daß er beides in seinem Hause habe.

Die Dortmunder, wie ich sie kennen lernte, waren ein
braves, ehrliches und freundliches Völkchen, das nur böse
wurde, wenn man in irgend einer Weise dem lokalen Patrio=
tismus zu nahe trat, was schon dadurch geschehen konnte,
daß man das Altbier sauer fand. Die Hauptmerkwürdigkeit
Dortmunds war und ist noch die „Vehm=Linde," ein uralter
Baum mit ausgehöhltem und zerrissenem Stamm, vor

welchem ein steinerner Tisch steht, auf dem der kaiserliche Adler eingehauen ist. Der Freistuhl zu Dortmund war einer der berühmtesten in ganz Deutschland.

Im Casino hatten die Dortmunder einen Concertsaal erbaut, auf den sie sich nicht wenig einbildeten und in welchem im Winter sehr hübsche Liebhaberconcerte und manchmal auch Bälle gehalten wurden. Im Sommer amüsirten sich die Bürger mit Soldatenspielerei. Zu diesem Ende hatten sie eine Schützengesellschaft errichtet, deren Mitglieder hübsch uniformirt und bewaffnet waren, und welche sogar zwei Kanonen besaß. Befehlshaber dieses Corps war ein alter Uhrmacher, der den sehr passenden Namen Geck hatte und dem einige humoristische alte Bürger den Kopf verdrehten, indem sie ihn stets Herr General nannten und mit großer Ehrerbietung behandelten, die er für Ernst nahm. Verständige ärgerten sich über den Unsinn und behaupteten, der Uhrmacher-General würde weit klüger thun, wenn er sich mehr um den Tiktak, als um die Taktik bekümmere. Alle zwei Jahre wurde ein glänzendes Schützenfest gefeiert, bei dem nicht nur ein Schützenkönig, sondern auch eine Schützenkönigin, nebst Kammerherrn, Hofdamen u. s. w. ernannt wurden. Mehrere Tage lang ging es in der Stadt hoch her; es war der Dortmunder Carneval.

Mein Stiefvater war fett und faul geworden und fing an langweilig zu werden. Sein Amt als Director ließ ihm Zeit genug; allein er hatte alle wissenschaftlichen Arbeiten aufgegeben, ging dann und wann auf die Jagd, alle Abend ins Casino und bildete seine Neigung für Essen und Trinken immer mehr aus. Da man ihn in früheren Jahren für einen guten Gesellschafter gehalten hatte, so bildete er sich ein, es noch zu sein und ärgerte meine Mutter und mich dadurch, daß er sich in altmodischer Weise in Gesellschaften zum Lustigmacher aufwarf und alte Geschichten erzählte, die längst im Meidinger standen und welche die Dortmunder bereits auswendig wußten. Er stand aber gut mit der Regierung; der Oberpräsident v. Vincke verfehlte nie, ihn zu besuchen, er wurde Censor und genoß so einiger Berücksichtigung trotz seiner langweiligen Geschichten und seiner pedantischen Einseitigkeit. Da mein Aufenthalt in Dortmund nur ein provisorischer sein sollte, so nahm er mich denn auch ziemlich freundlich auf und hatte Verstand genug, keine väterliche Autorität gegen mich geltend zu machen. Wir gingen zusammen auf die Jagd, kneipten zusammen und vertrugen uns ganz gut. Die Mutter war froh, mich bei sich zu haben, obwohl sie sich mit Recht Sorgen wegen meiner Zukunft machte.

Ganz in unserer Nähe in einem ehemaligen Kloster lebte die kinderlose Wittwe des früheren Directors; eine herzensgute alte Dame mit einem wissenschaftlichen Zuckerguß. Die alte „Tante Palpiti" — so hatte ich sie getauft — war eine Freundin meiner Mutter und wir besuchten sie häufig. Durch sie wurde ich in die Familie eines wohlhabenden Kaufmanns eingeführt, dessen Garten an das Kloster stieß. Der alte Herr war sehr angenehm und besaß viel trockenen Humor; seine Söhne und Töchter waren gutmüthig und liebenswürdig und ich verlebte in dieser Familie viele frohe Stunden. Eine der Töchter, Louise, ein braungelocktes, blauäugiges, herziges Mädchen von achtzehn Jahren wurde meine specielle Freundin und wir gaben uns um so unbefangener den Annehmlichkeiten eines vertrauteren Umgangs hin, als sie die Braut eines Arztes und meine Verbindung ebenfalls bekannt war. Louise M. war der ächte Typus eines deutschen Mädchens: unbefangen, heiter, gefühlvoll und verständig. Sie war sehr wohl erzogen, versuchte sich selbst in Versen,

spielte hübsch Clavier und hatte eine sehr starke, ganz wun=
derschöne Altstimme. Manchmal am Abend auf der Treppe
vor ihrem Hause stehend, amüsirte sie mich, auf meine
Bitte, durch ein ihr eigenthümliches Kunststück. Sie schlug
dreimal in die hohlen Hände, um den Flügelschlag nachzu=
ahmen, den ein Hahn dem Krähen vorauszuschicken pflegt, und
krähte so hell und laut, daß man es über die Stadt hörte,
als ob irgend ein vorsündfluthlicher Hahn auferstanden sei,
und alle Hähne Dortmunds antworteten nach der Reihe.

Wir besuchten zusammen ihren ältesten Bruder, der in
dem Städtchen Langenberg verheirathet war und wo es mir
sehr wohl gefiel. Die Gegend ist hübsch und die Leute,
meistens Seidenweber und Färber, sind gastfrei, einfach und
liebenswürdig.

Meine Munterkeit gewann mir überall gute Freunde,
und auch dort, so daß ich im Winter abermals eingeladen
wurde. Es lag Schnee und Louisens Bruder schlug vor,
von Dortmund nach Langenberg im Schlitten zu fahren,
was wir auch zu Stande brachten, obwohl wir dabei das
Hintertheil des Schlittens einbüßten und einige Stunden in
einer Schmiede halten mußten, bis der Schaden reparirt
war. Ehe ich noch zurückkehren konnte, trat plötzlich Thau=
wetter ein, und da ich nothwendig zu einem Ball in Dort=
mund sein mußte, so beschloß ich, dorthin auf einem der
Schlittenpferde zu reiten, während ein Knecht mit dem Ge=
schirr auf dem anderen folgte. Die Ruhr ist bekannt als
ein böses Wasser; wir fanden schon überall große Wasser=
flächen, in denen die Landstraße nur durch die hervorragenden
Bäume angegeben war. Da erst einige Stunden vorher die
Post denselben Weg gemacht hatte, so meinte ich, ihm ohne
Gefahr folgen zu können; allein mitten in diesem See kam
ich plötzlich an eine Stelle, wo der Strom den Weg durch=

brochen hatte und mit reißender Schnelle in einer Breite von zwanzig Schritten hindurchschoß. Als ich hindurchreiten wollte, schrie der Knecht, „daß er Weib und Kind habe" und nicht folgen wolle; ich ließ mich aber nicht abhalten, den Versuch zu wagen. Meine Thorheit wäre mir fast übel bekommen; ich sank bis unter die Arme in den rauschenden Strom und war froh, daß ich nach großer Mühe wieder das ruhigere Wasser erreichte. Wir hatten durch dasselbe eine gute Stunde zurückzureiten und schlugen dann einen Weg über die Berge ein, der uns an die Fähre der sehr angeschwollenen Ruhr brachte. Die Ueberfahrt dauerte zwei Stunden; es trat plötzlich wieder Frost ein, und als ich Abends in Dortmund vom Pferde stieg, steckte ich in einem Panzer von Eis. Ich legte mich gleich ins Bett, trank ein großes Glas heißen Grog und tanzte dann die ganze Nacht, was alle Folgen dieses naßkalten Rittes vollständig verhinderte.

In Dortmund existirten zwei Buchhandlungen, aber Hermann Krüger war Buchdrucker, Verleger, Sortiments-Buchhändler, Papier-, Siegellack-, Federn- u. s. w. Händler, kurz „Alles war bei ihm zu kriegen, Alles, was zu kriegen ist." Zugleich war er Drucker, Verleger und Redacteur des Dortmunder Wochenblattes, welches auf der einzigen, hölzernen Presse, die Dortmund besaß, unter großem Gequitsch und Gestöhn zur Welt gefördert wurde. Dieses Wochenblatt war so, wie die Regierung wünschte, daß alle Zeitungen sein möchten. Die Staatszeitung war des Herausgebers einziger fester Mitarbeiter; hatte aber irgend ein Dortmunder poetisches Gemüth einen Privatschmerz, so erlaubte ihm Herr Krüger gern, denselben in irgend einer Ecke des Wochenblattes mehr oder weniger rhythmisch auszuhauchen. Ein lecker Primaner, der sogar hin und wieder Prosa schrieb, mein Vater und „der

Zeitgeist" waren die einzigen Schriftsteller in Dortmund, zu denen sich noch später ein Bummelgenie gesellte, ein gewisser Hegemann, der allerlei Reisen in Italien gemacht und beschrieben hatte, die aber blos der Corrector las, und das war er selbst. „Der Zeitgeist" war ein lebhafter, gescheuter Mann, der sich zur Verwunderung der Dortmunder für die socialen Fragen interessirte und unter dem Titel „Der Zeitgeist und das Geld" eine Broschüre geschrieben hatte, welche ihm den Spitznamen erwarb. Dortmund lebte damals noch in aller Unschuld des beschränkten Unterthanenverstandes dahin.

Ich war auch ein Schriftsteller, aber in partibus; denn außer meinem Liede, wie Sallet sagte: „von der Auferstehung des Fleisches" und meinem gloriosen Opus „die Schwimmkunst" — war ich mir keines gedruckten Verbrechens bewußt. Alle Welt wußte aber, daß ich aufgehört hatte Lieutenant zu sein, um Schriftsteller zu werden, und man erwartete natürlich von mir, daß ich etwas schreibe. Ich beglückte also Herrn Krüger mit Aufsätzen für das Wochenblatt und erregte große Sensation mit Briefen aus dem Monde, die ein reisender Selenit aus Dortmund und über Dortmund in einem humoristischen Ton geschrieben hatte. Nun liebt eigentlich der Philister den Humor, aber nicht, wenn derselbe gegen ihn gerichtet ist, oder gegen sein „Vaterland" oder seine „Nation." Leute, die nichts „an sich" haben — um Dortmundisch zu reden — worauf sie stolz sein könnten, sind stolz auf ihr Vaterland oder ihr Volk, und je unbedeutender sie selbst sind, desto größer ist dieser „Nationalstolz" und ihre Empfindlichkeit gegen irgend welchen Tadel, sei er auch noch so scherzhaft ausgesprochen. Die größten Philister in dieser Hinsicht sind die Engländer, aber nach ihnen folgten unmittelbar die Dortmunder, wie sie im

letzten Decennium der Periode erschienen, welche der eisernen
vorherging. —

Es herrscht in Dortmund eine schauderhafte Unsitte, die
mich beinahe toll machte. Zu gewissen Zeiten des Jahres
wird täglich Vormittags und Nachmittags eine ganze Stunde
„gebeiert"; das heißt es wird vermittelst einer Thurmglocke
ein schändlicher, nervenangreifender Lärm gemacht, den ein
Junge hervorbringt, welcher auf einem Brett unterhalb der
Glocke sitzt und fortwährend ungeheuer schnell mit einem
hölzernen Hammer gegen die innere Seite schlägt. Diesen
Gebrauch leitete der reisende Selenit, nach dem Namen
beiern, von Beir (Bier) ab und behauptete, daß es ein Zeichen sei, welches die Dortmunder in die Bierhäuser rufe,
wo sie als Pönitenz für irgend welche Sünden eine mehr
oder minder große Anzahl Gläser Altbier hinunterschlucken
müßten. Dies verletzte die Dortmunder so sehr, daß zwei
Ladenjünglinge die Ehre der alten freien Reichsstadt an mir zu
rächen übernahmen. Sie paßten mir auf, als ich eines Nachts
nach einem Ball in Begleitung von Louisens jüngstem Bruder nach Hause ging, und begannen ihren Angriff mit Steinwürfen; allein als wir ihnen zu Leibe gingen, rissen sie
schleunigst aus; sie liefen aber nicht schnell genug, denn mein
junger Begleiter holte einen von ihnen ein und „beierte"
mit einem Bambusrohr dermaßen auf dessen Rücken, daß er
selbst in China nicht Prügel von besserer Qualität hätte erhalten können.

Krüger ließ sich auch willig finden, meine „Hunyaden"
zu drucken, ja er zahlte mir dafür sogar ein Honorar, das
erste, welches ich empfing; es waren nur sechs Louisd'or,
allein es war doch ein Anfang. Als das Buch meinem
Stiefvater zur Censur vorgelegt wurde, sandte er es mit
einer kurzen Notiz zurück: „Wegen der vielen unzüchtigen

Scenen und Ideen kann dem Buche das Imprimatur nicht ertheilt werden." Ich fiel aus den Wolken; denn nur in einer Scene zwischen einem lüsternen Mönch und einem hübschen leichtsinnigen Kammermädchen war eine einzige zweideutige Redensart, wie sie übrigens in unendlich vielen Lustspielen auf der Bühne vorkommen. Ich glaube, mein Stiefvater war etwas neidisch, denn das Stück war nicht übel, und er hatte sich vergebens bemüht, ein Trauerspiel zu Stande zu bringen. Ein Exemplar wurde indessen dennoch zur Kritik weggeschmuggelt und das Stück in den dramatischen Jahrbüchern recht günstig beurtheilt. Auch der Phönix brachte später Proben daraus.

Einst bei Tisch erzählte mir der Vater, daß ein Preis für das beste Lustspiel ausgeschrieben sei; ich glaube, es war von Stuttgart aus geschehen. Dies veranlaßte mich, mein Glück im Lustspiel zu versuchen. Ich wählte den Stoff aus den Mährchen der Tausend und einen Nacht und benannte das dramatische Mährchen „Hassan." Ich hatte nicht die Absicht, es einzusenden, sondern ließ es bei Krüger drucken und dedicirte es meinem Freunde Sallet, mit dem ich die Verbindung fortwährend unterhielt. Ich schalte, meiner Gewohnheit nach, seine in diese Zeit gehörigen Briefe hier ein.

„Verzeih, daß ich die ungeheure Grobheit begehe, das Packet nicht zu frankiren; aber ich habe, Gott straf' mir, jetzt kein Geld, und schreiben mußte ich doch baldmöglichst.

Lieber Wiersbitzky!

Nimm's nicht übel, wenn ich diesen Brief etwas kurz fasse; ich bin seit einigen Tagen unwohl, so daß mir das Schreiben sauer wird. Ueber Deine günstigen Aussichten freue ich mich, und wünsche Dir allen guten Erfolg, sowie daß, wenn Du erreichst, was Du hoffst, Du Dich doch

endlich durch Thätigkeit und festes Ergreifen eines bestimm=
ten Lebensplans befriedigt und gefesselt fühlen mögest. In
Deinem Charakter liegen zwei Dinge, nämlich:
1) überall Glück zu haben und immer durch die Welt
   zu kommen;
2) leicht ein anständiger Vagabund werden zu können.

Das erste kommt Dir zu Gute und wird Dir gewiß
auch jetzt helfen; gegen das zweite aber hast Du Dich mit
aller Willenskraft zu stemmen, denn auch der nobelste Vaga=
bund wird am Ende ein leerer, würdeloser Mensch. Darum
halte fest, was Dir geboten wird. Dazu bringt Dich viel=
leicht, eher als alle meine humoristisch=moralischen Vorlesun=
gen, die eindringliche, unwiderstehliche Stimme der Liebe.
Sie ist für Dich ein heilsamer Vogelleim, der Dich festhält,
daß Du Dir gefallen lassen wirst, als gesitteter, vernünftiger
Mensch Dich in den Käfig der bürgerlichen Gesellschaft sper=
ren zu lassen; anstatt daß Du sonst herumflattern würdest,
bis Du entweder in kalter Witterung verhungertest, oder in
einer Schlinge Dich zu Tode baumeltest. Bei' der Gelegen=
heit hast Du auch wieder erfahren, daß es zwar sehr wohl=
feil, aber auch sehr abgeschmackt ist, immerfort gegen die
Treulosigkeit und sündhafte Schwäche der Weiber zu decla=
miren, und hoffentlich werden in Deinen späteren Dichtun=
gen einmal andere weibliche Wesen vorkommen, als leicht=
fertige und verführte.

Was nun Deine Dichtungen anbetrifft, so bin ich nicht
dazu gekommen, alle zu lesen, da mir Tausenderlei durch
den Kopf geht. Ueber das vollendete Trauerspiel habe ich
Dir früher schon meine Meinung gesagt.*) Ich habe es jetzt
nicht wieder durchgelesen.

---

*) Ich las es Sallet in Berlin vor. Er lobte es über Verdienst
und sagte ganz nachdenklich: „Was doch aus den Menschen werden kann!"

In der „Gräfin von Chateaubriant" spricht sich Talent aus, aber unreifes oder nicht mit Sorgfalt angewandtes. Es hat alles Gute und Uebele an sich, das den neueren französischen Trauerspielen in Prosa, die neben den andern geduldet werden, eigen ist. Gewandtheit in Führung einer unterhaltenden und spannenden Intrigue, und richtiges Treffen einzelner hervorstechender Momente. Dagegen aber oft unnatürliche Breite und Trägheit der Gespräche (lies hierüber als Muster des Bessern die Lessingschen Stücke), mehr descriptives, als plastisches Hinstellen der Charaktere, wodurch das Ganze an Leben und scharfer Klarheit verliert, und endlich, was das Schlimmste ist, Frivolität der Tendenz. Vielleicht hast Du Dich genau an die Quellen gehalten; aber sollte es auch wirklich wahr sein, daß Lautrec in einer Zeit, die zwar in Frankreich keine sehr ehrbare, aber doch eine höchst ritterliche war, der Entehrung seiner Schwester ruhig zugesehen, ja sie sogar befördert hat, so ist es doch auf alle Fälle unkünstlerisch*). Es ist weit eher denkbar und weniger anstößig, wenn ein Ehemann seine Frau ohne Scrupel Preis giebt, als ein Bruder, der für die Unbeflecktheit seiner Familie wachen muß, seine Schwester. Außerdem fehlt dem Ganzen der wahrhaft historische Hintergrund, er wird nur zur Hofintrigue. Ich würde aus einer solchen Zeit keinen Stoff wählen, wo der König Franz blos von der Seite des galanten Königs sich zeigen kann; ich würde das höchstens als Nebensache benutzen und ihn hauptsächlich als den ritterlich edeln, hochherzigen, rasch unternehmenden und wacker fechtenden Helden seiner Zeit behandeln, und Carl der Fünfte, der Schlaue, Langsame, ebenso an-

---

*) Ich entnahm dies Motiv aus einer spanischen Novelle, bin aber vollkommen der Meinung Sallets.

ständig als unverschämt Belügende und Betrügende müßte mir als Contrast mit in das Gemälde. Freilich liegt das Alles außerhalb Deines Stoffes; aber ich halte dafür, daß das Drama überhaupt noch in seiner Kindheit ist, so lange es nur die Leidenschaften und Intriguen Einzelner, ohne den großen Zusammenhang mit der Weltgeschichte, hinstellt. Das ächte Drama ist das historische; meine Autorität für diesen Satz sei Shakespeare.

Da Du einmal in jene Zeit gerathen bist, so sieh Dich, wenn Du einmal Muße hast, nach Quellen für das Leben Carls von Bourbon um. Sein Schicksal ist wahrhaft tragisch und er greift lebendig in die große Maschine der Geschichte seiner Zeit. Hier würdest Du Alles anbringen können und anbringen müssen, was ich verlange. Das Tragische bei Bourbon suche ich aber nicht etwa in seinem Tode vor Rom, obgleich dies ein großartiger Schlußpunkt seiner Laufbahn ist, sondern darin, daß er, ein Franzose, (und ein Franzose ist immer Patriot) durch Bedrückung und Mißhandlung dahin gebracht war, gegen seinen König, sein Volk und Vaterland zu fechten. Ueberhaupt, willst Du im Drama was leisten (und dazu hast Du am meisten Talent), so studire Geschichte! nicht blos Memoiren.

Deine Niobe *) wird dadurch ungenießbar und dem Menschen von métier sogar komisch, daß die Verse gar zu schauderhaft schlecht sind. Mensch! lies Dir's doch einmal unbefangen selbst vor, und urtheile, ob man so was den Leuten zeigen darf! Furchtbare Zusammenziehungen und Apostrophirungen, wo sie gar nicht statthaft sind, so wie gewaltsame Verstellungen und Verrenkungen der natürlichen Wortfolge stören fast bei jeder Zeile. Dazu kommt noch

---

*) Ein episches Gedicht, welches ich in Hofahrtsheim schrieb.

das unschickliche Uebergehen von rührenden und ernsthaften Stellen zu epigrammatischen und spöttelnden Wendungen. Das Zusammenbestehen des Tragischen und Komischen in Kunstwerken beruht auf tieferer Auffassung und wird durch eine weit künstlichere Procedur bewirkt, als durch bloßes Zusammenwerfen, durch dürre Addition. Dazu gehört das Verständniß der Logarithmen und höheren Gleichungen der Poesie. Lies nur nicht zu viel im Wieland, und nimm Dir ihn ja nicht als Muster. Seine Fehler triffst Du leicht, denn sie springen in die Augen, aber nach dem Blüthenflaum seiner Anmuth und der Schmetterlingsschwinge seines Witzes wirst Du vergebens haschen. Wie er auch sündigen möge, er thut es immer mit Geschick und Liebenswürdigkeit, aber in seinen Nachahmern hab' ich meist nur plumpen Cynismus gefunden. Auch er macht z. B. höchst liederliche Verse, so liederlich, wie sie nur ein Meister wagen darf, wenn die poetische Form nicht ganz auseinanderfallen soll; aber dennoch sind sie wohllautend, einschmeichelnd und natürlich leicht hinfließend.

Du könntest Manches lernen, wenn es Deine Zeit erlaubt und Du unsere besten kritischen Schriften läsest, und zwar namentlich Lessing's Laokoon, seine Hamburgische Dramaturgie, A. W. Schlegel's dramaturgische Vorlesungen und Tiek's dramaturgische Blätter. Alle diese Werke sind nicht philisterhaft breit und dick, sondern kurz, genial und glänzend geschrieben und doch so tief, daß Dir manches Talglicht namentlich über's Drama aufgehen würde. Aber wo sollst Du sie in Lissabon hertriegen? —

Von mir selber ist nichts Merkwürdiges zu sagen. Ich habe ein Bändchen Gedichte herausgegeben, neuerdings zu einem Frühlingsalmanach beigetragen, den unser hiesiger Berliner Dichterclub herausgiebt, und denke mich so nach und

nach in die literarische Welt einzuschwärzen. Vielleicht spricht
die Welt einmal von mir, vielleicht auch nicht. Sonst treibe
ich viel Englisch und nebenbei Geschichte, die nach und nach
mein Hauptstudium werden soll. Dömming ist jetzt hier
im Cadettencorps und ich komme viel mit ihm zusammen.
Nun lebe recht wohl, und wenn Dir was Merkwürdiges
begegnet, so schreibe mir's. Bis dahin möge es Dir wohl
gehen!

Berlin, den 29. März 1836.

Dein Freund

Fr. v. Sallet.

Eure beiden Romanzen hätte der Redacteur des Phönix
(der mein guter Freund ist) nicht genommen. Zwar nimmt
er andere Gedichte auf, die um nichts besser sind, aber dann
müssen wenigstens bekannte Namen darunter stehen. Danach
muß sich ein Redacteur nun einmal richten. Beide Romanzen sind viel zu gedehnt, und dadurch mißlungen, obgleich
aus dem Plan beider etwas hätte werden können. Der ge-
gebene Anfang hat Euch auch Beide, wie es natürlich war,
dazu verleitet, am Anhang etwas ganz Unpassendes, Ueber-
flüssiges und Prosaisches anzubringen. Denn was kann pro-
saischer sein, als daß ein guter Freund, der bei der ganzen
Geschichte gar nichts weiter zu thun hat, sich von dem Helden
einen Theil der Begebenheit oder der Situation vorerzählen
läßt, die in der Romanze uns lebendig und gegenwärtig in
Handlung, nicht durch wehklagende Erzählung, vorgeführt
werden sollte. Denke an die berüchtigten Vertrauensscenen
im altfranzösischen Drama. Aber in der Romanze macht
sich so was noch komischer. Studire den Erlkönig von Göthe
(obgleich er kurz ist, läßt sich doch viel über ihn denken),
wenn Du recht gründlich wissen willst, was eine Romanze
ist. Wenn ich hier immer dictatorisch gesprochen habe, so

bedenke, daß das nicht in meiner Arroganz, sondern nothwendig in der Sache selbst liegt. Denn die Kritik, so wie die Philosophie, darf niemals sagen: so möchte oder so könnte es sein, sondern immer: so ist es. Wenn sich beide auch oft irren, so müssen sie doch immer so thun, als ob Irrthum von ihrer Seite unmöglich wäre. Adieu!"

„Lieber Corvin!

Du hast mir in Deinem Briefe mancherlei Unrecht gethan. Es ist wahr, ich bin oft grob gegen Dich gewesen, aber so viel Psychologie wirst Du wohl los haben, daß man (ohne überhaupt notorischer Grobian zu sein) gegen gleichgültige Menschen nicht grob ist.

Für mein unfrankirtes Benehmen habe ich mich, glaub' ich, damals schon entschuldigt, und zwar damit, daß ich mich vis-à-vis du rien befand. Braucht Dir ein Second-Lieutenant die Aussage dieser Wahrheit zu beschwören? Von dem Portounterschied zwischen Manuscript und Büchern wußte ich wahrhaftig nichts und das: „ohne Werth" sollte wirklich kein boshafter Witz sein, sondern war lediglich für die Post berechnet.

Daß ich Dir Deine Dedication nicht übel nehmen würde, konntest Du Dir wohl denken, denn welcher junge Poet besäße nicht so viel Eitelkeit, um sich durch dergleichen höchlich geschmeichelt zu fühlen; aber abgesehen davon, glaube mir, daß ich diesen Beweis Deiner Neigung auch in besserem Sinne zu würdigen weiß. Ich danke Dir also herzlich dafür und freue mich darauf, das Büchlein zu bekommen.

Wenn Du nur gute Verse darin gemacht hast! Uebrigens werden sich alle Deine Sachen gedruckt viel besser machen; denn beim Lesen der Manuscripte bleibt man immer an den Häkchen Deiner Handschrift hängen (mit mir mag

Dir's auch so gehen), so daß man die Melodie nie rein herausfühlen kann.

Es freut mich überhaupt, daß Du etwas vor Dich bringst, nur muß ich meine alten Beschwörungen wiederholen: Lasse, wenigstens wissentlich, nichts Schlechtes drucken, um Deiner selbst und um der Sache willen.

Deine Niobe z. B. bitte ich Dich, nicht herauszugeben, denn die Form ist wahrhaftig zu unreif. Vielleicht wirst Du es selbst erkannt haben.

Bei Tragödien halte Dich ja nicht an Novellen. Du weißt, welchen Kunstwerth in der Regel dergleichen Fabrikate wie Pfefferrösel, Toni, Ben David ꝛc. haben. Der Novellist steht meines Erachtens noch tief unter dem Dramatiker (namentlich der fashionable Bulwer, der in meinen Augen nichts ist, als eine große, glänzende Tagesfliege, deren Farbenschiller wohl nicht über zwei Jahrzehnte hinaus halten wird), also ist's verkehrt, wenn sich der Dramatiker an ihm hinaufarbeiten will. Befreunde Dich mit Geschichtsschreibern und zwar nicht mit glänzenden, raisonnirenden, sondern mit ernsten, treuherzigen und unbefangenen, mehr mit alten, als mit neuen. Das welthistorische Drama ist gewiß das glänzende Ziel, das jeder dramatische Dichter im Auge haben muß.

Uebrigens gratulire ich Dir zu Deiner literarischen Thatkraft, die mir jetzt leider ganz fehlt. Hin und wieder mach' ich ein kleines Gedicht, sonst nichts, und möchte vor Aerger darüber bersten. Sonst versuchte ich mich doch wenigstens in allen Feldern, jetzt, wo ich vielleicht das Vermögen und die Erkenntniß hätte, etwas Ganzes zu geben, fehlt mir der Impuls und die Stimmung. Uebrigens würde ich allerdings, wenn ich auch etwas hätte, um einen Verleger verlegen sein. Denn die Kerls hier sind bei weitem nicht so unternehmungslustig, als Dein leichtsinniger Krüger zu sein scheint. Du hast mir deshalb einen sehr großen Gefallen gethan, mich auf ihn aufmerksam zu machen; nur kann ich leider vor der Hand keinen Gebrauch davon machen; denn eine Sammlung kleinerer Gedichte wird er wohl nicht haben wollen, da das der Schrecken aller Buchhändler ist. Sollte er jedoch hierzu einige Lust verspüren, so magst Du ihn unter der Hand darüber ausholen: ob und wie. Den Druck bezahl' ich aber auf keinen Fall, auch ohne Honorar geb' ich sie nicht; doch begnüge ich mich gern mit geringem Honorar, da ich noch unbekannt bin, und da es mir mehr um meine Stellung zum Buchhändler, als um das Geld selbst zu thun ist. Ich hätte, für den Fall, daß er Lust hat, wieder so viel neue Gedichte zusammen, um eine der ersten Sammlung ungefähr gleiche zu veranstalten. Dem Stoff nach würde sie vielseitiger, der Form nach vielleicht reifer ausfallen; im Ganzen aber, wie ich fürchte, weniger ansprechend, denn die schöne Periode der poetischen Kindheit ist bei mir vorbei. Du kannst den Mann dabei auf die im Berliner Conversationsblatt, im Berliner Modenspiegel, in Gerstorfs Repertorium und in den Blättern für literarische Unterhaltung über mich erschienenen Recensionen aufmerksam machen und mir nach Bequemlichkeit Bericht erstatten. Lieb wäre es mir allerdings, wenn ich so rasch hintereinander hervortreten könnte, aber ich glaube nicht, daß Krüger sich damit wird befassen wollen; also gieb Dir nicht zu viel unnütze Mühe und verdirb es mit ihm nicht um meinetwillen.

Daß aus Eurem Musenalmanach nichts werden würde, sagte mir ein gewisses dunkeles Vorgefühl. Es thut mir leid, doch kann ich die Gedichte, die dadurch wieder zu meiner Disposition stehen, vielleicht jetzt gerade brauchen.

Deine Anna*) wird hoffentlich gefallen und Dir einigen Ruf verschaffen. Ich müßte mich in meinem Urtheile täuschen; aber ich halte es wirklich für ein **gutes Stück**; obgleich Die, denen Du es sonst in Saarlouis vorgelesen hast, darüber schimpfen. Das ist jedoch noch kein gültiges Forum. Leider kann man aber auch die Aussprüche der meisten Recensenten nicht als competentes Urtheil gelten lassen und ohne Selbstbewußtsein wüßte man nicht, woran man ist.

Die von Dir erwähnte Ausgabe des Shakespeare kenne ich noch nicht.

Die Adresse an B..... ist: (Staune! was aus den Leuten werden kann) An den Königlichen Secondlieutenant Herrn Baron v. — (im xten Infanterie=Regiment) zu B. Ainsi finit cet avanturier imbecile, dépourvu de connaissances, de talent, d'esprit et même de bon sens. Er kann Gott danken, daß man ihn wieder genommen hat.

Wenn Du mir bald wieder schreibst und mir von Deinem Thun und Treiben Nachricht giebst, so wird es mich freuen. Den Stiefelbrief habe ich besorgt. Dömming läßt Dich grüßen.

Meine Wohnung ist: Kleine Hamburger Str. Nr. 4. Lebe wohl! Dein Freund
Berlin, den 19. October 1836. Fr. v. Sallet"

„Lieber Wiersbitzky!

Da Du den Lauf der Welt kennst, so erspar' ich mir eine lange entschuldigende Einleitung, daß ich erst jetzt schreibe. Deinen Hassan habe ich bekommen und danke Dir nochmals herzlich dafür. Du schreibst selbst, Du wolltest nichts damit, als den Leser auf ein paar Stunden amüsiren und diesen

---

*) Anna von Ronnow war der erste Titel der „Hunyaden."

Zweck hat das Werk bei mir redlich geleistet. Ich habe mich nicht nur sehr darüber amüsirt, sondern auch beim Lesen öfters auflachen müssen, und das Lachen ist immer eine gute Kritik für humoristische Dichtungen. Ich glaube auch, daß das Buch gelesen und abgesetzt werden wird, denn leichte, gefällige Speise weist das Publikum nicht zurück. Eins im Hassan hat mir sogar von höherer Bedeutung geschienen. Es ist die Gradation des Confuswerdens; wie sich der gesunde frische Geist anfangs sträubt und ritterlich aushält, bis er zuletzt, von immer erneuertem Unsinn überwältigt, doch bis zum Raube des Wahnsinns getrieben wird und sich durch nichts mehr zu helfen weiß, als toll herumzutanzen. Diese Entwicklung zeugt von Beobachtungsgabe und tiefem Blick. Kleinigkeiten sind ein wenig anstößig, z. B. die Abtrittscene, obgleich an sich sehr gut, würde sich im Gespräch besser machen, als durch den Druck fixirt. Am wehesten that mir, daß Hassan seine Mutter wiederholt prügelt. Es ist dies zwar durchaus motivirt, und weder unnatürlich, noch dem armen Hassan anzurechnen, aber die Sache an sich ist für ein deutsches, gemüthliches Herz zu gehässig und verletzt in diesem sonst leichten, humoristischen Gewebe. Du hättest ja die Nachbarn ihn packen lassen können, als er eben im Begriff steht, loszuschlagen. Dann wäre für die poetische Nothwendigkeit nichts verloren und die Pietät des Lesers geschont. Herzerquickend dagegen sind die Prügel, die Hassan seinem Wärter applicirt. Dabei muß jedes redliche Gemüth jauchzen.

Die Pfaffen hast Du vom Standpunkt des Hasses aus aufgefaßt und diese Triebfeder schadet einem humoristischen Werk immer. Du hast dabei in der Hitze ganz vergessen, Deine Schmähungen durch Handlungen des Iman, die der Leser vor sich sieht, gehörig zu motiviren und überhaupt den Kerl mehr in den Plan des Ganzen zu verweben, was sehr leicht gewesen wäre, wenn Du nur daran gedacht hättest. Mit lachender Ironie hättest Du dem Pack von Pietisten weit treffendere und stärkere Hiebe beibringen können, als so, da Du selbst erbittert warst.

Uebrigens müßt Ihr in Dortmund entweder einen sehr simpeln, oder einen sehr liberalen Censor haben. Ich habe mich gewundert, manche Stelle ungestrichen zu sehen.*) —

Ueber Grabbes Hannibal bin ich nicht Deiner Ansicht. Ich halte ihn zwar für eine durchaus verfehlte Tragödie, denn sie geht von keiner erhebenden tragischen, sondern von einer vernichtenden sarcastischen Weltanschauung aus. Aber in seiner verkehrten Art ist das Ding großartig, es ist ein großer, bitterer Witz auf alles Edle und Hohe der Menschheit. Und es ist nicht gemacht; diesen epigrammatischen Zuckungen liegt wirklich ein tiefer, krampfhafter (freilich durchaus unpoetischer) Schmerz zum Grunde. Das fühlt man nicht bei den einzelnen Stellen, wohl aber durch den Totaleindruck, wenn man das Ding zweimal gelesen hat. Es ist ein ächtes Product unserer Zeit, freilich unserer Zeit in ihrer falschesten Richtung; darum aber wird es für die Literaturgeschichte von großer Wichtigkeit bleiben. —

Welthistorische Dramen empfehle ich nicht, damit man Geschichte daraus lerne. Im Gegentheil geh' ich von Deinem Satze aus: Die Geschichte des innern Menschen ist die Hauptaufgabe des Dramatikers. Aber welches Innere könnte bedeutsamer, interessanter, entwickelter, tiefer und vielseitiger sein, als das solcher Menschen, die in allen großartigen Hauptrichtungen eines ganzen Jahrhunderts, befördernd oder widerstrebend, betheiligt waren; die, alle Licht=

---

*) Mein Stiefvater hatte den Posten als Censor damals aufgegeben.

strahlen der Zeit oder wohl gar künftiger Jahrhunderte im Brennpunkt ihrer Seele vereinend, die Welt zu sich erhoben und mit sich fortrissen, oder im Kampfe mit ihr untergingen?

Ich sprach ausdrücklich vom welthistorischen, nicht vom historischen Drama; denn jede Winkelgeschichte dieses oder jenes Herzogthums hat diese höhere Bedeutung nicht. Aber Begebenheiten, die, vor Jahrhunderten geschehen, immer noch auf unsere ganze Denkungsart, unsere Bildung, unsere Staatsform den mächtigsten Einfluß üben, sind nicht nur ein äußerlich Geschehenes, sondern setzen gewaltige innere Triebfedern in der Menschenbrust, ja im Geist ganzer Nationen, voraus, die zu entwickeln und markig zu gestalten, wohl der würdigste Stoff für den Dramatiker sind. Komme mir nicht mit Beispielen, denn wir haben noch gar kein welthistorisches Drama, wie ich's meine. Alle unsere historischen Dramen sind zu familienmäßig, zu kleinstädtisch und spießbürgerlich geschrieben. Der große Shakespeare konnte der Zeit nach keines liefern, denn damals gab's keine enge Verbindung und Wechselwirkung der Völker, keine große Ansicht der Ursachen und Wirkungen durch alle Zeiten und Räume; es gab überhaupt noch keine Welt- sondern nur Particulargeschichte. In der Wissenschaft kommen wir nach und nach zur ersteren, aber die Kunst ist dahin noch nicht gefolgt.

Der Hamlet Sh. ist sonderbarer Weise ein **prophetisch** welthistorisches Werk, obgleich ohne eigentlich historischen Stoff. Denn was ist Hamlet anders, als unsere heutige **modernste Zeit**, mit all ihrer hohen, vielseitigen Bildung und Zerfallenheit mit sich selbst; mit all ihrer Gedankentiefe und -kühnheit und verächtlichen Impotenz im Handeln;

mit all ihrer tiefen Selbsterkenntniß, Selbstsecirung und Selbstverachtung; mit all ihrem Bewußtsein aller höchsten und tiefsten geistigen Kräfte und doch der lähmenden Ueberzeugung, diese Kräfte zu nichts Tüchtigem anwenden zu können; mit allem, in Barockheit endendem Streben nach geistreicher Originalität, mit all ihrer Keckheit und ihrem Kleinmuth 2c. 2c. Lies den Hamlet, und auf jeder Seite wird Dir eine glänzende Eigenschaft und eine Krankheit unserer jetzigen Zeit begegnen. —

Nun zu Buchhändlerangelegenheiten. Mehr Honorar als 1 Louis hatte ich nicht erwartet. Es ist dies das mindeste, was mit Anstand gezahlt werden, und das höchste, was ich unter den jetzigen Umständen forderen kann. Damit bin ich also einverstanden. Ich werde, je nachdem es gedruckt wird, 5 bis 6 Druckbogen liefern. Krüger mag dann 500 Exemplare abziehen und mir, wo möglich, 12 Freiexemplare gestatten. Daß die Sache noch einige Zeit dauern soll, hat ganz und gar nichts zu sagen, denn ich habe keine Eile. Aber Gewißheit möchte ich darüber haben, wenn sie Krüger geben kann.

Ich denke ihm übrigens, um handwerksmäßig zu sprechen, gute Arbeit zu liefern und wenn auch er das seinige zur raschen Verbreitung thut, d. h. elegante Ausstattung und schnelle Versendung an Buchhändler und Journalredactionen, so wird ihm die Unternehmung hoffentlich keinen Schaden bringen; denn ich lasse nicht alles drucken, was ich hinschmiere, sondern wähle aus. Dömming läßt Dich grüßen. Zu Deinen literarischen Arbeiten wünsche ich Dir mehr Gedeih'n, als mir. Lebe wohl!

Dein Freund F. v. Sallet."

Berlin den 25. November 1836.

„Lieber Wiersbitzky!

Wenn man viel Freunde und Bekannte in der Welt zerstreut wohnen hat, kann man leider nicht mit allen in fortwährender geistiger Verbindung bleiben; man würde sich sonst in Correspondenz zersplittern. Da ich oft meinen Aufenthalt gewechselt und überall Menschen gefunden habe, die mir werth sind und denen ich es bin, so empfinde ich dies oft und muß haushälterisch mit dem Briefschreiben sein. Aber auch das Schreiben nach längerer Unterbrechung hat sein eigenthümliches Interesse. Man kann dann über ganze Lebens= und Thätigkeitsperioden berichten, und so hoffe ich von Dir, als Antwort auf diesen, bald einen recht reichhaltigen und Fortschritt bezeichnenden Brief zu bekommen.

Dein Hassan hat alle amüsirt, die ihn gelesen haben. Selbst Dömming hat sein ernstes Gesicht dabei zum Lächeln erheitert und sich an der Lustigkeit des Buchs erfreut. Was Asmuth Poesie nennt, versteh' ich wohl. Uebersetzt heißt es: Rhetorischer Phrasenkram. Es ist Schade um Asmuth. Er ist nicht ohne Talent, aber ganz ohne Bildung und künstlerisches Bewußtsein. Allerdings ist Humor, ohne Redensarten, an und für sich Poesie, und dieser Hauch weht über dem Hassan. Aber die Form ist zu lose, zu wenig plastisch und aus einem Guß; und dieser Mangel an Meisterschaft hat an einzelnen Stellen einen prosaischen Anstrich. So z. B. in den Versen die vielen Hiatusse werde—ich, komme—ich. J hinter dem stummen e macht den Klang des ganzen Verses mager und unharmonisch. Du siehst aber, daß Du nur darauf zu achten brauchst, denn es ist nichts leichter, als das zu vermeiden. Den Vers
Die hies'gen Bengels kenne — ich zur G'nüge
hast Du mit Gewalt verdorben. Kenne ich ist Hiatus, G'nüge Härte.

Die hies'gen Bengels kenn' ich zur Genüge. Da ist beides vermieden.

In der Prosa treten kleine, uncharakteristische Beiwörter zu oft hervor. Namentlich das; nun.

Wende Sorgfalt darauf, dann wird auch Deine Form heranreifen und sich männlicher, peremptorischer gestalten.

Dein guter Krüger scheint mir nicht genug für die Verbreitung seiner Bücher zu thun. Ich habe noch in keinem Blatt eine Anzeige des Hassan gelesen. Beiliegend erhältst Du eine aus dem Berliner Conversationsblatt, dessen Redacteur ein guter Freund von mir ist und dem ich Dein Buch zum Lesen gegeben habe. Du wirst vielleicht nicht befriedigt sein, denn jeder junge Schriftsteller erwartet gründliche, den Kern des Werks umfassende und seine Verzweigung verfolgende Beurtheilung. Statt dessen aber müssen wir uns bei unsern Erstlingswerken meist mit wenigen, flüchtigen Worten, die einer Annonce ähnlicher sehen, als einer Recension, begnügen. Mache Dich darauf auch in den übrigen Blättern gefaßt und denke nur daran, für Dich still fortzuschreiten; der Erfolg kommt schon, wenn man rüstig bleibt, durch wiederholte und sich steigernde Leistungen, nicht aber beim ersten Anlauf. Und das ist auch ein Glück, sonst würde manches Talent in Arroganz und Trägheit untergehen. Ich habe mich schon damit ausgesöhnt, so sehr ich nach Anerkennung schmachte. Aber ob ich auch in der Literatur noch so gut wie gar keine Stellung gewonnen habe, so vertrau' ich auf meinen Eifer und meine Kraft und werde nicht ungeduldig.

Seit ich Dir nicht schrieb, habe ich eine wichtige Arbeit vollendet. Ich habe nämlich mit meinem Bruder zusammen eine Auswahl aus Percy's Sammlung altenglischer Poesieen übersetzt. Es sind 500 bis 600 Druckseiten, enthaltend ächte

Volkslieder, kräftige, ursprüngliche Balladen und manches, wenn auch nicht ästhetisch, doch historisch höchst Merkwürdige. Die Sammlung ist für die Literatur gewiß von großem Interesse und meine Uebersetzung kann ich im Ganzen, mit richtiger Selbstschätzung, gelungen nennen; und dennoch zweifle ich, ob ich sobald einen Verleger dazu finden werde, der nämlich bezahlt. Denn umsonst geb' ich keinem Buchhändler mehr ein Manuscript.

Wegen meiner Gedichte könntest Du Krüger jetzt wohl wieder einmal fragen. Seine Presse wird hoffentlich nun frei sein, und mein Manuscript liegt bereit. Wenn er wirklich will, so wird er sich jetzt erklären können. Hat er die Courage verloren, so soll er es nur geradezu sagen. Es wäre mir sehr unlieb, verdenken aber könnte ich's ihm keineswegs, denn Gedichte herauszugeben, bleibt immer riskant. Will er sie nehmen, so schreibe mir doch, ob es erforderlich ist, einen förmlichen Contract aufzusetzen, oder ob sich die Sache ganz gemüthlich machen kann. Meine Bedingungen weißt Du, nur möchte ich die Liste derjenigen Redactionen hinzufügen, an die Exemplare zur Beurtheilung gesandt werden müssen, damit die Sache nicht wieder, wie meine erste Sammlung, ein Privatunternehmen bleibt.

Selbstständig produzirt habe ich seit lange gar nichts. In kurzer Zeit wird von unserem Verein der zweite Jahrgang unseres Almanachs herauskommen, der von mir viele Beiträge enthält, aber von früher her. Das Uebersetzen stumpft doch die Schöpfungskraft ab, und ich sehne mich recht nach einer neuen, frischpoetischen Periode. Für den Augenblick verzage ich fast daran; aber so ist mir's schon oft gegangen, und die fremde Macht in meinem Busen, die aus mir Klänge und Gedanken redet, an denen ich eigentlich ganz unschuldig bin, ist doch wieder erwacht. Drum hoff' ich auch diesmal Erlösung für die verwunschenen Prinzen und Prinzessinnen von Gedichten, die noch in mir schlummern mögen.

Ich gehe viel mit Literaten um, was mir vielfältig Erheiterung, Anregung und Belehrung gewährt. Wärest Du lieber hier! Dein Gesichtskreis würde sich in vieler Beziehung erweitern. Berlin ist vielleicht die gebildetste Stadt der Welt und junge, aufstrebende Talente schleifen sich aneinander ab, tragen und heben sich. Dies geistige Wechselwirken wird mir in Trier fehlen (denn dies ist mein letztes Jahr) dagegen werde ich mich in der zauberisch schönen Gegend mehr in mir selbst sammeln, die gewonnenen Eindrücke still verarbeiten und hoffentlich ein frisches, thatkräftiges Aufleben des Gottes in mir erleben. Bis jetzt habe ich einen Quark geleistet, das Aechte muß noch kommen, sonst hol' der Teufel die Poetenschaft!

Lebe recht wohl und schreibe mir bald. Dömming grüßt Dich herzlich (das heißt wirklich; ich schreib's nicht etwa blos hin).

Dein Freund Friedrich von Sallet.
Der Lorbeerkranzdurstige."
Berlin den 27. Februar 1837.

Ich hatte vergeblich auf irgend eine Nachricht von Coburg gewartet und mußte endlich die Hoffnung aufgeben, die mir in Aussicht gestellte Anstellung in Lissabon zu erhalten, besonders da von dort sehr ungünstige Neuigkeiten einliefen. Die Deutschen, welche der junge Prinz mitgebracht hatte, erregten die Eifersucht der Portugiesen; es entstand ein Aufruhr, in Folge dessen die Deutschen entlassen werden mußten; ja es hieß sogar, daß der König geflüchtet sei.

Vom Obersten erhielt ich hin und wieder Briefe, allein er that nichts, mir über die Folgen des wichtigen Schrittes wegzuhelfen, den ich auf seine Veranlassung und im Vertrauen auf seine mir mündlich und schriftlich gegebenen Versprechungen gethan hatte. Seine Correspondenz lief hauptsächlich darauf hinaus, den Druck des Buches zu veranlassen, welches ich unter seinen Augen über Herzog Carl und die braunschweigsche Revolution geschrieben hatte. Zu diesem Ende sandte ich das Manuscript an A. Brockhaus in Leipzig, der es recht interessant fand, sich aber die Finger nicht damit verbrennen wollte.

Meinem Stiefvater begann meine Anwesenheit lästig zu werden; meine Hoffnungen auf Portugal waren gescheitert und der Oberst hatte mich im Stich gelassen; ich befand mich also in einer sehr trostlosen Lage und überlegte ernstlich die mir zu Gebote stehenden Mittel, eine einigermaßen sichere Stellung zu erringen. Damit sah es nun sehr windig aus; aber ich war stark im Hoffen und verzweifelte nicht.

Während des Winters hatte ich häufig in kleineren Kreisen Schauspiele vorgelesen, und da man mir sagte, daß ich ganz ausgezeichnet lese und ich es selbst glaubte, so kam mir der Gedanke, ob sich diese Fertigkeit nicht ausbeuten lasse. Ich hatte von Tiet's Vorlesungen dieser Art gehört und hoffte, nach und nach, einen ähnlichen Ruf in dieser Hinsicht zu erlangen. In Dortmund wollte ich damit nicht beginnen, sondern in Frankfurt a. M., wohin mich außerdem noch mein Herz zog.

Da ich sehr arm war, so lieh ich mir zehn Louisd'or von einem Freunde. Mit diesem Capital an Geld, einem bedeutenderen an Muth und einem noch weit größeren an Hoffnungen verließ ich vor Ostern 1837 Westphalen, um in Frankfurt a. M. ein neues Leben zu beginnen.

Fünftes Capitel.

Frankfurt. — Glückliches Omen. — Ein „Schlippche" von 1837. — Eduard Duller. — Mozartfeier in Darmstadt. — Sanguinische Hoffnungen. — Meine Vorlesung. — Erfolg. — Pläne. — Brief von Sallet. — Krankheit. — Besuch von Sallet. — Kissingen. — Coburg. — Meiningen. — Audienz beim Herzog. — Ludwig Bechstein. — Abenteuer mit der Frankfurter Polizei. — Der Preußische Gesandte. — Uebersiedlung nach Bockenheim. — Harte Zeit und Liebe. — Brief von Sallet.

Sonntag den fünfzehnten März achtzehnhundert und siebenunddreißig kam ich in Frankfurt an und stieg im Römischen Kaiser ab. Die Ungeduld, meine nun gerad ein Jahr entbehrte Geliebte zu sehen, trieb mich gleich nach meiner Ankunft hinaus, obwohl ich noch nicht wußte, wie mein Zweck zu erreichen sein würde. Gerad als ich, darüber nachdenkend, etwa dreißig Schritte gegangen war, durchfuhr mich ein freudiger Schreck, denn Helene und ihre Schwester, eben aus der Kirche kommend, standen vor mir. Ich betrachtete diese Begegnung als ein gutes Omen. — Der Vater durfte von meiner Anwesenheit nichts wissen und es wurden Pläne für unsere Zusammenkünfte verabredet. Die kleine Mina war natürlich auf unserer Seite, und auf ihren Vorschlag wurde noch eine dritte Person ins Vertrauen gezogen, der viel daran lag, Mina zu gefallen. Diese Person war natürlich ein junger Mann, — und was für einer!

Mina's Anbeter war ein Eingeborener von Frankfurt und zu seinem Bedauern der Sohn eines bescheidenen Bürgers. Wenn seine Mutter ihm ein Geständniß à la Lady Falconbridge gemacht und ihm die Gewißheit gegeben hätte, daß adeliges Blut in seinen Adern fließe, er würde ihr, glaub' ich, verziehen haben, denn er fühlte seinen Sinn hoch erhaben über die lederne Wirklichkeit des väterlichen Hauses.

„Karlche, das Schlippche von der Breitegass" wurde von allen Laden= und Nähmädchen bewundert und von mancher heimlich angebetet. Das war kein Wunder und Jedem begreiflich, der ihn an einem schönen Sommertage die Zeil hinauf triumphiren sah. Sein Gesicht war angenehm, trug indessen mehr den Wechsel= als den Adelsstempel, denn die naseweise Nase und die vorstehenden, graublauen Augen guckten etwas zu neugierig suchend in die Welt hinein. Das zierliche Schnurrbärtchen aber und das schön gebrannte hellbraune Lockenhaar würden die Waagschaale wieder auf die Baronseite geneigt haben, wenn nicht die Figur und Toilette die Phantasie des staunenden Bewunderers abermals in die Irre geführt hätten.

Er war von mittlerer Größe; seine Gestalt war zierlich trotz der etwas plebejisch gewölbten Schultern und der zu kurzen Beine, deren Formation eher auf mögliche Abstammung von einem Löwe oder Herz, als von einem Löwenherz deuteten. Ein weißgrauer Seidenhut saß ein wenig auf dem linken Ohr; der schwarzsammetne Frack war mit weißer Seide gefüttert, mit weißen, metallenen façonnirten Knöpfen besetzt und mit sehr breiten, flach auf die Schultern fallenden Brustklappen versehen; die lyraförmig geschnittene Weste zeigte das blendend weiße, breitfaltige, blank geplättete Hemd beinahe bis an die Schultern; sein blaugestreifte weiße Sommerhosen, mit denen die seidene Halsbinde übereinstimmte,

fielen auf einen tabellosen Stiefel und die mit hellem Glacé=
handschuh bekleidete Hand hielt zierlich zwischen zwei Fingern
ein elegantes Stöckchen, mit welchem allerlei zierliche Evo-
lutionen ausgeführt wurden. Die neugierigen Augen schauten
lebhaft nach allen Seiten, und wenn sie ein kicherndes Opfer
seiner Unwiderstehlichkeit erblickten, überflog ein für die Vor=
übergehenden bestimmtes Lächeln das Gesicht des breitegassen
Herzenstürmers, und die Linke drehte selbstgefällig das kleine
Bärtchen. All diese Liebenswürdigkeit war unverfälschtes
Frankfurter Gewächs; denn Karlche hatte die Residenz des
alten und neuen Bundes noch niemals verlassen, aber inner=
halb dieser kleinen Welt hatte er Großes erlebt und gethan.

Die Schreibstube eines Kaufmanns ward ihm bald zu
enge; es faßte ihn eine unwiderstehliche Sehnsucht nach einem
genußreicheren, poetischen Leben, nach Tricots und Schauspielerinnen, Versenkungen und Lorbeerkränzen. Sein Prin=
cipal, der mit ihm sehr zufrieden war, mochte ihn einen
Narren über den anderen schelten, — Karlche hatte sein
Herz darauf gerichtet, Mitglied der so oft bewunderten
Zauberwelt zu werden und ward Schauspieler. Da er sich
ein Sümmchen gespart hatte, so fand sein Talent viel An=
erkennung bei seinen neuen Genossen und Karlche berauschte
sich in Hoffnung auf Erfolg.

Er seufzte manch wildes ihr Götter
Und brüllte manch zärtliches Ach,

sowohl auf der Bühne als hinter den Coulissen, wo manche
seiner Träume bei erfahrenen Sängerinnen Wirklichkeit wur=
den, die seinen jugendlichen Styl noch mehr bewunderten,
als seine Declamation.

Während er im Ankleidezimmer den Don Juan spielte,
trat er auf der Bühne in bescheideneren Rollen wie in der
des Schülers im Faust auf, die er mit Verstand und Ge=

schick spielte. Er wäre wahrscheinlich mit der Zeit ein guter
Schauspieler geworden! aber ach;
> Die Kunst ist lang
> Und kurz ist unser Leben

und noch schneller als das Leben läuft das Geld davon.
Kurz, eines schönen Morgens war „Karlche" wieder im Comptoir
auf dem Römerberg, denn W. R., sein Principal, war ein
vernünftiger Mann, der den kleinen Theatersparren im Kopfe
seines brauchbaren Commis übersah. Es war derselbe in
der That ein leidlicher junger Mann, und wenn ich ihn auch
in meiner gewohnten Weise à la Gavarni gezeichnet habe,
so schließt das nicht aus, daß er mir recht gut gefiel, eben
weil die Nüchternheit des steifen Kaufmanns bei ihm durch
den rosigen Schimmer gemildert wurde, der ihm von seinem
Anstreifen an den Theaterschminktopf geblieben war.

Mit seiner und der Schwester Hülfe sahen Helene und
ich uns oftmals. Wie wir das anfingen und welchen Ge=
fahren der Entdeckung wir entgingen, wie glücklich wir waren
und wie uns der Himmel voll Geigen hing — will ich dem
Leser nicht erzählen, da man seiner Phantasie auch etwas
überlassen muß.

Ich war mit Eduard Duller, Sallet's Freund, in
Correspondenz getreten. Duller war verheirathet und lebte
damals in Darmstadt. Ich erhielt von ihm ein freundliches
Briefchen, welches mich einlud, der Mozartfeier in Darm=
stadt beizuwohnen. Duller war wegen dieser Feier sehr be=
schäftigt und ich sah ihn nur wenig; allein er machte einen
ganz angenehmen Eindruck auf mich. Das ist Alles, was
ich von ihm sagen kann; denn so gut auch sonst mein Ge=
dächtniß in Bezug auf merkwürdige Persönlichkeiten ist, die
mir begegnen, so habe ich doch seltsamerweise von Duller
fast keine Erinnerung.

Die Mozartfeier im Theater ging sehr schön und glänzend von Statten; aber die von mir in Darmstadt beabsichtigte Vorlesung des Faust kam nicht zu Stande, weil sie durch das Eintreten der Charwoche verhindert wurde.

Meine Versuche, das Manuscript über die braunschweigsche Revolution anzubringen, scheiterten an der Censur und damit die Hoffnung, meinen Finanzen durch das Honorar dafür aufzuhelfen. Der Oberst schrieb mir und verlangte, daß ich augenblicklich nach Hofartshheim kommen solle, aus Gründen, die er einem Briefe nicht anvertrauen wolle. Da er kein Reisegeld beilegte und ich keine Lust hatte, seinen unbestimmten Plänen in Bezug auf die Restauration des Herzogs von Braunschweig als willenloses Werkzeug zu dienen, überdies sehr sanguinische Hoffnungen auf den Erfolg meiner dramatischen Vorlesungen hatte, so zog ich es vor, in Frankfurt zu bleiben.

Sanguinische Hoffnungen sind ein Fehler der Jugend und Unerfahrenheit; sie waren auch mein Fehler, der mich oft in mißliche Lagen brachte, indem ich solche Hoffnungen als baare Münze nahm und mich demgemäß einrichtete. Es ist freilich wahr, daß die üblen Folgen dieses Fehlers durch meine Fruchtbarkeit in neuen Plänen etwas gemildert wurden, da sich die Chancen auf Erfolg dadurch vermehrten; allein das verhinderte nicht, daß ich oft genug dadurch, wie man zu sagen pflegt, in die Tinte kam. Da mir, meiner Meinung nach, der Erfolg als Vorleser nicht fehlen könne, so hatte ich mich denn auch in den theuern Gasthof einquartirt und lebte, als ob dieser Erfolg schon errungen sei und noch darüber hinaus.

Ich versäumte nicht, nach meiner besten Wissenschaft für den Erfolg meiner Vorlesung zu wirken und machte einige Besuche bei hohen Personen, die ich noch von meinen Lieutenantsjahren her kannte. Der preußische Gesandte, Generallieutenant von Schöler, nahm mich sehr artig auf und unterstützte mich durch seinen Rath. Ich sandte eine Liste umher; allein finde in meinem Tagebuche aus jener Zeit unter dem neunzehnten März folgende kurze Bemerkung: „Der Lohnbediente, den ich wegen der Unterschriften abschickte, ist ein Esel, er brachte nicht eine." — Das veranlaßte mich jedoch nicht, meinen Plan aufzugeben, obwohl er meiner Geliebten außerordentlich zuwider war. Ich bestand um so hartnäckiger darauf, als ich nicht ohne großen Kampf alte Vorurtheile zu überwinden gehabt hatte, indem ich mich entschloß, in solcher Weise öffentlich aufzutreten. Ich gestehe, daß mich ein Frösteln überlief, als ich die Ankündigungszettel sah, auf denen mein Name figurirte. Ich hatte beabsichtigt, unter dem Namen Otto von der Weiden aufzutreten, unter welchem ich die Hunyaden und den Hassan geschrieben hatte; allein die Polizei machte Einwendungen und Corvin mußte den ins Deutsche übersetzten Wiersbitzki (v. d. Weiden) hinzugefügt werden. Der fashionable Saal im rusischen Hof war nicht zu haben und ich mußte mich mit einem andern im „goldenen Roß," nun Hof von Holland, begnügen, obwohl man mir vorher sagte, daß die vornehme Welt dorthin nicht gehen werde.

Endlich brach der wichtige Tag an; es war Montag, der zwanzigste März. Der Saal war gewärmt und erleuchtet und gemiethete Billeteurs waren bereit, die Einlaßkarten gegen halbe Kronen einzutauschen. Mein auf einer Erhöhung stehender Tisch, mit zwei Kerzen und dem üblichen Glas Zuckerwasser, war bereit und ich ebenfalls. Zuerst kam eine ganze Pensionsanstalt, deren Vorsteherinnen Freundinnen meiner Braut waren und denen ich ein Ueberfluß an Freibillets geschickt hatte. Außer diesen priviligirten Personen kam noch — ein einziger Herr. Mit welcher Liebe betrachtete ich ihn trotz seiner rothen Haare! Nachdem ich so lange als nur irgend schicklich gewartet hatte, begann ich zu lesen. Man sagte, daß ich gut gelesen habe; aber als der einzige bezahlende Mann genug für sein Geld gehört zu haben meinte und sich in einer Pause hinweg schlich; als unsere Freundinnen es unbillig fanden, mich noch länger vor den leeren Bänken lesen zu lassen, — schloß ich die Vorlesung; mit welchen Gefühlen mag der Leser errathen. Die Seifenblase meiner Hoffnungen war nicht allein geplatzt, sondern vor meinen Augen erhoben sich an ihrer Stelle die Gespenster der Rechnungen für die Miethe des Saales und was daran hing, und die Champagnerschmerzen des römischen Kaisers! Meine Braut drückte mir schweigend die Hand, denn sie fühlte für meinen miserablen Zustand, und Thränen liefen über ihre Wangen.

Fruchtloses Bedauern war nicht meine Sache. Schlug man meinem Hoffnungsriesen einen Kopf ab, so waren am nächsten Morgen dafür zwei neue gewachsen. Der mahnende römische Kaiser wurde durch die Bürgschaft von Don Carlos beschwichtigt, das goldene Roß benahm sich wie ein vernünftiges Thier und ein ernster Brandbrief wurde an meinen nachlässigen Protector abgeschickt. Als ich schon am Erfolg desselben verzweifelte, erhielt ich von ihm einen Brief mit Geld, wovon mir nach Zahlung meiner Schulden auch kein Pfennig übrig blieb. Ich hatte aber goldene Hoffnungen und eine ganze Bank voll Lebensmuth.

Ich bezog nun ein Privatlogis, richtete mich häuslich ein und verfolgte meine literarischen Pläne. Die Gräfin von Chateaubriant wurde an Cotta abgeschickt, von dem ich sie zwar zurück, aber zugleich die Einladung erhielt, Correspondenzen für das Morgenblatt zu schreiben.

Die Hunyaden wurden an die tüchtige Schauspielerin Fräulein Lindner empfohlen, um durch sie die Aufführung des Stückes in Frankfurt zu bewirken. Außerdem arbeitete ich fleißig an einem in Dortmund begonnenen Buch, dessen Inhalt schon aus dem Titel hervorgeht: „Vernunft und Religion," worauf ich mir nicht wenig einbildete, welches ich aber später zerriß. Ein literarischer Plan jagte den andern. Sallets Winke waren an mir nicht weggeworfen. Ich fand in der Stadtbibliothek treffliche Quellen zur Geschichte des Connetable von Bourbon, die ich den Nachweisungen des alleruntersten Gehülfen in der Bibliothek verdankte, während der Oberbibliothekar unwissend wie ein Gothe war. Als ich achtzehn Jahre später wieder die Bibliothek besuchte und mich nach dem kleinen gescheidten Mann umsah, erkannte ich in ihm den neuen Oberbibliothekar; ein Beweis, daß sogar in Frankfurt manchmal das Verdienst belohnt wird.

Unter dem siebenten April finde ich in meinem Tagebuch folgende Stelle, die ihrer besondern Wichtigkeit wegen mit rother Tinte unterstrichen ist: „Heute hatte ich den Einfall ein Blatt für Jäger herauszugeben." Ein solches Blatt gab es noch nicht und ich fühlte mich vollkommen befähigt, dasselbe zu redigiren. Ich theilte meinen Plan dem Buchhändler David Sauerländer mit, bei welchem die Forst- und Jagdzeitung erschien, in der indessen das Jagddepartement nur äußerst dürftig vertreten war. Herr Sauerländer schien nicht abgeneigt, auf meinen Plan einzugehen und eine Jagdzeitung als Beiblatt der Forstzeitung erscheinen zu lassen; verwies mich aber an den Redacteur, Forstmeister Behlen in Aschaffenburg, mit dem ich mich sogleich in Verbindung setzte. Die Sache zog sich sehr in die Länge; aber sie leuchtete mir immer mehr ein, je länger ich darüber nachdachte.

Mit meinen Freunden von Asmuth und von Sallet stand ich in lebhaftem brieflichen Verkehr; ebenso mit Eduard Duller, dessen Briefe mir jedoch verloren gegangen sind. Von Sallet erhielt ich im Sommer den folgenden:

„Lieber Wierebitzki!

Ich gratulire Dir herzlich dazu, daß Dir der Himmel voller Geigen hängt. Aber was soll ein Mensch, der im Leben wenig Hoffnung hat, dem die Kraft seines Innern versiegte und der noch dazu krank ist einem Andern, dem jeder neue Gedanke eine neue Hoffnung, einen neuen Plan für die Zukunft bringt, Erfreuliches schreiben? Dies diene Dir nur als Schlüssel, um es zu begreifen, warum mein Brief kurz und trocken ausfallen wird, denn vorjammern will ich Dir weiter nichts.

Du hast ein practisches Talent und einen Muth des Ergreifens, die mir beide ganz fehlen. Ich bin daher überzeugt, daß Alles, was Du leistest schnell zur öffenlichen Kenntniß und Anerkennung kommen wird, während bei mir vielleicht lange nach meinem Tode irgend ein Bücherwurm zufällig einmal auf ein verlaufenes Exemplar meiner Gedichte stößt und, darin blätternd, verwundert brummt: Unter dem Zeug ist doch manches hübsch! und selbiges dann in einer Literaturgeschichte bemerkt, die wieder kein Mensch liest.

Vor der Hand muß ich meine dichterische Laufbahn als geschlossen ansehn, denn wer gibt mir die Bürgschaft, daß ich mich nicht ausgedudelt habe? Es sieht ganz leer in mir aus. Seit mehr als einem halben Jahr habe ich nichts geliefert, als drei kleine unbedeutende Gedichte, eine außerordentlich grobe und eine spöttische Recension. Das Kritisiren könnte vielleicht meine Sache werden, wenn ich etwas Ordentliches gelernt hätte. Aber die Zahl unsrer frechen, unwissenden Kritifer zu vermehren, wäre auch eine Sünde. Bleibe ich nun jetzt still stehen, so kann ich allerdings keinen Ruhm in Anspruch nehmen, denn Poeten wie ich giebts jetzt zu hunderten in Deutschland. Ich weiß nicht, was Dich verblendet hat, daß Du meinst, es sei jetzt leicht, hervorzuragen, weil nichts da wäre. Ich kenne keine reichere und blühendere Zeit der deutschen Literatur, als die jetzige, und grade jetzt ist es ungeheuer schwer, sich hervorzuthun, aus zwei Gründen, erstens, weil ungeheuer viel Schund geschrieben wird, der Alles erdrückt, und zweitens weil sehr viel Gutes geleistet wird. Uhland, Schwab, Rückert, Chamisso, Grün, und außer diesen etablirten Herren eine Menge anstrebender, talentvoller Geister. Auch im Dramatischen wird Gutes geschaffen, wir kennen es nur nicht. — Für den Thätigen, sich seiner Kraft Bewußten ist dies freilich nur ein Sporn und keine Abschreckung. So wirst auch Du Deinen Weg fortgehn, unbekümmert ob neben und vor Dir schon Andere laufen, und ich wünsche Dir Glück dazu. Für mich aber ist es weder abschreckend noch anspornend, da ich keine Producirfähigkeit habe. Von etwas Großem ist nun gar nicht die Rede, ich wäre schon froh, wenn ich gute Gedichte zum Vorschein bringen könnte. Daß Du so gar viele literarische Pläne im Kopf hast, gefällt mir eigentlich nicht. Hüte Dich ja, bis über die Grenze vorzudringen, wo jedes edle, gesinnungsvolle geistige Streben aufhört und das ganz gemeine Handwerk anfängt. Vier Louisdor Honorar sind freilich vollkommen genug, um jedes Gewissen zu übertäuben (sie würden auch meines) aber, ganz unter uns gesprochen: Correspondenzen zu schreiben, ist eigentlich doch schon ein wenig bespectirlich. Glaube übrigens nicht, daß ich Dir's verdenke. Oeffentliche Schande ist ja nicht damit verbunden, und wenn das Publikum einmal dummes Zeug lesen will, warum soll man nicht für vieles Geld etwas weniges dummes Zeug schreiben? Die Besten thun's, warum nicht Du? Nur laß diese Richtung nicht zu weit einreißen.

Arbeite nur fort im Dramatischen, und wenn Du etwas für's **Lustspiel** thun kannst, so wär' es das Beste. Die höchst traurige Fadaise unserer Lustspielliteratur ist wirklich herzergreifend. Wer ein etwas weiches Gemüth hätte und sich die Sache einmal recht ernstlich zu Herzen nähme, könnte wirklich Tage lang darüber weinen, und dies wäre die beste Recension über diesen Kram von Plattheiten und ernsthaften, vornehmthuenden Dummheiten, die wir Deutschen mit dem Namen **Lust**spiele belegen, ohne in ein Tollhaus gesteckt zu werden. Wir haben alle Augenblicke das Wort Humor und Ironie im Munde, ja diese Ausdrücke sind deutsche Erfindungen; aber wie gewöhnlich, wir erfinden die Benennungen und Cathegorien und andere Leute haben die Sache selbst. Ein Engländer hat mehr Humor in seinem H....... als ein Deutscher im ganzen Leibe. Deinen großen Plan vom vorigen Briefe wirst Du wohl schon von selbst aufgegeben haben. Verzeih, ich sah darin nichts Großes, sondern nur Verfehltes. Erstens ist es falsch, daß nur poetisches Gefühl und gesunde Vernunft zur Ausführung gehören. Es gehört außerdem dazu: eine umfassende Bühnenkenntniß, die genaue Beobachtung des Spiels vieler und großer Schauspieler und ein practischer Instinct, wie ihn nur ein Mann von métier erlangt. Vieles, was außer der Bühne (in Darstellung der Affecte ꝛc.) wahr und trefflich ist, taugt auf die Bühne gar nichts. So wie die Coulissen ganz anders gemalt sein müssen, als Landschaften, so ist das Spiel des Schauspielers ein ganz anderes, als der reine Abdruck der Natur ꝛc. — Außerdem gehört bei englischen (z. B. Shakespeares) Stücken das genauste Studium des Originals. — Ferner für wen ist das Werk? Schauspieler würden es verhöhnen und das

Publikum sich nicht dafür interessiren. — Doch über Alles das können wir mündlich reden, denn vor Mitte des nächsten Monats komme ich nach Frankfurt und kann da ein paar Stunden mit Dir zusammen sein. —

Ich quäle mich jetzt damit, den Percy anzubringen. Bis jetzt ist mir's noch nicht gelungen, doch haben meine Bemühungen auch erst begonnen. Berlin ennuyirt mich schon. Ueber das hiesige literarische Treiben kann ich Dir mündlich erzählen. Inzwischen wünsche ich Dir, daß alle Deine Geigen am Himmel nicht unterlassen fortzuspielen und daß Du aus schönen Augen Dir mögest Wonne saugen, welches ein sehr bequemer Reim für gefühlvolle Seelen ist. Lebe wohl! Dein Freund
Charlottenburg, den 11. Juni 1837. Fr. v. Sallet."

Dieser erste Aufenthalt in Frankfurt war eine harte Zeit, trotzdem daß er durch die Liebe und Hoffnungen verschönt wurde, denn mit beiden bezahlt man weder Miethe, noch Schuster, noch Schneider. Auf Empfehlung meines Freundes Don Carlos hatte ein leichtsinniges Individuum der letztern Gattung meinen äußeren Menschen dermaßen metamorphosirt, daß mich einst ein angetrunkener Student, an dem ich vorüberging „Patentschiffer" titulirte. Am andern Tage, als er nüchtern war, bat er um Verzeihung. Wie ich den Schneider bezahlen sollte, wußte ich nicht und ich lachte sehr, als ich träumte, daß ich ihm am Liebfrauenberge begegne und zu ihm sage: „Lieber Ziege, kommen Sie in einer Stunde zu mir, ich gehe eben auf den Römer, um das Geld zu holen." Der Traum ist nicht merkwürdig; aber wohl, daß er später buchstäblich eintraf, als mir eine Summe als Rest der Erbschaft meines verstorbenen Vaters zufiel, die ich nach langem Warten vom Römer abholte.

Der Mai begann traurig, denn ich ward krank. Ich litt an unerträglichen Schmerzen in der Leber, wo sich eine Verhärtung bildete. Der Arzt quälte mich innerhalb fünf Tagen mit sechzig Blutegeln und die Blutung mußte durch warme Kräuterumschläge erhalten werden. Ich ward zum erstenmal in meinem Leben ohnmächtig vor Blutverlust. Endlich hieß es, daß nur Kissingen mir helfen könne, und es bot sich eine Aussicht, diesen Badeort zu besuchen, als der Oberst mir schrieb, daß er mit seiner Familie dorthin gehen werde und mich zu sehen wünsche, da er allerlei wichtige Dinge mit mir zu besprechen habe.

Noch ehe ich diese Reise antrat, besuchte mich Sallet, wie er in seinem Briefe angekündigt hatte. Er blieb nur einige Stunden und ich stellte ihn meiner Geliebten in deren Hause vor, denn ich hatte mich mit dem Alten so weit ausgesöhnt, daß ich es besuchen durfte.

Ende Juli reiste ich nach Kissingen ab, wo der Oberst und Familie bereits eingetroffen waren. Ich ward kühl empfangen und was mir der Oberst zu sagen hatte lief auf nichts hinaus; er hoffte mich in Kissingen bei einem der dort anwesenden Prinzen anzubringen und stellte mich zu diesem Ende dem sehr liebenswürdigen und populären Herzog Max von Baiern vor. Dieser empfing und behandelte mich zwar mit großer Freundlichkeit; allein er hatte die Stelle als Gesellschaftscavalier schon einem Andern versprochen, der darauf wahrscheinlich bessere Ansprüche hatte als ich. Andere Versuche glückten nicht besser und der Oberst, dem sein Gewissen Vorwürfe machen mochte, fing an ungeduldig zu werden. Meine literarischen Hoffnungen behandelte er als Unsinn und sah nur Rettung, wenn ich wieder eine fürstliche Livree anzog. Ich mußte mich seinem Willen fügen und es ward beschlossen, daß ich in Coburg und Meiningen mein Glück versuchen und über diese Städte nach Frankfurt zurückkehren solle.

Kissingen ist ein ganz hübscher Badeort, der zu jener Zeit sehr vornehm war; allein für Leute ohne Geld war er ziemlich langweilig. Des Morgens während der Brunnenzeit hatte man freilich keine Langeweile; allein von acht Uhr an bis zum Abend wußte man nicht, was man mit sich anfangen sollte. Ich ging zwar einigemal mit meinem Wirth, dem Bürgermeister, auf die Rehjagd; allein das war das einzige Vergnügen welches ich hatte. Ich trank Ragotzybrunnen und zwar mit großem Eifer; aber badete nicht, da mir die Bäder zu theuer waren. Das sehr angenehme Wasser wirkt sehr erheiternd. Hypochonder, die am ersten Tage einsam umherlaufen, rücken mit jedem Tage dem Gewühl um eine Allee näher, bis sie endlich mitten darin sind. Ich war nicht ganz drei Wochen dort, aber verließ Kissingen vollständig geheilt; die Leberhärtung war verschwunden und ich fühlte wie das Blut wieder circulirte.

Ich brachte eine angenehme Woche in Coburg zu; allein der Herzog war nicht anwesend und ich konnte nichts zur Erreichung meines Zweckes thun. Ich wurde hier mit Gustav von Heeringen bekannt, der Bibliothekar und Kammerherr und ein gern gelesener Schriftsteller war. Alle die ihn kannten hatten ihn lieb, und auch ich fühlte mich wohl in seiner Gesellschaft.

Von Coburg reiste ich nach Meiningen, um einen Versuch zu machen, in den Dienst des Herzogs zu treten. Ich hatte am Tage nach meiner Ankunft eine Audienz bei demselben und fand in ihm einen sehr liebenswürdigen, einfachen Herrn und begriff nach der kurzen Unterhaltung, warum er von seinen Unterthanen geliebt und verehrt wurde. Meine Bemühungen hatten abermals keinen Erfolg und ich war froh darüber, denn ich hatte sie gegen meinen Willen und nur gemacht, weil ich es dem Obersten hatte versprechen müssen.

In Meiningen lernte ich Ludwig Bechstein kennen, der dort Bibliothekar und Hofrath war und dem ich als angehender Schriftsteller einen Besuch machte. Da er Mancherlei geschrieben hatte und sein Name oft mit dem seines „Onkels" — dem er übrigens näher angehörte — verwechselt wurde, so hielt er sich für einen berühmten Mann und bat mich sehr ängstlich, nichts über ihn zu schreiben, woran meine Seele damals nicht dachte. Er war früher zum Apotheker bestimmt gewesen und das erklärte seine Liebhaberei für Chemie und in das Fach schlagende Spielereien, deren Spuren man in seinem Arbeitszimmer sah. Außerdem war auch noch von dem Sparren, den fast alle Apotheker im Kopfe haben, ein Splitter in dem seinigen zurückgeblieben. Er sammelte Curiositäten, besonders allerlei Porzellanscherben und andern Kram. Nicht uninteressant war seine Sammlung von Damenfächern, wovon er einen großen Kasten voll hatte. Ueber seine Verdienste als Antiquarius kann ich nicht urtheilen. Seine Handschrift ist die verzwickteste und närrischste, die mir noch vorgekommen ist und entsprach in der That seinem Charakter, der eine arabeskenartige Verschlingung von Apotheker, Dichter, Antiquar, Bummelbruder, Liberaler, Philister und Hofrath war. Da die hier begonnene Bekanntschaft bis ans Ende seines Lebens wenigstens locker unterhalten wurde, so werde ich noch später Gelegenheit finden, hin und wieder von Bechstein zu reden. Damals beschenkte er mich mit seinem lithographirten Portrait und wir bummelten umher und schwatzten und tranken, wozu das Schützenfest eine willkommene Veranlassung bot, und wo ich einem hübschen Ball im Schießhause beiwohnte.

Ich kehrte ziemlich niedergeschlagen nach Frankfurt zurück, denn meine Aussichten waren in der That nichts weniger als günstig. Meine Braut fand ich krank und mit ihrer Großmutter in Rödelheim, wohin ich natürlich alle Tage ging. Als ich eines Abends in meine Wohnung kam, fand ich die Aufforderung, am nächsten Morgen vor der Polizei zu erscheinen. Ich glaubte, es handle sich um eine Paß- oder Aufenthaltsangelegenheit und beschloß die Sache abzumachen, ehe ich zu meiner Braut ging, bei der ich zu essen versprochen hatte. Als ich auf den Römer kam, wurde ich vor den Polizeidirector Senator Müller geführt. Ein Lithograph in Saarlouis, der die Illustrationen für mein Schwimmbuch gefertigt hatte, wandte sich wegen Bezahlung an die Frankfurter Polizei, da er von meiner Anwesenheit in dieser Republik gehört hatte. Ich sagte dem Senator, ich habe geglaubt, daß diese kleine Schuld längst von dem Ertrage des Buchs bezahlt sei, worauf ich den Mann in Saarlouis angewiesen, und womit er sich einverstanden erklärt habe. Der Senator antwortete in einem durchaus nicht artigen Ton, „daß er kein Gesetz kenne, welches einen Gläubiger zwinge, sein Geld von einem Andern als dem Schuldner zu empfangen; die Sache gehöre übrigens nicht vor die Polizei, indessen, damit Frankfurter Bürger nicht zu Schaden kämen, würde es ihm sehr lieb sein, wenn ich meinen Aufenthalt so viel als möglich abkürze."

Diese Sprache war auf keine Weise gerechtfertigt, und da ich noch nicht an Beamtenmanieren gewöhnt war, so nahm ich sie übel und antwortete: „Es ist mir nicht so viel an dem Aufenthalt gelegen, da ich Frankfurt doch bald verlassen haben würde."

„Nun, so reisen Sie noch heute," rief der Senator ärgerlich; als ich aber ganz ruhig: „Recht gern" antwortete, schrie er wüthend: „Recht gern!! — Ich will Ihnen zeigen, wie man sich vor der Frankfurter Polizei zu benehmen hat!" —

„Herr Senator, Sie waren zuerst gegen mich unartig."

„"Unartig!! ich unartig!!!"" brüllte er und tanzte eine Wuth-Mazurka, — ""Gensdarm!""

„Machen Sie sich keine Ungelegenheiten Herr Senator, Sie wissen, ich bin preußischer Officier."

""Gensdarm! Arretiren Sie den Herrn Lieutenant!""

„Ich werde mich bei meinem Gesandten beschweren." Damit wurde ich abgeführt und nach der Constabler-Wache gebracht. Ich gab dem Gensdarmen, der mich begleitete, einen Gulden und bat ihn einige Schritte vor oder hinter mir zu gehen, wozu er gerne bereit war, so daß wir ohne Aufmerksamkeit zu erregen, an der Constabler-Wache anlangten. Hier wurden meine Taschen durchsucht und Alles, was darin war, weggenommen, darunter einige offene Briefe, die durchaus nicht für Andere bestimmt waren. Dann wurde ich in eine Zelle eingeschlossen, in welcher einer der politischen Gefangenen gesessen hatte, denen es vor nicht langer Zeit gelungen war zu entfliehen.

Die Scene auf der Polizei hatte mich eigentlich mehr amüsirt, als geärgert; allein in dies Gefängniß gesperrt, wurde ich wüthend und Rachepläne gegen den Senator schmiedend, rannte ich hastig meine Zelle auf und nieder. Ganz erschöpft warf ich mich endlich auf das Bett, auf dem eine abgeschabte, schmutzige wollene Decke lag. Der Anblick derselben erregte meine Aufmerksamkeit; ich sah genauer hin und entdeckte zu meinem Entsetzen, daß in jedem Fadenkreuz ein Floh stecke. Ich sprang schnell auf, donnerte gegen die Thür und ersuchte den Schließer, die lebendige Decke zu entfernen, von der sich bereits zahlreiche Colonisten auf mir angesiedelt und ihre Arbeit begonnen hatten. Der Schließer fragte, ob ich zu Mittag essen wolle? — Da ich keine Lust hatte, mir mein Mittagessen aus dem Kaiser holen zu lassen, so war ich mit dem zufrieden, welches mir der Schließer aus seiner Küche brachte. Mein Besteck war sehr einfach; es bestand aus einem hölzernen Löffel; Gabel und Messer wurden mir nicht anvertraut und Fleisch und Brod erhielt ich geschnitten.

Am Nachmittag kam ein Polizeimensch in Civilkleidung, der sich höflich zu sein bemühte und mir sagte, „der Herr Senator lasse mich bitten, auf den Römer zu kommen." Ich ging also dorthin und wurde vor einen Assessor geführt, der mir eine lange Brühe von einem Protokoll vorlas, welches den Vorfall des Morgens ins Polizistische übersetzt enthielt; dann fragte er „was ich zu meiner Entschuldigung zu sagen habe" und gab mir eine solche an die Hand, indem er äußerte, daß ich den Herrn Senator wohl nicht gekannt habe. Daß ich mich noch entschuldigen solle, schien mir sehr komisch und ich sprach das aus. Ich sagte, daß ich den Senator Müller sehr wohl gekannt habe und Alles, was ich thun könne und wolle sei: zu sagen, daß der Herr Senator nicht unartig, sondern sehr unhöflich gewesen sei. Der Assessor zuckte die Schultern und ging mit dem Bescheid zum Senator. Nach einer Weile kehrte er zurück und kündigte mir an, daß ich frei sei, aber Frankfurt noch heute verlassen müsse. —

„So," sagte ich, „das ist ein seltsames Verfahren. Sie sollen von mir hören." — Ich ließ meinen Paß nach Bockenheim visiren, welches kurhessische Städtchen nur eine Viertelstunde von Frankfurt gelegen ist, nahm dort eine Wohnung und schrieb sogleich an General von Schöler, dem ich den Vorfall erzählte. Am Schluß sagte ich, „daß ich schon wissen werde, mir persönlich Genugthuung zu nehmen, es aber ihm überlasse, dem in mir verletzten preußischen Officier dieselbe zu verschaffen."

Da mir nur der Aufenthalt in Frankfurt und nicht der Besuch der Stadt verweigert war, so ging ich wie gewöhnlich zum Essen in den römischen Kaiser und in meine alte Wohnung, obwohl ich in derselben nicht schlief. Meine Wirthin sagte mir, Gensdarmen hätten sich sehr angelegentlich nach mir erkundigt und gefragt, ob ich im Hause schliefe, und als ich in den Kaiser kam, fragte mich der Wirth, ob ich nicht lieber allein in einem Zimmer speisen wolle, um Unannehmlichkeiten zu vermeiden. Ich erfuhr, daß ihn Gensdarmen gefragt hätten, ob ich ihm nicht Geld schuldig sei, daß er aber der Wahrheit gemäß gesagt habe, ich sei nichts schuldig als das laufende Abonnement und sich ernstlich jeden Mißbrauch seines Namens verbitte. — Diese hinterlistige Art und Weise ärgerte mich sehr, und da bereits mehrere Tage seit meinem Schreiben an den Gesandten vergangen waren, ohne daß ich von ihm hörte, so machte ich ihn mit der neuen Insulte bekannt und schrieb, daß ich von nun an bewaffnet gehen und den ersten Gensdarmen, der Hand an mich lege, niederschießen würde, da ich dies meinem Stande als Officier schuldig zu sein glaube.

Dieses Schreiben wirkte; der Gesandte antwortete, daß er es übernehmen werde, mir Genugthuung zu verschaffen; daß er dafür bürge, es solle mir nichts Unangenehmes begegnen, wenn ich Frankfurt besuche, und daß ich es ihm vorher anzeigen möge, wenn ich wieder in der Stadt wohnen wolle. Uebrigens würde es ihm angenehm sein, wenn ich ihn gelegentlich besuchen wolle. Einige Zeit darauf ging ich zu ihm.

General von Schöler sagte, daß ihm der Vorfall gar nicht unangenehm sei. Er habe "sogleich ein Verhör über den Herrn Senator halten lassen," und wenn auch die Aussage der Polizeizeugen nicht ganz mit der meinigen übereinstimme, so wisse er doch, was er davon zu denken habe. Er glaube nicht, daß der Senator gegen mich persönlich das Geringste habe, sondern daß er die erste beste Veranlassung ergriffen, einem preußischen Unterthan und besonders Officier unangenehm zu sein. Als die Gefangenen entflohen, seien nämlich dem Senator von Seiten des Bundes einige sehr unangenehme Noten zugekommen und er habe — nicht mit Unrecht — geglaubt, daß er dieselben hauptsächlich Preußen verdanke. — Der Senator wurde kurz darauf durch einen jüngeren Collegen von seinem Posten als Polizeidirector abgelöst, und als ich später den Gesandten sah, sagte er mir, er hoffe, daß ich mit dieser Genugthuung zufrieden sei.

Nun muß ich gestehen, daß mir später dieser Vorfall leid that, als ich hörte, daß Senator Müller ein sehr geachteter, beliebter und freisinniger Mann sei, dem der Glaube im Volk allerdings die Begünstigung der Flucht der politischen Gefangenen zuschrieb.

Ich nahm die Gelegenheit wahr, den Gesandten auf die rohe Willkür der Polizei aufmerksam zu machen, und ersuchte ihn, das Benehmen der Beamten gegen Reisende im Paßbüreau beobachten zu lassen, wo achtbare Leute nicht nur mit der brutalsten Grobheit behandelt, sondern oft förmlich thätlich mißhandelt würden, indem man sie hin- und herstieß. Er war ganz entrüstet und versprach, daß dem abgeholfen werden solle.

Bei der Untersuchung hatte man natürlich versucht, den Gesandten gegen mich einzunehmen. Zuerst hieß es denn, ich sei wegen schlechter Streiche gezwungen worden, meinen

Abschied zu nehmen. Die Cabinetsordre lautete allerdings verfänglich genug, denn es hieß, „der Lieutenant v. C. W. ist unter dem gesetzlichen Vorbehalt entlassen." Das konnte heißen, man behalte sich vor, mich einzustecken, wenn man meine Verbrechen genauer untersucht haben werde, meinte aber einfach, daß ich, im Fall meine Dienste erfordert werden sollten, wieder eintreten müsse. General Schöler räumte ein, daß die Erlasse oft seltsam kurz abgefaßt seien und äußerte sich mit einiger Empfindlichkeit, daß man ihm den schwarzen Adlerorden in Begleitung von nur zwei Zeilen zugeschickt habe. Ich sah mich durch seine Zweifel veranlaßt, meinen früheren Commandeur um ein Zeugniß zu bitten, daß ich ein guter Officier gewesen und nur auf mein dringendes Ansuchen der Abschied bewilligt worden sei, welches ich denn auch umgehend erhielt.

Man hatte dem Gesandten ferner hinterbracht, daß ich mit dem vom Bunde verfehmten Herzog Karl von Braunschweig in Verbindung gestanden habe oder noch stehe. Ich gestand ganz offen, daß ich gern in seine Dienste getreten sein würde, und als der Gesandte darüber sich zu entsetzen schien, erklärte ich ihm, wie es mit der Revolution in Braunschweig zusammenhing und bewieß, wie sehr sich der Bund in dieser Geschichte blamirt und gegen die von ihm stets aufrechtgehaltenen Principien gehandelt habe. — Der Gesandte entließ mich freundlich und versprach mir seinen ferneren Schutz. —

Ich blieb in Bockenheim, wo ich bei netten Leuten sehr wohlfeil ein Zimmer hatte. Meine Aussichten wurden jedoch immer trüber, denn es glückte mir nichts. Es hieß, daß der Landgraf von Hessen-Homburg einen Gouverneur für seinen Sohn suche. Nachdem ich mir von meinem früheren Regiment die schmeichelhaftesten Zeugnisse über meine Fähigkeiten verschafft hatte, bewarb ich mich um die Stelle, die ich natürlich nicht erhielt. Meine Braut rieth mir, Unterricht zu geben und begriff nicht, daß mir der Entschluß dazu solche Ueberwindung kostete. Ich war nicht unverständig; allein die Macht alteingesogener Vorurtheile ist so groß, daß sie sich, selbst wenn die Stimme der Vernunft längst gesiegt hat, nicht sogleich abstreifen lassen. Ein Corvin und Schulmeister werden! Und doch hatte ich öffentlich vorlesen wollen. Da ich indessen versprochen hatte, zu einem Schulvorsteher hinzugehen, so that ich es; aber mit dem Gefühl, als sei ich im Begriff, irgend eine Nichtswürdigkeit zu begehen und wie froh war ich), als ich den Mann nicht zu Hause fand und von anderer Seite hörte, daß keine Stelle frei sei. — Ich schrieb an den russischen Gesandten, Herrn von Oubril, dem ich schon früher vorgestellt worden war und er ließ mich zu sich kommen. Glücklicherweise sprach ich damals nicht geläufig genug Französisch und entging der Wonne, Diener der russischen Regierung zu werden. — Herr von Nagler, der frühere Bundestagsgesandte und Generalpostmeister, der sich mir oftmals freundlich gezeigt hatte und mir wohlwollte, hatte mir, als ich ihn besuchte, davon abgerathen, bei der Post Dienste zu nehmen; ich würde, sagte er, ein Hundeleben haben, und wenn ich denn endlich nach langer Zeit und Quälerei avancirte, — dann sei es auch nichts. Bei den Thurn und Taxischen Posten, hörte ich, sei es nicht übel, und wenn man gut protegirt sei, könne man schnell avanciren. Ich hatte in Kissingen Herrn von D., den Vorsteher des ganzen Postwesens, kennen gelernt, und um meiner Sache noch sicherer zu sein, schrieb ich in meiner Unschuld an Herrn v. Nagler, um seine Empfehlung. Statt eines Briefes von ihm, erhielt ich eines Tages einen mysteriösen Besuch von dem alten Hofrath Kelchner, der bei der preußischen Gesandtschaft das Factotum war. Er war beauftragt, mir die Antwort des Generalpostmeisters mündlich zu bringen, da sie derselbe keinem Briefe anvertrauen wolle. Sie lautete dahin, daß, wenn ich in der That auf eine Anstellung bei der Thurn und Taxischen Post reflectire, ich um keinen Preis sagen dürfe, daß Herr von Nagler mir wohlwolle, weil dies gerade die der gehofften entgegengesetzte Wirkung haben werde, indem die Thurn und Taxische Postverwaltung äußerst mißtrauisch sei und bereits glaube, daß Herr von Nagler Agenten selbst unter ihren eigenen Angestellten habe.

Wer zum Officier und mit den Ansprüchen eines solchen erzogen ist, findet sehr große Schwierigkeiten, wenn er eine andere Laufbahn einschlagen will. Damals waren diese Schwierigkeiten noch größer als heutzutage, wo sich durch Anlage von Eisenbahnen früheren Officieren manche Stellen öffneten, wozu ihre militärischen Gewohnheiten sie besonders geeignet machen. Ich fühlte sehr schmerzlich, daß ich doch eigentlich sehr wenig gelernt hatte und noch sehr viel studiren mußte, um als Schriftsteller Erfolg zu erringen. Ich war gern bereit, meine Kenntnisse zu vermehren; allein vorläufig mußte ich darauf denken, nebenbei erworbene Fertigkeiten zu benutzen, um mir eine kleine Einnahme zu verschaffen. Das war sehr dringend nöthig, wenn ich nicht verhungern wollte, und dazu hatte ich die beste Aussicht. An meinem fünfundzwanzigsten Geburtstage schrieb ich mit Chiffreschrift in mein Tagebuch: „Mein ganz Vermögen beträgt zwei Kreuzer!" — Da ich ein Wenig in Oel malte, so versuchte ich es, einige Tabaksdosen zu malen, die ich in Offenbach brennen ließ. Sie waren ganz hübsch für einen Dilletanten, konnten aber keinesweges den Vergleich aushalten mit den fabrikmäßig angefertigten Dosen dieser Art, die man so billig lauft. Ich setzte denn auch keine einzige ab und lebte Spätherbst und Winter hindurch so elend, wie man nur leben kann. Da ich kein Geld hatte, Holz zu kaufen, so saß und malte oder schrieb ich im Kalten, bis mir die Finger steif waren und die Zähne klapperten. Zum Frühstück hatte ich eine Tasse Kaffee und ein Milchbrötchen, welches die Wirthin lieferte; allein das war Alles, was ich während mehrerer Monate genoß. Während andere Leute zum Mittagessen gingen, machte ich einen Spaziergang um die Stadt. Ich muß noch lachen, wenn ich daran denke, mit welcher Begierde ich auf die kleinen Würstchen blickte, die von den Höker=weibern feil gehalten wurden und die ich nicht zu kaufen wagte, selbst wenn ich zufällig einige Kreuzer in der Tasche hatte. Daß ich dabei außerordentlich mager und blaß wurde, kann man sich denken und Jedermann glaubte, ich habe die Schwindsucht und beklagte meine arme Braut, die ebenfalls anfing zu kränkeln, da sie sich Kummer machte. Daß ich Hunger leiden könne, daran dachte Niemand; denn wenn ich zufällig zur Essenszeit in das Haus meines Schwiegervaters in spe kam und eingeladen wurde, lehnte ich stets ab, vor=gebend, daß ich eben vom Essen komme, damit man nur ja nicht die Wahrheit muthmaße. Oftmals aber, wenn Nie=mand im Zimmer war, schlich ich mit Herzklopfen an den Schrank, schnitt ein tüchtig Stück Brod ab und steckte es in meine Tasche. Dieses Stück Brod wurde einst von meiner Braut entdeckt und meine Verlegenheit und mein Erröthen verriethen ihr die Wahrheit.

In solchen Lagen offenbart sich das Herz des Weibes. Wie die Wangen meiner Helene unter den thränenfeuchten Augen glühten, wie ihre Lippen eifrig Trost einsprachen, an den sie selbst nicht glaubte; wie ihre Hände zitterten vor Eifer zu helfen, sogleich zu helfen; wie sie ihr Recht dazu vertheidigte; wie sie meinen verletzten Stolz besänftigte und meine Einwendungen hinwegschmeichelte; — ich werde es nie vergessen. Natürlich die Eltern und Niemand müsse wissen, daß es mir so schlecht gehe; es sei ja nur vorübergehend und unrecht, daß ich es ihr nicht gesagt; sie habe ein Recht, es zu wissen und mir zu helfen, unser Ziel zu erreichen, so viel immer in ihrer Macht sei. Ich hörte ihr mit Rührung zu und rüstig und ohne Klage ging sie ans Werk. Sie zeichnete sehr schön Stickmuster und beschloß, dergleichen Zeichnungen verkaufen zu lassen. Sie wurden schlecht genug bezahlt; allein sie war übermäßig fleißig und froh und stolz, mir beistehen zu können. Wir hatten verabredet, uns stets am Morgen an einer bestimmten Stelle zu treffen, wo man nicht der Betrachtung ausgesetzt war. Wie stolz und lebhaft sie daherschritt und wie ihre Augen vor Freude und Eifer glänzten, wenn sie mir ein Päckchen mit "creature's comfort," wie der Engländer sagt, oder ein kleines Fläschchen mit Wein und vielleicht einen verdienten Gulden einhändigte! — Wäre ich ein Snob, so würde ich diese und ähnliche Passagen aus meinem Buche streichen; da ich aber keiner bin und mir den Teufel daraus mache, was Snobs im Unterrock oder Frack von mir halten, so gestehe ich ohne alle Scheu, daß diese Erinnerungen zu den allerköstlichen meines Lebens gehören. —

Meine literarischen Versuche wurden nicht aufgegeben. Der Director des Theaters in Frankfurt fand meine Hunyaden recht gut und lobte besonders mehrere Monologe und Abgänge, als günstig für die Schauspieler; allein aufgeführt wurde das Stück dennoch nicht. Jemand setzte mir aber in den Kopf, daß ich leicht in Frankfurt Theaterdichter werden könne, und ich that mehrere Schritte in dieser Richtung, die aber wieder zu nichts führten.

Von Sallet erhielt ich am Anfange des nächsten Jahres einen Brief, mit welchem ich dieses Capitel schließen will.

„Lieber Corvin!

Du bist ein verrückter Kerl mit Deinem Kastengeist und Deinem veränderten Sallet. Wenn man unwohl war, auf eine unangenehme Weise weggejagt wurde und etzliche Tage und Nächte auf der Post gefahren ist, außerdem nicht einmal Zeit hat, aufzuthauen, wie soll man da aussehen und sich haben? Das Verhältniß zum Dichterclub denkst Du Dir viel zu eingefleischt. Ich hatte es bloß angeknüpft, um äußern Anlaß zum Poetisiren zu haben. Geistig habe ich mich immer sehr fern, und ich hoffe, drüber gehalten. Daß eine Vereinigung von einigen 20 Dichtern im Durch= schnitt nur literarisches Lumpengesindel sein kann, diese große Wahrheit ist mir immer klar und gegenwärtig geblieben; auch ließen es meine Herren Collegen durch ihre oft sehr lamentablen Verse nicht dazu kommen, daß ich solches hätte vergessen können. Am besten werden Dich meine eigenen Verse davon überführen, in denen Du ja selbst keinen ent= nervenden Einfluß jener Vereinigung bemerkt hast. Recht lieb war mir's übrigens, fortzukommen, denn literarisch hat mir die Sache viel geschadet. Jetzt stehe ich allein, und hoffe so, mächtiger zu sein, als vorher. (Siehe Schillers Tell). Etwas davon könntest Du gespürt haben, wenn Du ein einigermaßen literarischer Mensch wärest und den Phönix läsest, wo Kritiken unter meinem Namen stehen. Auch in der Poesie bin ich nicht faul gewesen, sondern fleißig. Ich habe viel einzelne Gedichte gemacht, auch ein größeres Mährchen in poetischer Form, das lang genug zu einem selbstständigen Werk, und wie ich glaube, bis jetzt mein Bestes ist. Aber was soll das Alles? Verse will ja kein Mensch drucken, laufen und lesen! Und mittelmäßige Novelchens schreiben — nein! da käme ich mir vor, wie ein kastrirter Mensch. Etwas habe ich aber dennoch zur Geburt gebracht. Nämlich: Funken. Trier bei E. Troschel, 38. Ein Broschürchen mit Epigrammen literarischen Inhalts. Ferner liegt hier schon gedruckt: Die wahnsinnige Flasche, heroisches Epos in zwei Sitzungen. Der confuse Hähnel hat einen Deckel dazu gezeichnet, auf den noch gewartet wird. Wenn's fertig ist, werde ich Dir ein Exemplar schicken, wenn Deine Existenz dann noch zu ermitteln ist. Es ist ein schnurriges Ding.

Sonst kann ich nichts los werden, auch nicht den Percy, obgleich ich mir Mühe genug gebe. Es ist wahrhaftig um zu verzweifeln und manchmal überwältigt mich die äußerste Muthlosigkeit und Verbitterung. Wäre ich einmal **durchgedrungen** und wäre ich einmal frei von leutnantamentalischen Knechtschaftsverhältnissen, dann würde ich viel fruchtbarer und unternehmender werden. Aber dahin werde ich es wohl schwerlich bringen und am Ende zu den jung verstorbenen Schriftstellern gehören, deren Biographie man auszugsweise mit einem Worte geben kann: **Verkümmerung**. Auch gut! Im schlimmsten Falle will ich heute schon abfahren, da ich dafür gesorgt habe, daß mein Name noch für einige Zeit dauern wird. Du kennst mich und weißt, daß dies nicht der Ausbruch läppischer Aufgeblasenheit ist. Auch fühle ich sehr wohl, daß ich bei weitem noch nicht genug geleistet habe, und daß die Verpflichtung zu höherem Wirken auf mir lastet. Ich will dem auch, soviel an mir ist, nachzukommen suchen; ich sagte nur: im schlimmsten Fall. —

Eben lese ich wieder in Deinem Briefe. Daß Dich die Stieglitziabe beinahe zum Kotzen gebracht hat, freut mich unendlich. Du hast damit ganz genau mein eigenes Gefühl über diese unästhetische Schmiererei, die in unserem Club mit Enthusiasmus bewundert wurde, ausgesprochen. Warum hörst Du aber nicht auf, über das Verfassen kleiner Gedichte zu raisonniren? Ein tüchtiger Lyriker zu sein, (deren wir in unserer Literatur nicht übermäßig viel haben) ist doch auch schon etwas. Ueberhaupt kann man sich nicht zu dem machen, was man gerade will. Dem ist Dies, Jenem was Anderes bescheert. Bei mir muß ich es nunmehr (da ich bald 26 Jahr zähle) als entschieden ansehen, daß ich zu größeren Schöpfungen nicht befähigt bin. Wie erfreulich mir Dein dramatischer Antrag wäre, wenn ich etwas dergleichen vorräthig oder die Kraft hätte, es zu schreiben, kannst Du Dir denken. Aber ich kann nicht; ebensowenig, als ich einen Roman schreiben könnte. Aergerlich genug ist mir's, denn die dramatische Poesie schwebte mir stets als das Ideal meiner Wirksamkeit vor. Aber es fehlt mir jetzt auch wirklich an Zeit. Ich werde geschoren wie der schlechteste Köter im heiligen römischen Reich; ich verkümmere. Die „lange Nase" besitze ich gar nicht mehr. Ich habe sie einmal Dullern geschickt, und weiß Gott, wo der sie gelassen hat. Es war auch nicht viel dran. Ein Lustspiel schrieb ich für mein Leben gern; aber, Gott! woher soll mir die Lustigkeit kommen? Nun sind zwar bekanntlich so ziemlich alle unsere deutschen Lustspiele ohne Lustigkeit geschrieben, aber Gott bewahre mich vor so einem traurigen Handwerk. Hätte ich den Lumpazi geschrieben, dann wollte ich froh sein!

Desto herzlicher wünsche ich Dir zu Deinen literarischen Fortschritten Glück! Nur zu und ehrlich geblieben, das währt am längsten, auch in der Literatur. Wenn Du kannst Theaterdichter werden, so greif zu. Zu was anderem taugst Du ja doch nichts. Daß Du von Deiner Helene gar nichts schreibst, hat mich befremdet. Sollte dieser Liebes=

handel etwa auch ein Ende erreicht haben, wie fast alle, nämlich ein lächerliches? das thäte mir sehr leid. Der Verlust ist unersetzlich; es ist einem das ganze Leben hindurch zu Muthe, als ob man einen verdorrten Blumenstrauß an der Brust trüge.

Lebewohl und schreibe mir bald wieder.
Dein
Fr. v. Sallet."
Trier, den 27. Januar 1838.

Sechstes Capitel.

Drei Wirthe. — W. R. — Die Zeitschrift „der Jäger." — Die Tischecke in der Stadt Ulm. — Die Maler. — Brief von Sallet. — Sein Besuch. — Erfolg des Jägers. — Alexander Fischer und sein Masaniello. — Letzter Brief von Friedrich von Sallet.

Ich habe mich immer heimlich gefreut, wenn es mir so recht schlecht ging, denn ich war vollkommen durchdrungen von der Wahrheit gewisser Sprüchwörter, die nicht entstanden sein würden, wenn ihnen nicht eben Wahrheit zum Grunde läge. „Auf Regen folgt Sonnenschein"; „wenn die Noth am größten, ist die Hülfe am nächsten" sind zwei davon; zu ihnen kam zu meinem Trost noch ein drittes, welches ich dem alten Obersten verdankte und in welchem er das Geheimniß des Erfolges suchte: „Mit Geduld und Spucke, da fängt man die Mucke." Wen eine Fliege quält, der mache seine Fingerspitze am Munde naß, halte den Finger hin und die Fliege will sich am Ende darauf setzen und gefangen werden, — wenn man die Geduld nicht verliert. Ich verlor weder die Geduld noch den Muth, noch ließ ich es an „Spucke" fehlen, die Glücksmucken zu fangen, d. h. ich legte die Hände nicht in den Schoos.

Mein erster Wirth in Frankfurt, ein gesunder Mann von dreißig Jahren, war gestorben, während ich im Hause wohnte; mein Wirth in Bockenheim, in demselben Alter als der erste, starb gleichfalls. Ich zog wieder nach Frankfurt, hatte aber kaum drei Monate in meinem Logis gewohnt, als mein Wirth, ein junger Mann von achtundzwanzig Jahren, ebenfalls starb. Ich war für zwei Tage nach Darmstadt gereist und verließ ihn ganz gesund; als ich zurückkehrte und hundert Schritt von meiner Wohnung war, die ich übrigens nicht sehen konnte, überfiel mich plötzlich der Gedanke: St. ist todt! — So war es. Dieses Zusammentreffen war jedenfalls sonderbar und ich hütete mich wohl, es zu erwähnen, als ich eine neue Wohnung bezog.

Ich übersetzte nun mit großem Eifer ein französisches Stück, welches in Paris großes Aufsehen machte und schickte es an die Direction des Hamburger Stadttheaters, von der ich aber weder eine Antwort noch das Stück zurückerhielt.

Mit der Herausgabe eines Blattes für Jäger wollte es auch nicht recht vorwärts gehen, denn Herr Sauerländer konnte sich nicht entschließen, und Forstrath Behlen, den ich in Aschaffenburg besuchte, eben so wenig. Die Idee eines solchen Blattes leuchtete mir aber so sehr ein, daß ich auf Mittel dachte, sie auf andere Weise auszuführen.

Mein Freund Don Carlos, der nun als Bewerber um die Schwester meiner Braut anerkannt war, hatte mir häufig von seinem Principal erzählt und auch, daß derselbe Jagdliebhaber sei. Dies brachte mich auf den Gedanken, W. R. für die Herausgabe einer solchen Zeitschrift zu interessiren, deren Erfolg mir nicht zweifelhaft schien, und ich schrieb an ihn.

W. R. war ein Mann, über den die Urtheile in Frankfurt äußerst verschieden lauteten; die Großhänse schimpften über ihn und suchten ihm etwas am Zeuge zu flicken, während der Mittelstand und der gemeine Mann ihn liebten und achteten. Das war natürlich; W. R. war ein vernünftiger Mann und ein Liberaler, denn von Demokraten wußten wir damals noch nichts. Die Polen und andere „politische Märtyrer" fanden nicht nur wortreiche Sympathie — untermischt mit ein Paar Kernflüchen — bei ihm, sondern auch sehr gütige, substantielle Unterstützung und Hülfe, ohne alle Rederei. W. R. wurde es nie müde zu geben und wenn ihm auch noch so oft mit Undank vergolten wurde. Er ließ junge Polen studieren, damit sie in den Stand gesetzt würden, eine ehrenvolle Laufbahn einzuschlagen, und wo es irgend galt, ein menschenfreundliches, oder gemeinnütziges Unternehmen zu unterstützen, oder einem der Hülfe würdigen Menschen aufzuhelfen, da war W. R. der Mann. — Obwohl Kaufmann, interessirte er sich doch für alle Gebiete der Künste und Wissenschaften; er wußte von Allem etwas und von Manchem viel; er hatte nicht allein sehr viel gesunden Menschenverstand — der seltener ist, als man meint — sondern er war ein Denker, der an keiner Erscheinung im Leben gedankenlos vorüberging, sondern von jeder eine Erfahrung oder Lehre in sich zurückbehielt. Seinen Freunden blieb er treuer als seinen Liebhabereien, die er oftmals wechselte. Bevor ich ihn kennen lernte, füllte er seine Mußestunden mit Musik und in allen Ecken standen musikalische Instrumente, die er fast alle spielte. Plötzlich wurde er die Musik müde; die Instrumente verschwanden und Niemand, der mit ihm umging, würde errathen haben, daß er überhaupt eines zu spielen verstände. Dieser Musikliebhaberei folgte die Schützen- und dann die Jagdliebhaberei. Statt der musikalischen Instrumente sah man nun überall Büchsen und Doppelflinten und fiel in seinem Zimmer fortwährend über irgend eine Juno oder Diana. — W. R. war kein Salonmann und liebte eine etwas derbe Sprache, obwohl er sich sehr artig und gut auszudrücken und zu benehmen wußte. Es fehlte ihm nicht an Humor und noch weniger an Geschmack daran und eine lustige Geschichte lebte oft nur zu lange in seinem Ohr und Munde. — Sein Herz war brav, rein und treu; sein Gemüth zart und weich wie das eines Weibes; aber sein Wille der eines Mannes. Sein Leben war einfach, seine Sitten waren rein, seine Neigungen edel; mit einem Wort, er war einer der bravsten und besten Menschen, denen ich im Leben begegnete. Seine Fehler waren erträglich. Er war etwas rechthaberisch und selbst tyrannisch; aber letzteres mehr theoretisch und mit dem Munde als in der That. Er war und blieb unverheirathet, weil er zu bescheiden war und nicht glaubte, daß ihn ein Mädchen seiner selbst wegen lieben könne. Seine Figur war freilich nicht elegant, aber seine Erscheinung war Zutrauen einflößend, angenehm. Der starke Kopf war etwas viereckig und die Stirn massiv; die Erhöhung über den Augen stark, Mund und Augen trotz buschiger Brauen sanft, oft nachdenklich.

W. R. konnte Officiere nicht leiden; W. R. mochte Edelleute gar nicht leiden; W. R. haßte Preußen; da ich nun alle drei Eigenschaften in meiner Person vereinigte, so waren meine Chancen gering mit ihm; allein da ich für die ihm mißfälligen drei Unglücke nichts konnte und ihm persönlich gefiel, so endete unsere Unterredung besser, als ich erwarten durfte. W. R. hatte Zutrauen zu meinem Unternehmen und erklärte sich bereit, das zu seiner Ausführung nöthige Geld herzugeben.

Ich hatte damals sehr wenig Kenntniß von buchhändlerischen Geschäften; allein ich hatte andere Zeitschriften genugsam studirt und traute mir zu, die meinige interessant zu machen, was mir die Hauptsache zu sein schien. Durch

Behlen erhielt ich die Adressen verschiedener Mitarbeiter und schrieb einen ganzen Stoß von Briefen, welche W. R. auf besonderen Wegen abzusenden unternahm, da das Porto damals sehr theuer war. Mehrere Wochen vergingen, ohne daß ich eine Antwort erhalten hätte und ich wurde sehr unruhig darüber, als ich eines Tages in W. R's. Schlafzimmer kam und — den ganzen Stoß Briefe auf seinem Nachttische aufgethürmt fand, wohin er sie gelegt hatte — um sie nicht zu vergessen.

Die Zeit der Noth war nun vorüber und ich fing an, das Leben in Frankfurt angenehm zu finden, wozu die Gesellschaft, welche ich sah, nicht wenig beitrug. Ich aß damals in einem kleinen Gasthofe, die Stadt Ulm, wo ich die Bekanntschaft sehr angenehmer, junger Leute machte, unter denen viele Maler waren, deren Namen rühmlichst bekannt sind. Es waren da Alfred Rethel, Lasinski, A. Teichs, H. Rustige und Carl Trost. Außerdem kamen noch junge Gelehrte und Beamten dorthin und unsere Tischecke wurde bald bekannt in Frankfurt wegen der guten Laune, die dort herrschte, und der Witze und geistreichen Einfälle, die zu Tage gefördert wurden. Teichs und Trost wohnten mit mir in einem Hause; es wurden mancherlei Tollheiten getrieben. Abends saßen wir beisammen; ich las vor und die Maler componirten Bilder, deren Vorzüge und Fehler wir besprachen. Trost hatte großes Talent für Carricaturen und wußte mit ein paar Strichen die lächerlichste aber unverkennbarste Aehnlichkeit hervorzubringen. Ich habe noch mehrere Portraits unserer Tischgenossen in meinem Album und auch das Berthold Auerbach's, der um jene Zeit nach Frankfurt kam und in unsere Tischecke eingeführt wurde. Er hatte bereits den „Spinoza" geschrieben und arbeitete damals an seinem Roman „Dichter und Kaufmann."

Ich besuchte meine Freunde natürlich häufig in ihrem Atelier im Städel'schen Institut und sah sie mit großem Vergnügen an ihren schönen Werken beschäftigt. Rethel malte damals seinen Daniel in der Löwengrube; die Auffindung der Leiche Gustav Adolph's; Kaiser Max auf der Martinswand; Justitia, einen Mörder verfolgend; Kaiser Carl V. für den Römersaal u. s. w. — Er zeichnete mich auch als ergötzliche Carricatur lebensgroß, mit Kohle an die Wand seines Ateliers.

Lasinski malte ein hübsches Bild aus dem Liede „Prinz Eugenius;" Teichs ein großes Gemälde, Kreuzfahrer, die Christensclaven befreien, und Rustige köstliche Genrebilder.

Klugsprechende Kunstmäcene langweilten oft die genialen Maler mit ihren hausbackenen Bemerkungen und besonders ärgerte sich Teichs über einen von ihnen, der nie aufhörte, die französischen Maler zu preisen. Als derselbe einst erzählte, daß einer dieser Maler oft mit seinem Finger male und die schönsten Effecte hervorbringe, sagte Rethel: „Das ist noch nichts, Teichs malt oft mit seinem großen Zeh." — Der Kunstverständige war nicht weniger erstaunt als Teichs, der übrigens augenblicklich ganz ernsthaft auf den Scherz einging. Er zog den Strumpf aus und es war sehr spaßhaft zu sehen, wie er sein langes Bein bewegte und im Vordergrunde seines Bildes mit dem großen Zeh malte.

Teichs war sehr zerstreut und Trost und Rustige plagten ihn fortwährend auf Grund dieser Eigenheit. Wenn er nach dem Essen die Hände auf dem Tisch hatte, steckte ihm Rustige, ohne daß er etwas davon gewahr wurde, sämmtliche Messer, Gabeln und Löffel hinein. Bemerkte er sie endlich und warf sie weg, dann dauerte es nicht eine Minute, bis er abermals die Hände voll hatte. Teichs war sehr gutmüthig und hatte viel trocknen Humor.

Einst machten Rethel, Teichs, Trost und ich eine Land=
partie in das Lorsbacher Thal. Das war eine höchst lustige
Partie. Teichs und Trost waren rein des Kuckucks und
wo wir hinkamen, erregten wir das Erstaunen der Bewohner.
Wir blieben die Nacht in Hofheim, tranken ziemlich viel von
dem jungen Landwein und waren sehr munter, als wir uns
in einem Zimmer so gut es ging einrichteten. Kaum war
etwas Ruhe hergestellt und wir dachten, zu schlafen, als ein
verrückter Einfall durch Teichs Kopf kam und er rief: „Trost,
lang' mir mal den Corvin her!" Trost, ein großer,
kräftiger, schöner junger Mann, der in Westindien geboren
und sehr lebhaft war, schnellte sich wie ein Lachs von seiner
Matratze an der Erde in die Höhe, um den verrückten Wunsch
zu erfüllen. Das ging natürlich ohne Lachen nicht ab und
wenn endlich wieder Alles still war, fing Teichs aufs Neue
an: „Trost, lang' mir mal den Corvin her."

Erst gegen Morgen kamen wir zur Ruhe. Als ich er=
wachte, sah ich Teichs auf einen Arm gestützt mit dem Ge=
sicht über seinen Stiefel hängen, den er in der rechten Hand
hielt und für ein anderes Geschirr verkannte; Rethel saß auf
seinem Lager und zeichnete ihn in sein Skizzenbuch, ohne daß
er es nur gewahr wurde. Als Rethel fertig war, rief er
vergnügt: „Ich habe mich acht Tage gequält, zu finden,
wie ich den erschöpften, halbverhungerten Kaiser Max auf
der Martinswand malen soll; nun hab' ich's." —

Zu Weihnachten bescheerten wir uns einen ungeheueren
Christbaum und kleine scherzhafte Geschenke, welche von Ge=
dichten begleitet sein mußten, und trieben unendlich viel
humoristischen Unsinn, wie er unter genialen Leuten vor=
kommt und den Philister nun und nimmermehr begreifen
können. — Es war das eine schöne anregende Zeit, deren
ich mich immer mit der allergrößten Freude erinnere.

Im Frühjahr achtzehnhundert und achtunddreißig erhielt ich folgenden Brief von Sallet:

„Lieber Corvin!

Aus meinen raschen Briefbeantwortungen (die ganz gegen meine sonstige Gewohnheit sind) wirst Du schon merken, daß ich jetzt von einer gewissen unangenehmen Unruhe besessen bin. Dem kann auch nicht anders sein in einer solchen Zwischenperiode, wo man weder Fleisch noch Fisch ist, wo man beschlossen hat, sich in ein neues Leben hineinzuwerfen und doch am alten noch festklebt. Mein Abschiednehmen, obgleich bei mir fester, gereifter und unabänderlicher Entschluß, ist doch durch Rücksichten und Verpflichtungen, die ich nicht umgehen kann, noch unsicher. Mit meiner Mutter, die mich (was so selten ist) ganz versteht, bin ich völlig im Reinen. Aber ich habe eine Tante, die mich innig liebt und der ich viel zu danken habe, und mit der wird es noch einen harten Kampf setzen. Daß ich zum Theil von ihr abhänge, indem sie mich bisher unterstützt hat und nun ihre Unterstützung für die Folgezeit natürlich noch weniger entbehrlich sein wird, wäre das Geringste, und ich könnte das wohl fallen lassen. Aber sie hat mein Versprechen, daß ich ohne ihre Einwilligung den jetzt beschlossenen Schritt nicht thun wolle, und dies Versprechen will gehalten sein. Der Hauptzweck meiner Urlaubsreise ist nun, diese Tante für mich zu gewinnen. Du kannst Dir denken, welchen harten Stand ich dabei habe, denn mit Weibern zu streiten, deren innerste Natur es ist, keine Vernunft anzunehmen, gegen unsterbliche, abgeschmackte und niedrige Gemeinplätze zu Felde zu ziehen, die sich nur durch solche Gründe widerlegen lassen, die von dem Gegenpart wiederum durchaus nicht begriffen werden — das ist

ekelhaft und muß doch geschehen. Die meisten Frauen haben immer noch den Grundsatz:
> Wenn das Geld im Kasten klingt,
> Die Seele aus dem Fegfeuer springt.

und können einem Geist nicht nachfühlen, der äußerliches Glück als etwas ganz Gleichgültiges wegzuwerfen fähig ist, um seinem freien, auf Höheres gerichteten Streben zu genügen. —

Wenn es mir nun überhaupt sauer werden wird, durchzudringen, so kann ich es gewiß nur unter der Bedingung, künftig meinen Wohnsitz bei meinen Verwandten und in der Nähe dieser Tante zu wählen, und, nicht blos auf den Schriftsteller hin (was solchen Leuten mit: Tagedieb gleichbedeutend ist und bleibt) zu steuern, sondern einen festen Lebensplan, der auf ein bestimmtes Ziel geht, zu verfolgen.

Schon deshalb kann ich Deinen freundschaftlichen Vorschlag nicht annehmen; aber auch meine eigene Neigung weist mir genau denselben Weg. Ich gehe nach Breslau. Dort wohne ich bei meiner Mutter (also natürlich billiger, als es sonst möglich wäre) zusammen mit meinem Bruder, der Philologie studirt, und mit dem ich, wenn auch weniger gemüthlich, doch geistig förmlich zusammen und ineinander gewachsen bin, so daß hier das Geistige eine so innige und seltene Freundschaft bedingt, wie sie durch bloße Regungen des Herzens, wären sie noch so warm, nicht erzeugt werden könnte. Dazu kommt, daß wir uns Beide ergänzen. Er ist (obgleich 5 Jahre jünger als ich) in Sprachkenntnissen mir bei weitem überlegen, namentlich in den alten Sprachen, die ich durchaus nachholen muß, um die ganze Literatur klar zu überschauen. Dagegen habe ich mehr Zeit gehabt, mich in den neueren Literaturen (obwohl sie ihm, sowie diese Sprachen, auch nicht fremd sind) umzuthun, stecke selbst, mitspielend, schon tiefer in der Literatur, als er und habe von mancherlei gehört und gelesen, was seine strengeren Studien ihm weniger nahe gebracht haben. In Liebe für Kunst und Wissenschaft und in den Ansichten darüber sind wir Beide so vollkommen aus einem Guß, daß wir uns, in einer Art literarischer Spitzbubensprache, durch Andeutungen eine halbe Stunde lang über diese Gegenstände auf's lebhafteste und klarste unterhalten könnten, ohne daß ein Dritter, namentlich ein Laie, ein Wort von unserem Gespräch verstünde. Ich weiß nicht, ob Dir dies deutlich ist. — Wir Beiden würden dann gemeinschaftlich und gegenseitig durch Umgang, Gespräch und Unterweisung an unser Beider Fortentwicklung und Ausbildung arbeiten. — Zu dem kommt ein jüngerer Bruder, der auch gleiche Pfade betritt, ferner eine 16jährige Schwester, die es ihren Brüdern nachthut und schon jetzt die französische und englische Sprache so ziemlich in ihrer Gewalt hat. Dichterisches Sinnen und Schaffen haben alle vier Geschwister miteinander gemein. Du kannst Dir denken, daß sich's dabei verrückt und angenehm leben wird. Außerdem ist Breslau eine Universitätsstadt, was mir von großer Wichtigkeit ist. Ich habe nämlich eine durch eifriges Studium zu erlangende Professur im Auge, natürlich werde ich für keine andere Vorlesungen, als über Kunst- und literarische Gegenstände mich vorbereiten. Es kommt demnächst nichts Fremdartiges in mein Leben, ich folge nur der Richtung, die mein innerstes Streben von selbst einschlägt und erlange ich die Professur auch wirklich nie, so schadet das eben auch nichts, die Studien an und für sich sind Gewinn genug.

Aber ich höre schon wieder das Anathema: Philister! aus Deines Busens Höhle schallen. Darauf erwidere ich: O Philister, der Du selber bist, die Wissenschaft für

Philisterei zu halten und zu wähnen, daß sie ihre Schwestergöttin, die Kunst, verdrängen und beleidigen könne! Ja, es giebt Leute, die durch Studien, oder auch durch einen praktischen Beruf, vom Versemachen zurückgekommen sind, aber das waren wahrlich keine Dichter. Wenn Du mich nun wirklich für einen Dichter hältst, so kannst Du meiner Versicherung ruhig trauen, daß in mir die frische Quelle ewig sprudeln und die nickenden Blüthen an ihrem Rande ewig fortblühen werden, wenn ich auch nicht im Stande bin, den und den Tag auf Begehren einen Niagarafall mit obligatem Donnergeräusch sehen zu lassen.

Du schilderst mir Frankfurt als ein kleines Paris, wo es genügt, ein homme d'esprit zu sein, um durchzukommen. Das ist nun recht schön, nur bleibt zu bedenken, daß zum homme d'esprit, wie er im Buch steht, auch ein großer praktischer und geselliger Tact gehört, den ich nun einmal nicht habe und auch nie erlangen werde, weil ich ihn halb und halb aus Grundsatz nicht habe. Natürlich, wenn sich die Leute für einen interessiren, wollen sie auch was davon haben, man soll ihre Zirkel schmücken und beleben. Dazu aber hat ein Rhinozeros oder ein Nilpferd vollkommen so viel Talent, als ich. Uebrigens ist die Sache auch etwas verdächtig; sollte nicht mindestens eben so viel vornehme Eitelkeit und Mäcenatenaffectation im Spiel sein, als wahrhaftes Interesse für Kunst und Wissenschaft, das ich, nach meinen Erfahrungen, nur einer sehr kleinen Zahl Auserwählter zutrauen kann? Siehst Du, wenn ich so was auch nur leise bemerkte, würde ich mich sogleich, verletzt und voll Scham, in mein Schneckenhaus zurückziehen. Nein, ich tauge nicht für die Welt und am wenigsten für die vornehme.

So sind mir z. B. die von Damen besuchten Vorlesungen wahrhaft ekelhaft. Nicht etwa, weil ich das für unweiblich hielte; Gott bewahre! unsere Weiber sind leider in Dummheit, Urtheilslosigkeit und roher innerer Ungebildetheit (bei einiger ganz äußerlicher Tinctur) so tief versunken, daß jeder Versuch, sie daraus zu retten und sie einigermaßen zur Denkkraft geistig gebildeter Männer emporzuheben, nur erfreulich sein könnte. Aber ich weiß, daß die Sache ohne Ernst und Sinn nur aus Mode, Koquetterie und dummer Neugier getrieben wird. Da sitzen sie, lassen sich begaffen, affectiren Verständniß und gähnen inwendig so, daß es auch außen sichtbar wird (wie ein Kreis auf dem Wasser, wenn sich drunten was rührt). Was sie davon tragen, sind nicht verstandene, gediegene Gedanken, sondern ein paar halbverstandene Redensarten, mit denen sie beim nächsten Thee prunken. Ich meine natürlich nur die Mehrzahl, denn bei wenigen mag wirklich eine ernste Wißbegier zum Grunde liegen; aber im Allgemeinen leugne mir meine Meinung nicht ab, denn ich habe sie selbst sitzen und Dinge anhören gesehen, die sie unmöglich verstehen konnten.

Für Deine Anerbietungen wegen Verlag meiner Sachen danke ich Dir herzlich; gegenwärtig aber habe ich nicht die Absicht, etwas herauszugeben. Mein Mährchen wird schon gedruckt. Mit den Gedichten will ich wenigstens noch ein Jahr warten. Dann wird mein Name bekannter und ich kann daher mehr hoffen, sie vortheilhaft los zu werden; ferner wachsen sie an, so daß ich einigermaßen massenhaft damit auftrete. Zum Percy will mein Bruder, der ihn halb übersetzt hat, sich nicht mehr bekennen. Ich hebe daher meinen Theil daran am besten auf, bis ich die Gedichte herausgebe, und sonst habe ich vor der Hand nichts. Sollte ich vielleicht etwas Dramatisches schreiben, woran ich zweifle, dann würde ich mich an Dich wenden. — Der nächste Chamissosche Almanach wird eine Menge Gedichte von mir enthalten, über die sich die beiden Redacteure Chamisso und Gaudy außerordentlich gefreut haben. Auch in einem anderen zu erscheinenden Taschenbuch werde ich mit ziemlich vielen Gedichten figuriren. Das Alles muß ein wenig forthelfen. In zwei Jahren spätestens hoffe ich ganz durchgedrungen zu sein und die Leute zu zwingen, daß sie meinen Namen mit Achtung nennen.

Geradezu mit Noth werde ich in meinem künftigen Leben schwerlich zu kämpfen haben. Drei Jahre lang habe ich an der Pension einen Halt und in drei Jahren wollen wir schon weiter voran sein. Entbehrungen werde ich froh zu ertragen wissen, wenn ich sie als freier Mann ertrage.

Mit der „Flasche" habe ich mich geirrt. Troschel hat sie nicht an Sauerländer, sondern an seinen Commissionär in Frankfurt, ich weiß nicht, wie der Kerl heißt, geschickt; der wird die Sache vernachlässigen, obgleich ich Adresse und Wohnung eigenhändig darauf geschrieben habe. Aber daß Sauerländer keine „Funken" zugesandt erhalten haben will, ist mir ganz unbegreiflich, da sie jetzt schon wieder remittirt werden, also schon lange versandt sind.

Genau kann ich Dir meine Ankunft in Frankfurt noch nicht angeben; ich denke so zwischen dem 5. bis 10. Juni. Guten Morgen!

Trier den 21. April 1838.

Dein Freund F. v. Sallet."

Sallet kam um die von ihm angegebene Zeit und gab mir eine sehr schöne Ballade aus der Percy'schen Sammlung für die Probeblätter meiner Jagdzeitschrift. Das Honorar, welches ich ihm dafür bezahlte, war, wie er sagte, das erste, welches er je empfangen hatte. — Als er von seiner Urlaubsreise zurückgekehrt war, auf der er seinen Zweck erreichte, und endlich den Abschied genommen hatte, blieb er auf seiner Durchreise nach Breslau einige Tage bei mir zum Besuch. Ich machte ihn mit meinen Freunden bekannt und führte ihn, als würdig dieser Ehre, in unsere Tischecke ein. Ich veranstaltete in meiner Wohnung einen erquicklichen Punsch und Sallet las uns eine Episode aus seinem „Holofernes" vor, nämlich die komische Oper von König Arthur. Mehrere Arien daraus sang er zu unserm großen Ergötzen nach der Composition eines Freundes in Trier, und besonders gefiel uns

   Holt mir mein Schwert, Excalibar,
   Und sattelt meinen Gaul,
   Den Tod verdienet er fürwahr
   Schon für sein loses Maul.

Sämmtliche anwesende Pinsel und Genossen, begeistert von Punsch, wiederholten das Lied mit Jubelgebrüll und unter Fersengestampf, so daß die nicht bekneipte Wirthin sich kreuzte und segnete und die Sängerin gegenüber unendlich bedauerte, nicht mit von der Partie zu sein. —

Meine Jagdzeitung hatte den Erfolg, welchen ich erwartete. Ich versandte mehrere tausend Exemplare der drei ersten Nummern gratis und erhielt in Folge davon eine so große Anzahl von Abonnenten, daß die Kosten der Zeitschrift schon in den ersten Monaten gedeckt waren. Vergeblich hatte ich von meinen Mitarbeitern eine Jägernovelle für meine Probenummern verlangt und mußte mich endlich entschließen, selbst eine zu schreiben. Das Spaßhafte an der Sache war, daß ich diese Novelle in den drei ersten Nummern begonnen hatte, ohne zu wissen, wie ich sie enden würde. Sie hieß

„der Wilddieb" und gefiel allgemein. Ich beging den Fehler, das Blatt täglich erscheinen zu lassen und für den Sonntag noch ein Beiblatt auszugeben. Der Titel des Hauptblattes war „der Jäger" und der des Beiblattes „der Sonntagsjäger". Das war zu viel und es war vorauszusehen, daß sich der Stoff bald erschöpfen mußte. Ein Postsekretair, der ebenfalls in der Stadt Ulm aß, brachte mir fast jeden Mittag die im Laufe des Tages bei der Post neu eingelaufenen Bestellungen, und da das Blatt jährlich sechs Thaler kostete, so war jedes Hundert Abonnenten ein nicht zu verachtender Zuwachs.

Man rieth mir, das Blatt auch durch den Buchhandel zu verbreiten und ich gab es daher einem Leipziger Buchhändler in Commission, der mir von Alexander Fischer empfohlen worden war.

Alexander Fischer redigirte damals mit Ernst Willkomm die dramatischen Jahrbücher. Sie hatten ein Lustspiel von Asmuth: „Selim, der eitle Sultan" aufgenommen, welches ich ihnen zugesandt hatte und wodurch ich mit Fischer in eine lebhafte Correspondenz gerieth. Er schickte mir ein von ihm verfaßtes Trauerspiel „Masaniello" zu, in welchem er den Shakespeare übershakespearte und aus dem ich mir einige scheußliche Ungeheuerlichkeiten hinwegzustreichen erlaubte. Jemand, der ein derbes Mädel bewundert, äußerte dies, indem er sagte: „Was für eine feste Wamme das Mensch hat," und ein unangenehmer Lazarone, der Jemand bedrohet, schreit: „Ich renne Dir einen Pfahl in den Hintern, daß er Dir zum Halse wieder heraus kömmt." Da Fischer diese saftige Drohung nicht fahren lassen wollte, so schlug ich ihm vor, den Pfahl wenigstens zuerst in den Hals rennen zu lassen. — Ich schickte ihm dafür ein dramatisches Mährchen

„Midas", dessen Lieder ein Leipziger Musiker Namens Voll=
mann in Musik setzte.

Unter diesen Beschäftigungen schloß das Jahr 1838
weit heiterer, als ich es begonnen hatte, und als Don Carlos
sich mit der jüngern Schwester meiner Braut verheirathete,
beneideten wir ihn nicht zu sehr, da wir ihm bald nachzu=
ahmen gedachten. Ich schließe dieses Kapitel wieder mit
einem Briefe Sallets.

„Lieber Corvin!

Du bist selbst Schuld daran, wenn dieser Brief statt
einer vernünftigen und freundlichen Mittheilung, eine trost=
lose Jeremiade wird. Ich hatte Dich dringend gebeten,
mein Manuscript nur acht Tage lang zu behalten und mir
es dann mit der Post nachzuschicken. Daß es etwas länger
blieb, beunruhigte mich noch nicht, Du konntest es vielleicht
vierzehn Tage behalten haben. Auch dieser Termin verstrich.
Nun glaubte ich, Du hättest es vielleicht durch Buchhändler=
gelegenheit abgesandt und wartete mit Ungeduld. Jetzt aber
sind etwa acht Wochen verstrichen, seit ich Frankfurt ver=
ließ und ich habe weder Manuscript noch Nachricht von Dir.
Das ist mir völlig unbegreiflich und erfüllt mich mit der
folterndsten Besorgniß, daß Dir das Manuscript auf irgend
eine Weise verloren gegangen ist. Welch ein Verlust dies
für mich wäre, das wirst Du nicht so lebhaft fühlen, wie
ich, denn Du pikirst Dich nun einmal darauf, vom Beruf
des Schriftstellers leichtfertige Ansichten zu haben; ich aber
halte das werth und lieb, wohinein ich mein ganzes Denken
gelegt habe, ja ich halte es am höchsten von allen Dingen.
Ich könnte das Werk allenfalls wieder herstellen, da ich das
furchtbar undeutlich geschriebene Concept noch habe, aber nur
mit unsäglicher Mühe und viel schlechter, da mir alle beim

Abschreiben gemachten Verbesserungen und Ergänzungen natürlich nicht mehr im Gedächtniß sind.

Ich bitte Dich demnach dringendst, mir sogleich Nachricht zu geben; woran es eigentlich hängt. Solltest Du (was mir unglaublich ist) das Manuscript wirklich noch selbst in Händen haben, so sei so gut, es mir unmittelbar mit der Post zu schicken. Mit Buchhändlergelegenheiten ist es nichts, sie sind unendlich langsam, und sehr unsicher. Solltest Du es schon durch solche abgesandt haben, so betreibe doch die Sache brieflich und suche zu erkunden, wo es vielleicht liegt und modert, denn die Buchhändler si..d im Stande, dergleichen ein Vierteljahr lang liegen zu lassen, ohne sich darum zu bekümmern. Ist es aber wirklich schon verloren (dadurch, daß Du es leichtsinnig verborgt hast; oder weiß Gott, wie), dann zögere keinen Augenblick, mich auch hiervon in Kenntniß zu setzen, damit ich wenigstens diese Angst los bin, die mich jetzt so einnimmt, daß ich kaum im Stande bin, etwas Vernünftiges zu lesen, zu sprechen oder zu denken. In das Unvermeidliche werde ich mich dann schon fügen, ja ich bin sofern schon darauf gefaßt, daß ich die Sache bereits verloren gebe. Auch werde ich Dir's nie nachtragen, wenn's auch durch Deine Schuld verloren sein sollte, sondern das Ganze als eine Schickung ansehen. So viel aber weiß ich, daß ich in meinem ganzen Leben nie mehr irgend Jemandem, er sei, wer er wolle, ein Manuscript borgen werde; ich müßte es denn in duplo besitzen.

Auf alle Fälle also, die Sache mag stehen, wie immer sie wolle, gieb mir sogleich Nachricht vom Thatbestand. So viel Zeit wirst Du wohl haben, und ich rechne auf Deine Freundschaft, die Du mir sonst immer so lebhaft gezeigt hast, daß Du mich nicht wirst zappeln lassen.

Du schändlicher Kerl! vielleicht hätte ich schon was Anderes, Größeres geschrieben, wenn ich nicht immer in Unruhe wegen des alten Sauerteigs gewesen wäre. Ich kann Dir deshalb nichts Anderes mittheilen, weil ich unfruchtbar, folglich unzufrieden mit mir selbst bin. Alles Andere im Leben ist mir ungeheuer Nebensache. —

Im „Jäger" habe ich Deine Novelle gelesen, und ich weiß nicht, was Du gegen sie hast. Sie ist anziehend und spannend bis zum Schluß und enthält Charaktere, namentlich den Hauptcharakter. Das Anknüpfen an politische Zeitverhältnisse fand ich sehr geschickt, namentlich ergötzte mich der naive Aerger Carls des Zehnten über die Lectüre des alten Wildbdiebs. Daß sich der Alte mit dem Schwiegersohn bis zum Tode nicht versöhnt, ist recht und nothwendig, obgleich es manche gutmüthige Seele betrüben kann.

Schreibe Deinen Brief nicht so eilig und abgerissen, daß nicht auch Nachricht von Deinem Leben und Treiben darin gegeben wäre. Hast Du mehr Abonnenten bekommen und hoffst Du auf noch mehr, und arbeitest Du, neben dem Jäger, noch Anderes für Dich? Auch was die hoffnungsvolle junge Künstlerclique macht, möchte ich gern erfahren. Namentlich grüße Teichs und Trost freundlichst von mir, aber auch die entfernteren, Lasinsky, Rustige, den Postdreißigacker und bei wem Du es sonst noch für angemessen hältst, überhaupt die ganze Tischecke in corpore, wenn sie nämlich noch mit den alten Gesichtern decorirt ist. Ich habe mich unter Euch sehr wohl gefühlt und danke es Dir im Herzen, daß Du mich mit diesen Leuten bekannt gemacht hast. Wer weiß, wann und wo wir uns wieder einmal zusammenfinden.

Deiner Braut meinen ehrerbietigen Gruß!

Nun lebe mir wohl und froh, gedeihe und florire; vor Allem aber (um auf unsern Hammel zurückzukommen) schaffe mir wo möglich mein Manuscript oder schreibe wenigstens, so bald Du irgend kannst!

Leipitz, den 20. Januar 1839.

   Dein Freund Friedrich von Sallet.
   Wohnhaft Ritterplatz Nr. 9.

NB. Du hast Deine Antwort nach Breslau zu adressiren. Ich werde in einigen Tagen wieder dort sein. Adieu."

Ich erhielt nach diesem noch einen Brief, in welchem Sallet mir ankündigt, daß er eine Zeitschrift herausgeben wolle und mich für dieselbe um eine Novelle bittet, „nicht schlechter als die im Jäger." Diesen Brief habe ich verschenkt. Es war der letzte, den ich von ihm erhielt; denn ich war in der Folge zu sehr mit eigenen Angelegenheiten beschäftigt und mit der weitläufigen Correspondenz, welche mir aus der Redaction meiner Journale erwuchs, um den Briefwechsel mit Sallet zu pflegen. Grad als ich darnach verlangte, ihn wieder aufzunehmen, erhielt ich die unerwartete Nachricht von seinem Tode. Das aus der Erinnerung gezeichnete Portrait, welches „Sallets Leben und Wirken" vorgesetzt ist, ist ähnlich, obwohl ich ihn niemals mit einem solchen Barte sah. Ich besitze eine flüchtige Bleistiftzeichnung von ihm, welche Trost auf einem Blättchen machte, als wir Abends beisammen saßen, und auf dem Sallet selbst einen Hanswurst gezeichnet hatte. — Sallet war ein sehr tüchtiger Mensch und ich hoffe, die Leser werden mir die Veröffentlichung seiner Briefe danken.

Siebentes Capitel.

Die Gesellschaft Nr. 16. — Der alte Weibner. — Wieder einmal in Mainz. — Der Waldmensch vom Vogelsberg. — Der alte Dietzel. — Erste Reise nach Leipzig. — Gute Geschäfte. — Rückkehr. — Ich werde Frankfurter Bürger. — Das Römergelauf. — Auf der Kirchenbuchführung. — Warum ich nach Hanau ziehe. — Zweite Reise nach Leipzig. — Hochzeit. — Hanau. — Jagden. — Held. — Trübe Wolken. — Dritte Reise nach Leipzig. — Veränderungen. — Ich ziehe von Hanau nach Leipzig. —

Die Verhältnisse in Frankfurt sind Künsten und Wissenschaften nicht günstig. Es herrscht da „Kurz Augsburg" und der Papierjud' ist König. Außerdem wirkt die deutsche Bundesnacht einschläfernd und bedrückend. Damals wurde ein Versuch gemacht Künsten und Wissenschaften aufzuhelfen, und das Städelsche Institut, dem der talentvolle Maler Ph. Veit vorstand, lockte manchen Künstler nach Frankfurt. Auch Schriftsteller versuchten es hin und wieder sich anzusiedeln; allein sie konnten damals auf jenem Boden nicht gedeihen. Die Vertreter der Journalistik standen im allergrößten Mißkredit, denn man kannte sie als bezahlte Werkzeuge der Regierungen, die nicht einmal einem Schauspieler oder Sänger Gerechtigkeit widerfahren ließen, wenn sie nicht dazu bestochen wurden; sehr häufig erhielten sie Prügel, die ihnen Jedermann gönnte. Außerdem waren Schriftsteller fortwährend von der Polizei überwacht und die Censur war abgeschmackt. Der damalige Censor strich einst im Jäger:

"Und sie gingen ebenso trockenen Fußes durch den Fluß, wie die alttestamentarischen Gentlemen durch das rothe Meer." Warum der Censor die Juden nicht als Gentlemen gelten lassen wollte sagte er nicht. Die Polizei stand ganz und gar unter dem Einfluß und Befehl der Gesandten; ihre Stellung geht schon daraus hervor, daß Herr von Schöler zu mir sagte: "Ich habe ein Verhör über den Herrn Senator halten lassen, —" und dieser Senator war der Chef der Polizei! Die Gesandten liebten aber unabhängige Schriftsteller nicht in ihrer Nähe, da Mancherlei vorging, was keine zu nahe Betrachtung wünschenswerth machte. Da ich von dem Gesandten nachdrücklich beschützt worden war, so hatte sich meine Stellung zur Polizei sehr auffallend geändert. Als ich aufs Neue eine Aufenthaltskarte verlangte, erhielt ich sie unaufgefordert für eine sehr lange Zeit. Wenn ich auf dem Römer mit dem neuen Polizeidirector zu thun hatte, begleitete mich diese erhabene Person bis an die Thüre, was vielleicht Dankbarkeit war, denn mir verdankte er seinen Posten. Ja die Polizei wurde sogar ganz vertraulich, und eines Nachmittags erschien bei mir ein geheimer Polizeiagent mit einer Empfehlung vom Assessor, der mich um die Gefälligkeit ersuchen ließ, ihm doch sogleich heimlich Nachricht davon zu geben, wenn ein Mann unter einer der mir mitgetheilten sechs Namen zu mir kommen und mich nach einem Buch, betitelt "die sicilianische Weste" fragen würde. Ich war sehr erstaunt über diese Zumuthung und ließ antworten, daß ich nicht zur geheimen Polizei gehöre und auch nicht die geringste Neigung zu diesem Geschäfte habe. Der angekündigte sicilianische "Westenmann" kam nicht und ich habe nie erfahren, welche Bewandniß es mit dieser Person hatte.

Einige unter den Künstlern und Schriftstellern faßten die Idee, einen Vereinigungsort für die künstlerischen und

literarischen Elemente in Frankfurt zu schaffen und zu diesem
Ende wurde ein Zimmer im Gasthof zum Schwan für ge=
wisse Abende gemiethet. Die Vereinigung wurde nach der
Nummer des Zimmers „Nr. 16" genannt, um hochtönende
Namen zu vermeiden. Ich war einigemal dort, blieb aber
endlich auch weg, da ich immer nur eine sehr kleine Anzahl
von Mitgliedern anwesend fand, wovon wenigstens ein Drittel
Spione waren. Auch die Schauspieler waren eingeladen
worden, an dieser Gesellschaft Theil zu nehmen, und ich machte
in derselben die Bekanntschaft Weidners, der in Frankfurt für
einen sehr großen Schauspieler galt. Mir gefiel er durch=
aus nicht und in zweien seiner Hauptrollen, als Lear und
Mephisto, war er mir geradezu ein Gräuel. Als Lear hatte
ich den alten Eßlair gesehen, welchen ich in dieser Rolle
selbst Ludwig Devrient, Anschütz und Döring vorzog, und
als Mephisto war Weidner sein Aeußeres durchaus entgegen.
Man erzählte sich damals von Weidner viele Anekdoten.
Er hatte die Eigenheit vieler Schauspieler, irgend eine seiner
Rollen in seinem Hause fortzuspielen; vorzüglich gefiel ihm
die des Philipp II. in Don Carlos, und in solchem Anfall
behandelte er seine Frau und Kinder wie es einem Tyrannen
zukam. Seine Unterhaltung war angenehm, und im nüch=
ternen Zustande konnte man ihn ganz wohl leiden. Eines
Abends in Nro. 16 sprach ein Mitredacteur des Journal
do Francfort, ein Elsäßer, von der am Tage vorher statt=
gehabten Aufführung des Lear, und besonders von Herrn
Meisinger, welcher den Narren sehr gut gespielt hätte. Der
Literat äußerte seine Bewunderung sehr lebhaft, gebrauchte aber
stets den Ausdruck „der Kerl," und da er sehr hastig sprach,
so wiederholte er denselben häufiger als nöthig, was den
ihm gegenübersitzenden Weidner unangenehm zu berühren
schien. — Nach einiger Zeit erzählte Weidner eine lustige

— 245 —

Geschichte mit sehr viel Humor, und der Mitredacteur des im russischen Solde stehenden Journal de Francfort sagte zu Weidner: „In der That Herr Weidner, es ist zu bewundern, daß Sie bei Ihrem Alter sich noch immer solch frisches Herz erhalten." — Nun liebte Weidner Anspielungen auf sein Alter durchaus nicht, und bei dieser Anrede verfinsterte sich sein Gesicht, er stand auf, lehnte sich mit beiden Händen, vorn übergebeugt, auf den Tisch und rief ingrimmig: „Der Teufel ist alt: Sie Herr — Kerl Sie!" — Wir brachen natürlich in ein Gelächter aus, in welches der erstaunte und verlegene Journalist mit einstimmte.

Meine Braut meinte, eine Erholung würde mir gut thun und veranlaßte mich, einen letzten Fastnachtsball im Theater in Mainz zu besuchen. Zu dem Ende nahm ich eine Maske von Frankfurt mit und wählte absichtlich eine solche, von der zahlreiche Exemplare auf dem Balle vorhanden sein mußten, nämlich die eines Harlekin, wovon ich mir viel Spaß versprach, da ich viele Frauen und Mädchen in Mainz kannte und meine Anwesenheit natürlich von keiner einzigen geahnt wurde. Bei solcher Gelegenheit führen aus der Fremdenloge in das mit der Bühne zu einem Saal vereinigte Parterre, zwei Treppen, wovon die eine als Eingang, die andere als Ausgang dient. Als Hanswurst meinte ich das Recht zu haben, durch den Ausgang hineinzugehen, allein einer der dortstehenden darmstädtischen Gensdarmen wies mich barsch zurück, worauf ich ihn meine Pritsche fühlen ließ und fragte, was er eigentlich für eine Maske vorstelle? — Als er mir sehr ärgerlich erklärte, daß er ein Gens'darm sei und gar nicht verkleidet, that ich, als ob ich ihm nicht glaube und behauptete, er sei ein Hanswurst in Uniform. Das nahm er ernstlich übel und streckte seine Hand nach mir aus; aber ich sprang über die Brüstung in das Parterre, wo mich freundliche Hände auffingen, damit ich nicht auf die dazu gehörigen Köpfe springe.

Das Unglück wollte, daß ich der einzige Harlekin auf dem Balle war und die Folge, daß ein Menge „Mainzer Bube" sehr bald unbändige Lust fühlten, mir das Fell zu gerben, für muthmaßliche Unarten, die ich ihren Damen gesagt hatte. Sie mußten natürlich der Meinung sein, wenn sie dieselben einen Schrei ausstoßen hörten und dabei erröthen oder erblassen sahen, nachdem meine Hanswurstlichkeit ihnen etwas ins Ohr geflüstert hatte, was sie sich wohl hüteten zu wiederholen. Ich trieb mein Spiel mit großer Ausgelassenheit im Parterre und in den mit Zuschauern gefüllten Logen, wo ich große Neugierde und oft Entsetzen erregte, was mir in Folge meiner Kenntniß der chronique scandaleuse von Mainz nicht schwierig wurde. Als die Gefahr für meinen Rücken äußerst dringend wurde, erspähte ich einen Herrn meiner Bekanntschaft, in dessen Arm ich mich hing und dem ich mich zu erkennen gab. Er beruhigte die prügellustige „Bube" und ich erwarb ihre Gunst, als ich im Parterre meinen natürlichen Feind, einen Pantalon entdeckte, den ich zum Duell herausforderte. Es bildete sich schnell ein Kreis und allgemeiner Jubel brach aus, als ich den großen hölzernen Kochlöffel, mit dem mein Gegner bewaffnet war, mit meiner Pritsche aus seiner Hand bis in den zweiten Rang hinaufsandte und ihn selbst dann unbarmherzig mit lautschallenden Hieben bearbeitete, bis er entsetzt entfloh. Schon ziemlich ermüdet von dem Rasen, nahm ich eine anständige weibliche Maske unter den Arm und im Saal umherschlendernd gewahrte ich unmaskirt Berthold Auerbach. Ich instruirte meine Begleiterin und Auerbach war höchlich erstaunt, als er sich von derselben folgendermaßen angeredet fand: „Guten Abend Dr. Auerbach. Was hast Du denn gestern im Museum von Frankfurt für Unsinn geschwatzt?" Auerbach erkannte mich an meinem unter der Maske hervorstehenden Bart und zu meinem Spaß becomplimentirte er die mir gänzlich unbekannte Dame als meine Braut und freute sich unendlich ihre persönliche Bekanntschaft zu machen. —

Als ich am andern Morgen nach Frankfurt zurückkehrte, war die Rheinbrücke wegen des Treibeises abgefahren und wir mußten in einem Nachen nach Castel übersetzen. Dort fand ich, in doppelte Röcke gepackt, meinen Platz auf dem Rücksitz des Eilwagens, zwischen zwei der dicksten Veteranen der Ranzengarde, — einem Schmied und einem Bäcker von Frankfurt, die jeder mit einem Dutzend Schoppen geheizt waren und wie Esse und Backofen glühten, so daß ich die drei Männer im feurigen Ofen um ihren kühlen Platz beneidete.

Als Redacteur des „Jägers" machte ich Jagd auf jeden Grünrock, von dem ich mir irgend welche geschriebene oder erzählte Beiträge für meine Zeitschrift versprach und lernte manche curiose Kerle kennen. An einem warmen Sommernachmittage schritt ich möglichst eilig über den sonnigen Roßmarkt in Frankfurt der Mainlust entgegen, als ich hinter meinem Rücken dröhnende Schritte und ein Räuspern vernahm, welche mich schnell zum Stehenbleiben und Umsehen brachten. Ich meinte der Katharinenthurm habe mir eine dringende Mittheilung zu machen und renne hmhmmmend hinter mir her. Es war aber nicht der St. Katharinenthurm, sondern St. Christophorus, wie ihn die alten deutschen Maler darstellen, nur daß er einen grünen Jagdrock und statt des Jesuskindes auf der Schulter eine silberbeschlagene mächtige Meerschaumpfeife im Munde trug, die wie der Aetna dampfte. „Sagen Sie mir Mal," rief der grüne Christoph mit mächtiger Waldstimme, „ist das der Weg zur Mainlust?"

— Ich antwortete ihm, daß ich gleichfalls dort hingehe, und der riesige Heilige verkürzte seine Schritte. Ich kam mir in meinem ganzen Leben nicht so unbedeutend vor und förmlich verschüchtert wagte ich zu fragen: „Sie sind wohl ein Jäger?" — „Ja," antwortete der grüne Riese mit einer Stimme, die man von Calais bis Dover gehört haben würde. Da ich mir von dieser Bekanntschaft Gewinn für den „Jäger" versprach, so gab ich dem Waldmann ein Rendezvous auf der Mainlust, wohin ich kommen wolle, wenn ich ein Main=bad genommen haben würde. Das war geschehen ehe noch die Sonne untergegangen war, und als ich die Sensation be=merkte, welche mein neuer Freund unter der eleganten Welt in der Mainlust erregte, hielt ich es für rathsam, mich von ihm nicht vor eingebrochener Dunkelheit finden zu lassen. Er ging schnaubend und dazu dampfend umher, und die Ungeduld auf seinem Gesichte ging bereits in Zorn über, als ich es für räthlich hielt, ihm in den Weg zu laufen. „Na, wo stecken Sie denn in's Himmels Namen!" rief er, die Musik übertö=nend. Der Wein, den ich kommen ließ, besänftigte seinen Zorn und öffnete sein Herz. Er hieß Henkel, — die Kanne hätt' ich sehen mögen, zu der er gehörte! — und war der Förster eines Grafen X Y Z., vom Vogelsberg. Bald wa=ren wir mitten in Jagdgeschichten, die ich fast ebenso begierig verschlang wie er den Wein, vom dem eine der im Verhält=niß zu ihm so lächerlich kleinen Flaschen nach der andern ge=leert wurde. Nachdem ich mich an das Erstaunen, welches wir erregten, gewöhnt hatte, fing ich an den Humor des grünen Riesen zu genießen, obwohl das mit Gefahr für meine Glieder verbunden war, denn bei jeder Pointe seiner immer lateinischer werdenden Waldgeschichten schlug er mit seiner tellergroßen Hand auf meinen Schenkel, daß es wie ein Büchsenschuß knallte. Bei der vierten Flasche lud er

mich zu sich in seine Waldheimath ein und malte mir mit
Stolz sein behagliches Haus und sein junges Weib. Bei
dem Gedanken an sie wurde der Enakssohn weich und rief
mit zitterndem Donner: „Ich sage Ihnen, sie ein herrliches
Instrument, — ein herrliches Instrument!" — Er gestand
mir endlich, daß er nicht der Förster sei, sondern unter demselben stehe; ein bischen Eitelkeit hatte ihn verführt, sich mir
gegenüber den Titel beizulegen. Ich studirte dies Phänomen,
wie ein Naturforscher das Gerippe eines vorsündfluthlichen
Thieres und stellte zu diesem Ende allerlei nicht jagdliche
Fragen. Er war nie im Theater gewesen, hatte aber, wie
er sagte, ein Schauspiel geschrieben! Da das auch in mein
Fach schlug, so war ich äußerst begierig Näheres davon zu
erfahren; allein ich war nicht im Stande zu ergründen, was
er eigentlich unter einem Schauspiel verstand, denn als er
mir das seinige auseinandersetzte waren wir, oder vielmehr
er, bei der fünften Flasche und der Stoff seines Stückes
war mystisch metaphysisch. Es wurde Nacht und die Main-
luft leer; allein der Durst des Waldmenschen war noch nicht
gelöscht. Da er aber anfing langweilig zu werden und ich
müde, so half ich dem Leeren der siebenten oder achten Flasche
dadurch nach, daß ich sie unter den Tisch goß, wovon er
nichts merkte. Als wir endlich der Stadt zugingen, erzählte
er vertrauliche Geschichten, auf deren Schönheit er mich
jedesmal dadurch aufmerksam machte, daß er mir mit dem
Ellbogen einen „Stumper" in die Seite gab, der mich etwa
sechs Schritt seitwärts schleuderte. Er nahm gerührt Abschied und drückte mir meinen Ring in den Finger; aber
dennoch hielt das durstige Waldungeheuer nicht Wort, denn
ich erhielt niemals eine Zeile von ihm und hatte keine Gelegenheit in das Vogelsgebirge zu kommen, ihn zu besuchen
und sein „Instrument" zu besichtigen.

Unter meinen Mitarbeitern war ein königlich baierscher Förster, der nicht weit von Aschaffenburg seinen Sitz hatte; er hieß Dietzel und war ein erfahrener und wissenschaftlich gebildeter Jäger. Ein Verbrechen, welches er einst begangen hatte, war der Grund, daß er zu keiner höhern Stelle avancirte, sondern immer Förster blieb. Er hatte nämlich früher in München gewohnt, wo ein katholischer Geistlicher sich um das Seelenheil seiner Frau angelegentlicher bekümmerte, als dem Ehemann lieb war. Als Dietzel einstmals wieder den Pater in verdächtigem Gebet mit seiner Frau fand, lief ihm die Galle über; er ergriff die Hundepeitsche und prügelte den frommen Herrn zum Hause hinaus. Das war eine Sünde gegen den königlich baierischen Heiligengeist, die nie vergeben werden konnte. Mir gefiel der Mann, den ich mir als einen feurigen Nimrod mit mächtigem Schnurrbart vorstellte, und ich beschloß, ihn in Kleinwallstatt zu besuchen. Vollständig zur Jagd gerüstet erschien ich eines Tages in seinem Hause, hörte aber, daß er auf einer großen Treibjagd sei, die auf seinem Revier gehalten werde. Ich ließ mich dorthin führen, obwohl ein wenig besorgt, von den Schützen für einen Sonntagsjäger gehalten zu werden, denn zufällig hatte ich an dem Tage ganz neue lange Jagdstiefeln, eine nagelneue Jagdtasche, ebensolchen Schrotbeutel und sogar eine ganz neue Flinte, aus der ich noch keinen Schuß gethan und die ich zur Probe von dem Gewehrhändler mitgenommen hatte. Ich erreichte die Jagd als grade ein Treiben im Gange war, und nahm meinen Platz zwischen zwei bebrillten Aschaffenburger Sonntagsjägern, die absichtlich sehr weit auseinandergestellt waren, um den Hasen wenigstens ein Loch zur Flucht offen zu lassen. Aus Artigkeit schoß ich niemals früher als bis meine beiden Nachbarn gefehlt hatten; allein trotzdem fehlte ich keinen Hasen, denn meine neue Flinte schoß ganz ausgezeichnet. Die Treiber kamen näher und endlich hörte ich des Försters Stimme: „Wer ums Himmels Willen ist das nur, der die Hasen da so umlegt!" Ich ging Dietzel entgegen. Blücher und Wellington trafen sich auf dem Schlachtfelde, jeder von ihnen war erstaunt über das Aussehen des andern. Dietzel hatte geglaubt, ich sei ein alter Mann und ich fand statt des bärtigen, kräftigen Försters einen alten Professor der Philosophie. Er war ziemlich groß und hager; sein längliches, völlig bartloses Gesicht war das eines Gelehrten; er trug ein feines Hemd mit Jabot und der lange etwas faltige Hals war durch kein Halstuch eingeengt, obgleich es Winter war. Dazu trug er einen bis zur halben Wade reichenden grauen Rock und weder Jagdtasche noch Pulverhorn, ja nicht einmal eine Flinte; mit dem Allen und einem Feldstuhl folgte ihm sein Lieblingstreiber. Dietzel ist ein geachteter Jagdschriftsteller. Er hatte in spätern Jahren das Unglück zu erblinden.

Später war ich oftmals bei ihm zur Jagd, auf der mich die große Menge der Treiber in Erstaunen setzte, bis ich denn hörte, daß der Treiberdienst ein Frohndienst sei. Ich nahm einst meinen Freund W. R. mit, den ich Dietzel als den „Herrn Bankier R." aus Frankfurt vorstellte, ihm einen Wink gebend, daß R. sich gern Herr Bankier nennen lasse, was dem guten R. ein Greuel war. Es ist nämlich Sitte in Baiern, die Leute nicht bei ihrem Namen, sondern nach ihren Beschäftigungen zu nennen, und einem Norddeutschen erscheint „Herr Fabrikant, Herr Kaufmann" höchst komisch, obgleich er gegen Beamtentitel wie Frau Zollbeseherin, Frau Nachgeherin oder Herr Leibvorreiter nichts einzuwenden hat. Wenn also Dietzel W. R. seinen Stand anwies, unterließ er nie mit lauter Stimme zu rufen: „Herr Bankier R., wenns gefällig ist!" —

wobei R. immer roth wurde und ächt frankfurtisch „daß Dich das Unglück!" in seinen Bart murmelte und mir Lachendem mit der Faust drohte.

Bei einem Essen nach der Jagd bei Dietzel kam man auf die Politik zu reden und die zahlreich vertretenen Baiern ereiferten sich über Preußen, wobei sie alle Vorwürfe an mich adressirten und sich geberdeten, als seien sie Alle sehr empört über mein Preußenthum. Lachend sagte ich endlich: „Aber meine Herren, was geht denn das mich an? Sie thun ja wirklich, als ob es ein Verbrechen sei, ein Preuße zu sein." — „Nun," nahm der höchste Beamte des Bezirks das Wort, „ein Verbrechen ist es grade nicht, — aber schön ist es auch nicht!" — Alle brachen in ein schallendes Gelächter aus und ich mit.

Meine Jagdzeitschrift hatte einen so guten Erfolg, daß mir daraus eine jährliche Einnahme von circa achtzehnhundert Thalern erwuchs. Ich hatte noch zwei andere Journalpläne, wofür ich mir in Leipzig Buchhändler suchen wollte. Zu diesem Ende und um auch mit den Commissionär des Jägers ins Reine zu kommen, ging ich im Mai 1839 nach Leipzig.

So bald ich angekommen war, suchte ich Alexander Fischer auf, den ich neugierig war kennen zu lernen. Er war der Sohn eines Apothekers in Petersburg und hielt sich Studirens halber schon seit mehreren Jahren in Leipzig auf, allein was er eigentlich studirte, wissen die Götter; er hatte nichts Rechtes gelernt und längst aufgehört die Vorlesungen der Professoren zu besuchen, wenn er es überhaupt jemals gethan. Studenten, die nicht studirten, waren in Leipzig sehr häufig; ja ich kannte dort einen jüdischen Makler, der dreißig Jahre lang als Student in Leipzig gelebt und seine Handelsgeschäfte betrieben hatte. — Fischer war

Schriftsteller, aber auch in partibus, wie ich in Saarlouis; er hatte noch nichts Eigenes geschrieben (der Masaniello wurde erst später gedruckt), wohl aber einige Stücke von Shakespeare und zwar recht gut übersetzt, was um so wunderbarer war, da er wenig oder gar kein Englisch verstand. Er kannte aber alle existirende deutsche Uebersetzungen, hatte Alles gelesen, was über dieselben geschrieben war und brachte auf diese Weise etwas recht Gutes zu Stande. Daß er die eine zeitlang bestehenden dramatischen Jahrbücher in Gemeinschaft mit Ernst Willkomm herausgab, habe ich schon gesagt.

Fischer war etwa in meinem Alter, von mittler Größe, ziemlich untersetzter Gestalt, blondem Haar und hatte ein frischfarbiges, aber doch nicht gesund aussehendes, weder hübsch noch häßliches, doch leidliches Gesicht. Er war ein „recht guter Kerl", dem weiter nichts fehlte, als Energie und Geld. Dabei war es nicht so ganz richtig in seinem Kopfe, wenigstens hatte er einen kleinen Sparren. Er war sehr mißtrauisch und fürchtete beständig, daß andere Literaten nur darauf lauerten, ihm seine Bücherstoffe wegzustehlen. Pläne hatte er stets in Menge, allein sie kamen selten, wenn je, zur Ausführung, da sie meistens nichts werth waren. Mir vertraute er, daß er ein Trauerspiel Nausikaa schreiben wolle. Die Heldin sollte sich nach der Abreise des Odysseus umbringen; allein er konnte nicht einig werden, auf welche Art, da ihm keine originell genug schien. Mich amüsirte die ernsthafte Weise, mit welcher er die Sache behandelte und ich schlug ihm vor, daß sie sich mit Kohlendampf ersticken, oder an ihrem Strumpfbande aufhängen solle. Endlich entschied er sich für das Aufhängen an ihrem Gürtel, allein das sollte geschehen — „na, rathen Sie Mal wie?" — Ich rieth allerlei Merkwürdiges aber nicht das Rechte; „nein, unter einem Baume soll sie sich sitzend an einem niedrigen Aste aufhängen. Aber jetzt — sagen Sie kein Wort davon, sonst schnappt mir einer von den Kerlen die Idee weg; seien Sie ja ruhig jetzt, da kommt Dr. Jäger."

August Jäger — bekannter unter dem Namen Graf Schlump — war der Verfasser von „der Deutsche in Paris," „der Deutsche in London" und ähnlicher Bücher. Er war über die Jünglingsjahre hinaus und sah aus, wie ein durch den Dienst verbrauchter preußischer Premierlieutenant. Er war eher klein als groß, untersetzt, mit Haar von unbestimmtem Blond und blondem Schnurrbart. Er hatte eine zeitlang in der Fremdenlegion gedient und konnte lügen, daß sich die Balken bogen. Er war auch ein „guter Kerl," lebte wie er grade konnte und war ein ganz guter Gesellschafter. Da er Fischer häufig neckte, so hielt ihn dieser für seinen Feind und behauptete, daß er seinen Pudel nur deshalb „Fisch" genannt habe, um ihn zu ärgern. Als ich Fischer erst näher kannte, sah ich, daß er ein armer unglücklicher Mensch war, der es in seinem Leben niemals zu etwas bringen würde. Einst sagte ich zu ihm: „Fischer, thun Sie mir einen Gefallen: schießen Sie sich todt." — Er antwortete ganz ernsthaft: „Jetzt noch nicht, aber in zwei Jahren." — Zwei Jahre darauf schoß er sich wirklich in Chemnitz todt.

Meine hippologische Zeitschrift „der Marstall" nahm Johann Friedrich Hartknoch in Verlag. Es sollten davon monatlich ein Heft von sechs Bogen erscheinen, und ein bekannter hyppologischer Schriftsteller, Major von Tennecker in Dresden, den ich aufforderte, mein Mitredacteur zu sein, erklärte sich dazu bereit. Er verlangte als Honorar nicht mehr, als — vier Thaler für den Druckbogen und war sehr gerührt darüber, daß ich erklärte, er müsse doch wenigstens einen Louisd'or annehmen. Er hatte mehr als siebenzig

Pferdebücher geschrieben, von denen manche schon damals sieben Auflagen erlebt hatten; die Verleger waren dabei reich geworden, was kein Wunder, wenn sie ihm, wie Friedrich Vogt in Ilmenau, nicht mehr als zwei oder drei Thaler Honorar bezahlten! — Ich fuhr nach Dresden — zum ersten Mal auf der Eisenbahn! — um Tennecker zu besuchen; allein er war so krank, daß er mich nicht annehmen konnte und ich habe ihn niemals gesehen.

Meine Geschäfte wurden allem Anscheine nach sehr günstig beendigt, denn ich verließ Leipzig mit dreitausend fünfhundert Gulden in der Tasche, wovon gegen tausend Gulden in Louisd'or baar in meiner Börse waren. Glücklich „wie ein König" kehrte ich nach Frankfurt zurück, wo unterdessen alle Vorbereitungen zu meinem Bürgerwerden getroffen worden waren. Auf den Rath des Hofraths Kelchner hatte ich nämlich beschlossen, mein preußisches Unterthanenrecht aufzugeben und in Frankfurt Bürger zu werden, was, wie der Hofrath sagte, nicht allein sehr vortheilhaft sei, sondern auch meine Heirath erleichtere, die sonst noch viele Weitläufigkeiten verursachen würde.

Das Bürgerrecht war damals in Frankfurt sehr schwierig zu erlangen; allein die Sache war ganz leicht, wenn man — eine Frankfurter Bürgerstochter heirathete, oder wie man sich dort ausdrückte, „auf einer Frankfurter Bürgerstochter Bürger wurde." Ein Bekannter von mir, der unverheirathet war, konnte nur Bürger werden unter der Extrabedingung, daß er mehrere tausend Gulden bezahlen wolle, wenn er eine Fremde heirathe, was später in der That der Fall war.

Es war eine Art Fluch in Frankfurt: „J, daß Du das Römergelauf' kriegst!" Ich sollte auch kennen lernen, was das „Römergelauf" zu einem Uebel wie „die Kränt" oder die Pest mache. Die Langweiligkeit des damaligen Geschäftsganges übertraf in Frankfurt die in irgend einem anderen Staate, und man verzweifelte förmlich am Leben über all die Zögerungen und kleinlichen Förmlichkeiten, denen Jeder unterworfen war, wenn er irgend etwas mit dem Römer zu thun hatte. Da ich weder Kaufmann noch Capitalist war, so konnte ich nur als „Literatus" Bürger werden, und zwar gegen Abgabe von fünf Procent meines Vermögens, dessen Minimum wenigstens fünfhundert Gulden betragen mußte; außerdem hatte man noch eine Menge anderer Kosten zu bezahlen, wie sich das von selbst verstand. Damit noch nicht zufrieden, verlangte man auch noch eine Caution von ein- oder zweitausend Gulden und endlich sollte ich noch in die Bürgerwehr eintreten, wogegen ich lebhaft protestirte, mich auf das Gesetz berufend, daß ein Jeder, der in einer anderen deutschen Armee Officier gewesen, von dieser Verpflichtung frei sei. Man belehrte mich jedoch, daß ich nicht als Officier, sondern als Literatus Bürger werde, jenes Gesetz also auf mich keine Anwendung finden könne. Ich wurde daher als Gemeiner dem Weißbuschbataillon zugetheilt, zu welchem auch Don Carlos gehörte, der mir die Uniform lieh, in welcher ich endlich den Bürgereid leistete. Ich hatte damals noch alle Vorurtheile eines preußischen Officiers gegen Bürgerwehren und es kostete mich die größte Ueberwindung, die Gemeinen-Uniform anzuziehen. Mein Hauptmann, ein Aepfelweinwirth, freute sich, „endlich einmal einen Officier in seine Compagnie zu bekommen, der etwas verstünde," allein ich erklärte ihm, daß ich, um der Soldatenspielerei zu entgehen, nach Hanau ziehen würde, wo ich denn auch eine Wohnung gemiethet und eingerichtet hatte. Der Bürgereid wurde auf dem Römer vor dem Bürgermeister geleistet, und als ich nach Abmachung dieses

Geschäfts den Saal verließ, hatte ich die ausgestreckten Hände der lächerlich aufgeputzten Schweizer und Hellebardierer mit Trinkgeldern zu füllen. Jedermann erwartete und nahm Trinkgelder in Frankfurt, und wer nicht gut schmierte, kam nicht vorwärts. Mein Aufgebot in der Kirche verzögerte sich außerordentlich lange durch allerlei kleine Schwierigkeiten, die mir von Seiten der Kirchenbuchführung in den Weg gelegt wurden. Als ich mich gegen einen Frankfurter darüber beklagte, der das Terrina kannte, lachte er und rieth mir, wenn ich dem Kirchenbuchführer, ich weiß nicht welche Kosten bezahle, ein paar Kronenthaler mehr hinzulegen, was meine Angelegenheit wunderbar beschleunigen werde. Ich erröthete bei dem Gedanken, einen anständigen und dabei gut bezahlten Beamten zu bestechen; allein überwand endlich meine thörichten Scrupel und fand die Sache genau, wie mein Freund sagte. Der Kirchenbuchführer überzählte das Geld, entdeckte den Ueberschuß, erröthete gar nicht, sondern lächelte sehr freundlich und die Sache war beendigt. Ich wurde gefragt, welcher Religion ich angehöre? — Ich antwortete, daß ich ein Christ sei. — „Ja, aber zu welcher Confession gehören Sie?" — „Ich bin evangelisch." — „Ja, das giebt es hier nicht." — „Nun dann schreiben Sie, was Sie wollen." — „Also Lutheraner." — „Gut." — Jungfer Helene Benedicta Cardini und der Literatus Otto Julius Bernhard von Corvin-Wiersbitzki aus Gumbinnen wurden aufgeboten, als meine Entlassung aus dem preußischen Unterthanenverbande anlangte. Gerade zu dieser Zeit erhielt ich eine Nachricht von Leipzig, welche meine Vermählung abermals hinausschob. Die Wechsel, welche der Buchhändler in Leipzig ausgestellt hatte, wurden nicht bezahlt, und überdies hatte ich in meiner damaligen Unkenntniß der Geschäfte auf Verlangen des Druckers des Jägers, anstatt dieses

Buchhändlers andere Wechsel acceptirt, für deren Deckung ich sehr besorgt wurde, als ich hörte, daß mein Buchhändler in Leipzig sehr schlecht stünde. Diese Umstände machten Mitte August eine abermalige Reise nach Leipzig nöthig, wo es mir gelang, meine Geldangelegenheiten so ziemlich zu ordnen und wo ich auch über das Erscheinen „des Marstalls" ins Reine kam, der mit dem October beginnen sollte.

Endlich, endlich waren alle Schwierigkeiten und Hindernisse überwunden, welche meiner Verheirathung im Wege standen und dieselbe auf den 28. September 1839 festgesetzt. Es war in der That hohe Zeit, denn alle diese Verzögerungen und Gemüthsbewegungen hatten ihren Einfluß auf die Gesundheit meiner Braut nicht verfehlt, welche anfing zu kränkeln und mager zu werden, während sie sonst immer ein blühendes und kräftiges Mädchen gewesen war. Endlich nach fast siebenjährigem treuem Ausharren sollte das Ziel erreicht werden.

Die Trauung fand in der St. Katharinenkirche Statt und wurde von dem Pfarrer Rehbock vollzogen. Meine Braut war so verständig, nicht in die gebräuchlichen Thränen auszubrechen; im Gegentheil, sie verbarg ihre Freude und ihr Glück nicht, sondern nickte, als ich sie zum Altar führte, ihren anwesenden Freundinnen ganz heiter und unbefangen zu. Nach der Trauung fuhren wir in Begleitung einer Gesellschaft von Verwandten und Freunden nach dem zwischen Frankfurt und Hanau liegenden schönen Dorfe Bergen, wo wir im Garten eines Gasthauses im Freien zu Mittag aßen und bis spät Abends zusammen blieben. Dann fuhr ich mit meiner Frau nach Hanau in die Wohnung, die schon seit mehreren Monaten für uns bereit war und in welcher ich schon längere Zeit gewohnt und die Einbildungskraft der Hanauer beschäftigt hatte, die nicht wußten, was sie aus mir machen sollten. Ich erschien ihnen ziemlich mysteriös; ich nahm ein Haus, erschien dort zu Zeiten mit einer fremden Gesellschaft von Herren und Damen, verschwand wieder für mehrere Wochen gänzlich und hatte keine anderen Bekannten als einen polnischen Grafen, der in Hanau geheirathet hatte und, obwohl Flüchtling, dort geduldet wurde. Man wurde also daüber einig, daß ich ein russischer Spion sei.

Hanau ist ein sehr angenehmes, lebhaftes Städtchen, dessen Einwohner sich von jeher durch ihren heiteren Sinn und ihren Liberalismus auszeichneten, der sie indessen bei der kurhessischen Regierung nicht eben beliebt machte. Alle Menschen, die ich dort kennen lernte, waren sehr zuvorkommend und liebenswürdig, und ich würde sehr gern dort geblieben sein, wenn die Umstände es gestattet hätten. Selbst die Officiere lebten dort in freundlichem Verkehr mit der Bürgerschaft und wir wurden mit einigen Majors bekannt, deren ganze Art und Weise mich sehr günstig für die kurhessischen Officiere einnahm. Die Polizeiherrschaft war jedoch nach altkurhessischem Zuschnitt, obwohl der Mann, der damals an der Spitze der Hanauer Polizei stand, ein billiger Mann zu sein schien und nicht gerade unbeliebt war.

Als mich meine Schwäger von Frankfurt eines Sonntags besuchten, gingen sie vor Tisch aus, um die Musik bei der Parade zu hören; allein sehr bald kamen zwei von ihnen bestürzt zurück, mir erzählend, daß der älteste Bruder meiner Frau arretirt worden sei. Er hatte eine Cigarre geraucht, und als ihm eine Schildwacht barsch zurief: „Cigarre weg!" hatte der Frankfurter Republikaner nicht verstanden, was der Mann wolle, und da er denselben freundlich anlachte, so fühlte sich der Soldat beleidigt und arretirte ihn. Da der Polizei=Director gerade nicht in der Stadt war, so mußte mein Schwager bis spät am Nachmittag im Gefängniß sitzen, wo es mir endlich gelang, seine Freilassung gegen Stellung einer Caution zu bewirken.

Es lebte damals in Hanau ein Geheimer Finanzrath Deines, ein außerordentlich reicher Mann, der ein großer Jagdliebhaber war und welchem fast alle umliegenden Jagden gehörten, zu deren Beaufsichtigung er nicht weniger als zwölf Jagdaufseher hielt. Ich machte seine Bekanntschaft und wohnte sehr vielen höchst angenehmen Jagden bei, die durch die heitere Jagdgesellschaft und dann auch durch die große Verschiedenheit der Wildsorten sehr interessant wurden. Ich erinnere mich, daß bei einer Jagd zwölf starke Rehböcke, eine wilde Katze, ein Auerhahn, mehrere Füchse, Fasanen, Schnepfen, Hühner, Hasen und Kaninchen, alle in großer Zahl, geschossen wurden. Die Gegend war ganz außerordentlich günstig für Schnepfen, und einst im Frühjahr wurden an einem Vormittage von fünf Schützen nicht weniger als einige sechszig geschossen! Mein gewöhnlicher Jagdgefährte war der schon erwähnte polnische Graf K., mit dem ich überhaupt viel zusammen war und der mich mit manchen Familien in der Umgegend von Hanau bekannt machte, auf deren Besitzungen wir jagen durften.

Von Held hatte ich seit Jahren keine Nachricht erhalten, als er eines Tages in mein Zimmer trat. „Wußtest Du wirklich nicht, daß ich in Hanau war?" rief er mit etwas theatralischer Stimme. Ich hatte es in der That erst kurz vorher zufällig erfahren, da ich mich um die Anwesenheit einer herumziehenden Schauspielertruppe nicht im Geringsten bekümmert hatte. Was ich von Helds Schicksalen und Thun gelegentlich von Saarlouis gehört, hatte mich eben nicht besonders verlockt, ihn aufzusuchen und meiner jungen Frau vorzustellen.

Seitdem Held seinen Abschied genommen, war er mit verschiedenen Schauspielergesellschaften bald hier und bald dort gewesen, in jeder Spuren seiner Anwesenheit zurücklassend, denn er schwelgte in Schauspielerinnen. In Cöln, sagt man, ruinirte er das ganze Schauspiel und der Director raufte sich die Haare darüber aus, daß er drei Damen auf einmal zu zeitweiliger Zurückgezogenheit zwang. Doch, ich will nicht Held's Lebensgeschichte schreiben; einen Theil seiner Abenteuer hat er selbst sehr ergötzlich in den „Irrfahrten eines Komödianten" geschildert.

Obwohl ich mich nicht sehr beeifert haben würde, Held aufzusuchen, so war er mir doch willkommen, als er kam. Er sah sehr heruntergekommen aus und ich mußte immer lächeln, wenn er redete, denn er hatte sich die Art und Weise der Komödianten angewöhnt. Mit theatralischer Kopfbewegung sah er sich in meinem Zimmer um und sagte dann, als ob es zu einer seiner Rollen gehöre: „Es scheint Dir ja sehr wohl zu gehen!" — Mein erstes Befremden war bald überwunden; ich erinnerte mich wieder alter Zeiten und der manchen heitern Stunden, die wir zusammen zugebracht hatten. Held war als Regisseur der Schauspielergesellschaft nach Hanau gekommen. Der Director, der die Leute engagirt hatte, hielt ihnen nicht Wort und alle befanden sich in großer Noth, daher allgemeine Unzufriedenheit, die zur Rebellion geneigt machte. Held stellte sich an die Spitze der Verschwörung und es wurde beschlossen, daß sämmtliche Schauspieler sich kurz vor einer Aufführung weigern sollten, zu spielen, daß dann Held vortreten und dem Publikum die Missethaten des Directors und die Lage der armen Kunstjünger vorstellen solle. Die Catastrophe war auf einen Abend festgesetzt, für welchen „Carl XII. in Stralsund" angekündigt war. Kurz vor der Aufführung fiel aber den Schauspielern der Muth, sie kleideten sich, gegen die Abrede, für ihre Rollen an, mit Ausnahme Held's, der Carl XII. spielen sollte. Als der Vorhang aufging, trat Held auf die Bühne und begann seine Anklage; aber seine Rede wurde ihm kurz abgeschnitten durch zwei unerwartete Mitspieler, welche aus den Coulissen hervortraten, — zwei Gensdarmen, die ihn ins Gefängniß führten. Nachdem man ihn dort nach althergebrachter Manier behandelt und, anstatt den Beschwerden Gehör zu geben, den letzten Pfennig abgepreßt hatte, ließ man ihn los und er ging zu Fuß nach Frankfurt, da er gehört, daß ich dort lebe. In jener Stadt erfuhr er zu seinem Erstaunen meine Anwesenheit in Hanau und hatte wohl Ursache, sich zu wundern, daß ich nichts von dem Vorfall im Theater gehört hatte, der einiges Aufsehen machte; aber es war wirklich so.

Am anderen Tage besuchte mich Don Carlos und seine Frau und ich hatte Held ebenfalls eingeladen. Don Carlos war in seinem Element und bald bewog ich ihn und Held ein Pröbchen ihrer Schauspielerkunst zum Besten zu geben.

Der arme Held war so „auf den Hund" gewesen und so verkümmert, daß es mir leid und wohl that, zu sehen, wie er an einem ordentlichen Tisch und in freundlicher, wohlmeinender Gesellschaft sich wohl und behaglich fühlte und ich möchte sagen, wieder entfaltete. Da er in Hanau nicht bleiben konnte, so gab ich ihm einen Empfehlungsbrief an Oberst von Schultze, der nun in Coburg wohnte, General geworden war und den ersehnten Orden erhalten hatte. Ja schon bei der Heirath des Herzogs von Orleans mit der Mecklenburgischen Prinzessin, hatte man ihn als Gratulationsgesandten nach Mecklenburg geschickt, wo man ihn mit einer goldenen Dose mit Brillanten beschenkte. Später hörte ich denn auch, daß meine Empfehlung den erwarteten Erfolg gehabt hatte.

Die Wolken, die schon vor meiner Hochzeit anfingen, sich zusammen zu ziehen, drohten im Januar 1840 meinen Ehehimmel anhaltend zu verfinstern. Der Buchhändler, dem ich auf Fischers Rath und Empfehlung meine Zeitschrift „der Jäger" anvertraut hatte, gerieth in immer größere Schwierigkeiten und die Zahlung der von ihm acceptirten Wechsel wurde äußerst zweifelhaft. Er hatte mich davon zu überzeugen gewußt, daß es für den ganzen Betrieb des Blattes weit vortheilhafter sei, wenn dasselbe in Leipzig anstatt in Frankfurt gedruckt werde und ich hatte diese Aenderung getroffen. Seit vielen Wochen hatte ich aber keine Nummer des Jägers erhalten und entdeckte, daß das Blatt seit längerer Zeit gar nicht gedruckt worden war! Mit trüben Ahnungen reiste ich nach Leipzig ab. Als ich dort ankam, fand ich, daß mein Journal bei einem reichen Buchdrucker versetzt war, den man dafür kannte, daß er sich fallender Buchhändler bemächtigte, um ihre oft guten Verlagsartikel für Spottpreise an sich zu reißen. Mein Buchhändler pfiff auf dem letzten Loche, und drängte ich ihn, so war er bankerott. Ich versuchte daher die Sache zu arrangiren und es gelang mir, Alles zur Zufriedenheit zu ordnen. Die Contracte waren eines Freitags Abend zur Unterschrift fertig, allein da Freitag ein Unglückstag war und wir am anderen Morgen doch noch einmal zusammen kommen mußten, so verschob ich die Unterzeichnung auf den nächsten Tag. Am Morgen desselben wurde mein Buchhändler aus dem Bette geholt und arretirt, wegen eines Wechsels von achthundert Thalern, den er seinem Advocaten verschwiegen hatte. Das änderte den ganzen Stand der Dinge und verhinderte die Vollziehung der Contracte. Ich verlor dadurch bedeutende

Summen und gerieth in um so größere Verlegenheit, als ich es für nothwendig hielt, die fehlenden Monate des Jägers auf eigene Kosten nachdrucken zu lassen, anstatt ihn für ein Vierteljahr zu sistiren, was gar keinen Anstand gehabt haben würde. Endlich gelang es mir, mit einem sehr tüchtigen, jungen Buchhändler, Herrn Bernhard Tauchnitz, ein Abkommen zu treffen und er übernahm den Verlag meines Blattes.

Durch die vorhergehenden Vorfälle belehrt, sah ich ein, daß ich meine literarischen Geschäfte von Hanau aus nicht würde betreiben können und beschloß, nach Leipzig zu ziehen, vorher aber mit meiner Frau den General in Hofahrtsheim zu besuchen, der uns eingeladen hatte, einige Monate bei ihm zuzubringen. Im Frühjahr verkaufte ich von meinen Sachen was beschwerlich war mitzunehmen und ließ das Andere verpackt bei einem Spediteur. So endete die erste kurze Phase meines Ehelebens. Nach Ostern reisten wir nach Hofahrtsheim ab.

Achtes Capitel.

Reise. — Magdeburg. — „Manquirt." — Adelige Hungerleiderei. — Die Burg. — Hofahrtsfutter. — Jagd. — Fatale Reise. — Vor und in Potsdam. — Das Cadettenhaus. — Die Pfaueninsel. — Die gestohlene Börse. — Berlin. — Ankunft in Leipzig. — In Krottendorf. — Die verfluchten Complimente. — Mein Nestor. — Hundegeschichten. — Otto Baumann. — Meine neue Wohnung. — Fromme Hausgenossen. — Ein Schriftstellervampyr. — Friedrich Fleischer. — Der niederländische Freiheitskrieg. — Holländische Uebersetzung. — Wieder ein Traum.

Zum ersten Mal mit meiner jungen Frau zu reisen, war ein großes Vergnügen, wenn wir auch nicht mit Extrapost fuhren, sondern den Eilwagen benutzten, da Eisenbahnen zu jener Zeit noch eine Seltenheit in Deutschland waren. In Magdeburg wohnte damals ein Vetter von mir, der Bruder meiner liebsten Cousine, der Stiftsdame, welcher nun zum Obersten avancirt war und eins der in jener Festung liegenden Regimenter befehligte. Da er und seine Frau die ersten Mitglieder meiner Familie waren, denen ich meine Frau vorstellte, so freute es mich besonders, sie so herzlich aufgenommen zu sehen. Meine Cousine besorgte derselben ein nettes, gewandtes Kammermädchen und wir reisten vergnügt nach Hofahrtsheim. Wir fanden den General allein, denn Frau und Tochter waren noch nicht angekommen, was uns einigermaßen in Verlegenheit setzte. Der General empfing uns aber herzlich und schien Gefallen an meiner Frau zu finden. Die Generalin aber fand sich veranlaßt, uns fühlen zu lassen, daß wir entsetzlich „manquirt" hatten. Wir hatten es versäumt, ihre Einladung abzuwarten, woran ich in der That nicht gedacht hatte, da ich wußte, daß ihr Mann Herr im Hause war und ich annahm und annehmen mußte, sie sei mit der Einladung einverstanden. Sie brachte eine Frau v. K. mit ihrer kleinen Tochter mit, die gleichfalls den Sommer über auf dem Lande bleiben wollten.

In Hofahrtsheim waren allerlei Veränderungen vorgegangen. Obgleich der General sich Haus und Garten vorbehalten, so waren doch seine Güter verpachtet. Er hatte sich einen jungen hübschen Jäger angeschafft, dem Allerlei versprochen worden war,' was man nicht zu halten gedachte, und auch einen Koch, der niemals etwas zu kochen hatte. Da man jetzt alle Lebensmittel dem Pachter bezahlen mußte, so war die Generalin — die wie gesagt eine gute Hausfrau sein wollte — äußerst genau. Es herrschte eine förmliche Hungersnoth im Hause und meine Frau konnte sich nicht enthalten, mich heimlich lächelnd anzusehen, wenn sie an meinen gesegneten Appetit dachte, dem es eine Kleinigkeit gewesen wäre, mit dem für sieben Personen' aufgetragenen Diner fertig zu werden, mit dessen Resten sich noch die Dienstleute begnügen mußten. Die einheimischen waren die Hungerleiderei bereits gewohnt; aber das Mädchen meiner Frau, deren Anwesenheit der Generalin ein beständiger Aerger war, klagte bitterlich und wußte in ihrer Verzweiflung nichts Besseres zu thun, als den hübschen Jäger in sich verliebt zu machen, der bei Tisch aufwartete und die beste Gelegenheit hatte, nicht nur das Herz, sondern auch den Magen seiner Geliebten zufrieden zu stellen. Solche Begünstigung erweckte aber den Neid der Andern und bald wurde das zarte Herz- und Magenverhältniß der Generalin verrathen, und wir mußten uns in der That dazu entschließen, das arme Mädchen nach Magdeburg zurück zu schicken. Nichts ahnend von den Veränderungen in Hofahrtsheim hatte ich nicht allein meinen Hühnerhund mitgebracht, meinen trefflichen Nestor, einen schwarzen, langhaarigen Setter, sondern war noch bereitwillig auf den Vorschlag meines Vetters, des Obersten, eingegangen, seinen fetten Admiral mitzunehmen, dem etwas Bewegung und Landluft sehr gut thun würden. Bewegung und Landluft gönnte man den Hunden in Hofahrtsheim, aber das war auch Alles was sie dort erhielten, und ich gab sie bei dem Pächter in Kost. Den beiden famosen Bullenbeißern auf dem Gute, die der General dem Pächter nicht überließ, wurde es so gut nicht. Sie magerten zu Skeletten ab und des Nachts, wo sie losgelassen waren, durchstreiften sie das Dorf und brachen in die Bauernhäuser ein, um nur irgend etwas Eßbares zu finden. Das Schlimmste war, daß man nicht einmal etwas zu Essen kaufen konnte und uns der Ausweg nicht einfiel, den Frau v. K. einschlug, um sich vor dem Hunger zu retten. Sie fuhr hin und wieder nach der Stadt und kaufte einen Schinken und Wein und Rum, welchen letztern sie übrigens, wie sie sagte, nur zum Waschen brauchte, womit sie bei verschlossener Thür sich und ihr Töchterchen erfrischte. Da wir uns auf einen längern Aufenthalt eingerichtet hatten und auch, ohne den General zu beleidigen, nicht wohl abreisen konnten, so mußten wir schon aushalten, so unbehaglich die Hungerleiderei und Unart der Generalin uns auch den Aufenthalt machte. Da der Geiz derselben sich nicht nur auf den Haushalt, sondern auch auf ihre Garderobe erstreckte, so erregte die frische Toilette meiner Frau ebenfalls ihr Mißfallen und sie versäumte keine Gelegenheit, ihrer Empfindlichkeit Luft zu machen.

Der General hatte in der benachbarten, am Strome liegenden Stadt die alte Burg gekauft, von welcher sie den

Namen führte und ebenfalls den Berg, auf dem sie lag und einiges Land, welches als Garten angelegt war. Auf der Stelle der alten Burg hatte er ein verrücktes, lumpiges Gebäude erbaut, welches er seine Burg nannte. Während unserer Anwesenheit sollte dies Häuschen eingeweiht werden und wir fuhren zu diesem Ende am Nachmittage des festlichen Tages hinaus. Die Bewohner des kleinen Städtchens hatten sogar eine Ehrenpforte gebaut und der General und seine Frau wurden durch eine Deputation der guten Leute empfangen. Beide kamen sich sehr groß und vornehm vor; es war eine ausgezeichnet lächerliche Affaire.

Daß wir unter diesen Umständen nicht sehr nach der Gesellschaft der Generalin verlangten, war begreiflich und wir versuchten uns so gut als möglich anderweitig zu unterhalten. Das war nicht schwer, da wir unsere eigene Gesellschaft noch nicht müde waren und es im Sommer überall auf dem Lande hübsch ist, selbst in der „Hundetürkei." Wir gingen spazieren in den Wald, wo ich den Füchsen nachstellte, die dort zahlreich waren und vielen Schaden thaten. Zu dem Ende nahm ich stets mein Gewehr und beide Hunde mit und meine Frau erhielt dabei auch ihre Rolle. Während ich mich mit Nestor unter dem Winde vor einem Dickicht aufstellte, ging sie mit Admiral am Riemen auf die andere Seite und löste den Hund, wenn ich pfiff. Auch gruben wir eines Morgens zwei Fuchsbaue auf und fingen zehn ziemlich ausgewachsene Füchse, die aber das Mitleid meiner Frau erregten und die sie gern gerettet hätte. Bei der Gelegenheit würgte ein fremder, unartiger Hühnerhund ein junges Rehkitzchen, auf dessen jämmerliches Klagen meine Frau hinzueilte, doch zu spät, um es zu retten. Als sie das arme, verendende Thierchen, selbst wehklagend, auf ihren Armen hielt, stand die arme Mutter, trotz aller Hunde und

Jäger, ganz in der Nähe und schaute mit wehmüthigen Blicken auf ihr gemordetes Kind. Der General, der kein Jäger war und dem es Freude machte, seinen Wald freundlich belebt zu sehen, duldete nicht, daß selbst ein Rehbock geschossen wurde und sogar, wenn das ein Grenznachbar auf eigenem Gebiete that, nahm es der General als eine persönliche Beleidigung.

Häufig waren wir auch in der trefflichen Familie des alten Majors, deren Liebenswürdigkeit und Freundlichkeit die Unliebenswürdigkeit und Unfreundlichkeit der Hofahrtsheimer vergessen machte. Auch benachbarte Edelleute wurden besucht oder kamen zum Besuch. Ja einst gab sogar die Generalin ein Diner, wobei es hoch hergehen und der Koch seine Kunst zeigen sollte, denn es galt „dicke zu thun". Der Koch hatte auch all' seine Kunst nöthig, denn die Generalin strich ihm von den von ihm verlangten Materialien fast die Hälfte.

Als die Familie die Absicht äußerte, die „Burg" zu beziehen, wo, wie wir wußten, kein Platz für uns war, beschlossen wir und Frau v. K. mit ihrer Tochter, nach Berlin abzureisen, von wo wir nach Leipzig gehen wollten. Wir mietheten Wagen und Pferde von dem Pachter und verließen Hofahrtsheim ohne besonderes Bedauern. Schon im Wagen sitzend erhielt ich noch eine Summe in Gold von meinem pünktlichen Johann Fr. Hartknoch in Leipzig, obwohl ich ihm geschrieben hatte, daß er mir kein Geld schicken möge. In einem vortrefflichen Gasthofe in Brandenburg blieben wir die Nacht, um uns einmal wieder ordentlich satt zu essen. Am andern Tage war das Wetter hübsch, und als wir nach Baumgartenbrück kamen, gefielen die Ufer der Havel meiner Frau so wohl, daß wir dort anzuhalten und zu frühstücken beschlossen. Mein Nestor, der sich am Tag vorher verlaufen und um uns wiederzufinden gewiß viele Meilen gemacht hatte, war steif wie ein Sägebock und ich mußte ihn auf den Bock zum Kutscher setzen, der ein dummer Bauernjunge aus Hofahrtsheim war. Zwischen Baumgartenbrück und Potsdam, ungefähr um Mittag, ließ das Töchterchen der Frau v. K. ein Taschentuch aus dem Fenster des ganz bedeckten Wagens fallen. Ich stieg aus, um es aufzuheben, und ehe ich wieder einstieg, warf ich einen Blick nach dem Gepäck, welches hinten befestigt war. Die sonderbare Stellung einer Hutschachtel erregte meine Aufmerksamkeit; ich sah genauer hin; ein lederner Koffer fehlte und die drei andern waren im Begriff, ebenfalls zu fallen, denn der sie zusammen haltende Strick hing abgeschnitten herab. Als in Baumgartenbrück ein leichter Schauer kam, hatte der Kutscher das Gepäck anders arrangirt, und da wir das Ziel unserer Reise, Potsdam, vor Augen hatten, so hielt er es nicht für nöthig, die Kette wieder anzulegen und das Befestigen mit einem Stricke für hinreichend. Wäre mein Hund, wie gewöhnlich, hinter dem Wagen gelaufen, so würde man einen solchen Diebstahl auf offener Landstraße, an hellem Mittag, nicht gewagt haben; aber es war auf derselben so einsam wie in der Wüste Sahara und mein Auge konnte nicht einmal einen Menschen erspähen. Ohne den glücklichen Zufall mit dem Taschentuche, oder wenn derselbe eine Minute später stattgefunden hätte, würde das ganze Gepäck verloren gegangen sein. Ein Aufsuchen der Diebe wäre fruchtlos gewesen, da sich zu beiden Seiten der Straße Wald ausdehnte. In Potsdam angekommen, machte ich sogleich Anzeige bei der Polizei und versprach eine Belohnung; aber es waren nur zwei Gensdarmen in der Stadt und davon war der eine grade abwesend, der andere lahm, so daß die Nachsuchung erst am andern Tage stattfinden konnte. Man brachte mir auch glücklich meinen Koffer, allein oben aufgeschnitten und ausgeweidet. Der Verlust war sehr fatal, denn da der Koffer grade der letzte war, der gepackt wurde, so enthielt er die allernöthigsten Dinge und all' meine Papiere und Briefe der letzten drei Monate.

Gerade am Tage unserer Abreise war Friedrich Wilhelm III. gestorben. Da er ein guter Mann gewesen war und viel Unglück gehabt hatte, so vergaß man darüber seine Mängel als König und er war im Lande sehr geliebt.

Nicht nur der Hof und die Beamten, sondern selbst Privatpersonen legten Trauer um ihn an, und meine Frau hielt es für zweckmäßig, einige Tage in Potsdam zu bleiben, sich gleichfalls mit Trauerkleidern zu versehen, um mit ihren farbigen Anzügen nicht in meiner Familie in Berlin anzustoßen.

Im Cadettenhaus zu Potsdam hatte ich drei sehr glückliche Jahre verlebt und verweilte gern in jener Stadt, um meiner Frau die Tummelplätze meiner Kinderjahre zu zeigen. Wir besuchten das Cadettenhaus, in welchem einer der liebsten meiner früheren Regimentskameraden als Premierlieutenant angestellt war. Es war gerade Essenszeit und wir gingen in den Speisesaal, wo mein früherer Secondelieutenant, nun Hauptmann von Salviati, den Dienst hatte. Dreizehn Jahre waren verflossen, seit ich ihn nicht gesehen, allein es war mir, als habe ich ihn erst vor einer Woche verlassen, und ich glaube, ich würde sehr erschrocken gewesen sein, wenn er mir Stubenarrest und Cariren dictirt hätte. Wir versuchten hergebrachter Weise das Essen und die kleinen Schlingel machten die hergebrachten Witze über die Besucher, wie ich an ihren lachenden Augen sah und auch den hergebrachten Lärm bei Tisch, sodaß meine Frau Kopfweh davon bekam und mich fortzugehen nöthigte. Der Versammlungssaal war nun in eine Kirche verwandelt, die der verstorbene Regimentsarzt Baumann mit kirchlichen Gemälden geziert hatte. Der Hof schien mir kleiner und schattiger, denn die Bäume waren groß geworden, und besonders die Pappeln, von denen ich eine verunglückte noch als Keule benutzt hatte. Die Akazien, hinter denen ich mein erstes Duell gefochten hatte, und die wir Cadetten manchmal von dem überwuchernden Unkraut befreien mußten, wozu der gute Oberst von Steinwehr eine Anzahl vom Hofe wegpreßte, hatten nun dicke Stämme. Im Garten sah es auch anders aus. Die Gärten der Cadetten waren verlegt und um mehr als die Hälfte in ihrer Größe reducirt, was es erleichterte, sie in Ordnung zu halten. Beim Durchwandeln dieser mir so bekannten und mich doch so fremd anblickenden Plätze überkam mich ein ganz eigenthümlich wehmüthiges Gefühl, und ich fühlte mich förmlich erleichtert, als ich die Anstalt hinter mir hatte.

Ich ging während der Paradezeit auf den Schloßplatz und begrüßte unter den Gardeofficieren manchen alten Freund. Einer meiner Stubenkameraden sagte: „Also Du bist nicht Dütchendreher geworden, wie ich gehört habe?" — und ich fragte dagegen: „Woher hast Du denn die Stanislaus, die Dir da auf der Uniform sitzt?," indem ich auf den Stanislausorden zeigte. „Ach," sagte er, „den hab' ich bekommen, weil ich beim Besuch des Kaisers von Rußland die Wache hatte."

Auch mein kraushaariger Freund, den ich einst mit meinem Butterbrod pomadisirte, und von dem ich einen leichten Säbelhieb unter dem Auge erhielt, war in Potsdam, und andere Freunde, mit denen wir eine Gondelfahrt nach der Pfaueninsel machten, dem Lieblingsaufenthalt Friedrich Wilhelms III. Es war dort eine Menagerie und meine Frau verliebte sich in den Löwen, zu dem sie gar zu gern in den Käfig gegangen wäre, wenn man es gestattet hätte. So mußte sie sich damit begnügen, sein Fell zu streichen und die Mähne zu krabbeln, was ihm sehr wohlzugefallen schien, und wodurch er zeigte, daß er in diesem Stück ein ebenso vernünftiges Thier war, wie ich selbst.

Von einigen meiner Freunde begleitet, gingen wir nach dem Eisenbahnhof, um nach Potsdam zu fahren. Die Damen mit den Officieren gingen voraus auf das Dach des Hauses, von wo man eine schöne Aussicht auf die Stadt hatte, während ich mit dem Gepäck beschäftigt war und einige Groschen Ueberfracht bezahlte. Im Begriff, dem Träger Regenschirme und Stock zu reichen, steckte ich die in der Hand gehaltene Börse für einen Augenblick in die Seitentasche meines Jagdrockes. Als ich sie wieder hervorziehen wollte, um dem Portier eine Kleinigkeit zu geben, — war sie verschwunden! „Die hat gewiß der verfluchte Junge gestohlen, der hier herumlungerte; er ist schon einmal wegen Diebstahl eingesperrt worden," sagte einer der Bahndiener. „Warum leiden Sie," antwortete ich, „daß solche Jungen hier umherlungern?" Die Börse war eben verschwunden, denn es fiel Niemand ein, dem Jungen nachzusetzen; sie enthielt alles Geld, das ich besaß, und außerdem eine werthvolle antike Camöe, einen Minervakopf, die mir der General geschenkt hatte, und die ich in Berlin fassen lassen wollte. Der Verlust war mir um so ärgerlicher, weil meine Frau mich gewarnt hatte, nicht all mein Geld in die Börse zu stecken, sondern ihr, was ich nicht zur Reise brauche, zu geben, da ihre Tasche sicherer sei. Damals glaubte ich aber, noch viel gescheuter zu sein als meine Frau und es gehörten zwanzig Jahre dazu, mich davon zu überzeugen, daß ich, ihrem Rathe folgend, noch manche tausend Thaler in meiner Tasche behalten haben würde, die andere „Jungen, die schon gestohlen hatten," daraus wegeskamotirten. Sehr verblüfft stieg ich in den Waggon und wurde förmlich wüthend, als ich das abgeschmackte Glockenspiel von der Garnisonkirche mir nachrufen hörte:

<blockquote>Ueb' immer Treu und Redlichkeit
Bis an dein kühles Grab u. s. w.</blockquote>

Es ist gar nicht zu verwundern, daß den Leuten in Potsdam Treue und Redlichkeit förmlich ein Greuel ist.

Zum Glück war wegen der Trauer in Berlin nicht von Vergnügungen die Rede und das harmonirte mit dem Zustand meiner Kasse, die nur aus ein paar Thalern bestand, die meine Frau zufällig in ihrer Tasche hatte und dem Gelde, was ich auf der Reise für Frau von K. ausgelegt.

Meine gute alte Tante von Armin empfing uns wie eine Mutter; meine Frau gewann bald ihr Herz und sie fand, daß dieselbe ein Corvin'sches Gesicht habe und in der That hatte sie seltsamer Weise dieselben Augen, Brauen und Nase wie die Tante, ja sogar besondere kleine Eigenthümlichkeiten wiederholten sich in beiden Gesichtern. — Meinem Nestor, der es nicht wagen durfte, in eins der Zimmer in Hofahrtsheim seinen Fuß zu setzen, war gestattet, auf dem weichsten Teppich der Tante zu liegen und er wurde mit aller Rücksicht und Zärtlichkeit behandelt, die ein verständiger Hühnerhund nur irgend beanspruchen kann. Sehr zufrieden mit der herzlichen Aufnahme, welche meine Frau bei allen Mitgliedern meiner Familie gefunden hatte, was die sonst unangenehmen Eindrücke dieser fatalen Reise milderte, reisten wir mit dem Eilwagen nach Leipzig ab, in welchem auch Nestor einen Platz und duldsame Mitreisende fand.

Ich hatte den neuen Verleger des „Jägers" gebeten, für uns vorläufig ein Paar Zimmer vor der Stadt zu miethen, da wir gern im Freien wohnen wollten, und er hatte dieselben

im Hause eines seiner Commis genommen, welcher in Krotten=
dorf wohnte. Das war mir zu weit von der Stadt und
außerdem waren die zwei Zimmer ebener Erde feucht, un=
freundlich und ärmlich. Als ich meine Frau hineinführte,
erschien ihr dieser Aufenthalt so traurig, daß sie sich hinsetzte
und weinte. Ich war sehr aufgebracht darüber, daß man
uns solch elende Wohnung gemiethet hatte und wollte
gleich wieder ausziehen; allein die Leute, der Buchhändler=
gehülfe nebst Mutter und Frau, die er mit seinem kleinen
Gehalt ernährte, waren so himmlisch gute, durch und durch
brave Menschen, daß meine Frau es nicht über das Herz
bringen konnte, sie zu kränken, und wir blieben bis spät in
den Herbst. Manchmal kam auch eine Tante aus Dresden,
eine alte Jungfer, zum Besuch, die mich durch ihre cere=
moniöse Höflichkeit beinahe wahnsinnig machte. Wenn sie
mir begegnete, machte sie stets einen circumstantiellen Knix,
als werde sie bei Hofe vorgestellt und bestand darauf, mich
„gnädiger Herr" zu nennen. Als ich einst auf die Jagd
gehen und eilig bei ihr vorbei durch die Thür schlüpfen
wollte, versperrte sie mir dieselbe durch ihre platzraubende
Höflichkeit, so daß ich mit dem Pulverhorn hängen blieb
und eine Schraube desselben abriß. „Das kommt Alles von
den verfluchten Complimenten!" rief ich in meinem Aerger,
und Fräulein Lindner stand da wie ein zur Salzsäule ge=
wordener Knix und ergelbte.

Als ich eines Nachmittages zu meinem Verleger kam,
und meine Frau auch in der Stadt war, hörte ich, daß
meine Wirthin dagewesen sei und in großer Angst erzählt,
daß mein Nestor Schaum vor dem Munde habe, durch die
Fensterscheiben in den Garten gesprungen und wahrscheinlich
toll sei. Ich fuhr sogleich in meine Wohnung und hörte
das Nähere, und daß der Hund Milch getrunken und nun

ruhig sei. Ich hatte seit einigen Tagen bemerkt, daß der Hund hustete, und daß auch seine Nase nicht so scharf war wie gewöhnlich, ja daß er sogar ohne Notiz bei Wachteln vorüberging, die dicht vor ihm über dem Winde lagen. Nach einer scharfen Hetze an einem heißen Tage war er in sehr kaltes Wasser gegangen und hatte sich, da wir gerade ausruhten, ruhig hingelegt und so durch und durch erkältet. Diese Erkältung brachte nun die Zufälle hervor, die ich zum Besten von Lieblingshunden und deren Besitzern und Besitzerinnen hier näher beschreiben will, hoffend, daß dadurch mancher Hund gerettet und manches Herzeleid erspart wird.

Zuerst fing der Hund leise an zu stöhnen, dann setzte er sich, als ob er etwas erwarte und begann die Kinnbacken zu bewegen, so daß ihm bald weißer Schaum vor dem Maule stand. Plötzlich fiel der Hund nieder, bewegte heftig seine Beine in Convulsionen, dann zog er den Körper krumm zusammen, die Beine streckten sich starr weg und das Maul war weit aufgesperrt. War das vorüber, dann stand der Hund taumelnd auf und winselte leise; er hörte nicht auf seinen Namen, sondern rannte ins Freie, immer hin und zurück in gleichmäßigem Trabe, die Ruthe steif weggestreckt. Nach einer Weile erholte sich der Hund dann, trank und legte sich zum Schlafen. Wir wachten die ganze Nacht, und am Morgen setzten meine Frau, ich und Nestor uns in einen Wagen und fuhren zum Rathsthierarzt auf die Scharfrichterei. Der Bruder desselben, ein besonders geschickter Thierarzt und nachher Hausarzt meiner vierbeinigen Familie, hatte später das große Unglück, wasserscheu zu sterben, weil er, als er einen tollen Hund secirte, eine kleine Verletzung an seinem Finger unbeachtet gelassen hatte. Dieser Mann zuckte die Achseln und meinte, es würde das Beste sein, den Hund todtzuschlagen, wogegen ich mich aber auf das aller

lebhafteste wehrte und ihm den Hund anempfahl, als sei
derselbe ein kostbares Rennpferd. Das arme Thier hatte an
manchem Tage fünfzehnmal diese Krämpfe, bis sie endlich
den angewendeten Mitteln wichen. Als ich ihn nach vierzehn Tagen besuchte, kannte er mich noch nicht und nagte,
wie ein wildes Thier, an einem rohen Pferdeziemer, wovon
er seine Kräfte wieder gewinnen sollte. Man hatte ihm
ein Haarseil an den Hals gezogen, und als der Hund im
Rücken so schwach wurde, daß er nicht stehen konnte, wurde
er mit Wein gebadet und mit allerlei Spirituosen gewaschen.
Endlich nach mehreren Wochen wurde er einer armen Frau
zur Pflege gegeben, die ihn auf ihrem Sopha schlafen ließ
und die Treppe hinauf- und hinuntertrug, um ihn in die
Sonne zu legen. Als der Hund stark genug war, nahm
ich ihn wieder nach Hause und öffnete alle Morgen seine
zugeklebten Augen und Nase durch Waschen mit lauem
Wasser; kurz, mein treuer Jagdgenosse wurde gepflegt, als
sei er ein uns lieber Mensch und ich hatte denn auch die
Freude, ihn wieder ganz gesund werden zu sehen und noch
lange Jahre zu haben.

Meine Frau theilte glücklicheweise diese Liebe zu den
Thieren, und ihre Abenteuer, als sie einen Lieblingshund
vom Tode retten wollte, sind förmlich romantisch. Der Senat
in Frankfurt ließ zu gewissen Zeiten alle frei laufenden Hunde
einfangen; da die Leute aber immer nur eine Kleinigkeit zu
bezahlen hatten, um die Hunde wieder zu bekommen, so beschloß der Senat durchzugreifen und befahl, daß alle in der
verbotenen Zeit umherlaufenden und eingefangenen Hunde
auf der Scharfrichterei todtgeschlagen werden sollten. Einst
waren an einem Tage eine große Menge Hunde eingefangen
worden, die am andern Morgen ihre Hinrichtung erwarteten;
am Abend wurde deren Zahl noch durch einen Pudel ver-

mehrt, dem sein armer Herr, ein armer Italiener, händeringend und lautweinend folgte. Er war in die Stadt gekommen und da er nicht lesen konnte, so wußte er nichts von der grausamen Verordnung; sein harmlos neben ihm laufender Pudel, sein ganzes Vermögen, sein Erhalter und Ernährer, war gefangen und sollte umgebracht werden. Hund ist Hund sagten Schinder und Bürgermeister, sei er Professor oder Schooshund. Das war sehr hart, denn der Italiener hatte Jahre damit zugebracht, dem klugen Pudel tausend Künste zu lehren, die überall auf Messen und Märkten bewundert und reichlich belohnt wurden. — Es war tief in der Nacht, als der Italiener in seine Herberge ging, sich niederlegte und schlaflos umherwälzte. Plötzlich hörte er vor der Thür das bekannte, freudige Bellen seines Hundes und viele andere Leute wurden ebenso erfreut, — Dank dem gelehrten Pudel. Der Stall, in welchem die zum Tode verurtheilten Hunde gesperrt waren, konnte nicht verschlossen werden und die Thür hatte nur eine gewöhnliche Klinke. Als es dem gelehrten Pudel langweilig wurde, den verzagten, mit ihm gefangenen Schönen den Hof zu machen und er außerdem Appetit verspürte, so hatte er Lust nach Hause, das heißt zu seinem Herrn zu gehen, und da ihn die Thür daran verhinderte, so versuchte er sie auf die ihm gelehrte Weise zu öffnen. — Ganz Frankfurt freute sich und lachte und Bürgermeister und Schinder wurden nur noch durstiger nach Hundeblut. Die Strenge wurde verdoppelt und bleiches Entsetzen faßte die Familie meines Schwiegervaters, als der ehrliche Birba, ein weißer Bologneser, der Liebling meiner Frau, gefangen und in die Todtenkammer geführt wurde. Es lag nicht in dem Mädchen, das ich mir zur Lebensgefährtin ausgewählt hatte, das Leben irgend eines lieben Wesens und sei es selbst ein Hund, so ohne Weiteres aufzugeben und nur mit feigen Thränen zu beklagen, so lange das Leben und mit demselben noch eine Möglichkeit vorhanden war, dasselbe durch energisches Handeln zu retten. Ohne ein Wort zu sagen kleidet Helene sich an, geht allein auf den Römer und begehrt und erhält eine Audienz bei dem regierenden Bürgermeister. Der große Mann ist äußerst erstaunt, daß er wegen des Lebens eines kleinen Hundes incommodirt wird und äußert sich durchaus absprechend über Hunde im Allgemeinen, über solche, die in den Hundstagen frei umherlaufen besonders und über den p. p. Birba ins ganz besondere; die Republik müsse zu Grund gehen, wenn Birba am Leben bleibe; daher müsse Birba sterben. q. e. d. Der liebe Advokat im Unterrock bittet; — umsonst! sie weint, — der steinerne Bürgermeister lacht. Nun reißt die weibliche Geduld! — „Ja, solche Nichtswürdigkeit und Ungerechtigkeit könne nur in Frankfurt geschehen und nur Frankfurter könnten sie erdulden!" — „„Birba stirbt!!"" — „Das wollen mir sehen, er stirbt nicht!" — Ab. Der Hecht ist doch zu blau. — Im Sturmschritt, zu Dr. Hoffmann. Er ist zwar Titularscharfrichter, hat aber nie absichtlich ein menschliches Wesen vom Leben zum Tode befördert aber Viele gerettet, denn er ist ein geschickter Arzt und ein guter alter Mann. — „Lieb' Kind, ich kann und darf den Hund nicht retten." — Großes Thränengeriesel. — „Gebe Gott, daß Sie niemals um etwas Theureres als um einen Schooshund zu weinen haben; — adieu!" — Nun aber ist doch alle Hoffnung aus? — O nein, nicht für ein braves Herz. Bang steht das bescheidene Mädchen mit sich kämpfend da; lange ringt sie mit ihrer weiblichen Scheu und dem volksthümlichen Vorurtheil gegen „Schinderknechte," deren gesellschaftliche Stellung früher viele Grade unter Null und selbst noch ein paar unter dem der Schauspieler stand. Treue Liebe siegt; mit festem Schritt tritt sie in das Zimmer mitten unter die Knechte, die sie mit Erstaunen ansehen und bescheiden ihre Bitte anhören; denn — Dank sei es der alle Schichten unseres Volkes durchdringenden Herzensbildung — selbst deutsche Schinderknechte würden es für roh halten, ein Mädchen unter solchen Umständen durch Wort oder Geberde zu verletzen; ja sie lachten nicht einmal, wie der Herr Bürgermeister es gethan. Die Leute sehen sich nur mißtrauisch einander an und schütteln die Köpfe, aber einer von ihnen, der sich unbemerkt von den andern hinausschleicht, macht dem Mädchen ein Zeichen. Als sie das Zimmer verläßt späht sie umher; der Mann steht an einem Ort, wo man ihn nicht sehen kann; sie giebt ihm ein paar Kronenthaler und läßt mehr hoffen und der Knecht verspricht, sein Möglichstes zu thun, denn die Hunde sollten erst am Abend erschlagen werden. — Es ist Abend; aber kein Birba! — Es wird finster; doch der Schmerz braucht kein Licht; man weint im Finstern. „Ach," heißt es, „jetzt ist wohl der arme Birba schon todt!" — „Bau, bau!" antwortete er für sich selbst vor der Thür und jubelnd stürzt Alles hinaus. — Mir gings später einmal ähnlich wie Birba, aber so wurde ich doch nicht geküßt! —

Als ich bei dem General in Hofahrtsheim war, trat eines Morgens der Inspector mit dem Gewehr in der Hand ins Zimmer und fragte, ob er den Schäferhund erschießen dürfe, der toll sei. Auf meine Frage erfuhr ich, daß derselbe sämmtliche Hunde des Gutes gebissen habe, jo sogar die Hündinnen, daß er aber jetzt von seinem Herrn an einem Strick gehalten werde. Mir war in Saarlouis, auf Befehl des Commandanten, ein schöner Hühnerhund erschossen worden, der auch unschuldig für toll galt, weil der die gewöhnliche Hundekrankheit hatte; Aehnliches konnte hier auch der Fall sein und es war wichtig, die Wahrheit zu ergründen, da im Fall der Hundswuth sämmtliche Hunde hätten getödtet werden müssen. Der Schäferhund wurde sorgfältig eingesperrt und beobachtet. Er fraß und trank, starb aber nach drei Tagen. Die andern Hunde wurden alle an der Kette gehalten und erhielten Medicin von einem erfahrenen Schäfer; aber zwei Hündinnen verschwanden und wurden nie wieder gesehen. Durch Untersuchung fand man, daß der Schäferhund von einer Kuh gefressen hatte, welche am Milzbrand gestorben war, der zu jener Zeit unter dem Vieh herrschte und in einem benachbarten Forst gegen zwölfhundert Stück Dammwild tödtete. —

Der Besitzer der Joh. Fried. Hartknoch'schen Buchhandlung, die schon fast über hundert Jahr bestand, war und ist noch O. Baumann. Als der selige Hartknoch den Weg aller Knochen ging, hinterließ er außer seiner sehr geachteten Verlags-Buchhandlung, versehen mit manchem tüchtigen Geisteskinde, eine ebenso geachtete, aber nicht so alte Wittwe ohne Kinder, welche, um das Verlags- und Ehestandsgeschäft fortzusetzen, sich mit dem gleichfalls hinterlassenen jungen Buchhändlergehülfen verheirathete. Beide Geschäfte gingen gut, und wenn der selige Hartknoch vor seinem Nachfolger vielleicht den Vorzug als Verleger verdient haben mochte, so brachte O. Baumann den etwaigen Unterschied dadurch ins Gleichgewicht, daß er ein wirksamerer Ehemann war und das Haus mit selbstverfaßten Verlagsartikeln füllte. Als ich ihn kennen lernte, war er ein rothbäckiger, munterer, junger Mann, der keine Prätensionen machte, gern ein Glas Bier oder Wein trank, ohne des Guten zu viel zu thun, und der sich für unerlaubt ehrlich hielt. Da er noch lebt, Stadtverordneter und Mitglied des Polizeiausschusses ist, so will ich ihn nicht mehr loben, damit ich nicht in den Verdacht komme, als thue ich das aus politischen Rücksichten. Er zahlte immer lieber

Kassenanweisungen als Gold, und dieses lieber als harte Thaler, aber beide ungern, obwohl pünktlich, ja lieber voraus, damit er die Angst los war; auch kam es ihm auf einen Louisd'or weniger nicht an, wenn er ihn nur zu fünf Thaler zwanzig Silbergroschen anbrachte. Bei mir lernte er das Wechselrecht und ich verkaufte manche seiner Autographen an Liebhaber wie Hammer und Schmitt oder Becker und Comp., ja lebte ganz comfortabel von diesem Handel. Mit einem Wort, O. Baumann war ein solides, fideles Haus und wir vertrugen uns vortrefflich und unsere Frauen thaten dasselbe.

Baumann wohnte vor dem Floßthor in Leipzig, nicht weit von der Insel Buen Retiro, und veranlaßte uns eine halbe Etage ganz in seiner Nähe zu nehmen; es waren nur zwei Häuser zwischen den unsrigen. Bis unsere Möbeln von Hanau ankamen halfen B.'s aus und das neue Nest wurde nach und nach eingerichtet. Bald breiteten wir uns über die ganze Etage aus, welche Maler und Tapezierer so schön als möglich schmückten, und sechs in einander gehende Zimmer, wobei zwei große vierfenstrige Eckzimmer, nebst sonstigem Zubehör, bildeten eine sehr hübsche und comfortable Wohnung, wozu auch ein Gärtchen gehörte.

Unter uns im Parterre wohnte ein kleiner frommer Glaser mit seiner Frau, einer großen, starkknochigen, lutherischen Würtembergerin, die, das Gesangbuch in der Hand, kochte und mit lauter Stimme Gott lobte, während sie ihre Suppe rührte. Sie hatte eine tiefe Bärenstimme und ihr zuzuhören war amüsant. Sie war eine strenge Mutter und erzog ihre Kinder nach der guten alten Sitte, mit Prügel und Gebet und ihr Küchengesang wurde alle Augenblicke durch dumpf heraufklingende Scheltworte, oder den Schall von Puffen — natürlich stets Kopfnüsse — unterbrochen.

„Herr, gieb mir Sanftmuth und Güte" fang sie dann wieder und ich denke, sie hatte alle Ursache deshalb zum Herrn zu schreien. Der liebe Gott mußte viel Singen von diesen Leuten aushalten und wir mit ihm. Schon zu unanständig früher Morgenstunde hörten wir unten in ausgezeichnetem Tact Meister, Meisterin, Gesellen und Kinder zusammen singen: „Großer Gott Dich loben wir," und freudig ging's dann an die Arbeit. Es waren gute, brave Leute und keine Heuchler, aber hätten sie etwas stiller fromm sein können, wäre mir's lieb gewesen. Ich glaube, Meister und Meisterin nahmen das Gesangbuch mit ins Bett. Alle Kinder dieses Paares sangen denn auch noch ehe sie sprechen konnten und hatten Stimmen, durchdringend wie Dachmarder. Stundenlang konnte ein kleiner Stöpsel von einem Jungen, mit seinem scharf aufgezöpften Schwesterchen, meinem Fenster gegenüber am Floßholz stehen und nach allen möglichen Melodien, aber im Tact, das Einmaleins singen!

Meine Journale hatten einen guten Fortgang; obwohl beide einen ziemlichen Stoß erlitten, der „Jäger" durch die Unordnung, in welche er durch den Bankerott seines ersten Verlegers gekommen war und der „Marstall" durch den Tod des Majors von Tenneker. Dieser hatte ein hippologisches Taschenbuch bei Voigt in Weimar herausgegeben und ich wurde bald durch einen Antrag von Voigt überrascht, dasselbe fortzusetzen. Herr Voigt schrieb mir, daß er den Mitarbeitern drei Thaler für den Bogen bezahle und dem Redacteur, „damit für denselben doch auch etwas abfalle" einen Ducaten anrechne, so daß also derselbe von dem Druckbogen das Agio, ungefähr sechs Silbergroschen hatte! Ich antwortete auf solchen schamlosen Antrag höflicher als es derselbe verdiente und erklärte mich bereit, die Redaction gegen zwei Louisd'or Honorar per Bogen übernehmen zu wollen. Das lehnte Herr Voigt ab, indem er mit tiefem Mitleid bemerkte, daß ich noch auf schlechtem Wege und es sehr zu beklagen, daß ich so viele Louisd'or verlange, als er Thaler zu geben gewohnt sei und mir prophezeihete, daß ich von meiner Thorheit noch zurückkommen werde. Bei solchem Verfahren eines Verlegers war es denn kein Wunder, daß derselbe ungeheuer reich wurde, während Teunefer und andere, die ihn reich machten, in solchem Elend starben, daß sie nicht einmal die Kosten für ihr Begräbniß hinterließen. Ein Schriftsteller Namens Thon, der für Voigt ein Handelslexikon oder ähnliches Werk schrieb, war in gleicher Lage und erhielt gar nur zwei Thaler für sechszehn Druckseiten.

Die Arbeiten für meine Journale und Correspondenzen für das Morgenblatt und andere Zeitschriften, füllten weder meine Zeit vollständig aus, noch waren sie geeignet, meinen Namen in der literarischen Welt so bekannt zu machen, wie ich es wünschte. Geschichte war immer mein Lieblingsstudium gewesen und ich kam mit B. überein, eine Geschichte des dreißigjährigen Krieges zu schreiben. Wir hatten die Angelegenheit durchgesprochen und eines Abends bis nach zwölf Uhr die Kosten hin und her berechnet; wir trennten uns, um am andern Tage die Sache zu beendigen. Als ich zu ihm in sein Geschäft kam, legte mir B. das erste Heft eines Werkes vom Professor Flathe: „Gustav Adolph und der dreißigjährige Krieg" vor, welches so eben von B. G. Teubner herausgegeben worden war. Dies war der Grund, weshalb sich mein Unternehmen zerschlug. Ich hatte nun aber einmal Lust zu einem großen historischen Werk, und da ich während meiner Studien zum dreißigjährigen Krieg mich tief in die große niederländische Revolution versenkt hatte und der Gegenstand mich mächtiger und mächtiger anzog, so beschloß ich, eine Geschichte des „niederländischen Freiheitskrieges" zu schreiben. Ein selbstständiges Werk dieser Art existirte damals noch nicht, weder in Deutschland noch in einem andern Lande. Schiller hatte es bekanntlich begonnen, war aber nicht über den Anfang hinweggekommen. Freilich existirte eine Fortsetzung von Kurz, die in mancher Hinsicht recht verdienstlich ist, besonders in Rücksicht auf die Kriegsgeschichte, aber doch sehr viel zu wünschen übrig läßt, da dem Verfasser zu wenige Quellenwerke zu Gebote standen und er hauptsächlich nur dem Strada folgte. B. hatte kein Vertrauen zu dem Unternehmen und ich machte deßhalb Herrn Friedrich Fleischer den Antrag.

Friedrich Fleischer wurde mir als der „gröbste Kerl" in Leipzig bezeichnet; allein ich fand ihn höflicher als seinen Ruf. Er war ein großer hagerer Mann mit einem Rock von Anno neunzehn und sah aus wie ein Ifflandscher Biedermann. Er schien in seinem ganzen Leben nicht gelacht zu haben, und hatte eine Kuh das Unglück ihm zu begegnen, so bin ich versichert, daß sie ihr ganzes Leben lang nichts als saure Milch gab. Er wurde für so weise gehalten, daß man ihn zum Stadtrath machte, wozu man in jener ernsthaften Zeit nur ernsthafte Leute wählte. In Parenthese will ich nur bemerken, daß ein ernsthaftes Wesen nicht immer auf innern Gehalt deutet, ja ich habe im Gegentheil gefunden, daß die geistreichsten und klügsten Menschen meistens heiter sind und flache Tröpfe ihre Leere sehr häufig durch ein ernsthaftes äußeres Wesen zu maskiren suchen. Wer es nicht wagen darf gelegentlich etwas närrisch zu sein, fühlt gewöhnlich im Innersten seines Herzens, daß er ein Narr ist und fürchtet, daß man ihn ausfinde. Doch wieder auf besagten Hammel oder vielmehr Fleischer zu kommen, so wage ich „in meines Nichts durchbohrendem Gefühle" kein Urtheil über den Barometerstand seiner Weisheit und erzähle nur Facta. Er war nicht abgeneigt, mein Geschichtswerk in Verlag zu nehmen, nachdem ich ihm meinen Plan dazu vorgelegt und er von einem, von mir geschriebenem Probekapitel höchlich befriedigt worden war. Er brachte es bei dem bewilligten Honorar hoch in Anrechnung, daß es kein kleiner Gewinn sei, den Namen seiner Firma auf einem Buch von mir zu sehen. Im November 1840 schlossen wir den Contract, vorläufig für zwei Bände des Werks, welches sechs umfassen sollte.

Ich begann meine Arbeit mit großer Gewissenhaftigkeit und eben so großer Umständlichkeit. Die Einleitung, die ich schrieb, ein kurzer Abriß der Geschichte der Niederlande bis auf Philipp II., der zugleich eine geographische Beschreibung des Landes im Jahr 1560 enthielt, füllte allein einen Band, der ganz nützlich, aber nicht besonders unterhaltend zu lesen ist. Um also dem Hauptwerke nicht zu schaden, wurde dieser Band als ein besonderes Werk herausgegeben. — Herr Fleischer bestand darauf, das Werk in „Schillerformat" zu drucken, das heißt in Duodez, was mir für ein historisches Buch durchaus unpassend schien. Als ich diese Meinung gegen den Buchhändler-Stadtrath äußerte, entgegnete er mir, „daß das sein Fach sei und er das besser verstehen müsse als ich." Zugleich bat mich Fleischer, die Angaben der Quellen wegzulassen, da diese Notizen bei den kurzen Duodezseiten sich schlecht ausnähmen, und ich folgte ihm darin zu meinem eigenen und Anderer Bedauern. Als ich Fleischer ersuchte, Freiexemplare zur Kritik an die Redactionen der einflußreichsten und gelesensten Journale zu schicken, gab er mir zur Antwort, „daß er den Handel der Redacteure mit Büchern nicht begünstigen wolle," und als ich mich beklagte, daß er gar keine Ankündigungen in die Zeitungen setzen lasse, erwiederte er: „Anzeigen kosten nur Geld und helfen nichts; das Buch ist an alle Buchhändler versendet worden und meine Firma bekannt genug."

Unter solchen Umständen war es denn nicht zu verwundern, daß nach Vollendung der beiden ersten Bände, die durch scheußliche Porträts verunziert wurden, nur etwa ein hundert fünfzig Exemplare abgesetzt worden waren. Daran war auch zum Theil das Mißtrauen schuld, welches zu jener Zeit im Publikum gegen band- oder lieferungsweise erscheinende Werke herrschte, da gewissenlose Buchhändler mitten in derselben aufhörten und den Abnehmern ein nutzloses, unvollendetes Buch auf dem Halse ließen. Herr Fleischer fand sich also veranlaßt, mir anzukündigen, daß er das Werk nur fortsetzen könne, wenn ich auf das Honorar verzichte, dabei ziemlich unartig ausdrückend, daß der mangelhafte Inhalt nothwendig an dem geringen Absatz des Buches schuld sei. So sehr mich dieser Brief auch kränkte, so hielt ich es doch für möglich, daß Herr Fleischer Recht haben könne und indem ich das Ansinnen, ohne Honorar zu arbeiten, ablehnte, sagte ich zugleich, daß ich seine Meinung in Bezug auf den Gehalt des Werkes beklage, aber in der That geleistet habe, was meine Kräfte mir irgend gestattet hätten. Dieses Ende meines Werkes betrübte mich sehr, denn es raubte mir den Muth und flößte mir große Zweifel über meine Fähigkeiten ein, die ich nicht eben zu sehr geneigt war zu überschätzen. Ich war daher recht freudig durch den Brief des Komponisten Verhulst, eines Holländers, der sich in Leipzig aufhielt, überrascht, in welchem er mir mittheilte, daß mein Werk in das Holländische übersetzt worden sei. Bald darauf erhielt ich auch ein sehr schmeichelhaftes Schreiben des Herrn M. H. Binger in Amsterdam, begleitet von dem ersten Bande der Uebersetzung, die trefflich ausgestattet und mit meisterhaften Porträts geziert war. Mein Buch hatte in Holland große Theilnahme erregt und Herr Binger war veranlaßt worden, es übersetzen zu lassen. Obwohl belletristische Werke von sehr fraglichem Werth leicht durch eine Uebersetzung in die holländische Sprache geehrt wurden, so war dies doch keinesweges der Fall mit wissenschaftlichen und besonders nicht mit historischen Werken, welche die holländische Geschichte behandeln. Die Holländer haben selbst sehr tüchtige Geschichtsschreiber und üben in diesem Zweig der Literatur eine sehr scharfe Kritik; die Uebersetzung meines Werkes war mir daher sehr werthvoll und schmeichelhaft, da sie mir den Beweis gab, daß meine Arbeit von den Kennern nicht für gehaltlos geachtet wurde wie von Herrn Fleischer.

Der holländische Verleger war sehr betreten über die Hiobspost, die ich ihm schrieb und adressirte einen Brief an Herrn Fleischer, der sehr gerechte, aber etwas derbe Vorwürfe enthielt, den ich aber nicht abzugeben beschloß — er war offen in den meinigen gelegt — da ich mich zu sehr für Herrn Fleischer schämte. Der Holländer, der ein Unterbrechen des Werkes für einen Betrug an dem Publikum ansah, kam mit mir dahin überein, daß ich unter denselben Bedingungen, die ich Fleischer bewilligt, das Werk für ihn vollenden solle. Demgemäß sandte ich stets mein Manuscript nach Amsterdam, wo es ins Holländische übersetzt wurde und vollständig in sechs anständigen Bänden erschienen ist und sich einer sehr günstigen Aufnahme und Kritik zu erfreuen hatte. Eine große Leipziger Buchhandlung war Willens, das Werk Deutsch zu drucken; allein das wurde dadurch unmöglich gemacht, daß Fleischer für das Verlagsrecht der beiden ersten Bände eine Summe verlangte, die dem neuen Verleger deshalb zu groß schien, weil er die Vorräthe Fleischers zu Maculatur machen wollte, da das „Schillerformat" durchaus abgeschmackt erschien. So kam es also, daß das Werk nur allein in holländischer Sprache vollständig erschienen ist. — Zu gleicher Zeit mit meinem Buch erschien die Fortsetzung des Schiller=

schen Abfalls der Niederlande von Duller, die aber als geschichtliches Werk ohne besondern Werth ist.

Schon im Laufe des ersten Bandes sah ich ein, daß ich meine Sprachkenntnisse vermehren und Holländisch lernen müsse, was ich that, um die in dieser Sprache geschriebenen Quellenwerke zu lesen, besonders die Werke von Pieter Bor, Corn. Hooft und Meteren. Das zu jener Zeit herauskommende Werk von Herrn Groen van Prinsterer, „Correspondance inédite de la maison Nassau Orange" leistete mir die allerwesentlichsten Dienste.

Zur Zeit als ich über die Mittel nachdachte, meine Einnahmen zu vermehren, etwa Ende 1840, hatte ich einen erzählenswerthen Traum. — Ich stand mitten in einem Teich. Auf dem Grunde desselben lagen viele Thaler und dazwischen hie und da Goldstücke. Während ich diese Goldstücke ganz vergnüglich aus dem nicht tiefen, klaren Wasser aufsammelte, war ich ein wenig unzufrieden und getäuscht darüber, daß nicht mehr Louisd'or zwischen den Thalern wären. Als ich mich dem Ufer näherte zog ich unter demselben mit Widerwillen ganze Bündel Kupfergeld hervor. Was der Traum bedeutete und wie er sich buchstäblich erfüllte, werde ich in einem späteren Capitel zeigen.

Neuntes Capitel.

Leipzig vor zwanzig Jahren. — Zwei Hotels. — Das Rosenthal und der Regenmacher Kintschy. — Studenten. — Buchhändler. — Anecdote von Hamburg geborgt. — Die Wahlverwandtschaften. — Der Schriftstellerverein. — Fr. Gerstäcker. — H. Laube. — Iduna Laube. — Der Starost. — Laube's Famulus. — Der gefälligste Ehemann. — Der Schauspieler Döring. — „Noch ein bischen Eolse." — Dr. Kuranda. — Saphir. — Charlotte von Hagen. — C. Maria Dettinger. — C. Herloßjohn. — A. Glaßbrenner. — A. Weil. — Moritz Hartmann. — G. Herwegh. — Hoffmann von Fallersleben. — Dr. Wiehl. — „Deutschlands Zopf wird immer kleiner." — Carl Beck. — Jul. Kaufmann. — Dr. Halthaus. — Prof. Biedermann. — Gasse. — Der Marinerath Jordan. — G. Kühne. — R. Blum. — Dr. Wuttke. — O. Marbach. — Dr. Dietzmann. — Dr. Bernhardi. — Dr. Schiff. — J. Chownitz. — Herr Hofrath Singer und der Herzog von Gotha. — Dr. Crecus oder die Kunst ohne Geld zu leben. — Theater.

Vor zwanzig Jahren herrschten in Leipzig ein sehr angenehmer Ton und reges geistiges und geselliges Leben und Streben; jetzt, sagt man mir, sei die Stadt ledern geworden und mir hat sie ebenfalls so geschienen, als ich sie vor zwei Jahren wieder einmal besuchte.

Obwohl ich sieben Jahre in Leipzig wohnte, ja sogar dort Bürger und endlich gar Buchhändler wurde, so betrachtete ich mich doch niemals in dieser Stadt zu Hause; ich kam mir immer wie ein Meßfremder vor. In Bezug auf Sachsen ging es mir noch schlimmer, denn so lange ich in Leipzig lebte, ist es mir auch nicht eine Minute eingefallen, daß man mich für einen Sachsen halten könne, das heißt, ich meine für einen Unterthan des in Dresden residirenden Königs, den ich in meinem Leben nicht gesehen hatte und der mir eben so fremd war, wie der Kaiser von China.

Von den politischen Verhältnissen Sachsens wußte ich weit weniger, als von denen irgend eines anderen Landes in Deutschland, weil sie aufgehört hatten, mich zu interessiren, als ich einsah, daß die Uebel, an denen das kleine unnatürliche Königreich krankte, durch lokale Mittel incurabel waren, aber von selbst verschwinden mußten, wenn der übrige deutsche Körper genas. Die Leipziger selbst, obwohl Vollblutsachsen in ethnographischer Hinsicht, dachten ebenfalls nicht übermäßig viel an ihr politisches königliches Sachsenthum; ihre Hauptinteressen lagen jenseits der Grenzen ihres kleinen Königreichs; da sie überall hätten Abgaben bezahlen müssen, so war es ihnen ziemlich gleichgültig, wohin sie dieselben bezahlten. Zwischen den Einwohnern Leipzigs und denen Dresdens herrschte eine unendlich große Verschiedenheit und selbst die Regierung äußerte sich beiden Städten gegenüber verschieden. In keiner Stadt Deutschlands war man größeren Polizeiplackereien ausgesetzt, als in Dresden, während die Polizei in Leipzig sich weniger unangenehm machte, als in irgend einer anderen deutschen Stadt. Die Regierung wußte sehr wohl, daß Leipzig in Bezug auf die Revenüen, welche es brachte, mehr werth sei, als das ganze übrige Sachsen, und daß ein großer Theil dieser Einnahme von den zahllosen Fremden abhing, die man also anzuziehen, anstatt abzuschrecken trachten mußte.

Die Messen machten Leipzig zum Mittelpunkt des deutschen Handels, ein Vorzug, der von anderen Städten genug beneidet wurde, deren Lage sie weit geeigneter zu solcher Stellung machte. Alles das mußte die Regierung aus Geldrücksichten in Betracht ziehen und durch die Finger sehen. Aehnliche Rücksichten walteten in Bezug auf Universität und

Buchhandel, die beide einen gewissen Grad von Freiheit zu ihrer Existenz durchaus nöthig hatten. In Nachbarländern hatte man dergleichen Rücksichten nicht, ja in einem derselben verweigerte man die Concession zur Anlage einer Druckerei, weil der Hof nicht gedruckt sein wollte. Diese, obwohl, wie wir sehen werden, sehr zahme und bescheidene Freiheit lockte eine Menge Leute nach Leipzig, welche die Regierung gern entfernt haben würde, wenn das ohne Verletzung wichtiger Interessen hätte geschehen können, und dann hatten die ausgewiesenen Schriftsteller auch gar kein Schamgefühl, sondern machten gewöhnlich einen solchen Mordspektakel, daß bei solcher Gelegenheit noch andere Motten im Regierungsactenschrank aufgestäubt wurden, die man gern in Ruhe gelassen haben würde. Die sächsische Regierung hatte für sich selbst indessen am wenigsten zu fürchten, denn entweder hielten es die meisten Schriftsteller, die nach Leipzig kamen, für nutzlos oder nicht der Mühe werth, sie anzugreifen, oder verfuhren nach dem Princip des Fuchses, welcher in der Nähe seines Baues nicht raubt; aber desto mehr hatte die sächsische Regierung sich gegen die Ansinnen fremder Regierungen zu wehren, die jede, ihnen durch einen in Leipzig wohnenden Schriftsteller oder durch ein in Leipzig erschienenes Blatt oder Buch zugefügte oft imaginäre Beleidigung auf das Nachdrücklichste bestraft wissen wollte. Spione von Wien, Berlin und anderen Orten waren fortwährend in Leipzig, um aufzuspüren, ob nicht irgend ein mißliebiges Werk unter der Presse sei und dessen Erscheinen zu verhindern.

Für einen großen Theil des Jahres gehörte Leipzig nicht den Leipzigern, sondern den Fremden, welche die drei Messen besuchten — von der Wollmesse gar nicht zu reden — und deren Zahl sich seit Erbauung der Eisenbahnen bis in das Ungeheuerliche vermehrte. Dann waren in der

Nacht die Häuser bis unter das Dach mit Schlafenden gefüllt und ein Jeder, der in der inneren Stadt eine Wohnung gemiethet hatte, mußte während der Messen einige Zimmer hergeben, wenn er es nicht vorzog, dem Wirth eine ganz fabelhafte Miethe zu bezahlen. Diese Fremden waren natürlich meistens Kaufleute aus aller Herren Länder, welche die Leipziger Messe als ihre Jubelzeit betrachteten, in welcher sie von der Controlle ihrer Weiber und Nachbarn befreit und sehr geneigt waren, über die Stränge zu schlagen und sich von den mancherlei ihnen in den Weg gelegten Versuchungen verführen zu lassen. Losgelassene Philister sind aber selten angenehme Hausgenossen, da sie ihr Freudenwild laut jagen, oder zu Deutsch: einen Heidenlärm machen müssen, wenn sie vergnügt sein wollen. Ich war daher sehr froh, daß ich eine Wohnung vor dem Thore und nicht in der „Meßlage" hatte; wenn ich Lust darnach fühlte, „mich in die Welt zu wagen," brauchte ich nur eine Viertelstunde zu gehen und war mitten im Tempel des Jupiter Mammon. Da ich aber in die Mysterien des Brühl und der Tuchhalle nicht eingeweiht bin und mir die Mühe sparen will, aus irgend einem gewiß irgend wo existirenden Buch abzuschreiben, welches jedem Leser ebenso zugänglich ist, als mir, so verzichte ich auf die Wonne, gelehrt über einen Gegenstand zu reden, von dem ich nichts verstehe und steuere nach Aeckerlein's oder Auerbach's Keller, oder beobachte das Treiben im Hotel de Baviére und im Hotel de Pologne.

Bemerkungen über Hotels gehören nach meiner Meinung zu den allernützlichsten in einem Buche, da sie einerseits praktischen Nutzen haben und andererseits den Geist befriedigen, wenigstens Derer, die schon in dem Hotel gewesen sind. Waren sie dort zufrieden, so trinken sie den guten Wein nochmals, denken, wenn es die Frau nicht sieht, an das hübsche, gefällige Stubenmädchen und loben den Verfasser als einen gerechten Menschen, der sich auf Wein, Stubenmädchen u. s. w. versteht und besonders weil er ebenderselben Meinung ist, als sie selbst; was man ja hauptsächlich an einem Schriftsteller bewundert. Macht man aber einen Gastwirth herunter, in dessen Hotel man bis in die tiefsten Tiefen des Herzens, Magens und Geldbeutels gekränkt wurde, dann fühlt der Leser, dem dasselbe begegnete, die Gerechtigkeit noch weit stärker, denn Rache ist süß, und ich habe gefunden, daß kein Ingrimm dem gleich kommt, welcher sich in dem Herzen eines Reisenden gegen einen Gastwirth concentrirt, in dessen Haus er schlecht bedient und geprellt wurde. Welche allgemeine Genugthuung erregt es nicht, wenn das Schicksal verfügt, daß ein Bädecker oder ein Reisender von Murray, oder ein anderer Spion des Comforts, unerkannt in solchen Gasthof geräth. Ich wusch einst einem solchen Gastwirth, der mir eine Vergnügungsreise verdarb, den Kopf mit einer Lauge, die eben so scharf war, wie sein Wein, und wenn ich auch als „Gastwirthsläſterer" von dem Leipziger Gericht zu vierzehn Tage Gefängniß verurtheilt wurde, die man indessen in Silbergroschen zu wechseln erlaubte, so hatte ich doch die Genugthuung, daß mir der zahlreiche Chor der Geprellten zujauchzte und mein Artikel Gras auf der Schwelle des „Ankers" hervorbrachte.

Wer kennt nicht Wilhelm Redslob, den Wirth des Hotel de Bavière in Leipzig? — Einen besseren, gefälligeren Wirth gab es nicht und ihn zu sehen und sein Walten zu beobachten, war schon das Geld werth, welches man ihm bezahlte. Er war ein kleiner Mann mit einem runden Kopf, der einer Kehreule glich, der beständig einen Frack trug und ein freundliches Lächeln auf den Lippen hatte, wenn er nicht gerade leichtsinnigen Kellnern imponiren wollte. Welchem

Meßfahrer jener Zeit ist das Dioskuren-Paar Großberger und Kühl im Hotel de Pologne nicht freundlich im Gedächtniß? Tausende speißten zur Meßzeit täglich in jedem dieser Gasthöfe und Jeder fühlte sich befriedigt. Diese beiden Hotels waren die Brennpunkte des Leipziger Meßlebens und scheinen es noch zu sein, denn als ich vor Kurzem in Leipzig war, konnte ich in keinem von beiden ein Plätzchen finden.

Die Schaubuden breiteten sich damals auf dem Roßmarkt aus und den ganzen Tag über hörte man von dort her das Bummen der großen Trommel und die charakteristische Stimme der Schaumänner. Es war ein tolles, lustiges Treiben während der Messe in Leipzig, wie man es nirgends anders in Deutschland sehen konnte. Zur gewöhnlichen Zeit war es in der Stadt freilich viel stiller, aber es war niemals todt und die Straßen Dresdens erscheinen dagegen, wie die eines Kirchhofes. Was Leipzig besonders ziert und angenehm macht, sind die Promenaden, welche die Stadt umgeben und sich in dieselbe hineinziehen; die Nähe des Rosenthals und fernerer, obwohl auch noch immer naher Vergnügungsorte, wie Gohlis, die beiden Kuchengärten, Stötteritz, Konnewitz, Schleusig, Lindenau und anderer.

Im Rosenthal, einer Parkanlage, in der aber auch nicht eine einzige Rose zu finden, war Herr Kintschy, der Besitzer des Schweizerhäuschens, König des Vergnügens. Seine Concerte waren berühmt und viel besucht, obwohl wegen ihrer nassen Unterbrechungen berüchtigt. Kintschy mußte es offenbar auf irgend eine Weise mit Jupiter pluvius verborben haben, denn er stand bei demselben in notorischer Ungnade. War Dürre im Land, so bedurfte es keiner Regenproceffionen, um diesem trockenen Zustande ein Ende zu machen. Kintschy brauchte nur ein Concert anzukündigen und die Schleusen des Himmels öffneten sich. Es war daher nicht zu verwundern, daß er mit demselben in Feindschaft lebte und nicht in die Höhe sehen konnte, ohne ein ingrimmiges Gesicht zu schneiden. War der Himmel blau, dann ärgerte er sich, daß er kein Concert gab, und gab er ein Concert, so ärgerte er sich, daß der Himmel nicht blau war. Einst, erzählte man sich in Leipzig, hatte es Kintschy abermals gewagt, ein Concert anzukündigen, denn der Barometer stand hoch und es war gar keine Aussicht auf Regen. Kintschy machte also große Vorbereitungen und Torten in Masse. Als er aber eine Stunde vor Anfang des Concerts mit einer Schüssel voll frischgebackener Kuchen über den freien mit Bänken besetzten Platz vor seinem Schweizerhäuschen ging, blieb er wie versteinert stehen, denn ein Tropfen fiel auf seine Nase. Entsetzt sah er auf und richtig, all sein Beten hatte nichts geholfen, über ihm stand ein gemüthlicher Landregen. Verzweiflung faßte den unglücklichsten aller Schweizerbäcker und vorwurfsvoll und wüthend gen Himmel sehend, schnellte er die Schüssel mit den Kuchen in die Luft und brüllte: „Da! — friß selbst!" —

Ich war in Bezug auf Gesellschaften zu sehr verwöhnt worden, als daß ich mich in denjenigen, wie sie in Handelsstädten zu finden sind, hätte wohl fühlen sollen. In der wirklich vornehmen Gesellschaft bewegt man sich durchaus ungenirt und leicht, aber nach gewissen Regeln, die sich nicht erlernen lassen, sondern die gewissermaßen von Innen heraus entstehen und so zur Natur geworden sein müssen, daß man sie ebenso, gleichsam unbewußt, befolgt, wie ein Virtuos die Noten vom Blatte spielt. Wer diesen Regeln nachzuahmen trachtet, wird vielleicht lernen, sich in solchen Kreisen ohne Anstoß zu benehmen, aber es wird lange dauern, ehe er sich darin wohlfühlt. Das ceremoniöse, stattliche Wesen, welches bei manchen feierlichen Gelegenheiten in solchen Gesellschaften angenommen wird, ist nur eine Ausnahme; aber gerade auf diese Ausnahme piquiren sich diejenigen Leute, welche der vornehmen Gesellschaft nachahmen wollen, und das macht sie so langweilig, unerquicklich und oft lächerlich. Am Rhein haben sich die Mittelklasse und selbst die Finanzaristocratie von dieser Narrheit so ziemlich emancipirt; die Leute wagen es dort auf ihre Art heiter zu sein und jeder verständige Mensch, selbst aus der höchsten Gesellschaft, wird sich in solchen Kreisen wohl fühlen, wenn er auch hin und wieder auf eine Form stößt, die in seinen Cirkeln nicht gebräuchlich ist. In Städten und Ländern, wo man Gelegenheit hat, schnell reich zu werden, wozu nicht immer Verstand oder Bildung erforderlich, sind die Gesellschaften besonders unangenehm, lächerlich und unerquicklich; denn dort rücken, kraft ihres Reichthums, oft Leute in die höhere Klasse, die kaum Bildung genug haben, in einer Bedientenstube mit Anstand zu figuriren und deren Aufgeblasenheit und Gelddünkel sie besonders unangenehm für jeden Mann von Geschmack macht. Die Frauen solcher Leute sind vorzüglich unausstehlich und ich vermeide Gesellschaften auf das Sorgfältigste, wo Kurz Augsburg oder Mark Banko dominiren.

Der wohlhabende Mittelstand in Leipzig war frei von der Narrheit des Vornehmthuns und machte es nicht zum Gegenstand seines Ehrgeizes, sich durch langweilige, steife Gesellschaft zu ruiniren, um nur vornehm zu erscheinen, wie das in England durchweg Sitte ist. Diese Leute aus dem Mittelstand in Leipzig waren ein heiteres, gutmüthiges Volk, welches mit Weib und Kind die öffentlichen Gärten besuchte und Abends, nach vollbrachter Arbeit, gern ein paar Stunden in der Kneipe zubrachte. Große, prachtvoll geschmückte Säle machten dort kein Glück; den meisten Zulauf hatten kleine, oft sehr schmutzige Lokale, wenn nur das Bier gut

war und es an Schweinsknöchelchen, Wiener Würstchen mit
Meerrettig, Sauerkraut mit Leberklößen, Käsekuchen und andere dergleichen Leipziger Delicatessen nicht fehlte. Zu jener
Zeit war ein Bierlokal, bei Noak in der Hainstraße, besonders berühmt und wurde von allen neugierigen Reisenden
und Literaturfreunden besucht; denn hier versammelten sich
gewöhnlich zwischen elf und ein Uhr Vormittags die literarischen Tagesberühmtheiten, deren Namen in jedem Meßkata-
log zu finden waren, ihr „Töpfchen" Baierisch, Saliser,
Lütschener oder Waldschlößchen zu trinken. Es war da nur
ein mäßig großes, sehr schmutziges Zimmer, dessen obere
Hälfte oft dermaßen mit Tabacksdampf gefüllt war, daß
man nicht durch die dichte Wolke hindurchsehen konnte, kurz,
es herrschte dort die ächte Leipziger Favorit-Atmosphäre und
auftauchende Nebenbuhler hatten viel Mühe und Beharrlichkeit nöthig, ehe sie auf Stammgäste rechnen konnten.

Der Student machte sich nicht sehr bemerkbar in Leipzig,
weder durch Extravaganz noch in Kleidung oder Benehmen;
nur selten hörte man von Studentenstreiche. Eine zeitlang
grassirte der „Gänsemarsch." Begegneten drei oder vier
Studenten irgend einer mißliebigen Person, so folgten sie
derselben, einer hinter dem anderen gehend, nach. Wer
dieser Procession begegnete, schloß sich an, so daß der Ge-
foppte manchmal ein sehr zahlreiches Gefolge hatte, über
dessen Betragen er sich eigentlich nicht beschweren konnte, da
Niemand ihn mit Worten, oder sonst beleidigte. Die Polizei mischte sich aber doch endlich hinein und machte dem Un-
fug ein Ende.

Was die Stellung der Schriftsteller in Leipzig anbetrifft, so kann ich eben nicht sagen, daß sie im Allgemeinen
dort in großer Achtung standen, noch daß sie dieselbe verdienten. Leipzig war damals noch mehr als jetzt der Mittel-

punkt des deutschen Buchhandels, wohin alle Buchhändler des Landes zur Messe ihre Abgeordneten zur Abrechnung schickten und wo jeder deutsche Verleger seinen Commissionär unter den angesessenen Buchhändlern hatte, deren es über dreihundert in Leipzig gab. Diese Commissionen warfen einen bestimmten Gewinn ab, ohne daß sie sehr viel Mühe oder irgend ein Risico verursachten; aus diesem Grunde strebten die größten und solidesten Buchhändler darnach, recht viele Committenten zu haben und manche hatten die Commission von hundert Buchhandlungen und mehr. Ein Leipziger Verleger war sein eigener Commissionär und daher gab es sehr viele in dieser Stadt, was Schriftsteller aus ganz Deutschland anlockte.

Wer sich einbildet, originelle Gedanken oder eine fruchtbare Phantasie zu haben und es versteht, die Productionen seines Geistes in verständlicher Weise schriftlich darzustellen, der hält sich natürlich für einen Schriftsteller, und es ist begreiflich, daß es deren in unendlicher Anzahl giebt. Was mich zunächst veranlaßte, Schriftsteller zu werden, veranlaßt auch andere zu dem Schritt; Viele fühlen sich berufen, aber nur Wenige sind auserwählt! Manches große Talent geht zu Grunde, weil ihm das nützliche Talent abgeht, seine Fähigkeiten geltend zu machen, während mittelmäßigere, aber praktische Schriftsteller weit bessere Chancen auf Erfolg haben. Es gehört schon Talent dazu, das Talent zu erkennen, und oft hängt es von einem bloßen Zufall ab, ob die Blüthe eines Dichters sich entfaltet, oder schon in der Knospe durch Verkennung geknickt wird. Anastasius Grün schickte seine ersten Gedichte — Schutt, oder die Spaziergänge eines Wiener Poeten — an Campe nach Hamburg. Nun sind allerdings unter tausend Gedichten, die gemacht werden, selten zwei, die etwas taugen, und es ist erklärlich und begreiflich, wenn „praktische" Buchhändler ein Vorurtheil dagegen haben. Campe blätterte in dem Manuscript, zuckte die Achseln und legte es bei Seite; allein nach einiger Zeit daran gemahnt, bat er einen literarischen Freund, doch einmal zu sehen, was an dem Zeug sei. Es war spät Abends, der Doctor las die Gedichte sogleich, und als er fertig war, lief er in die Schauenburger Straße; es war zwei Uhr Nachts, ganz Hamburg schnarchte und Campe ebenfalls; sein Haus war natürlich verschlossen, aber der Doctor hatte eine wichtige Mittheilung zu machen und brüllte aus Leibeskräften vor dem Hause: „Campe! Campe!" — Der Alte meinte Anfangs, es sei sein Gewissen, welches schreie; da er jedoch nicht abergläubisch war, so schüttelte er diese höchst unwahrscheinliche Idee unwillig ab und ermunterte sich. „Campe! Campe!" brüllte es von der Straße herauf. Mit der baumwollenen weißen Nachtmütze auf dem Kopf eilte der Gerufene bestürzt an's Fenster: „„Was ist los? Brennt's?"" — „Campe, Campe!" — „„Nun in Kuckuck's Namen, was ist denn los?"" — „Gott, Gott, Campe, was bist Du für ein Esel!" — „„Was!?"" — „Nein, solch ein Rindvieh, solch ein Büffel!" — „„Aber warum denn?"" — „Warum! Das alte Kameel fragt noch! Nun, weil Du die Gedichte nicht schon vor einem halben Jahr gedruckt hast." —

Ein Freund von mir hatte von einem Verleger stets alle Manuscripte, die er ihm überschickte, zurück erhalten; endlich bewog er den Buchhändler, daß er sich zwei Kapitel seines neuen Romans vorlesen ließ und derselbe harrte mit musterhafter Geduld aus. Als mein Freund geendet hatte, sagte der Verleger mit wirklichem Bedauern: „Da Sie mein Urtheil durchaus und aufrichtig hören wollen, so muß ich Ihnen sagen, daß ich selten etwas Langweiligeres gehört habe, — nehmen Sie mir das nicht übel, — allein wen in des Him-

mels Namen soll all' das Zeug unterhalten, oder interes=
siren?" — Lachend stand mein Freund auf und sagte: „Das
müssen Sie Göthe fragen, denn die beiden Kapitel, die ich
Ihnen vorlas, sind aus seinen Wahlverwandtschaften und
ich wollte nur sehen, ob dem Zurückschicken meiner Manu=
scripte Mangel an Talent oder Mangel an Urtheil zum
Grunde läge." — Nun muß ich freilich gestehen, ich bin
auch der Meinung, daß Göthe für die „Wahlverwandtschaf=
ten" jetzt keinen Verleger finden würde, und wenn er die=
selben als unbekannter Schulze Cotta selbst präsentirte. —

In Leipzig gab es Schriftsteller von allen Sorten und
Nüancen; reich war aber durch seine Schriftstellerei kein
einziger, obwohl arm gar mancher. Es war dies nicht allein
die Schuld solcher Verleger, welche den Druckbogen Original
mit zwei, drei Thalern und Uebersetzung mit einem Thaler
vier Groschen bezahlten; sondern mehr noch des armseligen,
gesetzlosen weil willkürlichen Zustandes, unter welchem die
Presse seufzte, und der zahllosen Gewaltthätigkeiten und
Plackereien, welchen Schriftsteller und Verleger stets unter=
worfen waren. Selbst wenn sie sich auf das strengste an
die Gesetze hielten und nichts druckten, als was die Censur
passirte, also von der Regierung als erlaubt gestempelt war,
so waren sie doch noch keinesweges sicher, daß ihr Buch
oder Journal nicht verboten oder confiscirt wurde, wodurch
oft bedeutende Kapitalien verloren gingen. Auch war der
Absatz in der That nicht so groß, als man es bei der Menge
der Einwohner Deutschlands und ihrer Bildung hätte erwarten
können, und von diesem Absatz hängt natürlich stets auch
der Gewinn des Schriftstellers ab. Wer aber mag immer
Bücher oder Zeitungen lesen, von deren Inhalt man vor=
aus weiß, daß sie mit „hochobrigkeitlicher" Erlaubniß gedruckt

sind, besonders wenn man den Geist dieser Regierungen als despotisch kennt. —

Am besten standen sich diejenigen Schriftsteller, welche entweder eine Anstellung bei der Universität, oder die Redaction eines Journals hatten, welches ihnen wenigstens eine vor Mangel schützende feste Einnahme sicherte und endlich einige, die praktisch genug waren, sich von reichen Frauen heirathen zu lassen, wovon wir einige Beispiele hatten. Wer sich von dem Ertrag von Originalwerken, Uebersetzen oder Beiträgen zu Journalen allein ernähren mußte, dem geschah es oft, daß er am Hungertuche nagte, besonders wenn er kein Bier vertragen konnte und es für nöthig hielt, seinen Genius mit Bordeaux zu tränken.

Als ich nach Leipzig kam, war, wie gesagt, die Elite der belletristischen Schriftsteller bei Noak zu finden; allein es machte sich bald das Bedürfniß eines andern Vereinigungspunktes fühlbar. Vierzehn von uns traten zusammen und stifteten den Literaten-Verein, der alle Schriftsteller Deutschlands verbinden sollte. Der Zweck dieses Vereins war ein sehr löblicher. Er sollte erstlich dazu dienen, die Schriftsteller mit einander bekannt zu machen und außerdem sollten in ihm die Rechte und Verhältnisse der Schriftsteller dem Publikum, den Verlegern und der Regierung gegenüber berathen und allerlei Streitigkeiten entschieden werden; ferner sollten durch ihn die Mittel gefunden werden, nothleidende Schriftsteller zu unterstützen. Die Idee fand Anklang bei den Schriftstellern aller Fächer, allein wenig Beifall bei der Regierung, die den Verein so vieler gescheuter Leute mit großer Besorgniß bewachte. Der Verein versammelte sich wöchentlich ein Mal; es wurde ein Präsident gewählt und die Verhandlungen fanden in parlamentarischer Weise, obwohl ohne viel Förmlichkeiten, statt. Manche wichtige Fragen wurden abgehandelt und manche Petitionen an die Regierung geschickt und es ist nicht zu läugnen, daß der Verein im Ganzen eine segensreiche Wirkung auf die Fortentwickelung der Preßverhältnisse ausübte. Freilich entstanden bald Spaltungen und es kam oft zu stürmischen Debatten, die manchmal bittere Feindschaften veranlaßten. Die Publicisten und Belletristen, wie überhaupt die Verfechter der Fortschrittspartei bekamen im Verein die Oberhand; es wurden oft Ideen ausgesprochen, welche die von der Regierung abhängigen Mitglieder erschreckten und veranlaßten, den Besuch des Vereins aufzugeben, wenn sie auch nicht grade aus demselben austraten.

Obwohl ich mit allen Mitgliedern des Vereins bekannt war, so stand ich doch nur mit einer verhältnißmäßig kleinen Zahl in näherem Verkehr, mit welchen mich entweder Neigung, oder zufällige Umstände mehr zusammen brachten. Mein nächster Nachbar unter ihnen war Friedrich Gerstäcker, der etwa hundertfünfzig Schritt von mir in Schimmels Gut wohnte, zu welchem die Insel Buen Retiro gehörte. Er hatte in einem Parterrezimmer seine Hängematte aufgehängt und ebenfalls sein ledernes amerikanisches Jagdhemd nebst ebensolchen Hosen, Moccassins und Bärenmesser. Er hatte damals noch nichts geschrieben, als zwei kleine Bändchen, die bei Arnold in Dresden erschienen waren, und fühlte sich natürlich geschmeichelt, als ich das Publikum mit ihm durch sein Portrait bekannt machte, welches einem meiner Jagdtaschenbücher als Titelstahlstich dient. Es stellt Gerstäcker in ganzer Figur in seinem Jagdanzug vor, neben ihm liegt ein erlegter Hirsch. Der Stich war von einem Oelgemälde kopirt, welches ein Sohn des berühmten Componisten Weber gemalt hatte. Gerstäcker war, wie er in seinen Schriften erscheint, und da sein Portrait oft genug herausgegeben ist,

so brauche ich ihn nicht zu beschreiben und kann mich damit
begnügen zu sagen, daß wir bald Freunde wurden und häufig
beisammen waren. Er war meiner Frau und mir ein stets
willkommener Gast; denn abgesehen davon, daß er ein durch=
aus tüchtiger, braver Mensch ist, hat er auch viel Humor
und ist voller Geschichten und Anecdoten aus seinem Wan=
derleben in den Urwäldern Amerika's, was ihn zu einem
sehr unterhaltenden Gesellschafter macht. Dabei ist er grad=
aus und ohne Complimente, aber nicht* weniger als lär-
mend oder täppisch, sondern angenehm in seinem Benehmen.
Wir gingen oft zusammen auf die Jagd, oder trafen uns
auf der Insel, wo er seine Geschicklichkeit im Rudern zeigte.
Sein einziger Fehler war, daß er weder rauchte noch Wein
trank.

Ebenfalls in meiner Nähe wohnte Heinrich Laube. Als
ein Mitglied des jungen Deutschlands, wozu Heine, Laube,
G. Kühne und Wienbarg gezählt wurden, war er mir schon
früher, namentlich durch seine Reisenovellen bekannt und ich
natürlich begierig, ihn persönlich kennen zu lernen. Er hatte
eine junge Wittwe geheirathet, die ihm außer einem kleinen
Sohn auch ein hübsches Vermögen mitbrachte. Die Ver=
bindung war in jeder Beziehung eine glückliche. Laube war
mittler Größe, war hübsch gewachsen und sein Gesicht erschien
mir sehr angenehm, obwohl er oft als häßlich ausgeschrieen
und caricirt wurde. Es ist wahr, seine Nase hätte etwas
größer sein können, aber er hatte eine schöne Stirn, sehr
angenehmen Mund und treuherzige, kluge, blaue Augen.
Sein dunkles Haar trug er kurz geschnitten und ließ den
Bart ganz wachsen, was ihm in Verbindung mit seiner
etwas gelblichen Farbe einen kräftigen, männlichen Ausdruck
gab. Manchen mißfiel sein kurzes, bestimmtes Wesen, mir
gefiel es. Wir vertrugen uns sehr wohl und ich erinnere

mich nicht eines einzigen Disputes mit ihm, obwohl wir fortwährend uns gegenseitig besuchten und ich während der Jagdzeit fast alle Woche ein= oder zweimal den Tag mit ihm auf der Jagd zubrachte. — Er fühlte sich in den gewöhnlichen bürgerlichen Gesellschaftskreisen nicht befriedigt und wurde allmählig von der aristokratischen Atmosphäre berückt, in welche er durch die Bekanntschaft mit dem Fürsten Pückler — dem berühmten Verstorbenen — gerieth. Diese Bekanntschaft hatte einen sehr entscheidenden Einfluß auf Laube und ich merkte es wohl, wie sich, je länger dieselbe dauerte, seine Ansichten immer mehr und mehr auf die Seite des alten Deutschlands neigten. Robert Blum war ihm gradezu ein Gräuel; er betrachtete ihn als die Personification des widerwärtigsten Jacobinismus.

Iduna Laube war die Tochter des Appellationsrathes Buddeus und früher an einen Doctor Hänel verheirathet, der in Folge eines Steinwurfes, den er bei einem Tumult erhielt, das Leben verlor. Ihr Gesicht war nicht regelmäßig schön, aber höchst angenehm und beim Lächeln mit Grübchen auf den Wangen geziert. Sie war graciös und comme il faut in allen ihren Bewegungen, immer heiter und freundlich und hatte für Jeden ein verbindliches Wort. Dabei war sie verständig und gebildet, nahm Theil an den Unterhaltungen der Männer und wußte sich sehr angenehm auszudrücken. Ihr Betragen war einfach und natürlich, mit einem kleinen Anflug von Coquetterie, der ihr allerliebst stand, und den ihr selbst die Frauen verziehen, welche sie nicht weniger bewunderten als wir Männer. Mit diesen Vorzügen verband sie noch die, eine gute Mutter, — sie hatte damals einen Sohn von Laube — verständige Hausfrau und sehr liebenswürdige Wirthin zu sein. Auch war sie — bald hätt' ichs vergessen! eine ganz gute Jägerin, und wenn sie gelegentlich mit uns auf die Jagd ging, schoß sie ihren Hasen eben so gut wie ihr Mann.

Laube's gaben oftmals Gesellschaften, die sehr angenehm, und wo stets durchreisende Schriftsteller oder Künstler zu finden waren. Als er Dramatiker wurde, lud er nach Vollendung jedes Stücks eine auserlesene Gesellschaft ein, der er dasselbe aus dem Manuscript vorlas. Ich hörte von ihm: Der Hauptmann von der Nachtwache, Monaldeschi, die Bernsteinhexe — die bei uns keinen Beifall fand. — Roccocco, Struensee und die Karlsschüler.

Unter den nicht literarischen Besuchern Laube's war ein alter Freund, den er unter dem Namen „der Starost" in seinen Reisenovellen aufgeführt und verewigt hat. Der Starost war vor dreißig Jahren mit langem Kaftan, langen Judenlocken und dem Sack über der Schulter von Brody nach Leipzig gekommen und seitdem in dieser Stadt geblieben. Hier erwarb er sich durch Fleiß und Betriebsamkeit ein hübsches Vermögen, das jährlich zunahm, und da er hauptsächlich nur während der Messen zu thun hatte, so ließ ihm sein Geschäft Zeit, an seine wissenschaftliche Ausbildung zu denken, wozu er den Trieb in sich fühlte. Er ließ sich als Student immatriculiren, besuchte die Vorlesungen, studirte zu Hause, las unendlich viel, lernte Französisch u. s. w. und erwarb auf diese Weise, wenn auch keine große Gelehrsamkeit, so doch Bildung genug, um an den Erzeugnissen der Literatur Freude und Genuß zu finden. Dabei hatte er die Neigung, den eleganten Lebemann zu spielen, und der Starost, der ein hartnäckiger Junggesell blieb, war seiner Zeit ein Don Juan. Als ich ihn kennen lernte, war an seiner Galanterie mehr Geschrei, als Wolle; sein Scheitel fing an kahl, und sein Bauch dick zu werden; aber er spielte noch immer gern den Galanten, und die Damen konnten mit

ihm machen, was sie wollten, ohne daß er verdrossen wurde.
Lernte man ihn näher kennen, so fand man in ihm einen
sehr braven Mann, der das Herz auf der rechten Stelle
hatte, obwohl es ein sehr furchtsames Judenherz war. Er
war sehr erkenntlich für kleine Freundlichkeiten und galt es,
einem Freund einen ernstlichen Dienst zu leisten, so half er
nicht nur mit Rath, sondern auch mit der That. Er war
in Leipzig eine bekannte Stadtfigur und außer der Messe in
der Gesellschaft der Literaten, während der Messe aber auf
dem Brühl zu finden.

Ein entsetzlicher Schrecken fuhr dem Starosten in die
Beine und machte ihn um zehn Jahre älter. Er hatte näm=
lich sein Geld zum Theil in einer Druckerei angelegt, in
welcher eine, der österreichischen Regierung mißliebige, Schrift
gedruckt wurde. Obwohl der Starost daran so unschuldig
war, wie ein neugebornes Kind, so fand sich doch die öster=
reichische Regierung veranlaßt, sich an ihn zu halten, da sie
dem Leipziger Buchhändler und Drucker nicht zu Leibe konnte.
Der Starost erhielt also eines Tages die Mittheilung von
Seiten der österreichischen Regierung, daß seine Anwesenheit
in seiner Heimathsstadt Brody dringend gewünscht werde,
daß die k. k. österr. Regierung einen so ausgezeichneten
Unterthan nicht länger entbehren wolle. Der Starost sah
sich schon auf dem Spielberg und beunruhigte sich wirklich
so sehr, daß er ganz elend wurde. Endlich nach vieler Angst
und Mühe nahm ein kleiner Nachbarstaat ihn unter seinen
Schutz, und er zog von Leipzig weg, wohin er nur während
der Messen zurückkehrte.

Laube's Famulus — böse Zungen nannten ihn seinen
Kalinsky — war Dr. ***, der Redacteur einer wenig
verbreiteten belletristischen Zeitschrift. Er war damals ein
großer, hübscher, blonder Mann mit einer Hinneigung zum

Fettwerden und das Novellenschreiben wurde ihm herzlich sauer. Er zog eine gut besetzte Tafel bei Weitem seinem Schreibtische vor, und ich mochte ihn auch lieber an ersterem; nicht nur deshalb, weil es eine Freude war, ihn genießen zu sehen, sondern auch, weil er ein vorzüglicherer Tischgesell=
schafter, als Schriftsteller war. Sein Erzählertalent war unübertrefflich und selbst wenn er eine alte Geschichte wieder=
holte, hörte ich sie immer gern. Er erreichte diese Wirkung nicht durch Buffonerie, sondern mehr durch eine ruhige Drolligkeit, die er indessen niemals auf dem Papier festhalten konnte. Die Leute in Leipzig mochten ihn nicht besonders und sprachen geringschätzig von ihm, obwohl ich eigentlich keinen Grund dafür sah; ich vertrug mich stets sehr gut mit ihm, und wir waren, was man so in der Gesellschaft ge=
meinhin gute Freunde nennt.

Frau Dr. *** war ein zartes, hübsches, blondes Weibchen, welches so unschuldig aussah, wie es einem Pfar=
rerstöchterchen zukam. Da ihr Mann sich aber mehr aus einer guten Schüssel oder einem guten Glas Wein, als aus den Weibern machte, und ein gerade noch dreimal so mäßiger Ehemann war als der Vater von Tristram Shandy, — so sagte die böse Welt, daß die kleine Frau sich auf andere Weise für diese Entbehrungen entschädige. Dr. *** war ein Philosoph in dieser Hinsicht und gar nicht begierig, streng gegen seine Frau zu sein; allein es giebt immer hochmora=
lische Klatschgevattern, welche solche Duldungsphilosophie weder am Manne, noch an der Frau leiden können und den Leuten das Taschentuch von den Augen reißen, selbst wenn sie es absichtlich vor das Gesicht halten. Solche moralische Taschentuchreißer fanden sich denn auch in diesem Fall, und der arme *** wurde endlich gezwungen, sich von seiner Frau scheiden zu lassen. Da er aber auf dieselbe nicht im

Geringsten böse und überhaupt ein gutmüthiger Mensch, außerdem das sächsische Gesetz in Bezug auf criminal conversation ganz außerordentlich streng war, so bequemte er sich zu einem Arrangement, welches seinem Herzen wirklich alle Ehre machte. Er verließ seine Frau, und diese klagte auf Scheidung wegen böslicher Verlassung. Die Scheidung wurde bewilligt und der Doctor zu vier Wochen Gefängniß verurtheilt, die er auch geduldig absaß. Hätte er geklagt und seiner Frau criminal conversation bewiesen, so würde sie außerordentlich hart bestraft worden sein. Der Marschall von Sachsen wurde noch wegen Ehebruch zum Tode verurtheilt und fand einst bei Tische unter seinem Convert die von seinem Vater, König August, unterzeichnete Begnadigung.

Dr. *** gefiel es, sich für einen der Hauptrepräsentanten der deutschen Literatur in Leipzig zu halten und hielt sich daher gewissermaßen verpflichtet, durchreisenden Schriftstellern und Künstlern die Honneurs zu machen. So sah ich bei ihm den Verfasser der Griseldis, Halm, der einige Tage in Leipzig war. Er war ein angenehmer Mann, so viel ich mich erinnere; allein seine äußere Erscheinung verkündete wenig von seinem poetischen Talent. Auch den Schauspieler Döring, den ich schon von Mainz her kannte, fand ich einst bei dem Doctor. Seine Unterhaltung war sehr amüsant und seine Erzählungen waren höchst komisch, wenn er sie durch sein dramatisches Talent illustrirte.

Aus Mainz erzählte Döring eine Anecdote, von der ich nur wünschte, daß die Leser dieselbe von ihm hören könnten.

Er aß einst bei dem Schauspieldirector August Haake und in Gesellschaft von dessen Frau und Schwiegermutter. Während Haake ein Stück Rindfleisch auf seinen Teller legte, war er mit Döring in einer interessanten Unterhaltung be=

griffen. „Lieber Haake willst Du nicht etwas Sotse?" unterbrach ihn die Schwiegermutter. „„Nein, ich danke,"" rief derselbe zerstreut, ohne sich in seiner Rede unterbrechen zu lassen. — „Aber lieber Haake, Du mußt doch etwas Sotse nehmen!" — „„Nein, ich danke."" — Die Unterhaltung geht fort, und die sorgsame Schwiegermutter schüttelt den Kopf. Endlich nach einer Pause: „Aber lieber Haake, Du kannst doch wahrhaftig das Fleisch nicht ohne Sotse essen!" — „„Nein, nein, nein! ich will keine!"" „Nur ein bischen Sotse!" — „„Laß mich mit der verfluchten Sauce zufrieden, ich mag keine!"" — Die Unterhaltung wird interessanter; die Schwiegermutter schüttelt heftiger; sie ergreift die Saucière, und als Haake in der Hitze des Gesprächs seinen Teller unbewacht läßt, überfluthet sie denselben und ruft: „Ein bischen Sotse mußt Du wirklich nehmen." — Haake springt wüthend auf und wünscht alle Schwiegermütter in die Höllensotse. —

Bei Dr. *** lernte ich auch Dr. Kuranda kennen, den damaligen Redacteur der Grenzboten, einen gescheuten, liebenswürdigen Mann, der mich in seinem Aeußern an einen Abbé der alten Zeit erinnerte. Er war klein und zierlich gebaut — kleidete sich mit großer Sorgfalt, trug ein Jabot und ging außerordentlich gerade. Sein geistreiches Gesicht hatte einen französischen Typus und Eduard Maria Oettinger — von dem Dr. *** behauptete, daß er selbst „bonus" (nämlich jud) sei — nannte ihn stets den Rabbi Kuranda. Auf mich machte er einen sehr vortheilhaften Eindruck. Ich hörte ihn einmal zur Clavierbegleitung ein humoristisches Lied singen, in welchem folgender Vers vorkam:

Ein Knödel schaut den andern an,
Wie er nur so sieden kann,

welches ich die österreichische Nationalhymne nannte. Während der Revolution habe ich oft an Kuranda und diesen Vers gedacht, wenn Philisterknötel über den in uns siedenden Enthusiasmus verwundert waren.

Ebenfalls bei Dr. *** lernte ich Saphir kennen, der sogar bei ihm ein Zimmer hatte. Ich möchte nur wissen, weshalb Humoristen oft solch unangenehme und zänkische Menschen sind! Saphir war ganz unausstehlich, sowohl in seinem Aeußeren als in seinem Benehmen. Er war ziemlich groß, hatte ein schauderhaftes Plattnasengesicht und dabei rothe Haare, so daß ich mich nie erwehren konnte, bei seinem Anblick an Zodick, den Blutzapfer, in Spindler's „Juden" zu denken. Er schien auf dies Gesicht indessen besonders eitel und verschönerte es durch eine lockige Perrücke, wovon er stets mehrere Exemplare auf der Reise bei sich hatte. Er war mit Allem unzufrieden, brummte und zankte beständig und es gehörte wirklich eine große Selbstüberwindung dazu, ihm nicht eine Tracht Prügel zu geben, wie er sie übrigens oft genug in seinem Leben genossen hat. Er prahlte gern mit seinen vornehmen Bekanntschaften in Wien und erzählte, wie im Vorbeigehen, kleine Geschichten, nur um zu zeigen, auf welchem vertraulichen Fuß er mit einigen der größten Edelleute stehe. Einst führte er eine Unterredung mit Graf Sándor an, die derselbe in folgender Weise begann: „Sag' einmal, Saphir, hast Du nicht gehört" u. s. w. — — „Wie," rief ich mit angenommenen Erstaunen, „Sie dulden, daß der Graf Sie wie einen Bedienten anredet?" — Er sah mich groß an, aber hielt es für gut, nichts auf den Stich zu erwiedern.

Er kam nach Leipzig, um dort einige seiner „Academien" zu halten und wir versprachen ihm unsere Unterstützung, wenn er den Ertrag von einer derselben für unseren Unter=

stützungsfond bestimmen wolle, wozu er sich auch bereit erklärte. Ich gab mir sehr große Mühe in dieser Angelegenheit, fand aber ganz ungewöhnliche Unlust unter den Künstlern, Saphir in irgend einer Weise gefällig zu sein. Als ich eine sehr liebenswürdige Sängerin, Fräulein Krüger — sie trat von der Bühne und heirathete einen sächsischen Edelmann — besuchte und um ihre Mitwirkung bat, die mir freundlich zugesagt wurde, kam ihre Mutter schnell in das Zimmer und rief: „Aber bitte, Herr von Corvin, sagen Sie Herrn Saphir ganz ausdrücklich, daß meine Tochter es nur Ihnen zu Gefallen thut und durchaus nicht ihm, denn er hat von uns sehr viele Freundlichkeit empfangen und sich auf die abscheulichste, undankbarste Weise benommen." — Die zu seinen Gunsten veranstaltete „Akademie" entsprach seinen Erwartungen nicht und da er die Menge der Anwesenden überschätzt hatte, so schrie er giftig: „Ich bin bestohlen, schändlich bestohlen!" —

Ganz anders benahm sich bei einer ähnlichen Gelegenheit Charlotte von Hagen, welche Gastrollen in Leipzig gab und auch zum Besten unseres Unterstützungsfonds in einem Saale des Gewandhauses auftrat. Bei dem Souper im Hotel de Pologne, welches wir ihr nach der Vorstellung gaben, machte ich ihre Bekanntschaft und unsere verschiedenen dabei anwesenden Ehehälften fingen an, ernsthaft zu werden, als sie sahen, welche Bewunderung wir ihr zollten. Es mußte ihr aber Jemand vom Literatenverein in Leipzig die Honneurs machen und ich übernahm die Verpflichtung sehr gern. Sie brachte einige Abende bei uns zu, deren ich mich noch mit vielem Vergnügen erinnere.

Fräulein von Hagen konnte damals nicht mehr jung sein, allein sie war noch immer schön und eine wirklich reizende Erscheinung, als sie bei dem Concert im Gewandhause im vollen Schmuck, funkelnd von Brillanten wie eine Königin und mit einem Jelängerjelieberkranz im Haar auftrat. — Liebenswürdig war sie stets, aber jeden Tag spielte sie eine andere Rolle. — Wir gefielen einander gut und wenn sie mir ihre Hand reichte und „Guten Tag mein Freund" sagte, so hätte man fast glauben sollen, sie meine es wirklich. Sie erzählte manche Anecdote aus ihrem Künstlerleben, von denen sie freilich die interessantesten verschwieg. Ich wünschte wohl, sie hätte ihre Memoiren geschrieben, denn ich zweifle keinen Augenblick, daß ihre Erinnerungen reicher und jedenfalls pikanter als die meinigen sein würden, denn sie war mit allen Potentaten und hohen Personen Europas oft in sehr vertraute Berührung gekommen. — An Petersburg schien sie mit besonderem Vergnügen zu denken und ich vermuthe, daß ein Theil ihrer Brillanten von dort herstammt. Ein russischer Fürst, der Diamantgruben im Ural besaß, gab sich viel Mühe, ihr in mittelmäßigem Französisch Artigkeiten zu sagen. Lachend unterbrach sie seine nicht besonders fließenden Erklärungen, indem sie rief: „Durchlaucht, ich werde Sie weit besser verstehen, wenn Sie mir das was Sie sagen wollen, in Diamanten ausdrücken," und in der That übersandte ihr der galante Fürst am anderen Tage einen Brillantschmuck. — Sogar der eiserne Czaar scheint ihr gehuldigt zu haben; wenigstens trat er einmal in ihr Ankleidezimmer, als sie noch im allererstem Stadium ihrer Toilette und genöthigt war, sich unter dem Tisch zu verbergen. Er scheint aber geblieben und den nächsten Abend wieder gekommen zu sein, denn er erzählte ihr lachend, daß man ihm seinen Mantel gestohlen, den er vor der Thür abgeworfen hätte.

Wenn Fräulein von Hagen ihre Rollen lernte, pflegte sie auf Stühlen und Tischen umherzuklettern; ja manchmal saß sie, ehe sie sich dessen versah, auf irgend einem Schrank;

so erzählte sie wenigstens. — Sie war, wie bekannt, im Lustspiel unübertrefflich und ich bewunderte sie wie keine andere Schauspielerin; aber sie selbst war weit stolzer auf ihre Leistungen im Trauerspiel und konnte ganz böse werden, wenn ich ihr rieth, sie solle nur im Lustspiel auftreten; darin stehe sie einzig da.

Sie war sogar in der „Stummen" als „Fenella" aufgetreten, und als ich sie deshalb tadelte, rief sie ungeduldig: „Nun, Sie sollen mich als Gretchen im Faust sehen."

Es war ein schöner Sommertag und das Theater bereits gefüllt, als ich sie aus dem Hôtel de Pologne abholte. Als wir auf die Promenade kamen, sagte sie: „Ich möchte heute lieber über den Stock springen, als auftreten. Wissen Sie was, wir wollen spazieren gehen." — „Aber es ist keine Zeit mehr," antwortete ich, „das Stück hat schon angefangen." — „Das ist's eben, was mich reizt! Wie köstlich, sie da Alle sitzen zu sehen, und — kein Gretchen! — Das Erstaunen im Haus und die Confusion auf der Bühne, während wir hier in aller Seelenruhe den schönen Abend genießen. — Manchmal kann ich dieser Neigung kaum widerstehen, und als ich einst in München auftreten sollte und das Stück angegangen war, hatte ich mich in einer Tonne versteckt und es dauerte lange, bis sie mich fanden. — Kommen Sie, wir gehen spazieren." — Da man bei einer solchen capriciösen und verwöhnten Künstlerin nicht sicher sein konnte, ob sie nicht wirklich einen solchen dummen Streich beabsichtige und ernstlicher Widerspruch sie nur bestärkt haben würde, so rief ich: „Aber um des Himmels Willen bedenken Sie doch meinen Ruf!" — Sie sah mich mit einem unbeschreiblich komischen Blick an und sagte: „Das ist auch wahr! Kommen Sie, ich fühle mich jetzt ganz deutsche Jungfer." —

Das Haus war sehr voll. Fräulein von Hagen spielte ganz vortrefflich; aber ihr Spiel ergriff mich nicht; man — wenigstens ich — merkte die Kunst, während ihre Lustspiel=rollen stets den Eindruck der Natürlichkeit machten. Sie wurde mit Beifall überschüttet, aber ich zog unsere Unzel=mann als „Gretchen" vor, vielleicht weil ich bei dieser nicht hin und wieder den jungen Voltaire sagen hörte: „Ich glaube, das kommt vom Champagner," sondern mehr ge=wohnt war, sie in tragischen Rollen zu sehen. Uebrigens mochte ich auch Mad. Rettig als Gretchen nicht so gern, als Fräulein Unzelmann, welche eine mehr sittsame, jungfräu=liche Erscheinung war. — Am Hotel hob ich Fräulein von Hagen aus dem Wagen und führte sie die Treppe hinauf. Sie that, als sei sie bis zum Sterben erschöpft. Endlich nahe ihrer Thür fragte sie leise: „Nun, wie habe ich Ihnen gefallen?" — „Ganz vortrefflich," rief ich, „aber ich habe doch Recht." — Wüthend riß sie sich von meinem Arm los, rannte in ihr Zimmer, schlug heftig die Thür zu, drehte den Schlüssel um und war für den Abend nicht mehr sichtbar.

Als ich einige Jahre später nach Berlin kam, besuchte ich sie. Sie wohnte unter den Linden, und wenn man sich dem Eingang zu ihren Zimmern näherte, stutzte man und glaubte, sich zu irgend einem Militär verirrt zu haben, denn die dort angebrachte Drapperie war an zwei mittelalterlichen Hellebarden befestigt. Im Zimmer fehlte es gleichfalls nicht an Waffen. Man erzählte, sie lasse sich von jedem ihrer Liebhaber einen — Dolch schenken; aber jedenfalls hatte sie mehr Liebhaber gehabt, als in ihrem Zimmer Dolche aus=gestellt und in Form einer Sonne an der Wand angebracht waren. Es war ein langer Dolch unter ihnen, den der Herzog von Alba getragen haben sollte und ein kleiner mit goldenem Griff und Scheide, reich mit Edelsteinen besetzt, der zwanzigtausend Francs — aber nicht Fräulein von Hagen — gekostet hatte.

Als ich ins Zimmer trat und sie mir die Hand reichte, rief sie: „Wir sind alt geworden, mein Freund!" — „Wir?" antwortete ich und sie lachte. Ich fand bei ihr den von Herrn von Küstner warm poussirten, fetten Schauspieler Hendrichs und Herrn Owen, ihren späteren Gatten.

Ich nannte vorhin Eduard Maria Oettinger, der damals in Leipzig den „Charivari" herausgab, ein Blatt, welches mehr seines Namens, als seines Inhaltes wegen gehalten wurde. Oettinger hielt sich für den ersten Humoristen der Welt; allein ich konnte an seinem Humor keinen Gefallen finden, denn derselbe quoll nicht aus dem Innern, sondern war künstlich erzeugt; ich merkte beim Lesen von Oettingers Sachen stets, daß ich zum Lachen gekitzelt werden sollte und so wurde der Zweck verfehlt. Er lachte über seine Einfälle selbst am meisten und hatte den größten Genuß daran; seine Frau glaubte an ihn, wie an einen Gott; er hatte, sich selbst ausgenommen, keinen größeren Bewunderer. Einst als mehrere Schriftsteller beisammen saßen, sagte einer derselben zu ihm: „Es hat doch Jeder von uns etwas geschrieben, womit er nicht zufrieden ist, was er gern ungedruckt wünschte; sag' einmal Oettinger, welches von Deinen vielen Büchern hältst Du für das mangelhafteste?" — „Ich?" antwortete Oettinger sehr erstaunt, „ich habe nur gute Sachen geschrieben; meine Bücher sind alle ausgezeichnet." —

Für einen Einfall, den er für witzig hielt, riskirte Oettinger seine Seele und was mehr sagen wollte, eine Tracht Schläge. Er griff Jedermann an und war mitunter sehr boshaft in seinen Witzen; obwohl Bosheit nicht eigentlich in seinem Charakter lag. Gegen wen er einmal eine Antipathie hatte, an dem hing er wie eine Klette. Laube pflegte zu

sagen: „Dieser Mensch lebt von mir," und Heller ließ er
niemals los. Mir kam er immer vor, wie ein naseweiser
Pinscher, der des Morgens auf die Straße gelassen wird.
Alles bellt er an ohne Grund; jeden Hund fragt er nach
dem Paß; in alle Winkel steckt er seine Nase und alle Eck=
steine ätzt er an. Oettinger hatte denn auch Feinde in
Menge, wie das bei einem Witzmacher von Profession nicht
anders möglich war. Trotz all dem war er ein sehr gut=
müthiger, herzlicher Mensch, zärtlicher Gatte und Vater und
exemplarisch fleißig. Er hatte in seinem Leben eine unge=
heuere Menge zusammengeschrieben und ganze Bibliotheken
durchgelesen, um Stoffe für seine Arbeiten aufzustöbern;
aus wenig bekannten Büchern stahl er mit der edelsten
Dreistigkeit, was ihm irgend paßte. Hätte Oettinger bei
diesem ungeheueren Fleiß und dem Forschertalent, welches er
besaß, sich nicht darauf verbissen, ein humoristischer Schrift=
steller sein zu wollen, sondern sich ernstlich auf eine Wissen=
schaft geworfen, wie Archäologie, Numismatik, Bibliographie
u. s. w., er würde nicht nur einen bedeutenderen Namen,
sondern auch eine einträgliche Stellung gewonnen haben.
Was er in der Bibliographie, neben seiner Tänzerei auf dem
Wortseil, geleistet, rechtfertigt diese Meinung vollkommen;
eines seiner bibliographischen Werke ist überall zu finden und
wird von den Bibliothekaren hoch geschätzt. — Ich vertrug
mich immer gut mit Oettinger, und wenn er auch nicht in
mein Haus kam, — wo er stets Feinde gefunden haben
würde — so standen wir doch all die Jahre hindurch auf
freundschaftlichem Fuß. Wenn ich ihn auch nicht so sehr
bewunderte, wie er es selbst that, so schätzte ich ihn doch
keineswegs gering, weder als Schriftsteller noch als Mensch.

Oettinger hatte das Aeußere eines Humoristen; er war
klein und schwächlich, hatte ein gelbliches, etwas orientalisches

Gesicht, ein wenig vorstehende Zähne und trug sein schwarzes Haar geschoren wie eine Schuhbürste, oder à la galérien.

Oettinger versuchte sich auch als Lustspieldichter; aber sein Stück wurde mit Jubel ausgepfiffen, was auch Robert Heller begegnete, der indessen klug genug war, auf seinem Hausschlüssel pfeifend, selbst den Ton anzugeben. Oettinger's vollkommenes, starkes Bewußtsein von seiner eigenen Vortrefflichkeit und der Dummheit des Publikums stumpfte indessen den Stachel dieser Demüthigungen ab.

Ein Liebling Aller in Leipzig war C. Herloßsohn, der nun todt ist, aber dessen hübsche Romane noch nicht vergessen sind und um den Großberger und Kühl, die damaligen Wirthe des Hotel de Pologne, wahrscheinlich noch heute weinen. Herloßsohn war ein Böhme, hatte sich aber schon seit vielen Jahren in Leipzig angesiedelt, wo er die Zeitschrift „der Komet" redigirte. Er war klein, untersetzt und wie es mir schien, ein wenig verwachsen; wenigstens war es mit einer seiner Hüften nicht ganz richtig. Er war blond, ohne besondere Ursache eitel auf sein Haar und hatte ein gutmüthiges, leicht von Pockennarben gezeichnetes Gesicht. „Sein Leben war ein stilles Wandern, von einer Kneipe zu der andern." Bier konnte er nicht vertragen: aber wo Bachus regierte, sah man auch Herloßsohns, von einem Wehmuthsschatten überflogenes Gesicht über einem vollen Glase Bordeaux hängen; denn anderen Wein trank er nicht. Je mehr er trank, desto wehmüthiger wurde er und desto krampfhafter fühlte seine Hand nach einer befreundeten Nachbarshand, die er in schnellen, kurzen Absätzen leicht zu drücken pflegte. Er sprach meist leise und mit einer etwas belegten Stimme, lachte nie laut, sondern war stillvergnügt und all seine Reden durchwehte ein ruhiger Humor. Er mußte schon ziemlich alt sein; allein er machte nicht diesen

Eindruck. Er war unverheirathet und so lange ich ihn kannte, hatte er keine andere Geliebte, als die langhalsige Bordelleserin, die er aber bis zum delirium tremens liebte, wovon er jedoch auf der Kaltwasserheilanstalt genas. Da er äußerst gutherzig war und keinen Menschen kränkte, so hatte er denn nur einen Feind und der war er selbst. Daß man ihn im Hospital sterben ließ, ist eine Schande; aber seine Freunde in Leipzig entschuldigten sich damit, daß sie erst nach seinem Tode von seiner Krankheit gehört hätten.

Ein anderer Humorist, der gelegentlich nach Leipzig kam, war A. Glaßbrenner, der Vater des Eckensteher Nante und vieler Berliner Charaktere. Er war ein nicht großer, blonder noch ziemlich junger Mann von angenehmem Aeußeren. Er hatte eine Schauspielerin Peroni geheirathet, die als Mad. Peroni-Glaßbrenner in Schwerin engagirt war und welche hin und wieder Gastrollen in Leipzig gab. Ich hatte nie gewußt, daß Glaßbrenner auch Dichter sei und war daher sehr überrascht, als er bei mir seinen Reineke Fuchs einer kleinen Gesellschaft aus dem Manuscript vorlas. Ich war so entzückt von den poetischen Schönheiten und der scharfen Satyre dieses Gedichtes, daß ich mich lebhaft dafür interessirte, dasselbe bei einem Verleger und zu einem guten Preise anzubringen. Er entsetzte sich zuerst, als ich ihm rieth, es nicht unter tausend Thaler Gold herzugeben; aber folgte meinem Rath und erhielt dieselben von Herrn Lork. Das war damals ein sehr bedeutendes Honorar, besonders da man Verbot und Confiscation des Reineke Fuchs erwarten konnte, die denn auch nicht auf sich warten ließen. Im Allgemeinen war Glaßbrenner in Gesellschaft amüsant und angenehm; wenn ihm aber etwas nicht recht war, dann wurde er so unausstehlich, daß es Einem in den Fingern juckte. Er, seine Frau, meine Frau und ich reisten einst zusammen im Eilwagen nach Frankfurt. Wir hatten uns von der Gesellschaft des witzigen Schriftstellers viel Vergnügen versprochen; aber niemals sind wir mehr angeführt worden. Es war entsetzlich warm und Glaßbrenner, obwohl er den Rock ausgezogen, das Halstuch abgebunden und die Hemdknöpfe an Hals und Armen aufgeknöpft und die Füße zur offenen Thür hinaus gehängt hatte, wollte zerfließen und gnutterte und nergelte während der ganzen Reise; ja als sich für eine kurze Strecke ein ziemlich dicker commis voyageur als fünfte Person zwischen uns schob, wurde Glaßbrenner so unartig, daß es zwischen den schwitzenden Parteien beinahe zu Thätlichkeiten gekommen wäre und wir Alle durchaus verstimmt wurden.

Einstmals besuchte uns auch Alexander Weil aus Paris, ein kleiner gescheuter „Bonus," der die amerikanische Gewohnheit hatte fortwährend zu spucken, aber dessen Erzählungen höchst amüsant waren. Er war im Elsaß geboren und schrieb sowohl in deutscher als französischer Sprache. Seine „Elsäßer Dorfgeschichten," welche lange vor Auerbachs Schwarzwälder Dorfgeschichten erschienen, sind ein sehr gutes Buch, unterhaltend und voller Leben und Wahrheit. Damals hatte er eine etwas seltsame Geschichte des Bauernkrieges geschrieben und beschäftigte sich eifrig mit socialistischen Fragen. — Einige Vorfälle aus seinem Leben erzählte er mit großem Humor und besonders amüsirte mich die Geschichte seines ersten Handels, des Kaufs oder Verkaufs einer Kuh, den er als kleiner Junge bewerkstelligte. Da als Knabe er eine hübsche Stimme hatte, so gebrauchte ihn Herr von Rothschild in Frankfurt als Sänger in der Synagoge. Als Weil später einmal eine Summe als Honorar zu erhalten hatte, ließ er sich für dieselbe einen Wechsel auf Rothschild geben, um demselben zu zeigen, daß man nicht allein durch den

Schacher Geld verdienen könne. Rothschild äußerte sich denn auch anerkennend und legte ihm fünfzig Gulden über den Betrag des Wechsels hin; aber Weil fühlte sich in seiner Würde als Schriftsteller verletzt und schob zu des Börsenkönigs Erstaunen das Geschenk zurück. Ueberhaupt hatte Weil einen ganz unisraelitischen Zorn gegen die Rothschilds und hat, glaub' ich, auch oftmals gegen sie, nicht persönlich, aber gegen ihre Stellung in der Finanzwelt und ihr Verhältniß zur Gesellschaft überhaupt geschrieben. Weil lebte in Paris, wurde Mitarbeiter am Charivari und an der Democratie pacifique und scheint seitdem kein deutsches Buch veröffentlicht zu haben. Ich traf ihn später in Paris, wo er eine Frau geheirathet hatte, die einen einträglichen Putzmacherladen hatte. „Es ist bemüthigend," sagte Weil, „meine Frau verdient in einem Tage mehr durch ihre Putzmacherei, als ich in einem ganzen Monat durch mein Geschreibsel." Das sagte er, als ich ihm die Zeilen seiner Artikel zählen half. Die Revolution hatte ihn außerordentlich verschüchtert, und endlich höre ich, daß er fromm geworden ist.

Unter den Zugvögeln, die hin und wieder Leipzig besuchten, muß ich noch einige nennen, von denen manche schon einen bedeutenden Ruf hatten, oder ihn später erwarben. Einer von ihnen war Moritz Hartmann. Er wurde uns bekannt als der Dichter einer Gedichtsammlung: „Kelch und Schwert." Noch mehr als diese Gedichte fand in Leipzig seine liebenswürdige Persönlichkeit Beifall, besonders bei den Damen. Er hatte einen sehr schönen Kopf, der mir indessen für seinen Körper etwas zu groß zu sein schien.

Auch Georg Herwegh besuchte uns und wurde mit großem Enthusiasmus aufgenommen. Er war ein hübscher Mann mit unheimlichen dunkeln Augen, etwas linkisch und verlegen in seinem Wesen. Wir gaben ihm ein großes Abendessen im Hotel de Pologne, wobei er mit Lorbeer gekrönt wurde und uns sein damals neuestes Gedicht: „Die Lerche ist's" u. s. w. vortrug, welches großen Beifall fand. An einem andern Abend wurde ein „Commers" in der Bierstube des Hotels de Pologne gehalten, bei welcher Gelegenheit ein lästiger, kleiner Improvisator, Names Bärman, den armen Herwegh beinahe in ein Mauseloch hineinängstigte, indem er, die Guitarre in der Hand, ihm überall in den Weg trat und ihn mit schlechter Stimme und mehr oder minder verrückten Versen fortwährend ansang. Auch mit Herwegh traf ich später in Paris zusammen und werde viel von ihm reden müssen.

Es ist nicht möglich, alle mehr oder minder berühmten durchreisende Schriftsteller zu erwähnen, die ich im Literaturverein kennen lernte und erwähne nur solche, mit denen ich in nähere Berührung kam. Unter ihnen war Hoffmann von Fallersleben. Ich hatte gehört, daß er in Leipzig sei, und als ich in der Promenade vor dem Petersthor einem Manne in einem grünen Flaus begegnete, ging ich auf ihn zu, redete ihn als Hoffmann an und lud ihn zum Abend zu mir ein, da ich eben frisch angekommene Austern bestellt hatte. Sein Werth als Dichter und Mann der Wissenschaft ist bekannt und — seine Person auch so ziemlich; denn es gab eine Zeit, wo er genöthigt war, das Leben eines fahrenden Sängers zu führen. Er machte mir den Eindruck eines tüchtigen, liebenswürdigen Menschen, der nebenbei das hübsche Talent hatte, eine Zechgesellschaft in froher Laune zu halten. Wir brachten zusammen einen sehr hübschen Abend bei mir zu, und wenn meine Frau endlich gezwungen wurde aus unserem Kreise zu entfliehen, so geschah es nur, weil die Hähne schon anfingen zu krähen und weil sie in dem Tabaksdampf zu ersticken fürchtete. Später sah ich Hoffmann von

Fallersleben noch oftmals in Bierlokalen, wo alle Anwesende
jubelnd einfielen, wenn er eins seiner politischen Lieder an=
stimmte. Ich höre ihn noch immer intoniren:
Mit hoch obrigkeitlicher Erlaubniß sollen
Wir für die Freiheit sein. (bis)
Die Obrigkeit hat alle Mal, ja, ja, das Best' im Sinn ɛc.
welches nach der bekannten Melodie aus Czaar und Zimmer=
mann ging.

Ich machte ebenfalls die Bekanntschaft eines Herrn
Wiehl, weiß aber nicht ob er Ludwig hieß und derjenige ist,
der in manchen Städten „Akademien" à la Saphir gab.
Es brachte ihn Jemand zum Mittagessen mit, wozu ich eine
kleine Gesellschaft eingeladen hatte. Als er meiner Frau
und mir vorgestellt wurde, überreichte er uns ein Blatt, auf
welchem ein Gedicht von ihm abgedruckt war. Er trug da=
von stets ein Packet in der Tasche und vertheilte die Blätter,
in der Weise, wie es in London mit Ankündigungen geschieht,
die man nichts ahnenden Vorübergehenden oft plötzlich in
die Hand steckt. Mich erinnerte das an den „Naturdichter"
Hiller und seine geplatzte Schote. Das Gedicht des Doctors
war aber ein politisches Lied und wurde von ihm ganz aus=
gezeichnet schön gefunden. Leider habe ich es vergessen; einige
Stellen daraus, die mir noch im Gedächtniß sind, will ich
aber den Lesern nicht vorenthalten.

— „Deutschland's Zopf wird immer kleiner;
Doch es braucht noch viele Seife,
Bis es wird geleckter, reiner."

Wir bewunderten natürlich das Gedicht ungeheuer und gaben
uns viele Mühe, den Dichter zu veranlassen, dasselbe im
Theater in einem Zwischenact vorzutragen, wozu wir die Er=
laubniß des Directors auszuwirken versprachen, auch im
Tageblatt müsse er es nothwendig abdrucken lassen, — kurz,

die ganze Gesellschaft ging mit dem ernsthaftesten Humor auf die Sache ein, so daß der Dichter ganz entzückt war. Nach Tische setzte sich eine Herzoglich Dessauische Kammersängerin ans Clavier und ich bat sie, das Lied zu singen und ihm eine passende Melodie zu geben. Das muntere Mädchen erfüllte meinen Wunsch in so komischer Weise, daß wir unser Lachen, der gerührte Dichter seine Thränen, kaum unterdrücken konnten; als sie aber an den Vers mit der vielen Seife kam und diese mit allen möglichen Rouladen und Trillern parfümirte und grotesk verzierte, erstickten wir das ausbrechende Lachen durch ungeheuern Applaus. —

Unter den Schriftstellern, mit denen ich nur oberflächlich bekannt war, hauptsächlich durch den Literatenverein, erwähne ich nur einige flüchtig. Carl Beck, der Dichter der gepanzerten Sonette, war ein kleiner, unansehnlicher junger Mann, der sehr putzstenmäßig aussah und lederbesetzte Hosen trug. Mit ihm sah ich häufig Dr. Julius Kaufmann, der hübsche Novellen geschrieben hatte; einen klugen, bescheidenen, liebenswürdigen jungen Mann, den ich viele Jahre später in London wieder fand, wo er mit Max Schlesinger zusammen die lithographische Correspondenz redigirte.

Dr. Halthaus, war ein langer hagerer Schullehrer, der sich die Schwindsucht andocirt hatte, an welcher er auch starb. Er schrieb eine Weltgeschichte in drei Bänden, und da er mir dringend empfahl, dieselbe zu lesen, so that ich ihm den Gefallen. Er hatte eine höchst seltsame Art Geschichte zu schreiben; indem er nach Kürze strebte, wurde es undeutlich und brachte oft wider Willen sehr komische Effecte hervor, die seinen Jungens gewiß nicht entgangen sein werden. Einer solcher Stellen erinnere ich mich noch. Indem er von dem Fall des Tarquinius redet und die Römer in einiger Entfernung von Rom im Lager sind, sagt er: „Sie stritten über die Vorzüge ihrer Frauen. Bei dem nächtlichen Ritt trug Lucretia den Preis davon." — Das heißt denn doch, den Tacitus noch übertacitussen! — Er beschäftigte sich viel mit einer Geschichte der punischen Kriege und wollte ganz neue Entdeckungen gemacht haben; allein nachdem ich den ersten Theil seiner Weltgeschichte gelesen hatte, fühlte ich kein Verlangen nach mehr.

Professor Biedermann, ein hübscher junger Mann, versuchte es, eine politische Zeitschrift „der Herold" bei Georg Wigand zur Blüthe zu bringen, womit es ihm jedoch unter den damaligen Preßverhältnissen nicht gelingen wollte. Biedermann war immer sehr ruhig und gleichmäßig in seinem Leben; ich glaube nicht, daß der ganze Lauf desselben jemals von einer Leidenschaft bewegt worden ist. Diesen Charakter der Gleichmäßigkeit trugen auch alle seine Reden, die durchaus nicht inhaltsleer, aber entsetzlich ermüdend waren. Seine Rede floß geläufig, „wie Röhrwasser," monoton plätschernd dahin, und es war schwer bis zu deren Ende die Augen offen zu behalten.

Sasse war unser Flügelmann; er war in Leipzig der größte, oder vielmehr der längste Schriftsteller. Er schwärmte für die deutsche Flotte, und zum Dank dafür wurde er in einer Caricatur als Mastbaum eines deutschen Schiffes auf Rädern dargestellt, welches von preußischen Musketieren durch den märkischen Sand fortbewegt wird.

Die deutsche Flotte bringt mich auf den letzten Splitter derselben, den Marinerath Wilhelm Jordan, der damals auch in Leipzig, oder vielmehr bei Leipzig, in Lindenau wohnte. Er war ein großer, schlanker, schöner, junger Mann von lebhaftem und sehr einnehmendem Wesen, der aber wegen seiner Arroganz und Eitelkeit den Männern weit

weniger gefiel als den Frauen, die er hauptsächlich durch
seine Rede gewann. Er sprach sehr geläufig und lebhaft, und
was dieser Rede an Tiefe abging, versuchte er mit Erfolg
durch Wortgefunkel zu ersetzen oder zu verbergen. Jordan
hatte ohne Zweifel bedeutendes Talent; allein er überschätzte
es unmäßig. Er gab damals eine Zeitschrift bei Wigand
heraus, welche er „die begriffene Welt" nannte und einen
Band Dichtungen unter dem Titel „Schaum," — die manches
schöne Gedicht enthielten. Obwohl ich Jordans zur Schau
getragenen Vorzüge sehr wohl erkannte und ihnen volle Ge=
rechtigkeit wiederfahren ließ, so stießen mich doch unsichtbare
Hände von seinem innern Menschen zurück; er war mir
nicht zuwider, ja ich war nicht einmal durch sein arrogantes
Wesen verletzt, aber er ließ mich so durchaus kalt und ich
fühlte, daß die Grundtöne unseres Charakters nicht nur nicht
zusammenstimmten, sondern durchaus dissonirten. — Bei einem
Buchhändlerdiner, im Hotel de Prusse, brachte Jordan einen
Toast aus, dessen Inhalt sich in der Kürze mit den Worten
ausdrücken läßt: „Hilf Dir selber, und jammere nicht that=
los um Gottes Hülfe." Der liebe Gott hat sich ganz an=
dere Redensarten gnädigst gefallen lassen; aber die Regierung
von Gottes Gnaden verurtheilte Jordan als „Gotteslästerer"
zu sechs Wochen Gefängniß. Es war aber auch höchst un=
dankbar grad von einem Pfarrerssohn, dem lieben Gott so
öffentlich ein Mißtrauensvotum zu geben! — Seit diesem
Vorfall war Jordan ein „Märtyrer" und wurde aus Sachsen
fortgemaßregelt. Er ließ Weib und Kind einstweilen in
Lindenau und beide erst nachkommen, als er in Bremen
ein sicheres Asyl gefunden hatte. Dort muß Jordan das
Seewesen studirt haben, denn bei unsern nautischen Excursio=
nen auf Schimmels Teich erschien er mir noch entsetzlich grün
in dieser Hinsicht.

Jordan kam häufig von Lindenau herüber uns zu besuchen, und ich wurde manchmal von meiner Frau gescholten, daß ich nicht herzlicher sei gegen einen so talentvollen Mann, der sich so gern reden hörte, wovon sie mit profitirte, und der so schön sprach. Gerstäcker war eben solch ein dummer Kerl wie ich und machte sich auch nicht viel aus Jordan. — Seitdem habe ich ihn nicht wieder gesprochen; aber einmal gesehen. — Es war 1855 im Spätherbst in Frankfurt; ich war eben aus dem Bruchsaler Zellengefängniß gekommen, in welchem ich sechs Jahre gesessen hatte. Ich sah nicht eben blühend aus, sondern im Gegentheil sehr, sehr blaß; aber ich war sehr glücklich und stolz, und als ich am Main, zwischen der Bibliothek und der Brücke, dem Herr Marinerath begegnete, — that er mir leid, aufrichtig leid, als er verlegen seitwärts sah und an mir vorüber ging.

Es war mir nicht erfreulich von Jordan zu reden, denn die Erinnerung an ihn erregt mich unangenehm; ich kann nicht jubeln, wenn ein talentvoller Mann fehlt, sondern es bewegt mich schmerzlich.

Ich habe noch nicht von Gustav Kühne geredet. Das junge Deutschland in Leipzig war klug; auch Kühne heirathete ein schönes, liebenswürdiges und reiches Mädchen. Seitdem übereilte er sich nicht im Produciren und begnügte sich mit der Redaction der „Zeitung für die elegante Welt," die aber auch Laube eine zeitlang hatte. Ich weiß nicht wie das zusammenhing. Kühne war ein ganz angenehmer Mann, der begreiflicherweise viel zu Hause blieb und ich sah ihn nur im Literatenverein, gelegentlich bei Laube's und bei großen Festessen, wo er immer unter den Rednern war und stets mit emporgestreckter Hand rief: „Seid einig! seid einig!" was freilich der liberalen Partei nicht oft genug gesagt werden konnte. —

Robert Blum's Bekanntschaft machte ich ebenfalls im Literatenverein, obwohl ich ihn von Ansehn längst kannte, da er als Theatersecretär an der Theaterkasse saß. Sein Aeußeres war nicht einnehmend; seine ganze äußere Erscheinung durchaus gewöhnlich; er sah aus wie ein Maurergesell. Im Literatenverein und bei öffentlichen Gelegenheiten hörte ich ihn oftmals reden; doch konnte ich mich mit der Manier seiner damaligen Reden nicht befreunden. Er sprach wie ein Nachmittagsprediger und dadurch schadete er dem Eindruck seiner Reden, welche, anders vorgetragen, eine weit stärkere Wirkung hervorgebracht haben würden. Er vermochte es, eine Stunde lang zu sprechen, ohne die Miene zu verziehen, und ich konnte damals nicht einig darüber werden, wessen Manier einschläfernder auf mich wirkte, Blum's oder Biedermann's. Später hörte ich, daß Blum mehr Leben in seine Reden brachte und dadurch mehr hinriß; was er sagte war immer gut. Wir standen auf freundlichem Fuß, ohne jedoch in vertrautere gesellschaftliche Berührung zu kommen. Er redigirte die Vaterlandsblätter, oder war wenigstens ihr Hauptmitarbeiter, und beschäftigte sich hauptsächlich mit sächsischen und Leipziger Stadt-Angelegenheiten, denen ich aus schon angeführten Gründen kein Interesse abgewinnen konnte.

Dr. Wuttke wurde von Manchen eine „kleine giftige Kröte" genannt, weil er klein und lebhaft war und recht scharf sein konnte, welche Schärfe noch durch den kurzen Ton seiner Rede verstärkt wurde. Er hatte fortwährend Krakehl; aber so viel ich weiß, vertheidigte er nie eine ungerechte oder unvernünftige Sache. Er war klein und schlank, hatte ein aufgewecktes Disputir-Gesicht, dunkles, ziemlich rebellisches Haar, welches immer von der Stirn gestrichen werden mußte, biß sich die Nägel und trug daher gern Brillantringe. Er war ein gesinnungsvoller, tüchtiger Mann, der einen bedeutenden größern Aufwand von Talent nöthig hatte durchzubringen, als der Fall gewesen sein würde, wenn er ruhig, einen Fuß länger und einen halben Centner schwerer gewesen wäre. — Dr. Wuttke sowohl wie manche andere Personen, die ich nenne, haben sich in und nach der Revolutionszeit ausgezeichnet; da ich aber von 1848 an theils anderweitig beschäftigt, theils lebendig begraben, theils im Exil war, so sind in meiner Kenntniß in Bezug auf Ereignisse und Personen Lücken, weshalb ich es für zweckmäßig halte, von diesen Personen nur zu sagen, was ich aus eigener Anschauung weiß. —

Ernst Willkomm war ein großer, rothblondhaariger hübscher Pfarrerssohn, mit angenehmem Gesicht, der stets einen glatten Rock und blank gebürsteten Hut trug. Er war sehr wohl gelitten, hatte in seiner Erscheinung einen leisen Candidaten-Anstrich, lebte still und ordentlich und war daher auch geachtet. Als ich die Correspondenzen für das Morgenblatt aufgab, weil der Redacteur stets Veränderungen anbrachte, die mir nicht gefielen, trat Willkomm an meine Stelle. —

Professor Oswald Marbach lernte ich schon durch Fischer kennen, als ich Leipzig von Frankfurt aus besuchte. Er war ein hübscher, sanfter, liebenswürdiger Mann, der kleine Gedichte herausgab und dem wir viele Uebersetzungen poetischer Werke aus dem Griechischen und auch aus dem Altdeutschen verdanken. Er übersetzte das Niebelungen-Lied, Tristan und Isolde ꝛc. Endlich wurde er Professor und Censor und der Verkehr mit Leuten, die bei der Regierung nicht besonders angeschrieben standen, hörte auf.

Ein lieber Freund von mir war Dr. A. Dietzmann, wohlbekannt als Redacteur der Modezeitung u. s. w. und wegen seiner trefflichen Uebersetzungen aus dem Englischen und Französischen und zahlreicher eigner Werke. Dietzmann beschämte uns Alle durch seinen ungeheuern Fleiß; er bedeckte jeden Tag Bogen um Bogen mit seiner kleinen mir fast unleserlichen Handschrift und fand dabei noch Zeit, alle Bücher und Journale durchzustöbern. Er war ein förmliches Conversationslexikon und immer freundlich bereit, sich aufschlagen zu lassen; dabei ein lieber, braver, herzensguter Kerl, der, glaub' ich, keinen einzigen Feind hatte. Er war verheirathet und hatte Familie und wir standen jahrelang in dem freundschaftlichsten Verkehr. Eine lange Zeit hindurch brachten wir wechselweise die Sonntage bei einander zu.

In Leipzig lebten auch eine Menge Leute, die „Doctor" genannt wurden und sich zu den Schriftstellern zählten, von denen aber weder ich noch sonst Jemand etwas zu lesen bekommen konnte. Einer derselben war Dr. Bernhardi, bekannt als „Tieck's Neffe", der Bibliothekar in Menselwitz gewesen war, sehr gelehrt aussah und Ueberfluß an Geldmangel und guten Vorsätzen denselben zu vermindern hatte, aber diese nie ausführen konnte. Hatte er ein Werk vor, dann legte er das Papier zurecht und paginirte ungefähr tausend Seiten; aber das war auch Alles, was von dem Werke fertig wurde.

Häufig in seiner Gesellschaft zu finden war Dr. Schiff, der Verfasser von „Gevatter Tod," der an demselben Ueberfluß krankte wie sein Freund Bernhardi, aber doch hin und wieder über das Paginiren hinaus kam. Schiff war ein höchstorigineller Mensch. Er war mittler Größe, hager, mit scharfen Zügen, hellblauen, neugierigen Augen und etwas gelockten, gutmüthig-rothen Haaren. Er trug, wenn sie nicht versetzt waren, hohe Wasserstiefeln und einen alten Mantel mit einem rothen Kragen von gekräuselter Wolle und sah aus wie ein Pferdejude oder Landfleischer. — Einst traf ich ihn im Hotel de Baviere, vor sich ein anständiges Abendessen

und eine Flasche Wein. Ich schlug die Hände über dem
Kopf zusammen und rief: „Schiff, was ist los?" — Mit
vergnügtem Gesicht sagte er mir, er habe Geld, er habe
eine kleine Erbschaft gemacht und um mir einen Okularbe=
weis von solch unglaublicher Mähr zu geben — denn Schiff
und Geld waren vollkommen heterogene Begriffe — öffnete
er seine Weste und holte ein Päckchen mit Kassenanweisungen
hervor, welches er auf der Brust trug. Ich freute mich
natürlich und setzte mich in seine Nähe. Nach einer Pause
sagte er: „Ich habe mich gestern verheirathet." — Das
klang fast noch unglaublicher als sein Geldhaben. „Mit
wem," rief ich erstaunt, „und wo ist denn Ihre Frau?" —
„Ach — sie ist mir heute wieder davon gelaufen," sagte
Schiff, und kaute gleichgültig weiter. — Die Sache war
indessen genau, wie er mir erzählte. —

Unter den Literaten, die eine zeitlang in Leipzig ihr Un=
wesen trieben, war ein gewisser Julian Chownitz der aller=
unverschämteste. Er hieß eigentlich Chowanek oder ähnlich,
war früher Fähndrich in der österreichischen Armee gewesen,
hatte aber seinen Abschied bekommen. Dieser junge, roh
aussehende Mensch trat mit einer ganz unerhörten Keckheit
und Grobheit auf, so daß sich manche ruhige und ordentliche
Schriftsteller dadurch imponiren ließen, und sogar seinen Sudel=
Roman lobten, der unter dem Titel: „Eugen Neuland" er=
schien. — Julian Chownitz wurde deutsch=katholisch; aber
später trat er wieder zur römischen Kirche über und wurde
zu einer Kirchenfeierlichkeit in Ulm ausersehen, wo der Bi=
schof dem in die Heerde zurückgekehrten Schaf öffentlich den
Bruderkuß gab.

Ein Lump ähnlicher Art, der sich lange Zeit in Leipzig
mausig machte, war Herr Dr., oder vielmehr Herr Hof=
rath Singer. Woher dieser Mensch kam, wußte man nicht;

es hieß, er sei aus Baden und beziehe von dorther eine kleine Einnahme. Später erfuhr ich, daß er in Frankfurt am Main oder Bockenheim gelebt, dort wegen Schulden eingesteckt und von den Freimaurern befreit worden sei. Er schien seine Freimaurerei mit Erfolg auszubeuten, denn er war stets anständig gekleidet, man sah ihn hin und wieder in Gasthöfen und obwohl er sich für einen Schriftsteller ausgab, so las man doch nie Gedrucktes von ihm. Er war mittler Größe, erschien aber klein, da er ziemlich stark war. Sein Kopf und Gesicht waren rund, sein Haar schwarz, seine Gesichtsfarbe gelb, seine Augen klein, braun und scharf, seine Züge gewöhnlich, aber aufgeweckt; er hatte keinen Bart und auf seinen Beinen war er sehr wacklig. Er sah aus, wie ein weltliches Mitglied des Jesuitenordens. Als er nach Leipzig kam, drängte er sich an mich, doch ließ ich ihn mir nicht zu nahe kommen. Im Literatenverein, in welchen er sich hineingeschmuggelt hatte, führte er das große Wort. Er war ein unverbesserlicher Zänker, so daß er bald Vielen unangenehm wurde. Durch seine große Unverschämtheit übertäubte er stets die verwunderte Frage Einzelner, wer dieser Mensch sei und was er gethan, das ihn zu so keckem Auftreten berechtige. Endlich wurden wir alle durch seine Ernennung zum Hofrath überrascht, wozu ihn der seltsame Fürst Reuß, Heinrich der 72ste, ernannte. Nun fing der Philister an, den Herrn Hofrath zu beachten und in dem neu eingerichteten Lesemuseum, wo er sich gleich eingenistet hatte, nahm er die Backen sehr voll und legte die in den Zeitungen enthaltenen Offenbarungen aus. Dieser Schwindler hatte beschlossen, eine Carrière zu machen, und es würde ihm vielleicht gelungen sein, seine Pläne auszuführen, wenn das Schicksal es nicht so gefügt hätte, daß ich zu ihrer Zerstörung helfen mußte.

Bei einer Veranlassung, von der ich später reden werde, reiste ich nach Gotha, wo ich schon früher einmal auf der Durchreise einen Tag geblieben, von dem alten Herzog zur Tafel geladen war, die alten Bekanntschaften erneuerte und auch der Erbprinz zeigte, daß er sich meiner freundlich er=innere. Prinz Albert war grade in London und allerlei be=friedigende Berichte über sein Benehmen am dortigen Hofe wurden in Gotha umhergeflüstert. Als ich nun abermals nach Gotha kam, war der alte Herzog todt und der junge regierende empfing mich sehr freundlich. Ich wurde durch die Anwesenheit des jüngsten Grafen Mensdorf, Arthur, höchst angenehm überrascht, der zu einem über sechs Fuß langen jungen Mann aufgewachsen und die ehrlichste, liebens=würdigste Treuherzigkeit selbst war. Am Tage nach meiner Ankunft wurde ich zu einem Hofballe eingeladen. Man wartete auf die Erbgroßherzogin von Weimar, die es etwas genau mit der Etikette nahm, und um sie zu empfangen, waren der Herzog und Graf Mensdorf in einem Zimmer nahe dem Eingang und unterhielten sich mit mir. „Apro=pos," sagte der Herzog, „Sie wohnen ja in Leipzig; kennen Sie vielleicht einen gewissen Singer?" — „„Gewiß, Hoheit, den kenn' ich."" — „Was ist das für ein Mensch? — Er ist förmlich meine bête noire; er persecutirt mich schon seit Monaten mit Briefen und endlich ist er mir in Coburg gar auf die Stube gerückt. Der Mensch hat eine erstaunliche Suade!" — „„Aber, Hoheit, was will er nur?"" — „Was er will? — Den Geheimraths=Titel und meine Em=pfehlung an den König von Frankreich, daß er ihm den Ehrenlegionorden gebe." — Ich war nicht wenig erstaunt und amüsirt und rief: „„Den Ehrenlegionorden? — aber wie begründet er denn seine Ansprüche?"" — „Er will da=für schreiben," fuhr der Herzog fort; „ich habe ihm eine

Aufgabe gegeben*), aber er kann nichts Rechtes. Da hat er sich nun an meine Frau gewendet, die so gutmüthig ist, beschwört sie ihm beizustehen, zwei Liebende glücklich zu machen, — er wolle heirathen — der Mensch schreibt ganz merkwürdige Briefe; in einem unterzeichnete er sich als Ritter der Ehrenlegion in spe." — Ich lachte sehr, denn der Gedanke an Singer als schmachtender Liebhaber war mir zu komisch. Ich hörte später, daß er Hoffnung gehabt hatte, ein rothhaariges, nicht mehr junges, aber reiches Mädchen zu bekommen, und um deren Eitelkeit zu schmeicheln, wollte er den Orden und den Titel als Legations-Rath — nicht Geheimrath; der Herzog hatte sich versprochen. —

Ich antwortete dem Herzoge, daß ich weit davon entfernt sei, dem Glück irgend eines ordentlichen Menschen etwas in den Weg legen zu wollen; da er mich aber um meine Meinung frage, so halte ich es für meine Pflicht, ihm dieselbe ehrlich zu sagen: „Singer, Hoheit, ist ein Lump." — Der Herzog, der sehr lebhaft ist, wandte sich gegen eine junge Dame mit einem höchst lieben Gesichte, die durch unsere Unterhaltung und Lachen angezogen schien, und rief: „Alexandrine, Alexandrine! — Siehst Du, Herr von Corvin sagt, der Singer ist ein Lump." — Die Dame war die Herzogin, der mich der Herzog nun vorstellte. Graf Mensdorf sagte mit seiner gemüthlich ruhigen Stimme: „Ich hab's gleich gedacht, daß er ein Lump ist." —

Ich sagte dem Herzog, daß mich die Geschichte mehr als er denken könne amüsire und fragte, ob er vielleicht wünsche, daß ich sie geheim halte. „Nein, nein, im Gegen-

---

*) Es war ein Entwurf zur Vereinigung der Verfassung von Gotha und Coburg.

theil," rief er, „es ist mir im Gegentheil recht lieb, wenn solche Menschen erfahren, daß für sie bei mir nichts zu holen ist."
— Am andern Tage erzählte mir Graf Mensdorf, Singer habe zum Herzoge gesagt, als derselbe ihn fragte, was er denn für die nachgesuchten Begünstigungen thun wolle: „Ich will gegen die liberale Presse schreiben," und als der Herzog erwiderte, daß er durchaus gar nicht den Wunsch habe, gegen die liberale Presse aufzutreten, habe Singer gesagt: „Nun, so will ich f ü r dieselbe schreiben." —

Diese ganze Unterredung schrieb ich meiner Frau nach Leipzig. Grade als sie den Brief empfing, war Gerstäcker bei ihr, der einen ganz speciellen Zorn gegen Singer hatte; der Inhalt des Briefes war also Wasser auf seine Mühle und er ging sogleich in das Museum, wo er sicher war, den Herrn Hofrath zu finden. Richtig, da saß er wieder am Ende des grünen Tisches, äußerst lebhaft perorirend. Gerstäcker trat unbemerkt hinter ihn, klopfte ihm dann auf die Schulter und sagte mit seiner sarkastischen Stimme: „Na, ereifern Sie sich nur nicht so sehr, Herr Ritter der Ehrenlegion in spe." — Wenn eine Bombe vor ihm niedergeschlagen wäre, hätte der Herr Hofrath nicht mehr erschrecken können. Wie dieser, von ihm in einem Brief an die Herzogin gebrauchte Ausdruck in das Museum nach Leipzig kam, war ihm ganz unerklärlich, bis Gerstäcker meinen Brief vorlas. Singer wüthete, legte eine schriftliche Erklärung offen im Museum auf, in welcher ich begeifert wurde, schrieb nach Gotha an den Herzog und die Herzogin, und als er seine Briefe uneröffnet zurückbekam, an den Minister Herrn von Stein, wie dieser mir später erzählte; — aber Alles umsonst, Singer wurde n i c h t Legationsrath und der Herzog empfahl ihn n i c h t bei Louis Philipp. Als ich im Gefängniß in Bruchsal war, meldete mir Gerstäcker Singer's Tod.

Ich erzählte die Geschichte ausführlich, um zu zeigen, wie manche Leute zu Titel und Orden kommen.

Ich kann nicht alle Schriftsteller erwähnen, mit denen ich in Leipzig in Berührung kam und schließe meine Litteraten-Bilder-Gallerie mit dem Portrait eines großen Genies, welcher der Held eines sehr amüsanten Romanes werden würde, wenn Dickens oder Thackeray das Glück hätten, genau mit ihm bekannt zu sein. Jeder, der zu jener Zeit in Leipzig lebte, kennt den Namen dieses seltenen Talents und ich selbst habe zu seiner Verherrlichung im Morgenblatt beigetragen; allein das ist lange her und — ich habe Gründe, den Namen nicht zu nennen; erstlich weil ich sein Genie aufrichtig bewundere und zweitens weil er jetzt in einer Position sein mag, wo die Erinnerung an Jugendgeschichten ihm ebenso unangenehm sein könnte, wie mancher jungen Frau in Mainz, der ich auf dem Maskenball einzelne Jugendschwachheiten in die Ohren flüsterte. Ich will ihn also Dr. Crocus nennen, unter welchem Pseudonym ihn kein Mensch erkennen wird, besonders da er bei seinem eminenten Talent jetzt sicherlich irgendwo Geheimer Rath, Ritter verschiedener Orden und Mitglied aller möglichen gelehrten Gesellschaften ist. Eins weiß ich sicher, daß ich ihn schon in sehr früher Zeit als Mitglied einer archäologischen Gesellschaft in einem Blatte erwähnt fand, in welchem man einen seiner Vorträge über mittelalterliche Baukunst höchlich belobte.

Dr. Crocus war ein junger, nicht unangenehmer Mann mit einem beschäftigt aussehenden Gelehrtengesicht. Er trug natürlich eine Brille und hohe Vatermörder und kleidete sich anständig und zutraueneinflößend. Es ging ihm wie dem Mädchen aus der Fremde, „man wußte nicht, woher er kam," wenigstens konnte man seine Spur nicht weiter als bis Dresden verfolgen, wo er mit einem Geniestreich debü-

tirte. Er kündigte an, daß er nach einer ganz neuen Weise
die — Fechtkunst lehren wolle. Ich bitte seine Bekannten,
nicht zu glauben, daß ich diejenige Fechtkunst meine, die der
Doctor in so eminenter Weise in Leipzig practicirte und deren
niedere Branchen von den Handwerksburschen cultivirt wur=
den, — nein, ich meine die brutale Fechtkunst mit dem
Rappier. Dr. Crocus erhielt eine Menge Schüler, die na=
türlich bei der ersten Lection vorausbezahlen mußten. Der
Doctor erntete ehrlich den Lohn für diese erste Stunde. Er
erschien mit einem Fechtmeisterküraß und ermuthigte seine
Schüler, tapfer und nach ihrem besten Wissen auf ihn ein=
zuhauen, was denn auch mit großer Gewissenhaftigkeit und
gutem Willen geschah. Dadurch lernte er die Talente der
Schüler kennen, — und das gehörte zu seiner neuen Ma=
nier. Da aber der Doctor die alte gar nicht kannte und
sich auf das Pariren gar nicht verstand, so meinte er in
der ersten Stunde genug Hiebe für das bezahlte Geld
empfangen zu haben und verschwand vor der zweiten, natür=
lich mit dem Schmerzensgelde.

Er stieg im Hotel Bavière in Leipzig ab und lebte da
auf einem sehr anständigen Fuße. Als Freund Redslob seine
Bescheidenheit überwand und etwas von Bezahlung stammelte,
langte der Doctor ein mäßig großes Packet — Kassenanwei=
sungen? — o nein, einen weit kostbareren Inhalt hervor und
sagte mit der ihm eigenthümlichen wichtig=bescheidenen Ma=
nier: „Mein lieber Herr Redslob, ich befinde mich im Augen=
blick ohne Geld, aber ich habe hier ein kostbares, von mir
verfaßtes Manuscript, welches ich Ihnen als Pfand über=
lassen will ꝛc." Redslob wußte, daß Manuscripte manchmal
sehr werthvoll sind, und da der Doctor aussah und redete,
als fließe nur Gold aus seiner Feder, so empfing er das
kostbare Depositum mit gebührender Ehrfurcht, besonders, da

er glaubte, das Manuscript sei doch besser als nichts. Von diesem Manuscript besaß übrigens Dr. Crocus verschiedene Abschriften und verschiedene Gastwirthe in verschiedenen Städten hatten bereits die Bekanntschaft desselben gemacht. Als Rebs=lob über den Werth des Manuscriptes aufgeklärt wurde, lachte er, und da er ein sehr anständiger Mann war, und Dr. Crocus bei Tisch ganz angenehm zu reden wußte, so gestattete er ihm einen Platz an der Table b'Hote selbst ohne Bezahlung. Ich war lange des Doctors Tischnachbar und hörte, daß er ein Taschenbuch bei sich trage, in welchem mit Bleistift geschrieben stehe: „Ich befinde mich augenblicklich in einer sehr großen Verlegenheit, und Sie werden mich ganz außerordentlich verbinden, wenn Sie mir zehn Thaler leihen wollen." Diese Brieftasche pflegte er gelegentlich her=vorzuziehen, anscheinend etwas hineinzuschreiben und Jemand zu präsentiren, zu dem er das doppelte Zutrauen gefaßt, daß er Geld und die Neigung habe, sich davon zu trennen. An dem täglich weicher werdenden Ton des Doctors merkte ich lange vorher, daß die erwartete Crisis nahe und richtig, eines Mittags wurde mir die Brieftasche vor die Nase gehalten. Ohne ein Wort zu erwidern, zog ich **meine** Brieftasche hervor, öffnete sie und zeigte ihm folgende mit Tinte ge=schriebenen Worte: „Mein lieber Dr. Crocus, es thut mir unendlich leid, daß ich in diesem Augenblick nicht zehn Thaler übrig habe."

Der Doctor fand bald einen productiveren Tischnachbar, einen Fremden, der von einer Eisenbahngesellschaft nach Leipzig geschickt war, um sich über Eisenbahnverhältnisse zu erkun=digen. Es gab zu jener Zeit in Deutschland noch keine an=deren Bahnen als die zwischen Potsdam und Berlin, Leipzig und Dresden und Nürnberg und Fürth. Der Doctor, der über Alles zu reden wußte, ließ sich bald mit dem Fremden in ein Gespräch ein, und als derselbe mit großem Lobe von einigen trefflichen Aufsätzen redete, die er über Eisenbahnen in der Augsburger Allgemeinen gelesen habe, verbeugte sich Dr. Crocus mit künstlichem Erröthen — er konnte künstlich erröthen — und stammelte: „Oh ich bitte, ich bitte!" — „„Wie, — so habe ich wohl die Ehre, mit dem Herrn Verfasser zu reden!"" rief der unschuldige Fremde mit angenehmem Erschrecken. — Natürlich; viele Complimente und — schleunige Empfehlung des Doctors, der gleich hinlief, um die gelobten Aufsätze zu lesen. — Das Ende von der Sache war, daß die werthvolle Hülfe des Doctors gesichert wurde, und daß ihm der Abgesandte der Eisenbahngesellschaft dafür täglich zwei oder drei Thaler zahlte. Diesen angenehmen Zustand wußte der Doctor für sechs Wochen zu unterhalten, nach welcher Zeit dem Fremden die Augen auf- und übergingen.

Dr. Crocus hatte zahlreiche Bekanntschaften unter den reichen Studenten, denen er sich auf diese oder jene Weise unentbehrlich zu machen suchte. Da die jungen Leute von Wechseln und Geldgeschäften gar nichts verstanden, so übernahm es Dr. Crocus, ihre Wechsel für sie einzukassiren. Hatte er das Geld in Kassenanweisungen erhalten, dann wechselte er bei einem andern Bankier Gold dafür ein, das er wieder bei einem dritten in Silber umsetzte, welches Experiment mehrmals wiederholt wurde. Die Studenten wollten die Nützlichkeit dieser Finanzoperationen um so weniger einsehen, als sie bemerkten, daß dadurch ihr Geld nicht vermehrt, sondern stets vermindert wurde; allein der Doctor belehrte sie, indem er sagte, daß man dadurch mit den Bankiers in Verbindung käme und durch das Zeigen bedeutender Summen Credit gewinne. Als er nach längerer Zeit diesen Zweck erreicht zu haben meinte, ging er eines Tages zu

Hammer und Schmidt, sagte, daß er durch Ausbleiben von Rimessen in Verlegenheit gerathen sei, und bitte, ihm fünfzig Thaler auf einen, von ihm selbst auf vier Wochen ausgestellten, Wechsel zu leihen. „Recht gern, Herr Doctor," sagte der Bankier freundlich, „das kann Jedem passiren," und Crocus schlich vergnügt mit dem Gelde ab wie der Fuchs vom Hühnerhof. — Zur Verfallzeit wurde der Wechsel pünktlich bezahlt. Einige Zeit verstrich und Dr. Crocus, lenkte seine Schritte abermals zu dem leichtsinnigen Bankier. „Ich habe ein sehr viel versprechendes literarisches Unternehmen vor," sagte er, „wozu ich einhundertfünfzig Thaler brauche, und da wir einmal in Geschäftsverbindung getreten sind, so bitte ich Sie, mir diese Summe abermals auf einen Wechsel vorzustrecken." — „„Nein, mein lieber Herr Doctor,"" sagte der Bankier mit ernsthafter Stimme, „„Sie haben mich einmal angeführt, aber zum zweitenmal soll Ihnen das nicht gelingen."" — „Wieso? habe ich nicht den Wechsel auf den Tag bezahlt?" rief der Doctor in tugendhaftem Erstaunen. „„Eben dadurch haben Sie mich angeführt und — ich empfehle mich Ihnen."" Er hatte kein Glück mit Hammer und Schmidt und versuchte es mit dem reichen Seidenhändler Schletter, welcher Leipzig seine schöne Gemäldegallerie hinterlassen hat. Einst stand der Doctor mit Kennermienen vor einem neuen Gemälde, als Herr Schletter anwesend war. Der Doctor wechselte oft seine Stellung, machte allerlei Geberden des Entzückens, und als sich Herr Schletter näherte, brach er in bewundernde Worte aus, welche eine bedeutende Kunstkennerschaft zu verrathen schienen. Herr Schletter war sehr erfreut, eine so interessante Bekanntschaft zu machen und dieselbe ward so intim, daß man Beide endlich Arm in Arm um die Promenade gehen sah, zum Erstaunen aller Leute. Eines Morgens erhielt Herr Schletter einen sehr geschickten Brief, in welchem er von dem Doctor um ein Anlehen von fünfhundert Thaler gebeten wird, welches ihn zu einem literarischen Unternehmen in Stand setzten solle. Man ist geneigt, die Bitte zu bewilligen, als ein Freund eintritt, der davon gehört, daß Schletter und Crocus Arm in Arm auf der Promenade gewesen. Dieser Freund schildert Crocus; Schletter schreibt sogleich an denselben und sagt, daß er kein Geld zu verleihen habe, ihm aber einliegenden Fünfzigthalerschein unter der Bedingung sende, daß er ihn nie wieder grüße.

Ueber diese fünfhundert Thaler, die Crocus brauchte, kam er nicht hinaus. Er schrieb an den Herzog von Dessau, der ein sehr guter Mann war. Der Brief war eine meisterhafte Composition, denn er rührte und überzeugte den Herzog, der seinem Bankier in Leipzig Auftrag gab, dem Dr. Crocus fünfhundert Thaler auszuzahlen und Herrn von Berenhorst bat, gelegentlich, wenn er nach Leipzig komme, über diesen verdienstvollen Mann Erkundigungen einzuziehen, um zu sehen, wie man ihm sonst helfen könne. — Dr. Crocussens Pech aber wollte, daß Hammer und Schmidt des Herzogs Bankiers in Leipzig waren, und da sie bereits mit dem Herrn Doctor „in Geschäftsverbindung gestanden hatten," so beeilten sie sich nicht, den Doctor von seinem Glück in Kenntniß zu setzen, eine Contreordre erwartend. Endlich konnten sie die Auszahlung nicht länger aufschieben und schrieben an den Doctor, daß für ihn fünfhundert Thaler bereit lägen, aber

Zwischen Lipp' und Kelchesrand
Schwebt der finstern Mächte Hand!

Kaum war der Brief abgesandt, so erschien Herr von Berenhorst. „Apropos," sagte er zu dem Bankier, „kennen Sie einen gewissen Dr. Crocus?" — Als der Unglückliche auf den Flügeln der Freude hammer- und schmidtwärts eilte, — war es zu spät.

Bezahlen schien dem Doctor gegen die Natur; er vermied es mit der größten Gewissenhaftigkeit, wo er immer konnte und die natürliche Folge davon war, daß er gelegentlich mit der Polizei in Contact kam und vor den höchsten Beamten citirt wurde. Dr. Crocus hatte seine Waffen in der Tasche, einen Bissen, der selbst den Cerberus beschwichtigt haben würde, die Nummer einer gelesenen Zeitung, in welcher die Leipziger Polizei, und besonders der Beamte, vor dem er stand, höchlich gelobt wurden; diesen Artikel hatte er geschrieben, konnte man hart gegen ihn sein?" — Der Polizeiherr, der ein sehr guter Mann war, bedauert, daß ein so talentvoller Mensch sich fortwährend in solcher gedrückten Lage befinde, findet es besonders traurig, daß er den Schneidermeister X. nicht bezahlt, dem er über fünfzig Thaler schuldig sei. Dr. Crocus hält eine seiner ciceronischen Reden, und der Polizeiherr fühlt „ein menschliches Rühren" und unglaublich, aber wahr, händigt dem Doctor fünfzig Thaler oder mehr ein, den Schneider zu bezahlen. — Nach einigen Tagen begegnet der menschenfreundliche Beamte dem Schneider auf der Straße. „Nun," redet er ihn an, „Sie haben wohl auch eine unerwartete Freude gehabt?" — „„Ich, Herr? — ich? seh ich aus wie Freude in diesen schlechten Zeiten, wo kein Mensch bezahlt?"" — „Nun, es hat Sie doch Jemand bezahlt, von dem Sie es nicht erwarteten." — „„Von dem ich es nicht erwarte? ich erwarte immer, — aber wer —?"" — „Dr. Crocus!" — Der Doctor hatte nicht bezahlt, wurde schleunigst citirt und mit sehr begreiflichem Stirnrunzeln empfangen; allein er fand abermals Mittel, die Polizei zu besänftigen und — den Herrn zu bewegen, nun den Schneider wirklich zu bezahlen.

Wollte ich alle Heldenthaten dieser Art melden, müßte ich ein eigenes Buch über den Doctor schreiben, und ich will nur noch eine Anekdote von ihm erzählen. — Crocus pflegte seinen Kaffee in einer Conditorei in der Tuchhalle zu trinken; da er aber niemals bezahlte, sondern sich immer so plötzlich hinwegbegab, daß der Kellner nicht Zeit hatte, Muth zu fassen, ihn zu mahnen, so fand derselbe sich veranlaßt, seinen Herrn davon in Kenntniß zu setzen. Als daher der nichts= ahnende Crocus seinen Kaffee und die Zeitung vor sich hatte, stellte sich der Wirth an die Thür, als ob er eben nichts Besseres zu thun habe. Als der Kellner aus dem Zimmer ging, ergriff Crocus in geräuschloser Eile seinen Hut und war im Begriff, sich durch die Thür zu schlängeln, als der Wirth ihm entgegentrat und mit großer Höflichkeit sagte: „Herr Doctor, Sie erzeigen mir zwar die Ehre, alle Tage bei mir Kaffee zu trinken; aber — Sie bezahlen nie." — Der Doctor sah den Kaffeewirth mit Entrüstung an und rief: „„Wozu wäre denn das auch nöthig?!"" — Ehe der verblüffte Wirth die Antwort auf diese über= raschende Frage gefunden hatte, war der Doctor auf der Straße und trank von nun an seinen Kaffee an Orten, wo man ihn nicht mit impertinenten Bemerkungen behelligte. —

Dr. Crocus war ein Mann von wirklich bedeutenden Talenten und unter Anderem ein trefflicher Clavierspieler und glücklicher Componist. Später speculirte er in Demo= kratie — nicht in Leipzig — hätte aber beinahe sein Leben darüber eingebüßt, denn einst lauerten ihm einige Elende auf, durchbohrten ihn mit mehreren Degenstichen und ließen ihn für todt auf dem Platze.

Das Theater in Leipzig war nach Director Ringelhart von Dr. Schmidt übernommen worden, der sich viel Mühe gab. Regisseur war der tüchtige Schauspieler Marr.

Schmidt engagirte mehrere talentvolle junge Leute, die sich schnell und erfreulich entwickelten. Besonders gilt dies von den Herren Wagner und Richter und unter den Sängern von Herrn Kindermann. Herr Wagner lernte viel von der trefflichen Schauspielerin Unzelmann, die später nach Berlin kam. Obwohl man sich erst an ihr Organ gewöhnen mußte, so vergaß man doch bald den kleinen Mangel über ihr vortreffliches Spiel. Als Königin in Laubes Struensee war sie entzückend. Herr Kindermann, ein trefflicher Baritonist, der Anfangs spielte, als habe er einen Ladestock verschluckt, wurde von Madame Dessoir, einer ebenfalls guten Schauspielerin, geschmeidig gemacht. Das nützlichste Mitglied des Theaters und ein großer Liebling des Publikums war aber Fräulein Günther, später Madame Günther-Bachmann. Eine bessere Soubrette konnte man nicht wohl finden, und sie war gleich vortrefflich in Oper und Schauspiel. —

Zehntes Capitel.

Held. — Die schwarze Marotte. — Die Locomotive. — Schriftstellerleiden. — Gefängniß. — In Schleusitz. — Die Tricots der Lola Montez und der König von Preußen. — Der Majestätsbeleidiger auf der Citadelle in Magdeburg. — Verpuppung und Entwicklung. — Verbindungen mit Herzog Carl von Braunschweig. — Herr von Anblau. — Briefe. — Des Herzogs neuer Kammerherr. — Prinz Louis Napoleon und der Herzog. — Mr. Smith. — Literarische Unternehmungen. — Historische Denkmale des Christlichen Fanatismus. — Verbindung mit Held zur Herausgabe der „Illustrirten Weltgeschichte."

Als ich einst an einem sonnigen Frühlingstage in die Stadt ging, sah ich mitten auf dem Fahrweg der Grimma=schen Straße zwei höchst auffallende Gestalten; einen Herrn mit einer Dame am Arm. Der Herr war vom Halse bis zu den Zehen hernieder in einen weiten, etwas theatralisch drappirten schwarzen Mantel gehüllt und auf dem Kopfe hatte er eine schwarze, baretartige Mütze ohne Schirm. Er sah aus, wie ein Mörder oder Verschworener in einem Melodrama. Die Dame war jung und von außerordentlich auffallender Schönheit. Sie trug einen schwarzen Crepphut und ein schwarzes Sammetkleid ohne Shawl. Es waren Held und seine junge, zweite Frau. —

Held hatte die Bühne verlassen. Er ahmte einst als „Richard Wanderer" die Manier Emil Devrients, wahrscheinlich ohne Glück, nach, denn er wurde „ohne Beifall aufgenommen," wie er sagte; allein ich fürchte, er wurde

etwas ausgelacht. Dieser Vorfall bewog ihn, die Bühne zu
verlassen und sich gänzlich der Schriftstellerei zu widmen.
Er hatte außer seinen sehr amüsanten „Irrfahrten eines Ko=
mödianten" zwei Dramen: „Liebe" und „Freundschaft" ge=
schrieben, welche sehr originell sind und voll von Geist, deren
Aufführung er aber nicht durchsetzen konnte. Dann schrieb
er ein patriotisches Singspiel, welches in seiner Art recht gut
war, und ein kleines biographisches Werkchen „Preußens
Helden," welches er Mittel fand, durch die ganze Armee zu
verbreiten. Dies letzte Büchelchen brachte ihm einen Gewinn
von dreitausend Thalern und er — kaufte ein Haus in Er=
furt, wo er sich schon seit einiger Zeit aufhielt.

Früher hatte sich Held wenig um öffentliche Angelegen=
heiten bekümmert und seine politischen Ansichten waren die
eines sehr royalistischen preußischen Lieutenants. Als er
aber etwas mit der Welt bekannt wurde und in allerlei
Conflicte gerieth, sah er bald, daß etwas faul sei im Staate
Dänemark. Von den empörenden Unordnungen, Mißbräu=
chen und Unterdrückungen, die überall von den Beamten
ausgeübt wurden, konnte, so meinte er: „Se. Majestät unser
allergnädigster König und Herr" nichts wissen. Held hielt
es für Unterthanenpflicht, dem Könige die Augen zu öffnen
und that dies durch zahlreiche Schreiben an den König, die
zu seinem Erstaunen nicht nur nichts halfen, sondern endlich
gar zur Folge hatten, daß Se. Majestät sich in Zukunft die
Briefe des p. p. Held verbat. — Was diesen damals ganz
besonders ärgerte, war der Censor, ein Major a. D., der nicht
nach irgend einem Gesetz, sondern ganz willkürlich strich; was
nicht mit seiner Ansicht übereinstimmte, war censurwidrig.
Held fühlte sich also veranlaßt, an den Oberpräsidenten,
Herrn von Flottwell, zu schreiben, ihm die Unfähigkeit dieses
Censors zu denunciren und — sich selbst zum Censor anzu=

bieten, „da er die zu diesem Amte nöthigen Kenntnisse und liberalen Gesinnungen besitze." Er erklärte sich bereit, sich einem Examen unterwerfen zu wollen. Dieses Anerbieten war kein Scherz, sondern aufrichtiger, nüchterner Ernst. Herr von Flottwell fand sich aber durchaus nicht veranlaßt, auf das Anerbieten des p. p. Held einzugehen, worüber derselbe höchst naiv erstaunte. Er verkaufte sein Haus, schüttelte den Staub von seinen Füßen und kam nach Leipzig. Damals hatte er die schwarze Marotte, denn irgend eine mußte er stets haben; selbst sein kleines Kind trug schwarz und das Dienstmädchen ebenfalls; es war, als ob die Familie über den Tod des gesunden Menschenverstandes trauere. Im Hause trug Madame Held über dem schwarzen Kleid eine bis zum Knie reichende rothe Tunika, die ihr reizend verrückt stand. Extreme berühren sich. Die geistreichsten Leute zeichnen sich durch irgend welche Excentricitäten aus, welche hausbackene Menschen sehr schnell zu dem Urtheil führt, daß sie Narren sind. Held ist ein sehr geistreicher Mann von eminenten Gaben und äußerst scharfem Verstande und hatte sehr viele Sonderbarkeiten, die mich manchmal ärgerten, aber weit öfter noch amüsirten. — Unsere alte Bekanntschaft wurde auf's Neue angeknüpft und wuchs bald wieder zu vertrauter Freundschaft, die dadurch noch mehr befestigt wurde, daß die beiden Frauen Gefallen aneinander fanden. Bald veranlaßten wir Held's, den oberen Stock in unserem Hause zu miethen und es begannen dadurch für uns Alle einige Jahre des regsten, fruchtbringendsten geistigen Verkehrs und des erfrischendsten gesellschaftlichen Zusammenlebens.

Held hatte noch einiges Geld disponibel und beschloß, es zu einem literarischen Unternehmen anzuwenden, von welchem er sich großen Erfolg versprach. Er wollte nämlich einen „Allgemeinen Anzeiger" für Deutschland gründen, den er denn auch bald begann. Die Anzeigen wollten aber nicht so schnell kommen und Held füllte den leeren Raum durch kurze Notizen über die politischen Ereignisse der letzten Woche. Als ich diese kurzen Notizen las, war ich auf das Angenehmste überrascht; sie erschienen mir so pikant, treffend und neu, daß ich Held dringend rieth, die Anzeigen Nebensache sein zu lassen und diese politischen Artikel weiter auszudehnen. Meine eifrige Bewunderung flößte ihm Zutrauen ein und es entstand die berühmte „Locomotive," ein kleines Blättchen, welches in der kurzen Zeit seines Bestehens mehr für die Sache des Fortschritts und der Freiheit gewirkt hat, als irgend eine große Zeitung. Sie war in Deutschland das erste wohlfeile politische Blatt; sie kostete nur einen Thaler jährlich und erschien wöchentlich einmal, einen oder anderthalb Bogen stark. — Held war durch den schnellen Erfolg überrascht; ich nicht im Allergeringsten, und als er mir mit Freude ankündigte, daß er bereits dreitausend Abonnenten bei der Post habe, prophezeihte ich ihm zwanzigtausend Abonnenten, worüber er lachte. Ich machte eine Wette mit ihm, daß er so viele Abnehmer bekommen werde und machte mir für diesen Fall zweitausend Thaler jährlich von der Einnahme aus, wofür ich aber gar nichts zu thun verbunden sein wolle. Held willigte lachend ein. — Die Zahl der Abonnenten wuchs in erstaunlicher Progression; bald kamen sie täglich hundertweise und nach einigen Monaten stiegen sie auf fünfzehntausend; im folgenden Vierteljahre würde die von mir verkündete Zahl ohne allen Zweifel da gewesen und vielleicht bis zum dreifachen gestiegen sein, trotz aller Censur, wenn nicht die Regierung das Blatt für zu gefährlich erachtet und durch einen bloßen Befehl unterdrückt hätte, nachdem es kaum ein halbes Jahr bestanden hatte. — Kein Wunder, daß die Regierungen sich entsetzten, denn solch ein Erfolg war noch gar nicht dagewesen und mit den Waffen des Witzes und der Ironie waren ihre ehrwürdigen Mängel und Thorheiten noch nicht angegriffen worden. Die Locomotive electrisirte Städtchen und Dörfer, in denen sonst nicht ein halbes Dutzend Personen sich um die Zeitungen kümmerten. Am Tage der Ankunft des kleinen Blattes wurde das Postamt von einer eifrigen Menge belagert, und damit alle auf einmal den Inhalt kennen lernten, so wurde dasselbe im Wirthshause, oder im Freien vorgelesen und der Vorleser oft durch Jubel oder Gelächter unterbrochen.

Das meiste in der Locomotive schrieb Held selbst; die eingesendeten Beiträge waren nur selten zu gebrauchen, denn sie waren meistens zu breit; das epigrammatische der Heldschen kleinen Artikel war ebenso schwer nachzuahmen, wie die eiserne Logik seiner längeren Aufsätze. Die Politik war Held ein ganz neues Feld, das ihm beinahe ebenso fremd war, wie einem Kinde; er hatte sich daher an keine traditionellen Auffassungen gewöhnt und sein Lieutenants-Royalismus zerschmolz vor dem ersten scharfen Blick, mit welchem er denselben zu prüfen wagte. Ueberall machte Held neue Entdeckungen, und da er die Sache stets von einer Seite betrachtete, die man noch niemals angesehen hatte, so waren seine Bemerkungen so überraschend treffend. Man kann zehn Jahre in einem Zimmer wohnen und eine sehr irrthümliche Ansicht über seinen eigenen Tisch haben, die in einem Augenblick durch Jemand als irrthümlich umgestoßen wird — dem es einfällt, unter den Tisch zu kriechen, um ihn von dieser Seite zu untersuchen. —

Was den verschiedenen Regierungen ganz besonders an der Locomotive mißfiel, war ihre Wohlfeilheit. Zwei und einen halben Silbergroschen monatlich kann Jeder erschwingen und dies war der Hauptgrund der strengen Maßregeln, die gegen dies Blättchen ergriffen wurden. Der Censor in Leipzig, damals Professor Bülau, hatte einen schweren Stand, denn oft ganz unschuldig scheinende Artikel hatten einen verborgenen Stachel, der dem vielgeplagten Manne entging. Wenn wir des Abends die politischen Ereignisse besprachen und ihre Essenz filtrirten, dachten wir auch daran, unsere Einfälle durch die Censur zu bringen. Zu diesem Ende wurden allerlei Listen ersonnen. Ich will nur ein Beispiel anführen. Prutz war aus Weimar ausgewiesen worden. Dies Factum wurde mit dem Bemerken erzählt, daß diese Maßregeln weniger dem Willen des Großherzogs, als dem Einfluß der Großherzogin, die bekanntlich eine russische Prinzeß, zuzuschreiben sei. — Nun folgte ein ziemlich langer fulminanter Artikel gegen Preußen und diesem eine Wirthschaftsregel: „Wenn man Schaafleder vor dem Verderben bewahren will, muß man Juchten daneben legen." — Bülau erhielt einen „Bürstenabzug" zur Correctur und strich, wie vorherzusehen, mit Wuth den Artikel gegen Preußen. Dadurch kamen die Notiz über Prutz und die Wirthschaftsregel dicht zusammen und letztere bildete gleichsam die Moral der Geschichte. Das verursachte viel Gelächter, da der damalige Großherzog nicht eben wegen seiner Klugheit berühmt war.

In Leipzig herrschten zu jener Zeit in der Verwaltung noch höchst patriarchalische Gebräuche. In anderen Ländern, zum Beispiel in Preußen, wird man durch ein Schreiben auf die Polizei citirt, in welchem der Grund der Citation angegeben ist. Das geschah in Leipzig nicht; ein Polizeidiener erschien in solchem Fall und hinterließ die mündliche Einladung, zu der und der Zeit zu dem und dem Actuar zu kommen. Held hatte einen sehr regen Verkehr mit dem Actuar Kittler, der Preßsachen unter sich hatte.

Diese Visiten, welche gewöhnlich durch Polizeigardinen-Predigten ausgefüllt wurden, kamen so häufig vor, daß sie zum täglichen Brod gehörten und es war unter uns kaum mehr die Rede davon. Preußen wurde aber immer zudringlicher und die Gardinenpredigten wurden immer eindringlicher. Eines Tages aß ich im Hotel de Pologne und wunderte mich über Held's Ausbleiben, für den ich einen Platz aufgehoben hatte. Statt seiner kam ein Billet an mich, mit Bleistift geschrieben, welches die überraschende Nachricht enthielt, daß er arretirt sei, man aber endlich gestattet habe, daß er gegen eine baare Caution von fünfhundert Thalern freigelassen werden solle und mich bat, diese schleunigst herbeizuschaffen. Ich ging also zu meinem Nachbar O. B. und bat ihn, seine Chatoulle zu öffnen, da die meinige solche Summen nicht enthalte. O. B. verblich beinahe des blassen Todes; so plötzlich fünfhundert Thaler zu zahlen, schien gegen alle Buchhändlernatur; allein ich öffnete die Schleusen meiner Beredtsamkeit und O. B. wußte, daß er verloren war. Da er die Sache mit einem Staatsschuldschein abmachen konnte, der ihm nicht so viel Herzeleid als Gold verursachte, so händigte er mir ohne besonderes Sträuben das Papier ein, welches ich sogleich bei dem Bankier gegen Kassenanweisungen umsetzte, die ich auf die Polizei brachte. Das hatte man wahrscheinlich nicht erwartet; ich legte mit freundlichstem Gesicht meine Kassenscheine hin, war aber sehr erstaunt, als man sie verächtlich zurückschob, denn es waren — preußische! Ich mußte sie in der That gegen königlich sächsische umwechseln und Held wurde befreit.

Der Verkehr mit Actuar Kittler wurde aber immer lebhafter und auch ich wurde mit hineingezogen. Im Erzgebirge war ein conservativer Bergbeamter zum Deputirten gewählt, während man gern den tüchtigen, liberalen Gegencandidaten gehabt hätte. Es war damals gerade der verworrene Zustand des Bergwesens viel besprochen worden und man hoffte, Aufschlüsse darüber in der Kammer zu hören. Der Bergbeamte war ein Lebemann und renommirter Zecher. Als ich in der Locomotive von seiner Erwählung sprach, sagte ich: „Nun haben wir doch endlich Hoffnung, über die Bergbauangelegenheiten die Wahrheit zu erfahren, denn wenn das uralte Sprichwort: in vino veritas nicht lügt, so muß sie Herr V. längst gefunden haben." — Da der Stich traf, so wurde der Mann wüthend und klagte und ich wurde zu vierzehn Tagen Gefängniß verurtheilt, „weil ich an den Fähigkeiten und dem guten Willen eines Landesdeputirten gezweifelt hätte!" — Ich möchte wohl wissen, was ein Engländer zu dem Urtheil gesagt haben würde, und doch hatten beide Länder, England und Sachsen, eine constitutionelle Verfassung! Das Spaßhafteste war, daß sechs oder acht Wochen später dieser empfindliche Deputirte mit sechstausend Thalern davonlief, die er dem Minister von W. abgeschwindelt hatte. —

Die Urtheilssprüche in damaliger Zeit lauteten aber oftmals noch seltsamer. Nach besonders lebhaftem Verkehr mit Kittler, verkündete mir Held, daß er wahrscheinlich zum Gefängniß verurtheilt werden würde. Als er mir den verbrecherischen Artikel zeigte, rief ich lachend: „Ei Du dummer Kerl, den Artikel hast Du ja gar nicht geschrieben, den hab' ich geschrieben." — Unsere Ideen und Art sie auszudrücken, stimmten damals so sehr überein, daß Held wirklich glaubte, er habe den Artikel verfaßt. Ich schrieb ihn, als ich während einer Abwesenheit Held's das Blatt redigirte. Ich redete von dem Vorschlag, die Dienstzeit der österreichischen Soldaten von vierzehn Jahren auf acht Jahre herabzusetzen, und daß sich dagegen der Commandeur der Artillerie empöre,

indem er behaupte, in acht Jahren könnten die Leute nicht
lernen, was sie zu ihrem Dienst nöthig hatten. „Das muß
in der That ein potenzirter Oesterreicher sein," rief ich aus,
„der in acht Jahren nicht lernt, was er zum gemeinen Ar=
tilleristen nöthig hat. — Wie grausam ist diese lange Dienst=
zeit; denn wer einmal vierzehn Jahre unter dem besiegelten
Haßling gestanden hat, ist dann zu weiter nichts gut, als
eben zum österreichischen Unterthan." — Ich sandte eine feier=
liche und untersiegelte Erklärung ein, daß Held den Artikel
nicht geschrieben habe, das half nichts, er als Redacteur
wurde „wegen Beleidigung eines deutschen Volks=
stammes" zu zwei Monaten Gefängniß verurtheilt, die er
denn auch richtig in der preußischen Stadt Schkeuditz — der
von Gott verlassenen — absitzen mußte.

Irgend Jemand theilt die Menschheit in zwei Klassen:
solche, die schon gesessen haben und solche, die noch nicht
gesessen haben. Für beide Classen wird es daher vielleicht
interessant sein, zu erfahren, wie man zu jener vormärz=
lichen Zeit saß. Es klang fürchterlich märtyrerisch, daß Held
seine Artikel vom „Gefängniß in Schkeuditz" datirte und
seine Briefe hatten einen förmlichen Anachoretengeruch. Herz
und Gesicht voll Mitgefühl — er saß ja für mich! — be=
suchte ich ihn. Das Gefängniß lag im Amtsgebäude ebener
Erde und bestand in einem großen, nicht eben schlecht möblir=
ten Zimmer, dessen Fenster indessen verdüstert waren. Am
Fußboden befand sich ein starker eiserner Ring, um wider=
spenstige Gefangene anzuketten. Es war höchst schauerlich.
Held saß feierlich an seinem mit Papieren überfüllten Schreib=
tisch und erschien mir höchst ehrwürdig. Rauchen durfte er
und wir steckten wehmüthig unsere Cigarren an. Endlich
schlug er — einen Spaziergang vor. Ich dachte an einen
ummauerten Hof und war sehr erstaunt, als er mit mir

ungehindert auf die Straße ging. Er kehrte aber um, indem er rief: „Ich will doch den Schlüssel von meinem Gefängniß abziehen, damit mir Niemand in meinen Papieren kramt."

Es war Winter und als wir — das heißt unsere Frauen und ich — Held wieder besuchten, lag Schnee und das Wetter war schön; wir beschlossen also eine Schlittenpartie nach Lütschena, auf der uns Held zu Pferde begleitete. Es war sehr hübsch, besonders für einen Gefangenen. — Um die Einförmigkeit seines Lebens zu unterbrechen, verabredeten wir für einen Sonntag ein flottes Diner in seinem Gefängniß. Die beiden Marr, Vater und Sohn, Herloßsohn und ich fanden uns zu gehöriger Zeit ein und mit uns kam eine Kiste mit Wein. Als der Tisch gedeckt war, erschien vor dem Amthause ein klingelnder Schlitten, in dem rauchend unser — Diner saß, welches im Bahnhofshotel bereitet worden war. Es schmeckte uns ganz vortrefflich und das Diner war sehr heiter. An Toasten fehlte es nicht und manchem Fürsten müssen die Ohren geklungen haben. — Einmal erwiederte Held sogar unsere Visite in Leipzig! — Die armen Beamten, von denen manche kein gutes Gewissen haben mochten, fürchteten Held wie den Teufel und wahrscheinlich noch mehr. —

Als der Boden in Leipzig für Held zu heiß wurde, nahm er eine Wohnung in Stötteritz, welches nicht unter der Gerichtsbarkeit der Stadt steht. Er war aber dort den Leuten zu nahe und eines Sonnabends erhielten wir die Nachricht, daß Held arretirt werden solle. Da dies ohne Mitwirkung der Stötteritzer Behörde nicht ausgeführt werden und die Notiz an dieselbe vor Montag nicht einlaufen konnte, so begab ich mich früh am Morgen, noch vor Oeffnung des Büreaus, dorthin, versehen mit einem Schein von Held, der mich ermächtigte, seinen Paß zu empfangen. Was ich hoffte geschah; der Beamte gab ihn mir, noch ehe er die eingelaufenen Briefe geöffnet hatte; ich nahm sogleich einen Wagen und fuhr an die Eisenbahn, um Held den Paß nach Schkeuditz zu bringen, wohin er zu Fuß gegangen war, aus Furcht, am Bahnhof arretirt zu werden.

Als die Locomotive ohne alle Umstände verboten wurde, gab Held den „deutschen Courier" heraus, der aber auch bald dasselbe Schicksal hatte. Eine Zeitschrift unter dem Titel „der deutsche Michel" wurde nicht gestattet. Von Schkeuditz zog Held nach Halle, wo er die Locomotive als Monatsheft fortsetzte, was die damaligen Preßverordnungen möglich machten. Er lag in beständigem Krieg mit dem dortigen Censor, welcher weder bei der Erfindung des Pulvers noch der Schießbaumwolle betheiligt gewesen war. Da man es nicht gestattete, Censurlücken anzudeuten, so schaltete Held an Stellen, wo sie vorkamen, stets folgende Buchstaben ein: (Cnsrschr.), welches dem Censor viel Kopfzerbrechen verursachte und das Held für ein cosakisches Feldgeschrei erklärte, womit der Mann der Censurscheere sich kopfschüttelnd begnügte. Da durch das genannte Instrument oft ganze Columnen gefressen wurden und Held keine leeren Blätter lassen durfte, so füllte er den Platz durch unschuldige Fabeln, wie: „Ein armes Lämmchen, weiß wie Schnee u. s. w." Ich führe das nur an, um der gegenwärtigen Generation ins Gedächtniß zu rufen, mit welchen Schwierigkeiten wir damals zu kämpfen hatten. Indem man diese Preßzustände mit den gegenwärtigen vergleicht — die freilich auch noch viel zu wünschen übrig lassen — wird man hoffentlich Denjenigen nicht die Anerkennung versagen, welche durch ihre Beharrlichkeit und theils durch Aufopferung ihrer Freiheit oder selbst ihres Lebens die jetzigen erträglicheren Zustände herbeiführten.

Held war in immerwährenden Unterhandlungen mit dem Obercensurcollegium in Berlin, an dessen Spitze Bornemann stand. Oftmals wurden gestrichene Artikel frei gegeben; aber nach Monaten, wenn diese Artikel längst alles Interesse verloren hatten. Um dem Publikum eine Einsicht in die Wirksamkeit der Censur und des genannten Collegiums zu gewähren, gab Held über zwanzig Bogen starke, also damals censurfreie, Censurstriche heraus, die höchst interessant sind. Dies Buch „stank in die Nasenlöcher" der Berliner Bureaukraten. Sie sandten es an das Gericht nach Magdeburg, Held darauf anzuklagen. Das Gericht sandte das Buch mit dem Bemerken zurück, daß es nichts darin finden könne, worauf eine Anklage zu gründen sei. Das Exemplar kam indessen wieder nach Magdeburg zurück, versehen mit Rothstiftwegweisern und Held wurde vor das Gericht citirt wegen eines Artikels über Lola Montez. Er erzählte in demselben, daß diese, bei einer Parade in der Suite des Königs reitend, einen Polizeibeamten, der sie wegweisen wollte, in ihrer beliebten Weise mit der Reitpeitsche tractirt habe, dafür angeklagt, zu einem halben Jahre Zuchthausstrafe verurtheilt, aber vom Könige begnadigt worden sei. Der Artikel schloß: „Ob ich wohl begnadigt worden wäre, wenn ich dasselbe gethan hätte? — Möglich, aber wahrscheinlich nicht; denn wenn schon in der Waagschaale der Gerechtigkeit ein Paar fleischfarbene Tricots schwerer wiegen als meine Stahlfeder, wie viel mehr sind sie nicht geeignet, die Schaukel der Gnade aus dem Gleichgewicht zu bringen." — Wegen dieses Passus wurde Held der Majestätsbeleidigung angeklagt. Als Held das von dem Gericht hörte, nahm er das auf dem Tische liegende Landrecht in die Hand, und da er dasselbe sehr genau kannte, so fand er bald den betreffenden Paragraphen und las mit bewegter Stimme laut: „daß solch ein Verbrecher auf einer Kuhhaut zum Richtplatz geschleift werden solle u. s. w." Das ganze Gericht lachte; aber trotz aller Heiterkeit wurde Held zu zwei Jahr Festung und Verlust der National=kokarde verurtheilt. Held appellirte und der bekannte Stieber, der damals noch liberal war, vertheidigte ihn. In der Vertheidigung drückte derselbe aus, daß der Passus um so weniger den König treffen könne, da Allerhöchstderselbe niemals im geringsten Verdacht gestanden habe, eine Vorliebe für fleischfarbene Tricots und was darunter, gezeigt zu haben. Die Appellation half in so weit, daß Held die Kokarde nicht verlor und die Strafe zu ein Jahr Festung ermäßigt wurde, welche er auch glücklich auf der Citadelle in Magdeburg absaß, wo man damals eine hübsche Sammlung von mißliebigen Schriftstellern angelegt hatte. Held hatte es da nicht ganz so gut, wie in Schkeuditz; aber doch noch so ziemlich und er konnte dem Himmel danken, daß sein Martyrium in diese frühe Zeit, zwei Jahre vor und nicht nach achtzehn hundert acht und vierzig fiel.

Diese sechs Jahre in Leipzig waren für mich und meine innere Entwickelung von der allerhöchsten Wichtigkeit. Durch Geburt, Erziehung und gesellschaftliche Verbindungen war ich Aristokrat und hatte daher die Neigungen und Gewohnheiten dieser Klasse. Ehe ich die Welt genug kannte, um mir ein eigenes Urtheil zu bilden, theilte ich natürlich auch die traditionellen Sympathien und Antipathien sowohl des Adels= als Officierstandes; doch da ich schon in früher Jugend mit Menschen anderer Stände in Berührung gekommen war und die in den Kinderjahren empfangenen Eindrücke im Jünglinge zu Ansichten zu reifen begannen, in dem Maaße als der Verstand sich entwickelte, so waren diese militairisch=aristokratischen Sympathien und Anthipathien bei mir immer mehr etwas Aeußerliches und sprachen sich selbst in den ersten Jahren meines Lieutenantslebens niemals ernstlich und leidenschaftlich aus. Das Bekanntwerden mit den Werken großer und vorurtheilsfreier Schriftsteller, das Studium der Geschichte, eigenes Nachdenken und einiges Talent zur Beobachtung brachten diese Standessympathien sehr schnell auf den Nullpunkt und erlaubten es dem gesunden Menschenverstande, unbehindert durch künstliche Einflüsse, auf den Thermometer meiner Ansichten zu wirken. Dieser gesunde Menschenverstand ist seitdem mein einziger Führer durch das Leben gewesen, und was mir von den durch ihn geläuterten früh aufgenommenen Standeseinflüssen geblieben ist, hat, in Verbindung mit den mir von der Natur gegebenen Dispositionen, mich nicht nur davor bewahrt, von diesem gesunden Menschenverstand eine zu hausbackene, oder gemeine Anwendung zu machen, sondern mich im Gegentheil nicht selten zu dem entgegengesetzten Fehler geführt. — Um Politik bekümmerte ich mich in den ersten Jahren meines Officierslebens gar nicht. In unserm Patent stand, daß wir „dem Könige und seinem Königlichen Hause treu, hold und gehorsam sein und demselben bei Tag und bei Nacht, zu Wasser und zu Lande dienen sollten," und ich hielt das damals für ganz in der Ordnung; es fiel mir nicht auf, daß weder von Staat noch Volk das Allergeringste darin enthalten war.

Allmählig mit der wachsenden Bildung erweiterten sich auch diese Ansichten über den Lieutenantshorizont hinaus und ich fing an darüber nachzudenken, ob sich meine Stellung als Officier mit meinen neu gewonnenen Ansichten vertrage. Es war mir nämlich die Ahnung aufgegangen, daß nicht nur der Fürst, sondern auch das Volk Rechte habe, und der damals noch als Ketzerei geltende, nun aber selbst von allen deutschen Fürsten anerkannte Grundsatz: „daß das Volk nicht wegen des Fürsten, sondern der Fürst des Volkes wegen da sei," wurde die Grundlage meines Denkens und Handelns.

Indem ich die Ursachen und Mittel untersuchte, durch welche das Gleichgewicht zwischen Volk und Fürsten zu Gunsten des Letzteren gestört worden war, belehrte mich die Geschichte, daß dies hauptsächlich durch die Schöpfung der stehenden Heere geschehen sei, und daß sie noch immer als Mittel zur Aufrechterhaltung dieses unnatürlichen Zustandes benutzt würden. Das verleidete mir meine Stellung als Officier. — Es würde indessen wohl noch längere Zeit gedauert haben, ehe diese Ansichten so stark und überzeugend in mir geworden wären, um mich zum Austreten aus der Armee zu bewegen, wenn nicht andere, offenherzig genug erzählte äußere Veranlassungen diesen Entschluß gefördert hätten.

So lange ich noch Officier war, konnten diese Ansichten sich nicht klar gestalten; allein das geschah sehr schnell, als ich aus diesem eng abgegrenzten Kreise hinaus in die Welt trat und besonders seit mich der Aufenthalt in Leipzig nicht nur mit so vielen geistreichen Menschen, die nicht dem Adels- und Officiersstande angehörten, in Verbindung brachte, sondern mich auch meine Beschäftigungen und Studien darauf anwiesen, mich mit den Fragen der Tagespolitik bekannt zu machen, und an die „anerkannten" Principien den Maasstab meines gesunden Menschenverstandes zu legen. Keine Studien waren aber wohl zu diesem Zwecke geeigneter und fruchtbringender als diejenigen, welche ich für die Geschichte meines niederländischen Freiheitskrieges zu machen hatte! Dieses Studium gestaltete die durch zerstreute Anregung entstandenen Gedanken und Ideen zu festen Ansichten und Principien. Damit kam aber auch die Erkenntniß der Mangelhaftigkeit und Ungerechtigkeit der damaligen Zustände und der immer glühender werdende Wunsch, auch nach Kräften zur Verbesserung und Umgestaltung derselben beizutragen. Die Geschichte belehrte mich ebenfalls darüber, daß dergleichen Umgestaltungen niemals auf dem bloßen sogenannten „gesetzlichen Wege" durchgeführt worden waren, eben weil die bestehenden Gesetze unter dem Einfluß der Gewalthaber entstanden und mit besonderer Rücksicht auf Erhaltung ihrer Macht abgefaßt waren. Die Hoffnung, daß eine solche Umgestaltung auf dem „gesetzlichen Wege" in Deutschland möglich sein könne, erschien mir, als aller historischen Erfahrung widersprechend, durchaus abgeschmackt, und um so mehr, als Jeder, der nicht geradezu mit Blindheit geschlagen war, sehen konnte, daß Alles in Deutschland auf den Ausbruch einer Revolution hindeutete. Da nun eine solche meiner Ueberzeugung und meinen Wünschen vollkommen entsprach und ich wußte, daß vereinzelte, unentschiedene und lahme Volkserhebungen das Volk stets weiter vom Ziele zurückschleudern, während dasselbe durch einiges energisches Handeln sicher zu erreichen ist, so machte ich es zu meiner Lebensaufgabe, mit all' meinen Kräften dahin zu wirken, daß das Volk bis zum Ausbruche der erwarteten Revolution einig und energisch zu handeln geneigt und fähig gemacht werde. Das konnte nur durch die Presse geschehen, und weil das die Regierungen ebenso gut wußten wie ich, so wurde diese Presse auf alle Weise gefesselt und geknebelt.

Mit freudigem Muth trat ich in die Reihen der Kämpfer für die Volksrechte, und da es noch nicht Zeit war, das Schwert zu ziehen, so beschloß ich, bis dahin mit meiner Feder zu fechten. — Ich schrieb mit Eifer an meinem Werk über die niederländische Revolution, und je tiefer ich mich in dasselbe versenkte, desto glühender wurde mein Wunsch, bald, recht bald nicht nur für die Freiheit zu schreiben, sondern auch Leben und Blut für sie einzusetzen. Oft stand ich von meiner Arbeit auf und ging stundenlang auf und ab, Gedanken fortspinnend und ausarbeitend, die durch die Ereignisse der niederländischen Kämpfe in mir angeregt wurden; ich verglich sie mit der Gegenwart und war bald mitten in Tagträumen, die mich in das Schlachtgetümmel versetzten, begeistert gegen imaginäre Philippe in den Reihen der deutschen Geusen fechtend. — Daß meine Träume mir meist Kriegsbilder zeigten, ist begreiflich, erstlich weil ich der Abkömmling einer sehr kriegerischen Familie bin, die manchen Helden hervorbrachte, und zweitens weil ich von Jugend auf die Kriegskunst studirt hatte und sehr wohl wußte, daß diese Kenntnisse bei einer ausbrechenden Revolution von um so größerm Werth sein würden, als an eine Theilnahme vieler Officiere für das erste nicht zu denken war.

Oftmals wenn meine Freunde, besonders bei Laube, sich über irgend ein Theaterstück, oder über den Werth einer Novelle, oder sonst über ästhetische Gegenstände unterhielten, ging ich für mich allein gedankenvoll auf und ab, Revolutions- und Schlachtenbilder in meinem Kopfe umherwälzend. Madame Laube, die sonst Jeden zu unterhalten verstand, verzweifelte manchmal an mir und fragte meine Frau, „was mich denn nur, um Alles in der Welt, amüsire oder interessire!" — — Die kommende Revolution war es.

Bald nachdem ich mich in Leipzig niedergelassen hatte, schrieb mir General von Schultze und drang in mich, „sein" Buch über die Braunschweigische Revolution drucken zu lassen, wozu er gern zwanzig Louisd'or hergeben wolle. Die Joh. Friedr. Hartknoch'sche Buchhandlung erklärte sich bereit, den Verlag zu übernehmen und das Buch ward mit Censur gedruckt. Ehe es jedoch die Druckerei verlassen hatte, wurde es confiscirt, und auf die gegen die Regierung eingeleitete Klage, welche den Druck durch das Gutheißen des Censors bewilligt hatte, wurde dieselbe verurtheilt, die Druckkosten und auch die sechsunddreißig Louisd'or Honorar zu zahlen, welche ich von dem Verleger für die zwölf Bogen erhalten hatte. Ich dachte, der General habe von dem Erscheinen des Buches in Braunschweig geredet und dadurch dessen Beschlagnahme herbeigeführt; derselbe schrieb mir jedoch: „Niemandem habe ich die Braunschweigische Revolution in Braunschweig gezeigt, auch keinem Verwandten, auch mit Niemandem davon gesprochen; daß es bekannt geworden, wird durch einen in Leipzig sich aufhaltenden Braunschweigschen Agenten bewirkt worden sein." —

Ich schrieb nun an Herrn Frommann in Jena, wo Bücher über zwanzig Bogen censurfrei waren, erzählte ihm den Zusammenhang der Sache und bot ihm das Buch zum Verlag an. Obwohl ungern, schrieb er, so nehme er doch meinen Antrag an, da er es für Pflicht halte, die liberaleren Censurbestimmungen seines Landes zu benutzen, wenn man sich unter solchen Umständen an ihn wende. Um die zwanzig Bogen zu erreichen, mußte man ein langes Actenstück mit dem Buche drucken, wofür ich vierundzwanzig Louisdor erhielt. Das Büchelchen von zwölf Bogen brachte mir also gegen achtzig Louisdor ein.

Ich habe bereits an einem anderen Orte erzählt, wie das Buch entstanden ist, von dem eigentlich nichts mein eigen ist als die Vorrede. General von Schultze intriguirte fortwährend, den Herzog wieder zu seinem Herzogthum zu verhelfen, ohne daß jedoch der Herzog Carl sich ernstlich darauf einließ, obwohl derselbe fortwährend Demonstrationen machte, aber niemals mit dem ernstlichen Willen, dieselben zu Thaten reifen zu lassen. Etwas Geschrei und Aufsehen war Alles,

was der Herzog wollte, dessen Eitelkeit es nicht vertragen
konnte, daß man gar nicht von ihm redete. Als mir der
General einst sagte, ich hätte zu ihm kommen sollen, als er
mich dazu aufforderte, weil er mir Wichtiges mitzutheilen
habe, was er einem Brief nicht anvertrauen könne, machte er
mich mündlich mit dem verrückten Plan bekannt, den er aus=
gesonnen und bei dessen Ausführung er mir eine Hauptrolle
zugedacht hatte. Es war das nichts Anderes, als eine ge=
waltsame Einnahme des Herzogthums Braunschweig. Eine
Anzahl Truppen sollten, wenn ich nicht irre, in Bremerhafen
gelandet und in der Braunschweigschen in der Nähe liegenden
Parcelle gesammelt, von hier aber als preußische Kriegsre=
servisten durch das hannöversche Gebiet in das Braunschweigsche
geführt werden. Da ich einst ein Commando Garderekruten
geführt hatte und die Verhältnisse kannte, so meinte der Ge=
neral, daß es mir gelingen könne, die Täuschung für die
kurze Zeit des Marsches zu erhalten. Es wäre das nicht
ganz unmöglich, obwohl immer ein äußerst unsicheres, ge=
wagtes Unternehmen gewesen. Der Herzog that wenigstens,
als habe er ähnliche Pläne, deren Ausführung ihm aber
durch die, von der französischen Regierung genommenen Maß=
regeln unmöglich gemacht wurde und die nicht weiter gedie=
hen als bis zur Anschaffung von fünftausend —Uniformen!
— Der General hatte durch seine Briefe den Herzog lange
auf das Erscheinen des erwähnten Buches neugierig gemacht
und in ihm den Glauben erweckt, als sei dasselbe ganz zu
seinen Gunsten geschrieben. Welche Ansichten aber Herzog
Carl darüber hatte, ist aus nachfolgenden Briefen zu sehen,
die mir Herr von Andlau im Auftrage des Herzogs schrieb.
Ich halte deren Veröffentlichung in meinem eigenen Interesse
für nöthig, da es vollständiges Licht auf meine Verhältnisse

zum Herzog wirfst, welche man mir oftmals zum Vorwurf gemacht hat.

London, den 25. Februar 1843.

„Ew. Hochwohlgeboren
unterlasse ich nicht den unterm 19. d. Mts. erfolgten richtigen Eingang Dero gefälligen Schreibens d. d. 18. Januar hierdurch dienstergebenst anzuzeigen und für die geneigte Uebersendung der beiden Exemplare Ihres Werks über die Braunschweigsche Revolution von 1830 verbindlich zu danken, wovon ich eins Sr. Durchlaucht dem Herzog sammt Begleitschreiben vor Augen gelegt. Im Wechsel bitte ich die im Jahre 1836 zu Paris erschienenen Memoiren entgegen zu nehmen, welche ich vorgestern durch eine sichere Gelegenheit über Hamburg nach Leipzig befördert habe.

Erlauben Ew. Hochwohlgeboren es mir, Ihnen freimüthig zu bekennen, daß der Inhalt Ihrer Schrift Se. Herzogl. Durchl. sowohl als mich selbst nicht wenig überrascht hat. — Abgesehen von mehreren unwesentlichen Unrichtigkeiten und Druckfehlern als z. B. Olgen statt „Oelper", Durlach statt „Bruchsal", Basel statt „Orbe" u. s. w. begreife ich in der That nicht, wie der General v. *** Ihnen dergleichen zum Theil auf den gröbsten Unwahrheiten beruhenden Data zur Bearbeitung überliefern und Sie ein Werk herausgeben lassen konnte, das, mit Ausnahme Ihrer Vorrede, wohl nichts weniger als eine „Vertheidigungsschrift" genannt zu werden verdient. Es ist daher natürlich, daß Se. Durchlaucht von dem Inhalte eines Buches nicht sehr erbaut sein kann, was vergleichweise — den Baum auf beiden Schultern trägt und neben den gedachten Unwahrheiten und albernen Gerüchten eigentlich nichts Neues enthält, vielmehr alte längst vergessene Geschichtchen aufwärmt, längst bekannte Dinge dem Publico wiedererzählt und daher von Freunden und Feinden als „nicht gehauen und nicht gestochen" bezeichnet werden wird. —

Als ich die Vorrede las, die gut gehalten und sehr umsichtig behandelt ist, erwartete ich etwas Gediegenes auch im Texte vorzufinden und — muß nun offen gestehen, niemals mehr als hierin getäuscht worden zu sein. Sr. Durchlaucht ging es nicht besser, wenngleich höchst Sie sich weniger als ich, von dieser seit längerer Zeit erwarteten Vertheidigungsschrift versprachen. Es wäre wirklich besser gewesen, die Sache gar nicht als in der vorliegenden Art zu berühren; ein Dienst ist Sr. Durchlaucht mit diesem, theilweise wenigstens, gänzlich unbegründeten und auf Hörensagen gestützten juste-milieu Werke keinesweges geleistet und es giebt uns einen erneuerten Beleg, daß man im Leben öfters mehr noch die Freunde als die Feinde zu fürchten hat. — Um den Schein der Unparteilichkeit hervorzuheben, muß man doch nicht zu leeren, nachtheiligen Gerüchten oder unbegründeten Thatsachen und der Sache nichtsnützenden, höchst überflüssigen Erzählungen seine Zuflucht nehmen. Se. Durchlaucht bedauerte mit mir, daß Herr v. *** Ihr Talent nicht besser zu nützen gewußt und namentlich seine Ideen und „lustige Geschichtchen" (wie sie der Herzog nennt), ehe solchen Worte gegeben und der Presse überliefert worden sind, nicht uns zuvörderst mitgetheilt und an der Quelle sich der Wahrheit vergewissert hat, die ich gewissenhaft gegeben haben würde. Nach meiner Ansicht dürfte das Buch wohl nicht scharf angegriffen werden und bald effectlos der Vergessenheit anheim fallen. Ohne übrigens manche gute Worte und geschickte Wendungen verkennen zu wollen, die Sie der undankbaren Arbeit abgewonnen haben, bemerke ich hier noch, daß Ihre Behauptung wegen einer bei weitem freieren Constitution, die der Herzog den Braunschweigern eventuell geben würde, durchaus richtig ist — und sollte dieser gewünschte Fall jemals eintreten, sicher nicht Lügen gestraft werden wird.

Schließlich erlaube ich mir einige, der strengsten Wahrheit getreuen Berichtigungen niederzuschreiben, welche zum Zweck haben, das Obengesagte zu motiviren.

Die Vorrede des Werkes ist, wie gesagt, das Beste der ganzen Erscheinung und man sieht ohne Mühe und ohne Ihre Versicherung, daß Herr von *** keinen Antheil daran habe, obgleich pag. VI. sehr naiv verspricht „einige irrige Ansichten und falsche Thatsachen zu berichtigen, mit denen man die Geschichte verfälscht hat." Dieser Vorwurf kann Sie, verehrtester Herr v. Corvin, nicht wohl treffen, wenn dem Versprechen im Verlaufe Ihrer Schrift nicht nachgelebt wird, sondern einzig und allein die benutzten Quellenwerke, Schmähschriften und — vornehmlich Herrn von *** als eigentlichen Verfasser. Im Uebrigen enthält Ihre Vorrede manche interessante, sachdienliche und unstreitbare Wahrheiten und giebt namentlich über die unverantwortliche Prinzen-Erziehung eine getreue Uebersicht. Pag. X. hätte noch bemerkt werden können: daß der würdige englische Geistliche, Herr Prince, sich den an ihm ausgeübten Gewaltsact des Gr. Münster, zu welchem dessen verrätherischer Agent Schmidt-Phiseldeck willig die Hand bot, um so mehr zu Herzen zog, als er dem verblichenen Herzog Friedrich Wilhelm das feierliche Versprechen gegeben hatte, die jungen Prinzen nicht zu verlassen und über sie treu zu wachen, falls der Tod ihn zu frühzeitig ereilen sollte. — Der würdige Lehrer, stets geliebt und geschätzt von seinen fürstlichen Zöglingen, und welcher jene unheilvolle Erziehung sicher ganz anders geleitet haben würde, ward aber zu seinem größten Schmerz gewaltsam von ihnen getrennt und — — — starb endlich in dem Tollhause Bedlam zu London. — Die Schwester des Verstorbenen und mehrere Bekannte der Familie haben dem Herzog und mir selbst von seinem Kummer, Trübsinn und traurigem Ende erzählt. *)

pag. 28 der Schrift. Die Erzählung über den Herrn von Linsingen ist von einem Ende bis zum andern nichts weiter als eine wiederholte, leere Erfindung. Se. Durchlaucht haben den v. L. auf keine Weise genöthigt aus dem Fenster zu springen. Den Commentar kann ich genau liefern: In Folge eines hitzigen Fiebers warf der Kranke unbewacht sich eines Morgens zum Fenster hinaus, ohne sich zu verletzen, in den Garten; Blumenbeete und Gesträuch hatten dies glücklicherweise verhindert, mit denen Herr v. L. in Contact gerathen war. Der Herzog erfuhr dies zuerst beim Aufstehn von seinem Kammerdiener. Die Umgebung und Dienerschaft kennen diesen Umstand genau; Augenzeugen existiren noch jetzt und namentlich hätte der Kammerdiener Joseph Meyer zu Braunschweig leicht befragt werden können.

pag. 41. Der Herzog hat Herrn von Schmidt-Phiseldeck nie geschätzt, sondern stets verachtet, seitdem er nämlich in 1822 auf Metternichs Schreibtische einen an den Gr. Münster gerichteten infamen Brief gesehen, in welchem dieser treulose braunschweigische Staatsdiener Jenem den Rath gibt, den Herzog als unklug lebenslänglich in

---

*) Die in dem Werke Charles d'Este erzählte Geschichte von dem Ueberfall des Herrn Prince durch sechs Mann, dessen gewaltsame Entführung nach London, Ueberlieferung an den König von England und Einsperrung ins Tollhaus sind Unwahrheiten und leere Erdichtungen des Verfassers jener Schrift. Man hat den ehrlichen Mann allerdings von seinem Posten entfernt und verlassen; er verließ höchst indignirt Braunschweig, ging nach Brüssel, wo er in der Engl. Kirche predigte, später nach England und starb in Bedlam, wohin ihn seine Familie zu bringen sich genöthigt sah, denn er hatte den Verstand verloren.

Corvin.

ein Narrenhaus einsperren zu lassen, hinzufügend, daß er, (Schmidt-Phiselbeck) falls der Prinz Karl (den Gesetzen nach bereits volljährig) es wagen sollte, seinen Aufsehern zu entfliehen und in Braunschweig zu erscheinen, um etwa die Regierung mit Gewalt an sich zu bringen, ihn sofort festnehmen und ausliefern lassen werde ꝛc. — Fürst Metternich selbst war indignirt über eine solche verrätherische Handlungsweise, forderte aber Se. Durchlaucht auf und nahm HöchstIhnen sogar das Ehrenwort ab, von jenem Schreiben nichts zu erwähnen, vielmehr zu thun als ob der Herzog nichts davon wisse, indem er, Fürst Metternich, dergleichen, nämlich das vorgeschlagene Einsperren, oder sonstige Gewaltmaßregeln, nie zugeben würde. — Es ist wohl begreiflich, daß der endlich zur Regierung gekommene Herzog sich die größte Gewalt anthun mußte, während drei Jahre einen solchen Minister an der Spitze der Braunschweigischen Staatsgeschäfte zu lassen.

pag. 76. Die Erzählung wegen des Hofchirurgus Grimme und der Frau v. Cramm ist, gelinde ausgedrückt, eine verdrehte Mittheilung. Die Sache verhält sich folgendermaßen: Dem sämmtlichen Hofpersonale ward in Folge des pflichtwidrigen Benehmens des Herrn v. Cramm, zu welchem dieser als Kammerherr zählte, der Umgang mit demselben untersagt. Grimme glaubte demnach das Haus des v. Cramm meiden zu müssen und that von selbst was jene Verordnung gebot und was, streng genommen, seine Schuldigkeit war. Er hat bei Sr. Durchlaucht um die angebliche Erlaubniß, Frau v. C. behandeln zu dürfen, nicht nachgesucht. Uebrigens befanden sich in Braunschweig und Celle viele geschickte Geburtshelfer und die Existenz der Frau v. C. giebt den Beleg dazu. Frage: aus welchem Grunde, selbst wenn die Sache sich wie beschrieben verhalten, gefällt es Herrn v. ***, dieses Histörchen aufzufrischen? etwa zur Vertheidigung des Herzogs? — —

pag. 86. Was Ihre Schrift, oder vielmehr Herr v. ***, über meine Wenigkeit anführen läßt, gereicht eben so wenig zur Vertheidigung der Sache Sr. Durchlaucht. — Ich meinerseits würde diese nachtheiligen und grundlosen Beschuldigungen mit stillschweigendem Lächeln über die Schwäche der Menschen behandeln und auch diese Angriffe auf meinen Charakter in die Lethe versenken, zumal ich seit 1830 gewohnt bin — mit Ausnahme von denen, die mich näher kennen — übel mitgenommen zu werden und das aus dem Grunde, weil ich, obgleich nicht auf Rosen gebettet, es vorziehe, meinen Grundsätzen und meinem Dienste treu zu bleiben, als meinen Herrn zu verrathen und zu verkaufen; allein zur Steuer der Wahrheit drängt es mich, Ihnen, Herr v. Corvin, als unpartheischen Ehrenmann, hier einige Auskunft über meine Person und frühere Dienstverhältnisse zu geben. Meine Schuljahre kaum vollendet ward ich, auf Vorschlag des jetzigen Oberst Graebe zu Braunschweig, im Jahre 1814, als alle jungen Leute sich unter die Fahnen des ruhmwürdigen Herzogs Friedrich Wilhelm sammelten, beim General=Kriegs=Commissariate als Secretär (Wortlaut meiner Bestallung) angestellt, indem ich körperlich zu schwach war, in Reih und Glied zu dienen. In dieser Eigenschaft machte ich beide Feldzüge in 1814 und 1815 mit, erhielt die Waterloo=Medaille und die Prisengelder eines Fähnrichs, kam eine zeitlang auf Wartegeld und ward später in der Staats=Canzlei als Canzlist und Führer der Bücher placirt; hier war es wo Se. Durchlaucht mich kennen lernten und wo ich dem Herzoge vorgestellt wurde. Lange bevor das von Ihnen angedeutete „Brieferöffnungsschäft" gegen den entwichenen G.=Rath von

Schmidt angeordnet ward, geruheten Se. Durchlaucht mich zum Cabinets-Registrator und bald darauf zum Canzlei-Director zu ernennen. Es ist daher eine grobe, mich persönlich, und fast sollte ich glauben absichtlich, in ein schlechtes Licht stellende Unwahrheit, daß ich dem Herzoge zu jenem Geschäfte empfohlen sei und daß also in Folge dieses Geschäfts die Gnade Sr. Durchlaucht auf mich — „den Schreiber der herzoglichen Kriegs-Commission" herabgefallen sein solle, eine Behörde, die ich nicht kenne, einen Posten, den ich nicht bekleidet habe! — —

pag. 87. Unter der vormundschaftlichen Regierung ist der ursprüngliche, gewöhnliche Ladendiener wohl zum Kammer-Assessor, nicht aber zum Geheimen-Legationsrath ernannt worden. Diese letztere Charge und eine zweite, die eines Finanz-Directors, erhielt er unter der Usurpation.

Wegen meiner angeblichen „Bereicherung" nur zwei Worte: Arm habe ich Braunschweig verlassen und arm bin ich bis auf den heutigen Tag geblieben. Die durch Se. Durchlaucht angeordnet gewesenen Verkäufe einiger Dominial-Gefälle gewährten mir eine extraordinäre Einnahme. Diese Summe, so wie meine sämmtliche Habe, worunter auch die Aussteuer meiner sel. Frau, mehr als 3000 Thaler an Werth, verzehrten die Flammen des 7. Sept.! — Ein Ersatz ist mir nie zu Theil geworden und die damalige de facto Regierung in Braunschweig verweigerte selbst die Herausgabe einer in der Glut geschmolzenen und später in der Asche aufgefundenen Summe Geldes, mir gehörend, unter dem nichtigen Vorwande, daß diese Summe, als von illegalen Verkäufen herrührend, mir nicht zustehend sei, obgleich ich eine, dieser Behauptung entgegenstehende Erklärung des Herzogs beibrachte, wonach die vorgefundenen Gelder mein Privateigenthum waren. — Gegen Gewalt kein Recht! — Jene sogenannten illegalen Verkäufe von Gefällen und Ablösungen sind jedoch beibehalten und von der jetzigen Herrschaft — legal — zu Ende gebracht.

Aus welchem Grunde und zu welchem Zwecke sich Ihr Buch meinetwegen so emsig beschäftigt, die Zeit der Leser ohne Noth in Anspruch nimmt und dergl. viel besprochenen und verdrehte Geschichten auftischt, sogar zwei Mal (pag. 88 u. 158) von der abseiten der usurpatorischen Regierung zu Br. geschehenen unhaltbaren Protestation gegen meinen Namen von Andlau anführt, aber mit keiner Sylbe meiner darauf in den deutschen Blättern erfolgten motivirten Gegenerklärung erwähnt, und endlich hinzufügt: „daß Manche meine Ernennung zum Kammerherrn unangemessen finden." — — kann ich in der That kaum begreifen und muß annehmen, daß man diese interessanten und gewichtigen Dinge! zur Vertheidigung des Herzogs der Presse zu überantworten für durchaus wesentlich und nothwendig gefunden hat. — Ohne in Selbstlob zu verfallen, schließe ich diese Erläuterung damit: daß ich in meinem Wirkungskreise früh und spät danach getrachtet habe, ehrlich zu handeln. — Mein Gewissen läßt mich ruhig schlafen. Ich scheue die Wahrheit nicht, weise aber dergleichen übel angebrachte, unverdiente und beleidigende Erörterungen damit zurück.

pag. 159 beginnt mit einer von aller und jeder Wahrheit gänzlich entblößten Geschichte. Es ist die angebliche Verbindung des Herzogs mit der Partei der ältern Linie der Bourbons und der Herzogin von Berry. Der Herzog hat niemals und zu keiner Zeit mit derselben oder deren Vertrauten in Unterhandlung gestanden oder irgend Jemand beauftragt, Plänen der Art zu folgen. — Klindworth hatte keinen Auftrag dazu, sich in Correspondenz mit deren Vertrauten zu setzen, dachte selbst nie daran und wäre auch bei all seiner intriguanten Gewandtheit dazu schwerlich fähig gewesen, indem er damals der französischen Sprache nicht mächtig war, von welcher er kaum ein Wort verstand, und mich sehr oft in Wirthshäusern als Dolmetscher gebrauchen mußte. — Die französische Polizei, welche die Gewaltmaßregeln der Wegweisung des Herzogs aus Frankreich — von Braunschweig und Hannover aus guten Gründen so eifrig und ängstlich gewünscht — gern auf eine plausible Weise zu rechtfertigen suchen und den Herzog zugleich unpopulär machen wollte, ersann jene Lüge — die in die Zeitungen und Schmähschriften überging. — Eben so wenig hat George Klindworth mit Perrier und Sebastiani verhandelt und ist nur einmal arretirt gewesen wegen Verdachts, silberne Leuchter die Sr. Durchlaucht zugehörten zum Verkauf ausgeboten zu haben! —

pag. 161. Rücksichtlich des Königs von Spanien, so scheint Herr v. *** auch diesem albernen Gerüchte, in dem Libelle des Chaltas gedacht, Glauben geschenkt und die Anführung desselben zur Vertheidigung des Herzogs Karl auch nöthig gefunden zu haben! — Ich darf Ihnen, Herr von Corvin, in dessen Auftrage aber versichern, daß der König von Spanien Se. Durchlaucht keineswegs sagen lassen, Madrid zu verlassen, auch sonst Niemand hat einen solchen Wunsch dem Herzoge zu erkennen gegeben, sondern aus freiem Willen und nachdem Se. Durchlaucht volle sechs Monate dort gelebt und von dem Könige und der Königin zur Abschieds-Audienz freundlich empfangen, verließ der Herzog Spanien. —

pag. 165. „Werbehäuser in Paris und Fontainebleau wurden geschlossen und die darin vorgefundenen Personen verhaftet" sagt die Schrift. Es ist nach zehn Jahren das erste Mal, daß wir davon und noch dazu in einer Vertheidigungsschrift des Herzogs hören. Nach meinem besten Wissen und Gewissen haben keine solche Werbehäuser für uns bestanden und die arretirten Personen leben in der Imagination. Ueberdies war die Expedition in weitem Felde wegen der Widerwärtigkeiten, die das französische Cabinet, aus Besorgniß vor Unruhen im In= und Auslande, der Sache in den Weg legte. Bis zu Werbungen ist es nie gekommen. Uniformen war das einzige, was wir aufzuweisen hatten. Waffen und Munition schafften wir nicht an, indem Marschall Soult die Erlaubniß verweigerte und nur die Uniformen als eine affaire de commerce betrachten wollte.

pag. 168 enthält eine unwahre Erklärung des Generals Ramorino.

pag. 177 desgl. über den Intriguanten Klindworth, der, seitdem er durch die französischen Zeitungen seinen Laufpaß vom Herzoge erhalten, nicht wieder zu Gnaden aufgenommen ward. Und dies geschah lange vor dem von Ihnen angedeuteten Prozesse, den er übrigens verlor. Die Sache ist keinesweges gütig beigelegt worden. Später diente er der französischen geheimen Polizei in Spanien und Italien, jetzt fungirt er in Paris als diplomatischer Spion.

pag. 221. Chaltas betreffend, der sich seiner Zeit Agent diplomatique de S. A. S. le Duc Guillaume de Brunswick schelten ließ und damals ein rothes Portefeuille mit dieser Aufschrift führte, so bin ich in Besitz von mehreren eigenhändigen Schreiben des jetzigen Hofraths von Koch an jenen Schurken gerichtet, worin Instructionen zur Verfolgung und wo möglichen Vernichtung des Herzogs gegeben werden. Chaltas empfing mittelst seines braunschweigschen Collegen und accreditirten Geschäftsführers Fabricius in Paris die Summe von 18,000 Franken für das qu. Libell, wozu ihm die Data von Herrn Koch geliefert waren, und saß drei Jahre im Schuldthurm, indem er die uns (zugesprochene) Entschädigungs-Summe und Kosten nicht zahlen konnte und diese Zeit par corps gerichtsseitig fixirt worden war. — Jetzt lebt er verlassen und in der misère. —

Noch bemerke ich in dem Werke die Anfangsbuchstaben v. B., v. L., v. G. statt der vollen Namen. Ist dies aus Schonung und Rücksicht auf Ihre Stellung geschehen oder — sind diese Herren nicht als voll zu betrachten? —

Mit der vollkommensten Hochachtung beharre ich rc.

v. Anblau.

Diesen aus Ueberzeugung und im Auftrage des Herzogs niedergeschriebenen etwas flüchtigen Zeilen füge ich noch Folgendes confidentiell hinzu: Es ist mir nicht ohne Mühe gelungen den Herzog davon abzuhalten gegen das Werk und die darin enthaltenen ihn betreffenden Unwahrheiten und Anzüglichkeiten in den Zeitungen öffentlich zu protestiren und zu erklären, daran keinen Theil zu haben. Auf Dank kann daher Herr v. *** nicht rechnen. Auf Sie, lieber Herr v. Corvin, der wohlgemeint dem Wunsche des Herrn v. *** entgegen gekommen und für den Text nicht verantwortlich sein kann, hat es um so weniger etwas zu sagen, als Ihre Vorrede auf Wahrheit und Mäßigung basirt ist. — Rücksichtlich einer freisinnigen Constitution, so darf ich Ihnen versichern, daß der Herzog sich den liberalen Ideen längst gänzlich angeschlossen hat und, sollten die Umstände jemals eintreten, in der That zeigen wird, daß es ihm Ernst damit sei. Wie sehr bedauere ich, daß wir uns nicht früher verständigt und besprochen haben. Ihrer Selbstständigkeit würde ich sicher nicht zu nahe getreten sein und Ihnen überlassen haben — gerecht zu sein. Neues habe ich nicht mitzutheilen; wir sind leider gezwungen, in der Apathie fortzuleben. Meine Hoffnungen für eine günstigere Zukunft sind schwach und meine äußere Lage nicht beneidenswerth. Meine Kinder wachsen heran und kosten viel, besonders in diesem Lande der Guineen. Billig sollte ich wohl nicht mit Sorgen der Art zu kämpfen haben; allein deßungeachtet werden sich meine Gesinnungen und meine Treue nicht verleugnen. — Empfangen Sie, verehrtester Herr von Corvin, den Ausdruck meiner begründeten Hochachtung und freundschaftlichen Ergebenheit." v. Andlau.

Es war nicht sowohl meine Absicht gewesen, eine Vertheidigungsschrift für den Herzog herauszugeben, als eine solche, wodurch die durchaus falschen Ansichten über den ganzen Charakter der Revolution in Braunschweig berichtigt würden, welche man stets als eine vom Volk ausgegangene darstellte, während sie doch nur von herrschsüchtigen und eigennützigen Edelleuten, nebst deren dupes, veranlaßt und durch bezahltes Lumpenpack ausgeführt wurde. Die Person des Herzogs war mir ziemlich gleichgültig; es handelte sich darum, ein Princip zu vertheidigen und verfälschte historische Thatsachen zu berichtigen. Daß die wahren Thatsachen den Herzog verletzten, interessirte mich wenig; allein daß ich mich zur Verbreitung von Entstellungen der Wahrheit sollte hergegeben haben, that mir leid und ich war bereit, diesen Fehler so weit als möglich wieder gut zu machen. Ich schrieb daher einen Artikel für die Allgemeine Zeitung, in welchem ich Herrn von Andlau bessere Gerechtigkeit widerfahren ließ und freute mich, daß dieser durchaus ehrliche und brave Mann sich damit zufrieden erklärte. Zu Berichtigungen in Bezug auf den Herzog konnte ich mich aber nicht entschließen, da ich mir für etwaige kleine Ungenauigkeiten nicht große

Unwahrheiten aufbinden lassen wollte. Als indessen der Herzog an mich die Anfrage stellte, ob ich die Herausgabe des Werkes „Charles d'Este" in deutscher Sprache bewerkstelligen wolle, hatte ich keinen Grund, ablehnend zu antworten, da es sich nur um eine freie Uebersetzung handelte und um Besorgung des Drucks. Freilich versuchte es der Herzog, mich zu veranlassen, es unter „einem Namen" herauszugeben; allein ich ließ mich auf weiter nichts ein, als auf eine Vermittlerrolle, mir indessen vorbehaltend, über den Inhalt dieses bekannten Buches Erkundigungen einzuziehen und — da ja frei übersetzt werden sollte! — offenbare Lügen in Wahrheit zu übersetzen, oder wo das nicht möglich, dieselben einfach wegzulassen. Es kostete einige Mühe, diese Entstellungen der Wahrheit herauszufinden und fast unmöglich wurde es, in Bezug auf die im zweiten Bande enthaltenen Documente, die zum Theil verändert und beschnitten worden sind, je nachdem es dem Interesse des Herzogs dienlich schien. Alle Angaben in Bezug auf das Vermögen des Herzogs sind lächerlich übertrieben.

Ich schickte dem Herzog einen mäßigen Kostenanschlag, über den Druck des Werks, den ich von Teubners aufsetzen ließ und der sich für zwei dicke Bände von circa 30 Bogen jeder, zweitausend Auflage und Honorar auf nur 1700 Thaler belief. Der Herzog schien diese Summe nicht hoch zu finden und darauf hin hatte ich die Uebersetzung begonnen. Es war mir daher sehr unangenehm, als ich folgenden eigenhändigen Brief des Herzogs erhielt:

„Mein lieber Herr von Corvin!

Wenn die Briefe des Herrn von Andlau, der übrigens nicht mehr in Meinen Diensten ist, sie im Geringsten irre geleitet haben, so ist Mir dies sehr leid, ich habe dieselben weder vor noch nach deren Absendung an sie gesehen. — Ich finde aber in den ihrigen, die Mir vorliegen, so verschiedene und in ihrem letzten so viel höhere Ansätze für Druck und Papier ꝛc., daß Ich es vorziehen muß, auf den Druck des Werks für jetzt nicht einzugehen.

Damit Sie sich aber nicht zu beklagen haben mögen, will ich Ihnen anstatt des in Meinem letzten Brief angesetzten Honorars von zweihundert und vierzig Thalern, dreihundert Thaler für die Uebersetzung des ersten Bandes, wo sie wollen, bezahlen lassen, sobald sie dieselbe hierher nach London eingesandt haben werden.

Schließlich bemerke ich hier noch, daß die Dienstentlassung des von Andlau die Uebersendung der von Mir ihnen angezeigten Documente verhindert und jetzt überflüssig gemacht hat."

38 Bryanstone Square den 4. Mai 1843.

Dieser Brief war nicht unterzeichnet, wahrscheinlich weil darin ein Geldversprechen enthalten ist, denn der Herzog hat sich das Wort gegeben, niemals einen Wechsel oder ähnliches Document zu unterzeichnen. Einen anderen Brief des Herzogs mit seiner Unterschrift habe ich einem Autographensammler in Dresden geschenkt, leider ohne eine Abschrift zu behalten, was um so mehr zu bedauern ist, als der Herzog darin die Unterstützung der demokratischen Partei beansprucht, wie er denn auch stets behauptete, ein Demokrat zu sein. Herr von Andlau schrieb mir darüber unter dem 20. März 1843 folgendes:

„Seien Sie fest versichert, daß der Herzog ein für allemal der liberalen, oder besser — radicalen Partei angehören wird. Wer nichts zu verlieren und Alles zu gewinnen und dabei die Ueberzeugung erlangt hat, daß dies

der rechte Weg sei, der zum Ziele führt, kann keine andere
Wahl haben. Er wünscht nichts sehnlicher, als dazu beizu=
tragen, den deutschen Fürsten, die ihn verlassen und, im
Widerspruch mit ihrer eigenen Politik, den Rücken zugekehrt
haben, den Schlag auf's Haupt zu geben, und ich fürchte
nur, daß der Herzog, sobald die Bombe einmal platzt und
er wieder freier athmen kann, dem Volke eher zu viel als
zu wenig Freiheiten geben werde! — ich für mein Theil
bin von ganzer Seele und im weitesten Sinne dem con=
stitutionellen Liberalismus zugewendet, hasse despotische
Fürsten wie die Hölle, will keine andere, als solche, die das
wahre Beste des Volkes wirklich fördern und die NB.
an eine freisinnige Verfassung gebunden sind, die dem Staate
Freiheiten und Gerechtigkeit sichert. Weg mit „Machtvoll=
kommenheiten und Gewaltmaßregeln!" Die Tagessatzung
sei: „Wahrheit und Recht, Freiheit und Gesetz!" — Vor
etwa acht bis zehn Jahren, als wir mit Lafayette und Ar=
mand Carrel, Pagès und anderen näher bekannt waren,
glühte ich für Republik und betrachtete z. B. den Freistaat
Amerika als den Sitz des höchsten politischen und bürger=
lichen Glückes! — Jetzt aber, nach reiferer Erfahrung, halte
ich im Allgemeinen, besonders aber für Frankreich und Deutsch=
land eine solche für ein Unglück! Der Herzog stimmt mit
mir hierin nicht überein und hält eine republikanische Ver=
fassung für das Interesse der Völker am wünschenswerthesten.
Die nähere Erörterung meiner Motive würde hier zu weit
führen und beschränke mich daher auf den Zweck unserer
heutigen Correspondenz. Ihren Mittheilungen zufolge, scheint
der Radicalismus in unserem deutschen Vaterlande immer
mehr Wurzel zu fassen und erfüllt das Herz mit freudigen
Hoffnungen für die Zukunft. — — — Ich bin mit Ihnen,
verehrtester Herr von Corvin, vollkommen darüber einver=

standen, daß der König von Preußen, bei all seiner Klugheit und erkünstelten Liberalität und ungeachtet seiner schönen Reden, ebenso einfältig, als unpolitisch handelt und seine Rolle in dem Maße nicht lange spielen wird; er könnte, wenn er wollte und im Herzen Freiheit für das Volk wünschte, ganz Deutschland zu seinen Füßen haben und ein großes, beneidenswerthes Reich gründen, wäre er nicht in Absolutismus aufgesäugt und wollte er seine Stellung als absoluter König auf's Spiel setzen! Es hält aber sehr schwer, ein „Von Gottes Gnaden" gekröntes Haupt zu finden, das Alles gegen Alles riskirt. Hoffen wir nichts von ihm; zwar hat er versucht, den großen Haufen durch liberales Blendwerk zu täuschen und anscheinend sich den Interessen des Volks angeschlossen, aber das konnte bei seinen Ansichten und Inclinationen nicht wohl von langer Dauer sein und gar bald wird er noch mehr zeigen, weß Geistes Kind er ist." —

Schon ehe mir der Herzog schrieb, hatte mir Herr von Anblau mitgetheilt, daß er sich gedrungen gesehen habe, den Dienst des Herzogs zu verlassen. Mit welchen Demüthigungen die Stellung in der Nähe des „radicalen" und in seinem Hause sehr „despotischen" Herzogs verknüpft war, habe ich schon früher angedeutet und Herr von Anblau hatte sie wahrscheinlich nur mit Rücksicht auf seine zahlreicher werdende Familie nicht abzuschütteln gewagt. In London mit einer Frau und sechs Kindern von sechszehn Pfund, monatlich etwa einhundert und sechs Thaler, anständig zu leben, ist absolut unmöglich. Herr von Anblau, der so viel für den Herzog aufgegeben und ihm so treu gedient hatte, glaubte endlich seinem Fürsten die Bitte um Vermehrung seines Gehaltes vortragen zu dürfen. Er bat um 400 Pf. St. jährlich oder eine Pension von 200 Pf. St., mit welcher er sich an irgend einen ruhigen Fleck Deutschlands zurückziehen wolle. — Darauf erhielt er am anderen Tage seine Entlassung mit dem mündlichen Versprechen einer Pension von 8 Pf. St. monatlich, eine Pension, welche ein englischer Lord vielleicht einem Kammerdiener geben würde, der ihm nur zehn Jahre treu gedient. —

Herr von Andlau würde es gern gesehen haben, wenn ich um die durch ihn erledigte Stelle gebeten hätte, ja er forderte mich auf, mich direct darum zu bewerben. Ich fing aber gerade an, meine Freiheit und die Früchte meiner Thätigkeit zu genießen und hatte keine Lust, dieselbe einem so „radical" undankbaren Fürsten zu opfern; hatte ich doch erst kurz vorher eine gute Stelle bei einer Eisenbahngesellschaft abgelehnt. — Herr von Andlau trat nicht wieder in die Dienste des Herzogs, obwohl das freundliche Verhältniß nach mehrjährigem Schmollen von Seiten des Letzteren wieder hergestellt wurde. Der wackere Mann behalf sich ein Jahrlang nothdürftig, ohne eine feste Anstellung zu finden; seine frühere Stellung bei dem Herzog von Braunschweig war ihm in England im Wege. Wir blieben seitdem in beständiger Correspondenz und es machte mir unendliche Freude, als ich hörte, daß Herr von Andlau's Frau ihm den Entschluß eingegeben, ein deutsches, protestantisches Erziehungs-Institut zu gründen. Das Unternehmen glückte und ich werde noch manchmal Gelegenheit finden, von Herrn von Andlau zu reden, der alle diese Jahre hindurch mein lieber Freund geblieben ist.

Unter dem 23. Mai 1843 erhielt ich einen Brief aus London, in einer Schulknabenhand geschrieben, den ich des Scherzes wegen mit allen seinen Schönheiten copire:

„Se. Durchlaucht der Sauereine Herzog von Braunschweich wollen gern auf den Ansatz Eins in Allem von

achthundert Thaler zurückkommen, da Ew. Hochgebohren bis vorzuziehen scheien und ihnen die nöthigen Documente umgehend und das Geld sobalt der erste Theil des Buchs hiehergeschickt, senden, Sie haben recht zu sagen das der Herzog Bittere Erfahrungen gemacht hat die Gründe der Verabschiedung werde ich Ihnen später erfahren laßen.
Gr. von Wuits."
London May 23t. 1843.
38 Bryanstone Sqr.

Dieser „Graf Wuits" war der neue Jammerherr des „sauereinen" Herzogs und ich werde gleich mehr von demselben reden, wenn ich den Inhalt seines orthographischen Briefs erklärt habe. —

Als ich sah, wie geizig der Herzog war, hatte ich Rücksprache mit O. B. — Johann Friedrich Hartknoch'sche Buchhandlung — genommen und er erklärte sich bereit, das Werk zu drucken, wenn ich ihm fünfhundert Thaler auf die Druckkosten zahlen wolle, was ich versprach. Dies machte mit 300 Thaler Honorar achthundert Thaler, womit der Herzog allerdings äußerst zufrieden sein konnte. Als ich aber obigen Brief erhielt, hatte sich O. B. anders besonnen; er erinnerte sich der Confiscation des ersten Buches über Braunschweig und — lehnete ab. In dieser Verlegenheit schrieb ich an Julius Fröbel nach Zürich, der dort ein Verlagscomptoir hatte. Er nahm den Verlag an, wollte jedoch mit mir das Nähere besprechen, da er im Begriff sei, nach Leipzig zu kommen. Er kam und ich lernte in ihm einen tüchtigen Mann kennen, den ich gleich lieb gewann. Er nahm mein Manuscript mit nach Dresden, lehnte aber in einem Briefe von dort den Verlag ab, da er mit seiner Behörde sehr schlecht stehe und wegen der in dem Buche enthaltenen Angriffe gegen den

König von England alle mögliche Arten von Verfolgungen zu erwarten haben würde. — Nun bot ich das Buch Heinrich Hotop in Cassel an, dem ich es für das billige Honorar von sechshundert Thalern überließ. Die achthundert Thaler des Herzogs — den meine Einrichtungen gar nichts angingen, sobald ich nur den von ihm gestellten Zweck erreichte — fielen natürlich noch außerdem in meine Tasche; ich hatte indessen Mühe genug, sie von dem Herzoge zu bekommen.

Was nun den Grafen de Wuits anbetrifft, so ist es ganz unbegreiflich, wie sich der Herzog, der sich auf seine Klugheit soviel einbildet, von einem solchen Menschen anführen lassen konnte, der sich für einen mecklenburgischen Grafen ausgab, dessen ganze Familie aber, Vater und Bruder, in London allgemein als Schwindler und Bankerottirer verschrieen waren. Die Journale, die im fortwährenden Krieg mit dem Herzog lebten, verfehlten nicht, seinen Kammerherrn als notorischen blackguard öffentlich hinzustellen. Die Spürhunde der Journale fanden nicht allein seinen Stammbaum, sondern auch den seiner Schwindeleien. In dem Age and Argus vom 24. Februar 1844 fand sich unter den Verhandlungen des Bankerottir-Gerichtshofes ein Fall: „In Re Caesar Adam Marcus Count de Wuits," der als Bankerottirer erklärt wurde. An einer anderen Stelle derselben Nummer fand sich ein Artikel gegen fremde Schwindler, in welchem es hieß: „— Der Bankerottirer von —, der sich C— A— M— von — nennt, aber ein geborener Jude ohne Geschäft und Eigenthum ist, wurde zum ersten Mal als insolvent in der Zeitung vom 28. Februar 1834 angekündigt, wurde verhört den 22. März, aber keine Dividende angezeigt. Perry's Original Bankrupt & Insolvent Registry Office 78 Cornhill giebt weitläufige Nachrichten über diesen Bankerottirer, der sich häufig in zweideutige

Dinge eingelassen hat, eben so wie sein Vater, der um das Jahr 1828 herum starb. Er war auch ein Bankerottirer und vorgeladen, als D— Graf von — No. of Shodule 16,296, soll ein General in französischen Diensten sein und Agent der Häuptlinge der Insel Cypern, um eine Expedition für die Vertheidigung Griechenlands auszurüsten. Dieser Bankerottirer stand am 7. Juli 1826 in der Zeitung; verhört den 28. Juli; keine Dividende angezeigt. Vater und Sohn waren sowohl dem Publikum, als auch den Geschäftsleuten nicht nur in England, sondern auch in Frankreich, Belgien und Deutschland bekannt. Der alte von — war ein Viehhändler aus Polen (Poledonia); verließ sein Vaterland, nahm später den Titel Graf und General an und trieb in den obengenannten Ländern sein Wesen, bis man entdeckte, daß er ein Betrüger sei und ihn einsteckte. (Siehe das Register des Fleet-Gefängnisses). Sein Sohn, der gegenwärtige Bankerottirer, hat sich eines solchen Vaters würdig gezeigt; giebt sich für einen Kammerherrn des Großherzogs von Mecklenburg-Schwerin und Rittmeister der österreichischen Cavallerie aus und war dreist genug, Anstellungs-Decrete dieser Art vorzubringen, die natürlich von ihm selbst erfunden waren."

Vom Herzog gedrängt, verklagte der neue Kammerherr dieses Journal und beabsichtigte, eine Criminal Information zu verfolgen, wobei Beweisführung und Zeugenverhör nicht gestattet ist; allein die große Jury, von dem Lebenswandel des Wuits unterrichtet, verwarf sein Ansuchen und so blieb ihm nur der Weg einer einfachen Diffamationsklage. Diese war bereits für einen bestimmten Tag angesetzt, als er Angst bekam und desistirte. Wahrscheinlich hielt ihn der Herzog selbst zurück, weil er Scandal und Beweisführung fürchtete.

Dieser edle Graf war außerdem noch ein großer Trunkenbold. Einem Londoner Briefe an mich entnehme ich folgende Stelle: „Wuits giebt sich für einen Deutschen aus und behauptet, in England das Deutsche vernachlässigt und vergessen zu haben; er hat Prätensionen und einige usages du monde, ohne jedoch Spuren von guter Erziehung zu zeigen. Seine rothe Nase und stark colorirtes Gesicht, das im Ganzen nicht häßlich ist, deuten auf die Flasche hin. Vor etwa einem Jahre haben sich zwei hiesige Lords — Spaßvögel — ein Divertissement mit Wuits erlaubt, das am lichten Tage in einer der bedeutendsten Straßen Londons zu Aufsehen und Gelächter Veranlassung gegeben. Jene laden den deutschen Grafen Saufbruder zum Frühstück ein, machen ihn dead drunk, packen den Körper in Packpapier und Leinwand, ein Loch für's Gesicht offen lassend, und senden dies Packet „careful" (sorgfältig) gemarkt und adressirt an den Doctor des Wuits, woselbst er abgeladen und behutsam niedergelegt wird. Das Erwachen, die Wuth, und das Gelächter der Zuschauer soll groß gewesen sein. Diese ist keine ersonnene, sondern eine wahre Anecdote." — —

Der Herzog war natürlich sehr ärgerlich darüber, daß man seinen gräflichen Kammerherrn durchaus zu einem Lump machen wollte und dachte darauf, ihn mit einem derjenigen Personen zusammenzubringen, welche so schlecht von ihm redeten. Eine solche Person war Dr. Wolf, ein kleiner jüdischer Arzt, der zu Zeiten in des Herzogs Hause zu thun hatte, welches in der Nähe vom Regentspark lag. Der Herzog fragte Dr. Wolf, ob er den Muth habe, seine schmählichen Behauptungen in der Gegenwart des Grafen zu wiederholen und als der Doctor dies bejahete, ließ der Herzog es für den Augenblick dabei bewenden; als der Doctor aber wieder einmal in das Haus kam und, von dem

Herzog darauf geleitet, sich auf's Neue in Schmähungen über den Grafen ergoß, trat dieser plötzlich wüthend hinter einem Vorhange hervor und begann Dr. Wolf durch Faust=logik zu widerlegen, während der Herzog sich aus dem Staube machte. Der Pseudograf hatte den kleinen Doctor bald an der Erde, ohne daß dieser jedoch die Geistesgegenwart verlor. Er holte ein schmales, langes Messer aus der Tasche und schob dies dem auf ihm knieenden Lump ganz gemüthlich durch die Wade, mit chirurgischer Geschicklichkeit gefährliche Flecke meidend. Der nobele Graf brüllte vor Schmerz und sprang auf; die Bedienten rannten auf den Lärm herbei und man schrie nach einem Polizeidiener, um den Doctor zu arretiren. Dieser sprang aber zum Fenster hinaus in den Garten und über die niedere Mauer, von wo er bald sich in die Straße rettete. Er wurde weder verfolgt, noch ver=klagt und der Graf mußte lange das Zimmer hüten. Der Herzog schickte diesen endlich fort und ich weiß nicht, wohin der Herr Rittmeister und Kammerherr gekommen ist.

Zu jener Zeit war Louis Napoleon in Ham gefangen. Der Herzog kannte den Prinzen und dessen fixe Idee, daß er einst Kaiser von Frankreich werden würde; er hatte Ver=trauen wo Alle lachten und bewies dies auf die überzeugendste Weise dadurch, daß er dem Prinzen, zur Ausführung seiner Pläne, zehntausend Pfund Sterling (circa 66,000 Thlr.) zu leihen beschloß. Zunächst war es aber nöthig, den Prinzen von den Absichten des Herzogs zu unterrichten und dann denselben aus Ham zu befreien. Dazu brauchte der Herzog einen gewandten Mann und Mr. Duncombe, Parlaments=Mitglied, empfahl ihm seinen Secretair Herrn Smith. Versehen mit Geld, den nöthigen Instructionen und einem Briefchen des Herzogs reiste derselbe nach Ham. Er spielte hier seine Rolle als neugieriger Engländer vortrefflich, und da er seine Fünffrankenstücke nicht sparte, führte man ihn mit Bereitwilligkeit umher. Es war zufällig gerade die Zeit, wo der Prinz seinen Spaziergang zu machen pflegte. Mr. Smith fragte natürlich, wer der Herr sei, den man, als er vorüberging, ehrerbietig grüßte. Seine Neugierde war natürlich und ebenso das Verlangen, mit dem Prinzen zu reden, denn Mr. Smith war ja ein Engländer, obwohl er vortrefflich französisch redete. Er näherte sich dem Prinzen und gab ihm den Brief des Herzogs. Das Folgende ist bekannt. — Der „Sauereine" Herzog Carl von Braunschweig und der Prinz Louis Napoleon schlossen darauf ein förmliches Schutz= und Trutzbündniß, worüber ein Document aufge= setzt wurde, welches beide Mächte unterzeichneten und welches der Herzog sehr sorgfältig aufhebt. — Mr. Smith erwarb sich durch sein Benehmen die Gunst des befreiten Prinzen und wird fortwährend von dem Kaiser zu allerlei Geschäften gebraucht, die einen gewandten und zuverlässigen Mann ver= langen und — diesem hoffentlich etwas Erkleckliches einbringen.

Meine Jagdzeitschrift hatte durch die Unordnungen ge= litten, welche unter der Verwaltung des ersten, bankerott gewordenen Buchhändlers vorgekommen waren, und von denen sie sich nie wieder erholen konnte. Bernhardt Tauch= nitz behielt sie also nur ein Jahr; dann ging sie in die Hand eines anderen Buchhändlers über, und ich verkaufte sie endlich für einige hundert Thaler an einen preußischen Jagdjunker, Herrn von Warburg, der in Berlin ein Spor= ting=Magazin herausgab. Auch den „Marstall" ließ ich ein= schlafen, da er zwar die Kosten deckte und mir ein mäßiges Honorar brachte, aber doch nicht lohnend genug war, um ihn fortzusetzen. Die Abonnenten bedauerten das Aufhören des Blattes sehr. — Gänzlich gab ich indessen die Jagd= schriftstellerei nicht auf. Ich gab einen Sporting=Almanach und dann Taschenbücher für Jagd- und Naturfreunde bei B. G. Teubner heraus.

Der alte Teubner war eine brave, ehrliche Seele, mit allen Eigenthümlichkeiten und kleinen Lächerlichkeiten eines reichgewordenen Spießbürgers. Man hatte ihn auch zum Stadtrath gemacht, und er war sehr stolz auf den Titel. Er hatte eine sehr schöne, große Druckerei mit gegen fünfzig eisernen Pressen und war ein geachteter Verleger.

Wir versprachen uns damals viel von der deutsch-katholischen Bewegung; wenigstens ich that es, wenn auch Held daran keine Hoffnungen knüpfte. Um mich den Bemühungen der an der Spitze dieser Bewegung stehenden Männer anzuschließen, beschloß ich, ein Buch zu schreiben, in welchem die Mißbräuche der römischen Kirche zusammen- und blosgestellt wurden. Das Buch sind meine „Historische Denkmale des Christlichen Fanatismus." Der erste Band sollte als Einleitung dienen, und in einigen Capiteln eine gedrängte Geschichte aller römischen Mißbräuche enthalten. Für dieses Werk studirte ich Tag und Nacht und füllte etwa zwölf Druckbogen nur mit kurzen Notizen, die Quellenwerke zugleich dabei angebend. Nachdem ich die Capiteleintheilungen gemacht hatte, schrieb ich mit verschiedenfarbigen Stiften die Nummer des Capitels, zu welcher sie gehörte, in jede Notiz und durchstrich sie, sobald ich sie angebracht hatte. Das war nicht leicht, da mir für die ungeheure Masse von Material nur etwa zwanzig Druckbogen eingeräumt waren. Ich hielt das Buch absichtlich sehr populär und sparte weder Humor, noch Ironie; ich wollte, das Volk sollte mein Werk lesen, welches übrigens dem Bischof Arnoldi von Trier gewidmet war, der den heiligen Rock hütete, welcher kurz vorher Hunderttausende zur Wallfahrt nach Trier gelockt hatte. Ich sandte dem Bischof ein Exemplar. Das Packet war sehr passend mit einem antiken Siegel geschlossen, auf welchem ein römischer Priester opfernd am Altare dargestellt war. Das Buch wurde viel gelesen und trotz seiner oft derben Sprache von der Kritik allgemein gelobt. Die katholische Kirchenzeitung griff nicht ein einziges Factum an; — allein schimpfte über mich, nannte mich einen noch ärgeren Gotteslästerer als Voltaire und behauptete, daß ich meine Frau zum Deutschkatholicismus verführt habe! Schrecklicher Vorwurf! — der aber noch dazu ein unwahrer ist. Das Buch erschien mit Königlich sächsischer Censur. Der Censor, damals Professor Hardenstein, strich Manches, auch sehr oft wörtliche Aussprüche von Heiligen und Kirchenvätern, wogegen ich aber protestirte und mit Erfolg. Da das Nennen der Quellen das Buch ungebührlich erweitert haben würde, so begnügte ich mich, dieselben mit Bleistift an den Rand des Manuscriptes zu schreiben, welches dem Censor vorgelegt wurde. Das Buch wurde nirgends in Deutschland verboten; aber freilich in Oesterreich, wo einige hundert Exemplare confiscirt und eingestampft wurden. Das verhinderte aber keinesweges, daß davon viele Exemplare in Oesterreich und besonders in Ungarn verkauft wurden.

Es schien mir im Interesse des Fortschrittes und der politischen Aufklärung nöthig, daß man die Meinung des Volkes nicht allein durch die Tagesblätter leite, welche nur die Begebenheiten der Gegenwart behandelten, sondern auch dessen von Jugend auf eingesogene, irrige Ansichten über die Vergangenheit berichtige. Da die Schulen überall unter der speciellen Leitung der Regierungen und der Geistlichkeit standen, so war es natürlich, daß in denselben nur solche Lehrbücher zugelassen wurden, welche deren Ansichten und Zwecken entsprachen. Es war überhaupt nicht im Interesse dieser Gewalten, daß das Volk die Geschichte kannte, da auf

jeder Seite Schandthaten von Fürsten und Pfaffen und
Verbrechen gegen das Volk verzeichnet sind. Es wurde da=
her in den Schulen die Geschichte sehr als Nebensache be=
handelt, und die Lehrer waren angewiesen, das, was sie da=
von vortrugen, in der von der Behörde approbirten Weise
zu thun. Wie eifersüchtig selbst die für „aufgeklärt" gelten=
den Regierungen über die Darstellung der Geschichte wachten,
beweist der Umstand, daß sogar die Rotteck'sche Weltgeschichte
in Preußen verboten war! — Ich beschloß daher, ein schon
lange mit mir herumgetragenes Project auszuführen und
eine „Illustrirte Weltgeschichte für das Volk" herauszugeben.
Ich machte Held den Vorschlag, sich zur Ausführung dieses
Planes mit mir zu verbinden und er willigte ein.

Die Gründe, welche ich dazu hatte, mich zu diesem
wichtigen Werke gerade mit Held zu verbinden, sind folgende:
Sein Name war damals durch die Locomotive ganz außer=
ordentlich populär und sicherte dem Werk von vornherein
die Theilnahme sehr vieler Menschen. Ferner stimmten
Helds Ansichten mit den meinigen in allen Hauptsachen, die
bei solchem Werk in Betracht kommen, überein. Außerdem
schrieb er nicht nur einen sehr pregnanten, klaren Styl, son=
dern besaß auch in hohem Grade das Talent, Ordnung und
Klarheit in die Masse des Materials eines so umfassenden
Werkes zu bringen. Er theilte Alles stets in Abtheilungen
und Unterabtheilungen; ja schon in früher Jugend hatte er
sich daran gewöhnt, jede neue Thatsache, die er lernte, in
ein besonderes für die Klasse derselben bestimmtes Fach in
seinen Kopf zu schieben, wo er nur nachzusuchen brauchte,
um es gleich zu finden. Ich neckte ihn oft wegen dieser
nützlichen Pedanterie und nannte ihn den „Schachtelmann."
Endlich veranlaßte mich dazu auch noch eine andere Wahr=
nehmung. Bei meiner Bearbeitung der großen Niederlän=

bischen Revolution, die ich nach den Quellenwerken schrieb, hatte ich unendliche Mühe, das ungeheuer massenhafte Material zu bewältigen. Details, mit einem großen Opfer an Zeit und Mühe aus dickleibigen Folianten oder undeutlichen Manuscripten herausgefischt, opfert man nicht gern auf; der Geschichtsforscher und dessen Liebhabereien gerathen in Krieg mit dem Geschichtsschreiber und letzterer wird manchmal von dem ersteren gezwungen, blos dieser Liebhabereien wegen eine unpassende Verzierung anzubringen. Schreibt man Specialgeschichte, so ist diese niederländische Ausführung des Gemäldes manchmal ihr größtes Verdienst; allein bei einer Weltgeschichte ist sie unstatthaft. Ich beschloß also, mit Held in folgender Weise zusammen zu arbeiten: Ich schrieb die Geschichte zuerst nieder, ohne große Rücksicht auf den Styl oder Anordnung zu nehmen. Die Hauptsache war, daß die Thatsachen, wie ich deren Richtigkeit erkannt, niedergeschrieben und beurtheilt waren. Dieses oberflächlich geordnete Material wurde nun von Held arrangirt und gesichtet und zu dem Werk geformt, wie es dem Publicum vorgeführt werden sollte. Er konnte einen klareren Ueberblick über das Ganze gewinnen als ich, denn er hatte es nur mit Dem zu thun, was ich für nothwendig erachtete niederzuschreiben, während mir ein Wust von Details die Aussicht benahm, und ich leicht in Gefahr gerathen konnte, wie man zu sagen pflegt, den Wald von lauter Bäumen nicht zu sehen. Um unserem Werke aber auch das Interesse zu geben, welches Details gewähren, beschlossen wir eine eigenthümliche Einrichtung. Während die Weltgeschichte in den zwei größer gedruckten Columnen jeder Seite fortläuft, findet man unten in zwei kleiner gedruckten Columnen die Anecdota, Details und auch Betrachtungen, die interessant und oft wichtig sind, womit man indessen den Text nicht unterbrechen wollte.

Das Werk war auf sechshundert Druckbogen berechnet und es würde natürlich sehr schwer geworden sein, dafür einen Verleger zu finden; wir beschlossen also, keinen zu suchen und das Werk auf eigene Kosten herauszugeben. O. B. — Firma: Johann Friedrich Hartknoch — hatte so viel Zutrauen zu dem Werke, daß er das Risico der Zahlung für Druck und Papier auf sich nahm und natürlich auch die Commission, da er dadurch zunächst Herr der Einnahme wurde.

Eines Tages erschien ich also beim alten Stadtrath Teubner und sagte: „Nun, Herr Stadtrath, jetzt bringe ich Ihnen einen Gewinn von zehntausend Thalern auf dem Präsentirteller" und bot ihm den Druck der Weltgeschichte an. Ich war jedoch sehr erstaunt und beleidigt, als er sich bereit erklärte, den Druck — wohlverstanden gegen Gutsagung der Hartknoch'schen Buchhandlung — zu übernehmen, wenn wir die Weltgeschichte auf dem Titel nicht als unsern Verlagsartikel angeben, sondern „Verlag von Joh. Friedrich Hartknoch" darauf schreiben würden. Wenn er für uns druckte, die wir Beide mißliebig wären, würde er sich der Regierung gegenüber compromittiren, die ihn durch das ganz besondere Vertrauen ehre, ihm die von ihr abhängigen Druckarbeiten zu übertragen! Ich lachte den Herrn Stadtrath aus, übertrug den Druck an Breitkopf und Härtel, — folgte aber nichts destoweniger dem Rathe Teubner's, da die Buchhändler sich niemals für ein im „Selbstverlag" erschienenes Werk interessiren, und gleich auf der ersten Lieferung stand: „Verlag von Johann Friedrich Hartknoch."

Elftes Capitel.

Zu Hause. — Morgenstunde hat Gold im Munde. — Die Tischecke im Hotel de Pologne. — Philisterfreuden. — Eine Hinrichtung. — Die Schwimmanstalt. — Ein „coulanter" Apotheker. — Schmerzliche Resultate. — Reise nach Kissingen. — Helb's neue Marotten. — Ein Tuchpoet. — Quacksalberei und Jammer. — Die Wasserbeschauerin. — Hofabrtsheim zum letzten Male. — Der gräfliche Schwiegersohn und die Wette. — Letzter Brief meines alten Generals. — Die Kaltwasseranstalt. — Katty. — Professor Cerutti. — Verrückte Anklänge aus der Lieutenantszeit. — Differenzen mit dem apothekrenden Hasenschlächter. — Vergleich. — Reise nach Wiesbaden. — Mordschießen in Leipzig und Brief eines Augenzeugen. — Der Krakuse. — Merkwürdige Eröffnungen. —

Ich bereute in keiner Hinsicht, daß ich meinen Abschied vom Militair genommen hatte. Das Vaterland gegen auswärtige Feinde zu vertheidigen, ist nicht nur ein ehrenvoller, sondern auch ein schöner Beruf; allein den Fürsten zu helfen das Volk nach ihrer väterlichen Weise zu regieren, war nicht nach meinem Geschmack. Es gefiel mir bei Weitem besser, die Rechte des Volkes mit den Waffen des Geistes zu vertheidigen, und außerdem war es auch bei Weitem einträglicher, denn meine Einnahme hatte sich ungefähr verzehnfacht. Ich hatte eine hübsche, elegante Wohnung und lebte sehr behaglich, wenn ich auch, wegen der Unregelmäßigkeit meiner Einnahmen nie geordnet in meinen Finanzen war. Ich sah häufig Freunde bei mir und mein täglicher Tisch war stets so beschaffen, daß ein oder zwei Gäste an demselben willkommen waren.

Ich bin ein Frühaufsteher und meine Frau nennt mich deshalb einen „Nachtwächter". Ich brauche nur vier Stunden Schlaf und arbeite am Morgen am liebsten. Sommer und Winter — am liebsten aber im Winter — stand ich um zwei oder drei Uhr auf, ging in mein Arbeitszimmer und zündete das, Abends zuvor von meinem Bedienten zurechtgelegte Feuer im Ofen und die Kaffeemaschine an. Wenn meine Toilette beendigt war und die Dampfpfeife der Maschine mich rief, trank ich meinen Kaffe, brannte eine Cigarre an und blickte eine Viertelstunde lang vom offenen Fenster in den stillen Morgen. Dann ruhig und heiter im Geist und klar im Kopf setzte ich mich an die Arbeit. — Um acht Uhr trank ich nochmals Kaffee mit meiner Frau und arbeitete dann wieder bis gegen ein Uhr. Dann war ich fertig mit meinem Tagewerk und der Rest des Tages gehörte der Erholung.

Da wir keine Kinder hatten, gern Gesellschaft bei Tische sahen und — im Frühjahr die feinen Gemüse liebten, so pflegten wir zu dieser Jahreszeit und im Sommer auch, häufig im Hotel Bavière und später im Hotel de Pologne zu essen, wo sich eine Tischecke gebildet hatte, welche der in der Stadt Ulm in Frankfurt ähnlich war. Gewöhnlich präsidirte ein angesehener, jovialer Advocat, Dr. Friderici, der Bruder des Domherrn, der von folgendem Vorfall als „Kikeriki-Friderici" bekannt war. Frau Schröder-Devrient wurde im Hotel de Bavière ein Souper gegeben. Bei demselben erhob sich der Domherr zu einem Toast und rief: „Schnetterdedeng, schnetterdedeng! Es lebe die Schröder-Devrient!" — Diese verneigte sich lachend, fragte nach dem Namen des Herrn und antwortete: „Kikeriki, kikeriki! Es lebe Herr Friderici!" Da wir alle gern Champagner tranken, so gaben wir Tischgesetze und bestraften jeden Verstoß gegen dieselben mit Champagnerkosten, die durch eine Jury bestimmt wurden. Mit zwei Flaschen erwarb man Sitz und

Stimme. Der Oberkellner notirte die Strafen in seinem Buch. Eins der Gesetze verbot, bei Tisch zu lesen. Während der Messe brachte mir einst der Portier eine Karte. Ich las: „Herr von Corvin bezahlt gefälligst zwei Flaschen Champagner. Dr. Friderici". — Drei Personen von der Gesellschaft hatten das Recht, von dem Vorrath zu trinken. Ich mußte endlich den Tisch blos deshalb aufgeben, weil mich das ewige Champagnertrinken jedes Mal für den Nachmittag in eine zu aufgeregte Stimmung versetzte. —

Das Theater wurde fleißig besucht. Fast allen angeseheneren Schriftstellern hatte der Director Billets zum ersten Rang geschickt; die Billets galten nicht für die Frauen und man abonnirte daher für dieselben. — Waren wir zu Hause, dann waren Helds, oder unser Nachbar und Verleger bei uns, oder wir spielten eine Partie bei ihm. Im Sommer wurde in seinem Garten Kegel geschoben. Häufig gingen wir auf die Insel und fuhren in Kähnen auf Schimmels Teich, oder machten Excursionen auf der Pleiße bis in den Konnewitzer Wald.

O. B's. Nachbar war ein wirklicher, lebenslänglicher Stadtrath, ein Regierungsbeamter, der als solcher noch etwas Besonderes zu sein meinte; er machte gewöhnlich unsere Partie Whist oder Boston mit, die eine recht gemüthliche Philisterpartie war. Machte O. B. Coeur Trumpf, dann rief er: „Herz was willst'u, was begehrst'u!" — Wenn Treff: „Treff ich dich), so küss' ich dich)!" — Wenn Carreau: „Karauschen mit Maibutter" und wenn Pique: „Juristenherzen mit Zipfelchen," was des Stadtraths Witz war, und wenn gefragt wurde, wer mitgehe, schrie O. B.: Jo! was B's. Witz war. — Nach angestrengter geistiger Arbeit war mir solche Partie als Erholung Bedürfniß und der unermüdliche Held ärgerte sich, wenn ich nicht fortwährend zum Discutiren und Disputiren aufgelegt war. O. B. zu sehen, wenn er sein Töchterchen auf dem Knie reiten ließ und dazu sang: „Cintratata, cintratata — bum, bum, bum!" war dann für mich mehr werth, als Held's geistreichste Lösung irgend einer socialen Frage, oder ein Streit über irgend ein historisches Factum, welches er mir abdisputiren wollte, weil er es gern anders gehabt hätte.

Die Jagd wurde keineswegs aufgegeben, sondern war vielmehr meine liebste Erholung. Ich war auf derselben sehr häufig in Gesellschaft des Landgerichts-Directors, eines sehr eifrigen Nimrods. Einst ließ ich ihn aus seinem Bureau herausrufen, um ihn wegen einer verabredeten Partie zu befragen. Er kam ganz erhitzt und sagte: „Lieber Freund, ich habe im Augenblick keine Zeit, ich habe eben m e i n e n M ö r d e r bei mir." Es war das ein Kerl Namens Saupe, der eine alte Frau ermordet hatte und in Gohlis hingerichtet wurde. Ich hatte nie eine Hinrichtung gesehen und bildete mir ein, ich müsse bei dem Anblicke ohnmächtig hinsinken. Um den Eindruck, den es auf mich machen würde, zu prüfen, beschloß ich, dieser Hinrichtung beizuwohnen. Ich erhielt einen Platz mit den Gerichtspersonen nahe am Schaffot. Der Leipziger „Rathsthierarzt" wollte nicht köpfen und es wurde der Scharfrichter von Lomatsch verschrieben, ein kleiner untersetzter Mann, dessen unruhiges Wesen mir sehr wenig Zutrauen einflößte. Als Saupe auf dem Schaffot niederkniete, rief er mit jämmerlicher, lauter Stimme: „Gott sei mir armem Sünder gnädig." Bevor er sich auf den Stuhl setzte, reichte ihm der schwarzbefrackte Scharfrichter die Hand. Die Hinrichtung geschah mit dem Schwert; allein der Scharfrichter brachte mit einem Hieb den Kopf nicht herunter; der zweite Hieb traf das Gesicht. Der Stuhl wurde umgestoßen und einer der Gehülfen schnitt den Kopf, der übrigens nur noch hing, mit dem Messer ab. Ein Schrei des Unwillens erhob sich unter den Zuschauern. Seltsam! auf mich machte diese Hinrichtung fast gar keinen Eindruck; sie erzeugte nur etwas Mitleiden und Ekel. Der Scharfrichter aber alterirte sich so sehr, daß er krank wurde und ein paar Tage darauf starb.

Schriftstellerei brachte zwar eine ganz hübsche Einnahme; allein das schloß nicht aus, daß ich nicht noch andere anständige Quellen des Erwerbs aufsuchte. In Leipzig ist eine Universität und eine Handelsschule; eine Menge junger Leute sind in den Geschäften der Kaufleute und Buchdrucker angestellt und das Bedürfniß einer gut beaufsichtigten und gut geleiteten Schwimmanstalt machte sich um so bringender fühlbar, als alljährlich eine Menge junger Leute in der Pleiße und besonders aber in der Elster ertranken. Die Fischerinnung, welche sich das Recht angemaßt hatte, die Leute zum Baden zu fahren, war natürlich der Anlage einer solchen Anstalt sehr entgegen, und als die Sache vor den Rath kam und Sachverständige befragt wurden, erklärten dieselben, daß die Gelegenheit zur Anlage einer Schwimmanstalt um Leipzig nicht vorhanden wäre. Als ich das gelesen hatte, äußerte ich gegen meinen Nachbar Stadtrath, daß die Sachverständigen nichts verständen und daß ich dem Rath, wenn er nur das Geld hergebe, eine Schwimmanstalt im Rathhaussaal erbauen wolle. „Ist das Ihr Ernst?" fragte der Stadtrath, und als ich ihm die Sache erklärte, machte er im Rathe Vortrag und ich ward beauftragt, meinen Plan in's Werk zu setzen. Man wollte das nöthige Kapital für die ersten Jahre ohne Zinsen und dann mit drei Procent hergeben. Der Rathszimmermann besichtigte mit mir den Platz, den ich ausgewählt hatte und derselbe wurde bereits in Ordnung gebracht, als mir vom Nachbar Stadtrath die Eröffnung gemacht wurde, daß ein Leipziger Apotheker, Stadtverordneter, Willens sei, eine solche Anstalt auf eigene Kosten anzulegen und zwar auf einer, ihm an der Elster gehörigen Wiese, und daß er als ein Bürger einem Fremden gegenüber Vieles für sich habe. Der Stadtrath rieth mir, mich wo möglich mit dem Apotheker zu vereinigen; ich willigte ein und derselbe kam zu mir.

Apotheker N. war ein unternehmender Mann; er unternahm aber zu Vielerlei, sagten Manche, und behaupteten, daß er eine Eiche fällen lasse, wenn er einen Pflock brauche. Ein Staatsminister war sein Anverwandter und der Apotheker bekam ziemlich wohlfeil eine an der Elster gelegene Wiese, die dem Staat anverwandt war, um darauf Blutegelteiche anzulegen. Der Apotheker hatte die Idee gefaßt, ein öffentliches Flußbad einzurichten und das grade zur Zeit, als der Rath mit mir wegen der Schwimmanstalt unterhandelte. Da mir Herr N. den Tag wohl zehn Mal versicherte, „daß er ein coulanter Mann" sei und ich nicht Gefahr laufen wollte, mich zwischen zwei Stühle zu setzen, so einigten wir uns denn zur Errichtung einer Schwimmanstalt, von welcher wir uns einen sehr bedeutenden Erfolg versprachen. Da die Berliner Anstalt nur dreitausend Thaler gekostet hatte, so wurde auch dasselbe für die unsrige bestimmt. Herr N. stellte es mir frei, ob ich die Hälfte der Netto- oder ein Drittel der Brutto-Einnahme haben wolle. Ich war für das Drittel; allein meine Frau für die Hälfte der Netto-Einnahme und ich folgte unglücklicherweise dem ersten schlechten Rath, den sie mir jemals gegeben hat. Netto-Einnahme heißt der Gewinn, welcher nach Abzug der Zinsen und Betriebskosten übrig bleibt, die Brutto-Einnahme ist aber die Einnahme überhaupt, ohne Rücksicht auf die Ausgabe.

Ich entwarf den Plan zu der Anstalt und Herr N. war manchmal bis spät in die Nacht bei mir, um die Sache immer und immer wieder durchzukäuen. Er wollte mich mit nach Prag schleppen, um die dortige Anstalt zu besehen; allein ich lehnte die Winterreise ab, da ich wisse, was ich brauche, er werde dort nichts mir Neues sehen. Er reiste und kam nicht klüger heim. Dann gingen wir nach Magdeburg, und mein Vetter, der dort Oberst war, verschaffte mir ein halbes Dutzend tüchtiger Schwimmmeister, die diesen Posten auf der Anstalt des Generals v. Phuel in Magdeburg bekleidet hatten und jetzt Kriegsreservisten waren. Zum Oberschwimmmeister wurde ein Fischermeister ernannt, ein ausgezeichneter Schwimmer. Es geschah dies hauptsächlich, um die Fischerinnung zu versöhnen.

Einige Zeit nach Abschließung des Contracts sagte mir Herr N. — dem mein erster Plan zu einfach gewesen — daß er wenigstens sechstausend Thaler zum Bau brauche. „Gut," sagte ich, „ich habe nichts dagegen." Die Anstalt sollte bis zum nächsten Frühjahr beendet sein; allein im Mai stand erst der Bau im Wasser und das Haus fehlte noch, als die Anstalt eröffnet werden sollte. Nun war Holland in Noth! Mein Apotheker ließ daher eine sehr kostspielige Bretterbaracke auf der Wiese errichten, in der sich vielleicht etwa fünfzig Personen hätten auskleiden können. Das mißfiel mir und ich hatte den praktischen Einfall, den Rath um das Darlehn von ein Paar hundert Schritt Meßbuden zu ersuchen, und zwar die zu unserm Zweck best geeigneten, vorn offenen sogenannten „Judenbuden." Wir erhielten sie und richteten vermittelst Tapeten und Teppichvorhängen ꝛc. eine ganz anständige provisorische Anstalt ein.

— Ich war der Director derselben und hatte mir ausdrücklich ausbedungen, daß N. nichts mit meinen Einrichtungen und Leuten zu thun haben solle. Er konnte sich weder in seine, noch meine Stellung finden. Ich wußte, was ich wollte; ich wollte Director der Leipziger Anstalt sein, wie es der Regierungsrath von Türk in Potsdam und der Generallieutenant von Phuel in Magdeburg war; N. meinte aber, ich solle jedem Besucher die Honneurs machen und der „Kundschaft" schmeicheln. Ich richtete Alles militairisch ein. Unser Personal bestand aus einem Oberschwimmmeister, sechs Schwimmmeistern, zwei Kahnführern, zwei Aufwärtern, einem Kassirer und Billeteur und endlich einem Restaurateur, der aber nicht in unserm Dienst stand.

Alle Schwimmmeister trugen graue Jacken, weiße Hosen, Strohhüte und rothe Schärpen; derjenige, welcher den Dienst hatte, trug sie über der Brust. War ich auf der Anstalt, so wurde die Fahne aufgezogen und kam ich, so mußte der Diensthabende seine militairische Meldung machen. — Die Leipziger sträubten sich sehr gegen den Gebrauch von Badehosen; allein ich bestand darauf und zum bessern Ueberblick wurden verschiedene Farben angeordnet; Fahrtenschwimmer roth; Freischwimmer weiß und roth gestreift; Schüler blau und weiß gestreift; eine nöthige Anordnung, welche die Aufsicht sehr erleichterte, wenn vier bis fünfhundert Schwimmer zugleich auf der Anstalt waren.

Während der ersten fünf, sechs Wochen nach Eröffnung war ich vom Morgen bis zum Abend auf der Anstalt, um die Maschine in gehörigen Gang zu bringen. Das Wetter war zuerst sehr heiß, wurde dann aber rauh. An einem kalten Nachmittage, als ich eben aus dem Wasser gekommen war, fand ich Veranlassung, in der für mich eingerichteten Bude einige Worte zu schreiben und ich that es, indem ich mich, ohne die nassen Badehosen zu entfernen und nur den Badmantel leicht umgehängt, an den Tisch setzte. Vom

Wasser her kam durch die Ritzen der Hütte ein scharfer, kalter Zug, welcher meine linke Seite traf. Augenblicklich angewandte Mittel würden einer Krankheit vorgebeugt haben; allein ich that nichts und fühlte bald entsetzliche Schmerzen im linken Bein. Dessen ungeachtet setzte ich den Besuch der Anstalt nicht aus. Mein Arzt, ein Homöopath, Dr. Hartmann, rieth närrischer Weise den Besuch von Kissingen und ich beschloß, seinem Rathe sogleich zu folgen, da ich wegen der Ablassung der Elster abkommen konnte. Dieses Trockenlegen des Flusses wurde auch benutzt, um die Tiefe des Bettes zu vermehren. Wir hatten nämlich, um Raum für die Anstalt zu gewinnen, ein Knie der Wiese abgegraben und dieselbe durch einen Damm geschützt. Auf diesem Damm stand die Vorderseite des gegen 250 Schritte langen Hauses, dessen hinterer Theil auf eingerammten Pfählen ruhte und woran hinter den provisorischen Buden fortwährend gebaut wurde. Das Haus ward genau nach meinem Plane errichtet, doch in Bezug auf das Dach erlaubte sich Herr R. einige sehr verunzierende Veränderungen. Ich hatte auf dem Mittelbau ein Stockwerk als Wohnung für den Oberschwimmmeister beabsichtigt und für das Ganze ein mit einer Gallerie versehenes flaches Dach; statt dessen machte R. ein gewöhnliches Dach, wodurch das Haus wie ein langer Stall aussah.

Die Plätze auf der Post waren meist besetzt und ich fand nur einen auf dem Bock neben dem Conducteur. Dieser Platz vertrug sich schlecht mit meinem Unwohlsein; meine Beine schwollen bedeutend an und entsetzliche Schmerzen plagten mich, so daß ich in Meiningen auszuruhen beschloß. Als ich vor dem Posthause stand, rief aus dem obern Fenster eine bekannte Stimme: „Guten Tag Corvin, wie geht's?" — Es war die des in Sallet's Brief erwähnten „Post-Dreißigackers," einer von der Ulmer Tischecke, der Postmeister in Meiningen geworden war und geheirathet hatte. Er war einer der wenigen Freunde, die meiner Hochzeit beiwohnten, und ich hatte ihn lieb als einen sehr liebenswürdigen, anständigen und tüchtigen Mann. Die Bekanntschaft mit Bechstein wurde erneuert.

In Kissingen war es langweilig und entsetzlich heiß. Dasselbe war auch in Leipzig der Fall und auf Held äußerte die Hundstagshitze ihren Einfluß. Er hatte sich ein weißes Gewand von Calico machen lassen, welches bis auf die Füße reichte. Es war das eine Art Nacht= oder Sterbehemd. Damit wandelte er, wie ein egyptischer Priester anzuschauen, in Haus und Garten umher, zum Entsetzen der frommen Glasersfrau, die sich kreuzigte und segnete, wenn ihr diese durchsichtige Erscheinung im hellen Sonnenlichte entgegen trat. Damals hatte Held auch noch eine andere Narrheit, die übrigens von Laube ausging. Letzterer redigirte die Zeitung für die elegante Welt; er beschloß, eine Revolution in der Kleidung hervorzubringen und begann mit einem Krieg gegen den schwarzen runden Hut und den Frack. Nur wenige Personen hatten den Muth, Laube's Ideen mit ihm sogleich practisch auszuführen. Unter ihnen war der dicke Starost und Held, der natürlich nicht widerstehen konnte und dabei, wie es seine Gewohnheit ist, wieder in's Gebiet der Lächerlichkeit hinüber streifte. Held trug schwarzwollene, gestreifte Tricots und über denselben bis beinahe zur halben Wade reichende schwarze Lederstiefeln. Der schwarze Rock war altdeutsch und um die Taille herum in viele Falten gelegt. Der weite Radmantel war ebenfalls schwarz; der Hut breitkrämpig und spitz zulaufend. Der Starost und Laube trugen ihren Rock nicht faltig und Laube sah ganz verständig aus; allein es war ein Gaudium, Held und den Starosten zusammen zu sehen. Die Mode drang auch nicht durch, doch etwas davon blieb: die weiten Ober-

Kleider und Bournusse, die seitdem allgemein getragen wur=
den. Der erste „bon jour" wurde mir von Meister Hascher,
dem Apostel der moderirten neuen Ideen, nach Kissingen
nachgeschickt, erregte dort Sensation und fand Nachahmung.

Da ich grab von Schneidern rede, so darf ich ein Ori=
ginal dieser Klasse nicht unerwähnt lassen. Meister Hoyer
kam mit Held dahin überein, daß Letzterer in jede Nummer
der Locomotive eine Anzeige schriebe, in welcher Hoyer's
Adresse genannt würde und wofür Hoyer Held mit Kleidern
versehen wollte. Dem zufolge erschien in jeder Nummer
eine dieser drolligen Anzeigen, welche nicht nur ganz Deutsch=
land lachen, sondern auch Hoyer zu einem berühmten Mann
machten, der auch ein sehr reicher geworden sein würde, wenn
diese Anzeigen ihn nicht auch zugleich zum Narren gemacht
hätten. Eine dieser Anzeigen ist eine kleine Novelle, in wel=
cher der Held durch den Schnitt seines Frackes sein Glück
macht und natürlich ist die Adresse des Verfertigers die
Pointe. — Hoyer bildete sich nun ein, diese Anzeigen ent=
weder selbst gemacht zu haben, oder die darin enthaltenen
spaßhaften Anpreisungen zu verdienen; genug, er hielt sich
für ein großes Genie und geberdete sich so. — Als ich einst
in sein Studio kam, stand er in etwas närrischem, elegan=
tem Schlafrock an seinem Zuschneidetisch. Er war in schnei=
derischen Geburtswehen und seine Haltung theatralisch. Den
Zeigefinger der linken Hand hatte er senkrecht auf die Stirn
gesetzt und mit der Rechten bedeutete er mich zu schweigen,
ohne mich anzusehen. Dann ergriff er mit einer Art Be=
geisterung die große Schneiderscheere, pfiff wie wüthend einen
schnellen Marsch, trat nach dem Takt mit dem rechten Bein
in die Luft und ließ nach demselben Takt die Scheere in
dem Tuche arbeiten. Lachend schrie ich: „Aber Hoyer, sind
Sie denn rein des Teufels? Sie ruiniren ja das ganze

Stück Tuch!" — Er sah mich einen Augenblick mit wildem Blick an, dann schwang er seine Scheere, rief: „Tuch ist mir Dreck!" und pfiff, trat und schnitt noch wüthender als vorher darauf los. — Dann warf er die Scheere hin, wischte sich, ermattet wie eine Wöchnerin, das Gesicht mit einem sehr feinen Taschentuch und rief: „Da, das Gedicht ist fertig!" — Es war eine Livree für Redslob's Portier, die er zugeschnitten hatte. —

In Kissingen lernte ich einen holländischen Major von Stürler kennen, der von Batavia auf Urlaub war und seine Leber restauriren wollte. Der Major war Adjutant des Gouverneurs und hatte sehr interessante Reisen in das Innere von Borneo gemacht, welches damals noch sehr unbekannt war und es noch ist. Er hatte die Beschreibung seiner Reisen deutsch niedergeschrieben und wollte mich veranlassen, sie durchzusehen und herauszugeben. Er hatte das Manuscript nicht bei sich, versprach aber es mir nach Leipzig zu bringen. Er kam im nächsten Frühjahr, als ich grad mit meiner Frau verreist war. Weiter hörte ich nichts von ihm als später in Amsterdam, daß er gestorben sei. — Ein anderer Kissinger Badefreund war ein alter, harmloser Junggesell, ein Domherr und Cannonicus aus Münster, Herr von B........ Er war in seiner Jugend Fähnrich gewesen; da er aber — wie er selbst eingestand — nicht Verstand genug zum Officier hatte, so machten ihn seine Verwandten zum Domherrn, was ihm jährlich, glaub' ich, ein paar tausend Thaler brachte. —

Kissingen nützte mir gar nichts. Ich litt Höllenschmerzen den ganzen Winter hindurch. Da mein Homöopath mir nicht helfen konnte, so griff ich zu anderen Mitteln. Eins davon war in einem Büchelchen angepriesen; es bestand in Waschungen mit verdünnter Salzsäure! Ich hielt das zwei oder dreimal aus, dann aber war der Schmerz zu groß.

Die Damen fanden eine Frau, die ein unfehlbares Mittel besaß, welches natürlich gekauft wurde. Es war eine schwarze, übelriechende Schmiere; allein ich rieb mir damit eines Abends das ganze linke Bein ein. Als ich am andern Morgen erwachte, war nicht nur das Bein entsetzlich geschwollen, sondern auch mein Gesicht hatte sich kürbisähnlich verwandelt! Wahrscheinlich hatte ich im Schlaf das Bein und dann mit der Hand das Gesicht berührt. Bald war das Bein eine Wunde, aus der Wasser strömte. Mein Homöpath war sehr ängstlich und sprach von Amputiren! Ruhe entfernte das neue Uebel, wenn auch nicht den alten Schmerz. Ich durchwimmerte die Nächte, oft rastlos in den Zimmern umherwandernd und einige Augenblicke Schlaf auf dem Teppich, oder einem Sopha erhaschend. Dazu kamen entsetzlich schwächende Nachtschweiße. Ich sah wie ein Gespenst aus und das Bein fing an zu schwinden. Trotzdem schrieb ich an meinem niederländischen Krieg, der Weltgeschichte u. s. w. und besorgte meine Geschäfte auf der Schwimmanstalt, die unsern Erwartungen ziemlich entsprach. N. hatte neben denselben Damenbäder auf Pontons gebaut, die so besucht und überfüllt waren, daß sie einst sanken und die badenden Damen von den herbeieilenden Schwimmern gerettet werden mußten. Es soll eine schöne Scene gewesen sein; allein ich war nicht dabei. — Ich ließ mich auch durch meine Schmerzen nicht von der Jagd abhalten, die mich zerstreute. — Im Winter erhielten wir Nachricht von einer „Wasserbeschauerin", die in Stötteritz wohne und merkwürdige Kuren mache. Es wurde der Sybille eine Flasche Eau de C— zugeschickt. Sie sagte, der Kranke sei schon sehr schwach und empfahl dringend einen guten Arzt, gab aber einen Wurzelthee und Kräuter zu Bähungen. Diese Mittel halfen so plötzlich, daß ich mitten im Winter den alten General in Hofahrtsheim besuchen konnte. Auf meiner Rückkehr von Kissingen hatte ich ihm in Coburg eine Visite abgestattet, wo er ein Haus machte und sogar einst den Herzog und den Hof bewirthet hatte. Er konnte nun einmal nicht leben, ohne Gunstbezeugungen von Fürsten. — Man hatte einen jungen Grafen für die Tochter gefunden, die zu einem hübschen und verständigen Mädchen herangewachsen war. Der junge Graf mußte dem General scheinbar eines seiner Güter abkaufen, damit er nicht so arm erschien, als er in der That war. Ich machte seine Bekanntschaft in Hofahrtsheim. Er war etwas schwächlich aber angenehm und gebildet. Einst nach Tische redeten wir von Politik und von den Befestigungen um Paris, welche dem Grafen und einem andern Edelmann ein sehr wirksames Mittel gegen eine neue Revolution in Paris zu sein schienen. Ich wettete mit dem Grafen um hundert Louisd'or, oder ein Pferd von diesem Werth, daß die Befestigungen von Paris nach spätestens sechs Jahren in den Händen des Volks sein würden. Wir waren damals, ich glaube, im Januar 1844. Als das Fort von Vincenne 1848 dem Volke überliefert wurde, schrieb ich von Paris dem Grafen und bat um die hundert Louisd'or, erhielt aber weder diese, noch überhaupt eine Antwort.

Die Hochzeit wurde im Sommer gefeiert. Ich wurde nicht eingeladen; allein bewahre noch einen Brief vom 12. Juli 1844, in welchem der General dieselbe beschreibt. Um „bürgerlichen" Lesern einen Begriff von solch adeliger Hochzeit zu geben und zugleich zu zeigen, wie der alte General allmählig überschnappte, führe ich einige Stellen aus diesem Briefe an, der von einem Familiengute der Familie des Bräutigams geschrieben war: „Lieber Corvinus. Den 5. d. folgte ich meiner Familie hierher; die Geschäfte nach der Vermählung waren stärker wie vorher und Ihren lieben

Brief vom 4. d. erhielt ich gestern Abend. Eine kurze Beschreibung zu geben, werde ich meine Erinnerung in Anspruch nehmen. Einige Gäste wie — — — kamen den 17. und 18. .... den 19. waren 60 verfammelt. Coſtümirte Fräuleins mit Geſchenken und Reden, eine Vorſtellung einer Auberge, wo Graf O— die Wirthin machte, ein geharniſchter Ritter, *) Neveu —, kam aus der Vorzeit, von meiner Familie — (natürlich die Schultzes!) und verkündigte die Zukunft des Bräutigams. Nach dem Thee war Ball und unten im Saal und zwei Nebenzimmern warm soupirt von acht Schüſſeln; ich ging um 11 Uhr zu Bett. Den 20. kamen noch einige Nachbarn. Um zwei Uhr ließ in sechszehn Wagen zur Kirche fahren. Der Weg war mit Ehrenpforten, Kränzen 2c. beſäet; in den vier letzten Wagen ſaßen im erſten die vier Brautführer, ſo wie die Brautjungfern, welche im zweiten Wagen ſaßen, mit Bändern von meinem Farben, roth, weiß und ſchwarz, bezeichnet; im dritten ſaß ich mit dem Grafen — und ſeinem Herrn Bruder dem — — als senior der —r. Im vierten und letzten Wagen ſaßen Mutter, die Braut, und die Schweſter meines Sohns. An der Kirchhof-Mauer wurden wir von meinen beiden Predigern — und — empfangen und ſo in Prozeſſion nach Altar geführt. Die Brautführer umgaben ſie. Die übervolle Kirche betrug, da von weitem gekommen, ſehr anſtändig; die Muſik mit blaſenden Inſtrumenten und vorher mit der Orgel ge-

---

*) Der General hatte früher eine Domaine gehabt, die dem deutſchen Orden gehört hatte und von dort brachte er eine meſſingene Rüſtung mit, in welcher die Herrn zu Rittern geſchlagen worden waren. Der General hatte ſie auf das ausgeſtopfte Pferd placirt, welches der Herzog Friedrich Wilhelm bei Quaterebas ritt, als er erſchoſſen wurde. Das Braunſchweigſche Muſeum, dem er das Pferd anbot, wollte es nicht haben.

ſtimmt, begleiteten den Geſang. Die Braut, wirklich ſchön geſchmückt, überſtand, da ſie vorher leidend war, den Act ſehr gut. Die Trauung von ** ſprach auch *, und beide ſegneten. Die Rückkehr ging vom Brautpaar an.

Zu den Tiſchplätzen, wo im Saal zweiunddreißig, in beiden Seitenzimmern die übrigen vierunddreißig placirt, hatte ich bunte Zettel drucken, ſo wie die Trinkſprüche . . . . Meine Unterthanen (sic), im Wirthshauſe bewirthet, ſchickten von Männern, Frauen und Jungfrauen Deputirte, und führten nach der Tafel ihre Tänze auf. Der Ball begann, 11 Uhr ſoupirt unten. — Ich hatte einen Anker Cardinal und gleichen Punſch gebraut, die beſten Weine von Hamburg und Frankfurt. Von Hamburg zwei friſche Lachſe, ein jeder dreißig Pfund und ein eben ſo großer geräucherter, eine Tonne Häringe, Caviar ꝛc. Vice-Bohnen, Blumenkohl, ſehr große Köpfe ꝛc. Koch ** gab zwölf bis fünfzehn Schüſſeln; Baum-kuchen, eine Menge Torten, Paſteten, Eis, Confect, alles im Ueberfluß. Zur Aufwartung hatte zwei Livree-Jäger, zwei Livree-Bediente, zwei vom Hof —, einen vom Ge-neral X. und noch einige Handlanger. Die Muſici bekamen Koſt und täglich zwölf Thaler. Der Koch, die —, täglich ein Friedrichsd'or. Acht oder vierzehn Tage vorher hatte drei Tiſchler, drei Maurer, Zimmerleute, Maler, meine Arbeiter. Dieſes allein zu beſorgen, gab mir Gott, wider Erwarten die Kraft. Die Geſchenke waren prächtig und koſtbar, von mir ein Collier von Brillanten. Nach Hamburg habe 441 Mark*) . . . . gezahlt.

---

*) Hauptſächlich für Gemüſe. Der General beſtellte dieſelben für circa achtzig Perſonen und der Beauftragte in Hamburg ſandte eine Schiffsladung.

Meine Gärten, Forsten, Felder und Burg *) wurden täglich besucht und sehr schön befunden. Ich wüßte nicht, wo selbst in fürstlichen Gärten ein ähnlicher wie der Meinige wäre...... So wie ich hier geehrt und herzlich behandelt, ist wohl selten der Fall. Die Tafel noch immer sechszehn bis zwanzig Couverts, giebt mir den ersten Platz und die erste Speise....... Dieser lange Brief kann als ein Zeichen meiner Freundschaft gelten, er hat mir Mühe gemacht und abgemattet. Ich erhole mich indeß sehr bald. Möge Ihr neuer Arzt glücklich sein. Carlsbad ist ein gefährliches Bad. Ich gehe in kein Bad mehr, da doch eigentlich mir keins geholfen. Ihr Andenken hat meinen Kindern und Frau wohlgefallen. Empfehlen Sie uns Ihrer Gemahlin." Ihr ꝛc.

Das war der letzte Brief, den ich von dem alten General erhielt, denn er starb bald darauf in einem Gasthofe der Stadt, wo sein Schwiegersohn wohnte. Die Generalin zeigte mir seinen Tod an. Der Mann wollte mich zu seinen Plänen benutzen und ließ mich im Stich, als ich nahe daran war unterzugehen. Als er sah, daß ich auch ohne ihn fertig wurde, behandelte er mich mit großer Achtung, und ich danke ihm, daß er mich durch seine egoistische Härte dazu brachte, meine Kräfte anzuwenden, weiter aber nichts. Als ich bei ihm war und ihm daran lag, mich eifrig für seine Pläne zu machen, zeigte er mir ein Actenstück von etwa vier großen Bogen, welches er in dreieckiger Billetform zusammengelegt und versiegelt hatte. Er hatte mich einige Stunden vorher gefragt: „Nicht wahr, wenn Du sechstausend Thaler hättest,

---

*) In einem frühern Brief von 1841 schrieb der General: „Ich war viel auf meiner Burg, und hatte daselbst auch den höchsten Besuch des Königs und des Prinzen Carl, denen die Lage sehr gefiel.

dann könntest Du etwas damit anfangen und hättest zu leben?" — Ich bejahte dies und sagte: „Aber ich habe sie nicht." — Als er mir das versiegelte Papier zeigte, sagte er bedeutsam: „Das ist mein Testament" und schloß es sorgfältig in seinen Schreibtisch. Ich habe das stets für einen wohlfeilen Pfiff des Generals gehalten und nie geglaubt, daß er mir etwas hinterlassen würde, allein es wunderte mich, daß er mir nicht einmal ein Andenken vermachte und ich weiß überhaupt nicht, ob sich ein Testament vorgefunden hat. War es nicht der Fall, so muß er es selbst wieder verbrannt und der Tod ihn überrascht haben ehe er ein neues aufsetzen konnte. Ohne Testament würde seine Tochter Alles geerbt haben und seine Neffen und Nichten, die seiner Hülfe bedurften, leer ausgegangen sein. Die Generalin hatte eine ganz unabhängige Pension von zweihundert Louisd'or. Sie starb nach der Revolution. Merkwürdig ist, daß ich in Bezug auf sie einen meiner hellen Träume hatte. Ich war mit der Generalin in einem Zimmer; auf dem Tische stand ein brennendes Licht. Die Generalin sah mich bedeutend an, dann auf das Papier, welches sie am Licht anzündete und langsam verbrannte. —

Im Sommer besuchten mich mein Stiefvater und meine Mutter, die meine Frau noch nicht kannten. Als wir Alle in das Hotel de Pologne zum Essen gehen wollten, sah ich mit Entsetzen, daß mein Stiefvater einen schwarzen Frack anzog, in dessen Knopfloch nicht ein Bändchen, sondern der leibhaftige rothe Adlerorden hing. Dieses Zeichen stand in so schlechtem Credit in Leipzig, daß ich mich schämte, mit meinem damit gezeichneten Stiefvater über die Straße und vollends in das Wespennest, des Hotel de Pologne zu gehn. Ich war froh, daß der decorirte Verfasser des Preußenliedes bald wieder abreiste.

Ich hatte beschlossen, die von einem Dr. Salomon auf dem Thonberge bei Stötteritz angelegte Kaltwasserheilanstalt zu besuchen, wo bereits Helds junge Frau war, welche in Folge nervöser Aufregung plötzlich anfing zu hinken. Meine Mutter, Frau Held und ich zogen also in die Anstalt. Als ich kaum drei Tage dort war verdoppelte sich meine Pein. Ich lag, mich windend auf dem Schmerzensbette, an welchem Mutter und Frau weinend saßen und der Schweiß strömte wie Wasser von meinem Körper. Dr. Salamon wurde von der Kegelbahn geholt. Er ließ mich sogleich, in eine wollene Decke geschlagen, die Treppe hinunter in eins der Badezimmer tragen und, wie einen Hund, aus der Decke in das eiskalte Wasser schütteln. Daß meine Nerven den Stoß aushielten, wundert mich heute noch. Erst nach zwei Stunden kam ich wieder zu mir; aber mein Schmerz war gelindert. — Ich wurde nun fanatischer Kaltwassermensch und zwang meine Frau, die gesund war wie ein Fisch, sich auch mit kaltem Wasser maltraitiren zu lassen.

Am Morgen um vier Uhr kam der Badewärter. Er breitete über mein Bett mehrere wollene Decken und auf diese legte er ein in kalt Wasser getauchtes, leicht ausgewundenes Leintuch. Auf dasselbe legte ich mich, die Hände dicht am Leibe. Nun ward ich nach Mumien-Art gewickelt und nur das Gesicht frei gelassen. So blieb man etwa bis sechs Uhr liegen und schwitzend wie ein Braten. Hin und wieder kam der Wärter und labte den glühenden Mund durch einen eiskalten Trunk. Dann endlich wurden die Füße grade genug von der Decke befreit, um sie bewegen zu können und mit Hülfe des Wärters spazierte man schnell die Treppe hinunter in die Badezimmer. Die Damen wurden ebenso transportirt und die Herrn bewachten mitleidsvoll die Treppe. Vor den gähnenden Badewannen stehend, wurden die rauchenden Decken abgenommen. Nun kostete es keinen kleinen Entschluß, augenblicklich kopfüber in das eiskalte Wasser zu stürzen. Zögerte man, so konnte man sich töblich erkälten. — Das Bad vorüber, rannte man im Garten umher und erwärmte sich durch sechs bis acht Gläser kalten Wassers. Dann wurde Milch und Semmel gefrühstückt. Zwei Stunden darauf wurde ein sogenanntes Schenkelbad genommen; es war aber eigentlich nur ein Fußbad, welches bis über die halbe Wade reichte. Zwei Stunden später kam die Douche, die man von allen Sorten in einem Zimmer mit Asphaltfußboden hatte. Zu dem einfachen aber kräftigen Mittagessen ohne Gewürze brachte man einen Wolfshunger mit. Zwei Stunden später nahm man ein Sitzbad; um sechs wieder ein Schenkelbad und endlich um acht ein Halbbad, welche letzte scheußliche Schändlichkeit die Tortur des Tages schloß. Bei solchem Halbbad setzt man sich bis zum Gürtel ins kalte Wasser. Rings um die Wanne stehen sechs bis acht gefüllte Eimer. Sobald man anfängt mit den Zähnen zu klappern, stülpt der Badediener ganz gemüthlich einen der gefüllten Eimer über den Kopf des Patienten; dann gießt er einen andern heftig gegen dessen Brust, einen dritten gegen den Rücken, dann gegen die Seiten, dann wieder über den Kopf und so fort in rasender Eile, bis all die Eimer leer sind und man zuletzt nicht mehr weiß, ob man „ein Bübche oder ein Mädche ist" wie die Frankfurter sagen. Das Halbbad linderte indessen am besten meine Schmerzen, und oft holte ich mitten in der Nacht den Badediener aus dem Bette um mir durch ein Halbbad einige Stunden Schlaf zu verschaffen.

Meine Frau hatte einen kleinen Affen geschenkt bekommen, der mich aber ganz besonders lieb hatte. Es war ein sehr komischer kleiner Kerl und ich hatte ihn auf die Kaltwasserheilanstalt mitgenommen, wo er, an einer leichten Kette befestigt, auf dem Geländer des Balcons umherlaufen konnte. Er amüsirte alle Gäste durch seine dummen Streiche. Einst sahen wir, bei heiterstem Wetter im Grünen gelagert, plötzlich Schneeflocken in der Luft. Katty, so hieß der Affe, stand auf dem Balcon, in einer Hand ein glücklich erwischtes Kopfkissen, von dem er eine Ecke geöffnet hatte und aus welcher er händevoll die Daunen hervorholte und jubelnd in die Luft warf. — Ein Zimmer neben dem Balcon bewohnte ein Taubstummer. Dieser saß eines Nachmittags lesend in seinem Stuhl, den Rücken gegen einen Schrank gelehnt, auf welchem ein gefülltes Waschbecken stand. Der Affe machte sich so lang als möglich und erreichte das Waschbecken, welches er mit dem größten Vergnügen dem andächtig lesenden Taubstummen in den Nacken goß, der sich vor Schrecken fast die Arme weg telegraphirte, während Katty mit pfiffigem Gesicht davon schlich.

Endlich hatte ich Erbarmen mit meiner Frau; ich erlöste sie von der Kaltwasserhölle und schickte sie für ein paar Wochen nach Frankfurt zu ihren Eltern. In meiner Wohnung setzte ich die Kur so weit fort, daß ich den ganzen Winter hindurch jeden Morgen aus dem Bette direct in eine im Nebenzimmer stehende, frisch gefüllte Wanne mit Brunnenwasser sprang. Die Wasserkur half jedoch auch nichts und endlich wandte ich mich an Professor Cerutti, der mich einfach durch Colchicum und Schwefelbäder gänzlich wieder herstellte, mir aber rieth, im nächsten Jahr Wiesbaden zu besuchen. — Dr. Salomon, der Wasserdoctor, hatte einst ein wenig zu viel — nicht Wasser, sondern Wein getrunken und wollte sich, wie er zu thun pflegte, unter der Douche abkühlen. Er kühlte sich so gründlich ab, daß er für ewig kalt blieb. Ihn rührte der Schlag. —

Von meinen früheren Freunden und Regimentscameraden hörte ich auch zu Zeiten. Mein Freund Theodor besuchte mich und blieb ein paar Tage bei mir. Als ich eines Tages im Begriff war auszugehen und eben, langsam meinen Handschuh anziehend, in die Ferne starrte und an Saarlouis dachte, kam mir plötzlich der Gedanke: „Was mag nur aus dem närrischen H. geworden sein? — — als dieser plötzlich vor mir stand! Ich konnte ihn nicht sehen, als ich das dachte und er war wenigstens noch hundert Schritte von mir entfernt. Ich war natürlich sehr überrascht und lud ihn ein, in mein Haus zu kommen; allein er bat mich noch einen Augenblick zu warten bis Asmuth komme, der Verfasser des Selim u. s. w., der nun zum Hauptmann avancirt war. Ich ging ihm freudig entgegen, und da mir H.'s Benehmen seltsam vorkam, so fragte ich; allein Asmuth schnitt weitere Bemerkungen damit ab, daß er eine bedeutungsvolle Bewegung mit dem Finger gegen die Stirn machte. Ehe ich noch klar sah, trug mir H. vor, daß er sich nothwendig mit Asmuth schießen müsse und daß ich sein Secundant sein solle. Er beruhigte sich indessen, als ich ganz ernsthaft versprach, sie alle Beide zum Hause hinauszuwerfen, wenn ich noch ein Wort von solchem Unsinn höre. —

Allmählig vernahm ich denn die tragikomische Geschichte. H., der Vielwisser, war immer närrischer geworden und man beschloß beim Regiment, ihn nach Schlesien zu seinen Eltern zu schicken, damit er die bei seinem Geisteszustand nöthige Pflege habe. Da es nun aber nicht räthlich war, ihn allein reisen zu lassen, so erhielt unser Freund von Asmuth, der seiner eigenen Gesundheit wegen nach Marienbad gehen mußte, den Auftrag, ihn gewissermaßen als Aufseher zu begleiten. Damit H. aber von dieser Ueberwachung nicht die geringste

Ahnung haben möchte, was dieselbe in der Güte unmöglich gemacht haben würde, so sagte der Regimentsarzt zu ihm: „Lieber H., es freut mich sehr, daß ein so verständiger Mann wie Sie, mit Hauptmann von Asmuth reist. Passen Sie ein Bischen auf, daß er keinen Wein und keinen Kaffee trinkt, die Gift für ihn sind." H. versprach sein Bestes zu thun, ihn daran zu verhindern und hielt auf das Gewissenhafteste Wort. Kaum hatte Asmuth an der Table d'hôte einen Schoppen vor sich, oder eine Tasse Kaffee, sogleich riß sie H. hinweg, sich auf sein dem Regimentsarzt geleistetes Versprechen berufend. Die Reise mußte mit dem Eilwagen geschehen und dauerte um so länger, als Beide krank waren und während der Nächte nicht reisen konnten. Der arme Asmuth, der sehr leidend und reizbar war, verwünschte seinen Auftrag, denn H. war unterwegs rein des Kuckucks und dabei, behauptete Asmuth, so boshaft, daß er sich aus Furcht vor Ermordung scheute, mit ihm in einem Zimmer zu schlafen. H. zankte sich mit allen Menschen im Postwagen, da er Alles besser wissen wollte, so daß endlich Extrapost genommen werden mußte. Ueberall machte H. die närrischsten Streiche, und als er einst nach Tisch im Weidenbusch in Frankfurt sich all seiner Künste rühmte, und von den amüsirten Fremden animirt wurde, rief er: „Ja, ich kann auch polnisch tanzen," und begann einen Kossak im Wirthssaal.

Als er in Leipzig mit mir ausging, hielt er mich mitten im Regen auf einem schmalen Stege fest, der über den Floß= graben führte, um mir eins seiner neuesten Gedichte vorzu= lesen. Es war sehr schön, — aber von Göthe. — Er starb im elterlichen Hause und auch der gute Asmuth starb bald darauf.

Die Schwimmanstalt ging ganz vortrefflich vorwärts und die Maschine war so gut eingerichtet, daß ich nur täglich einmal zu erscheinen und eine Stunde zu bleiben brauchte. Neben den Abtheilungen für die Schwimmer war auch ein Badeplatz für Nichtschwimmer eingerichtet worden. Dieses Bad wurde vermittelst Bolzen, die an eingerammten Pfählen befestigt wurden, stets in gleicher Tiefe gehalten. Auch ein ähnliches Bad für kleine Knaben war angebracht. — So lange ich die Direction hatte ertrank nur ein Mensch, ein Soldat, der früher unter mir im Regiment Schwimmmeister gewesen sein wollte, sich zur Annahme während meiner Abwesenheit meldete und gegen die Ordnung über die Grenze der Anstalt hinausschwamm. Als der Schwimmmeister du jour in einen Kahn sprang, um den Mann zurückzuholen, tauchte derselbe und gerieth, da er die Localität nicht kannte, unter den Boden des Badebassins! Er wurde fast augenblicklich hervorgeholt; aber der Schlag hatte ihn gerührt.

Ich habe schon früher einmal bemerkt, daß alle Apotheker mehr oder weniger einen Sparren im Kopfe haben. Der Sparren *meines* Apothekers war der Hochmuth. Der Mann hielt sich für etwas Besonderes und meinte, er müsse in allen Dingen seinen Willen haben. Er offenbarte mir, daß die Schwimmanstalt über fünfzehntausend Thaler koste und daß er die Zinsen von den Einnahmen zurückbehalten wolle. Anfangs waren dreitausend Thaler ausgemacht und als N. vier Procent ansetzte, schlug ich ihm selbst fünf vor. Dann bewilligte ich sechstausend und nun, um Streitigkeiten vorzubeugen, bewilligte ich ein für alle mal zwölftausend Thaler. Mein Apotheker war nicht zufrieden. „Gut", sagte ich, „dann legen Sie mir wenigstens die quittirten Rechnungen über diesen Betrag vor, oder geben Sie mir den Beleg durch Ihre Bücher." — Das habe er nicht nöthig! — Das Resultat war, daß er mir jede Einnahme zurückhielt und ich ihn verklagen mußte. Das war es was er wollte, denn er dachte den Prozeß zu gewinnen, da er so viele Freunde unter den Beamten hatte. Er war nämlich auch der größte Hasenmetzger in Leipzig, denn Jäger kann ich ihn wohl nicht füglich nennen. Ich meine er hatte große Reviere gepachtet, wo die Hasen sehr wirthschaftsmäßig gehegt und gepflegt und jährlich in einigen Treibjagden zu Tausenden für den Markt vermittelst Pulver und Blei gemetzgert wurden. N. selbst schoß ganz vortrefflich. Wer sich im Schießen üben wollte, dem war es natürlich sehr erwünscht von N. eingeladen zu werden, und fast alle Beamte der Gerichte u. s. w. waren Jagdliebhaber. N. irrte sich indessen; mein Recht war zu klar; er verlor seinen Prozeß in zwei Instanzen, und da ich die ganze Apothekerei lange satt hatte, so wurde es dem Bürgermeister Koch, seinem Verwandten, leicht, mich zu einem Vergleich zu bewegen, in Folge dessen unsere Gemeinschaft aufgelöst wurde und er mir eine Abstandssumme zahlte. Mein Traum hatte sich erfüllt. Ich hatte viel Geld aus dem Wasser geholt, obgleich nicht so viel Goldstücke als ich erwartete, und endlich Aerger und Verdruß genug daran gehabt.

Dem Rathe meines guten Professors Cerutti folgend, reiste ich im Sommer 1845 mit meiner Frau nach Wiesbaden, wo wir über sechs Wochen blieben und wohin wir die schöne, jüngste Schwester meiner Frau mitnahmen. Wir waren sehr heiter, denn wir machten sehr angenehme Bekanntschaften, die zur dauernden Freundschaft führten, und machten reizende Partien zu Esel, bei denen unendlich viel gelacht, und bei denen wir regelmäßig naß wurden, denn der Sommer war unfreundlich. Obwohl ich vom Baden wieder lahm wurde und endlich mich gar in's Bette legen mußte, so schrieb Cerutti doch stets, daß das nichts zu sagen habe. Er hatte Recht; ich wurde so vollständig geheilt, als ob ich nie Schmerzen gehabt hätte.

Hier in Wiesbaden erhielt ich folgenden interessanten Brief von Held:

Berlin, 13. Aug. 45.

„Lieber Corvin!

Da Deine Ankunft so nahe bevorsteht, so würde ich Dir nicht mehr geschrieben haben, wenn ich Dir nicht höchst interessante Dinge mitzutheilen hätte. Wir haben diese Nacht eine Revolution in Leipzig gehabt. Lache nur nicht. Die Sache ist verzweifelt ernsthaft und bei einem Haar hättest Du mich nicht mehr unter den Lebenden gefunden; ich wäre gefallen auf dem Bette der Ehre. Hör zu:

Der Prinz Johann inspicirte gestern Nachmittag die Communal-Garde. Reichardt nebst Frau waren von Teplitz aus zu mir gekommen, um mich heut nach Berlin abzuholen, wo meine Gegenwart höchst nöthig ist, um den „Volksvertreter" zu ordnen. Wir begaben uns auf den Revue-Platz. Dort nahm ich unter der Communal-Garde eine sonderbare Stimmung gegen den Prinzen wahr; denn bei dem officiellen Vivat ließen sich von der gesammten Communal-Garde nur etwa fünfzig Stimmen hören. Der Grund davon war die pietistische Richtung, welche sich jetzt in Sachsen breit macht, und als deren Vertreter der (kathol.) Prinz Johann gilt. Er entließ die Communal-Garde mit den sichtbarsten Zeichen der Unzufriedenheit, und mit demselben Gefühle entließ ihn die Communal-Garde. Jetzt trat der Student auf und bereitete für den Abend beim Zapfenstreich ein feierliches Pereat vor. Obgleich die Verschwörung ziemlich geheim gehalten wurde, erhielt ich doch die Kunde davon von jedem, der mir begegnete. Studentenstreiche! dachte ich, beschloß aber doch, mit Reichardt und Baumann dem Witz beizuwohnen. Der Zapfenstreich begann vor der Wohnung des Prinzen, Hotel de Russie, auf dem Roßplatze. Bei dem officiellen Vivat

ließen sich eine Unmasse von Pfeifen vernehmen, die aus den
ungeheuren Volkshaufen von allen Seiten ertönten und die
Musik zum Schweigen brachten. Hierauf stimmt ein Student
das Lied an: „Eine feste Burg ist unser Gott!" und es
wurde aus den tausend Kehlen in wirklich feierlicher Weise
abgesungen. Hierauf Luther hoch! Ronge hoch! Deutsch-
Katholiken hoch! Nieder mit den Jesuiten! Klirr! Klirr!
Steine in die Laternen. Es war ein Scandal, das Einem
das Herz weit aufging vor Revolutionslust. Endlich ver-
breitete sich die Kunde, daß der Prinz die Schützencompagnien
mit scharf geladenem Gewehr heranrücken lasse. Dies er-
bitterte die Volksmasse dergestalt, daß — als jetzt ein Stein
nach dem prinzlichen Fenster flog — in Zeit einer Viertelstunde sämmtliche Fensterscheiben der prinzlichen Wohnung
mit Steinwürfen demolirt waren. Alles unter Geschrei und
Pfeifen à la Paris. Auf einmal rückten die Schützen mit
Sturmschritt und mit gefälltem Bajonett auf die Volksmasse
los und drängten dieselbe bis nach der Promenade zurück, so
daß der Platz frei wurde. In dichten Haufen stand jetzt
das Volk auf der Promenade, die Schützen in Linie vor dem
Hotel; zwischen beiden der 150 Schritt breite Platz. Das
Volk hatte mit dem Lärmen bereits aufgehört und schien mit
seiner Demonstration zufrieden; aber neugierig was weiter
geschehen würde, stand es sorglos und blickte nach dem Hotel
hinüber. Plötzlich, ohne Aufforderung sich zu zerstreuen, ohne
Warnung und Mahnung ertönte das Commando: Chargiren!
Die Hähne knackten, das Signal: Pelotonfeuer! ertönte und
ein prasselndes Gliederfeuer schlug uns entgegen. Das Volk
wandte sich zur Flucht; ich nahm mir mit Reichardt viel
Zeit, denn ich konnte nur an Platzpatronen denken, und sah
mir das durch die Nacht leuchtende Blitzen der Gewehre mit
an, da es einen schönen Anblick bot. Endlich erschallt Weh-

geschrei, und einige der Flüchtigen stürzen. Reichardt stolpert neben mir zu Boden und dicht vor mir ausreißend, stürzt ein Mensch mit einem Schmerzensruf in meine Arme. Ich frage ihn, wo er geschossen sei, er zeigt nach dem Rücken, woraus das Blut strömt und sein Auge bricht. Ich halte schnell einige der Fliehenden auf, um ihnen den bereits Verschiedenen zum Fortschleppen zu übergeben, um mich dann nach Reichardt umzusehen. Da pfeift mir eine Kugel über den Kopf weg. Eine sehr störende Empfindung! Indeß mußte ich durchaus wissen, was aus Reichardt geworden war; das Pelotonfeuer schien vorüber zu sein; man hatte sich mit einer Patrone begnügt. Ich sehe mich also nach Reichardt um, keine Spur. Meine Angst war groß; denn dicht neben mir war er gestürzt. Die Volksmasse, durch das Mordschießen auf's Fürchterlichste erbittert, stürmte unter Rachegeschrei nach dem Markte. Mehrere Todte und Verwundete, die man herbei schleppte, steigerten die Wuth noch mehr, und jetzt war der Moment, mit diesem Volke Großes auszurichten — wenn es keinen Katzenjammer gegeben hätte, und das Volk gewußt hätte, was es wollte. Ich vergaß Reichardt auf einige Augenblicke, um Revolution zu studiren. Wohin ich kam, drängte man sich um mich. Man wollte Waffen und einen Anführer, um sich — zu rächen für die Erschossenen. Ich war so aufgeregt, daß ich nur mit Mühe meine fünf Sinne beisammen behielt. Ich sah, daß es mich nur zwei Worte gekostet hätte, um dies ganze Volk zu leiten, und in dem Augenblicke hätte es Alles unternommen. Entweder — oder! Der Prinz Johann wäre zerrissen worden; aber was weiter? Den Abend hätte man ihnen eine Republik decretiren können; aber am andern Morgen hätten sie sich vor der Polizei verkrochen, und Freund Held hätte sich gefälligst köpfen lassen können. Das Volk hatte ja blos demonstrirt, wollte sich später rächen und hatte sonst keine leitende Idee. Es wußte nicht was es wollte. Ich sah dies deutlich, als ich einen Trupp, der sich um mich schaarte, fragte: was denn das Ende vom Liede sein solle? Da standen die Ochsen am Berge. — Gute Nacht, dachte ich! schlaft aus; morgen wißt ihr nichts mehr von der ganzen Geschichte. Bei Lichte betrachtet, war's ein bloßer Scandal: man hatte kein Ziel, man wollte blos tumultuiren à la Lübeck und Danzig. Dafür seine Haut und Kopf zu Markte tragen, wäre Wahnsinn. Eine Stunde darauf war der Aufstand zu Ende. Man war blos noch aufgeregt, und das Einzige, was man verlangte, war: — Die Communal=Garde sollte statt der Schützen das Hotel besetzen! — Daß ich für diesen großen Zweck nicht mitarbeitete, wirst Du vernünftig finden. Ich eilte zu Hause, um zu sehen, ob Reichardt da sei, denn unter den Todten war er nicht gewesen. Reichardt war wirklich da, aber in welchem Zustande! Ueber und über mit Schlamm bedeckt. Er war gestürzt, die Fliehenden hatten ihn gegen den Peters=graben gestoßen und dort war er in den Zwinger hinunter gerollt und in einen Schlammgraben gefallen, aus dem er sich nur mit Hülfe einer Frau errettete; sonst wäre er dort jämmerlich erstickt. Ich ging wieder auf die Revolution. Die Communal=Garde war alarmirt worden, hatte sich bei dem Hotel versammelt und die Schützen ersucht, sich gefälligst zu entfernen. Als dies nicht geschah, so ging die noble Garde wieder auseinander und — gegen 3 Uhr war Alles so müde, daß ein Jeglicher nach Hause ging. Ich auch. Der Prinz fuhr um 4 Uhr mit Extrapost von dannen.

Heut Morgen war große Gährung in der Stadt und am Abend wird's wohl wieder losgehen, obgleich von Wurzen noch Schützen eingetroffen sind. Ich mußte mit Reichardt nach Berlin, und das ist mir zum Theil lieb. — Hier schreibe ich Dir nun sogleich, denn interessiren wird Dich die Geschichte doch. Wann ich wieder zurückkomme, weiß ich noch nicht. Möglich, daß Du eher zurück kommst, als ich; denn ich habe hier viel zu thun. Beiliegend sende ich Dir eine Anzeige, die der Ankerwirth in Zwickau in die Leipziger Zeitung rücken ließ.

Dein Held.

Ich erhielt die Nachricht schon einige Stunden vor diesem Brief, durch die Zeitung, als ich in Düringers Hotel bei Tische saß. Ein alter, neben mir sitzender Oberst sagte: „Die armen Soldaten!" — Ueberrascht fragte ich nach der Meinung dieses Ausrufs: „Oh, antwortete er ernst, „von dem ganzen Bataillon ist doch sicher nicht ein Mann am Leben geblieben!" — Nun, nun, unsere Leipziger Bemchenesser sind nicht sogar wilde, und was die Communal-Garde anbetrifft, so wurde sie von einem Dr. Haase befehligt, einem der sanftmüthigsten Haasen des ganzen Geschlechts. Als Präses der Pilgergesellschaft, (in welcher der Staroft seine literarischen Freunde alljährlich einmal in Cliquot und Chateau la Rose ersäufte), war der joviale Mann sehr an seinem Platze; allein wo geschossen wurde keineswegs.

Ich ärgerte mich über die Leipziger Geschichte so sehr, daß ich ein paar Tage krank war. Später in Berlin sprachen wir darüber an der Tafel meiner Tante Arnim. Mein geheimer Vetter und der General waren anwesend. Letzterer lobte sehr den Obersten von Butler, welcher das Mordschießen befohlen hatte und fügte hinzu, daß er an dessen Stelle nicht anders gehandelt haben würde. „Und ich, rief ich ihm zu, würde, wenn ich in Leipzig gewesen wäre, Dich eigenhändig vom Pferde geschossen haben, trotzdem daß Du meines Vaters Bruders Sohn bist!" —

Nach den von allen Seiten einlaufenden Berichten war das Volk überall zum Ausbruch einer Revolution vorbereitet, doch schien mir der richtige Moment dafür durchaus noch nicht gekommen, besonders in Deutschland. Aus eigenem, inneren Antrieb erheben sich die Deutschen nicht; wenigstens hat man meines Wissens davon kein Beispiel; thäten sie das einmüthig, dann brauchten sie keine blutige Revolution, um ihre Wünsche zu erreichen. Ich zweifelte jedoch keinen Augenblick, daß das Volk sich bei einem äußern Anstoß erheben würde und erwartete denselben bei dem Tode Louis Philipps, oder bei Ausbruch einer Revolution gegen dessen Regierung. Bis dahin, meinte ich, sollten auch andere Völker warten; der gemeinschaftliche Aufstand würde dann die Kraft desselben verstärken.

Im Herbst achtzehnhundert und fünf und vierzig ließ sich ein Herr aus Krakau melden, der in einer wichtigen Sache Helds und meine Meinung zu hören wünschte. Derselbe sagte mir, daß man in Krakau, Gallizien und auch im Posenschen zum Aufstande entschlossen sei und fragte was ich darüber denke. Held war verreist und ich sagte ihm unumwunden, daß der Aufstand mißlingen und großes Unglück über die Polen bringen werde. „Es ist zu früh, rief ich, „warten Sie nur noch eine ganz kurze Zeit, vielleicht ein oder zwei Jahre." — „Ach, erwiderte er, „wir können nicht mehr warten; es ist schon Alles zum Ausbruch vorbereitet und selbst die Geistlichkeit ist dafür gewonnen." Ich zuckte die Achseln und sagte, daß da nicht mehr zu rathen sei; er werde jedoch sehen, daß ich Recht habe. Da ich dem Polen so bestimmt den Ausbruch einer Revolution ankündigte, fragte er, „ob ich zu der großen Verbindung gehöre, die in England ihren Sitz habe?" — Ich ließ mir Näheres davon erzählen. Es hieß, es bestehe eine Verbindung, welche bereits gegen tausend Mitglieder zähle, unter denen die angesehensten Leute seien; man sage, der Papst Pius IX. sei ein Mitglied. Der Heerd der Gesellschaft sei England, wo man zur Ausführung der weltregenerirenden Pläne die dazu erforderlichen zwölf Millionen Pfund Sterling längst beisammen habe. Das Jahr achtzehnhundert und achtundvierzig sei zum Anfangen bestimmt gewesen; man habe aber wider Erwarten alle Arbeiten früher beendet und schon achtzehnhundert siebenundvierzig anzufangen beschlossen. — Diese mir im Herbste achtzehnhundert fünfundvierzig gemachte Eröffnung ist jedenfalls interessant. Der Aufstand in Krakau brach im Frühjahr 1846 aus; sein Erfolg ist bekannt. Derselbe polnische Herr besuchte mich wieder im Herbst und beklagte nun, wie sehr ich Recht gehabt hätte. Er erzählte mir die in Krakau stattgefundenen Gräuelscenen, denen er als Augenzeuge beigewohnt hatte.

Zwölftes Capitel.

Ausflüge. — Altenburg. — Zwickau. — Fußreise. — Schneeberg. — Spitzenklöppler. — Armuth im Erzgebirge. — Wie man am Besten büßt. — Eibenstock. — Die Glyphographie. — Sorgen. — Die Herren Haase Söhne in Prag. — Dummheit und Undankbarkeit. — Berlin. — Zwei Briefe von Alex. v. Humboldt. — Der Herzog von Gotha. — Musikalischer Abstecher. — Mendelssohn. — Leipzig. — Uebersiedlung nach Gotha. — Sensation. — Der Adel. — Der Minister von Stein. — Sein Anerbieten. — Die Philosophen-Versammlung. — Im Hause. — Carl Merkel. — Ludwig Storch. — Ausflüge. — Papiergeld. — Reise nach Paris. — Aussichten dort. — Brief von Storch.

Von Leipzig aus wurden manchmal Ausflüge nach Berlin, Köthen und Dessau, Altenburg und in das Erzgebirge gemacht, wo ein Bruder meines Stiefvaters, in Eibenstock, königlich sächsischer Oberförster war. Sehr früh im Frühjahr achtzehnhundert und vierundvierzig trieb es mich von Leipzig hinweg ins Land hinaus. Mehrere Jahre hatte ich unter gräßlichen Qualen zugebracht; nun war ich durch den trefflichen Dr. Cerutti davon befreit und mit dem besonders wonnigen Behagen eines Genesenden schlürfte ich die Frühlingsluft ein. Einer der Ingenieure, welche die sächsisch-baiersche Eisenbahn bauten, war ein Freund von mir und ich hatte ihn häufig während seines Aufenthaltes im Altenburgischen besucht und mancher lustigen Kirmiß dort beigewohnt. Die Altenburger sind ein ganz eigenthümliches Völkchen, dessen Sitten und Gebräuche ebenso originell sind als ihre Kleidung. Beide sind oft genug beschrieben worden, und da ich die Altenburger nur von gelegentlichen Besuchen kenne, so will ich mit oberflächlichen Bemerkungen keine Zeit verlieren, und nur erwähnen, daß mir das Benehmen der Bauermädchen auf ihren Kirmissen ganz außerordentlich auffiel. Sie benahmen sich, zwar ohne städtische Ziererei, aber sehr anständig, und ihre Unterhaltung war die gebildeter junger Mädchen. Hier ist von Töchtern der **Bauern** die Rede, und nicht von Taglöhnern oder Mägden, und die Bauern in Altenburg sind bekannt wegen ihres Reichthums. Wenn sie auch hartnäckig an alten Sitten und Gebräuchen halten, so sind sie doch freisinnig und geben auch ihren Kindern eine gute Erziehung. Viele Bauermädchen werden in anständigen Pensionsanstalten erzogen, andere haben ihre Gouvernanten, lernen Tanzen, Französisch und Klavierspielen, wie die Töchter irgend eines Bankiers. — Mein Ingenieurfreund hatte nun sein Hauptquartier in Zwickau aufgeschlagen, von dessen Schönheit er viel zu erzählen wußte. Dies war der Grund, weßhalb ich auf den, meinen Leipziger Freunden ganz verrückt scheinenden Einfall kam, des **Vergnügens** wegen einige Monate in Zwickau zuzubringen. Das Städtchen liegt sehr schön an der Mulde und die Menschen, die dort wohnen, sind freundlich und gesellig; aber der Aufenthalt wurde mir durch einen Schelm von Gastwirth verleidet, der uns nicht allein prellte, was ich ihm verziehen haben würde, sondern der uns auch das Leben in seinem Hause durch Schmutz und Lumperei uncomfortable machte. — Das Haus lag am Markte und in dem Erker sitzend, von dem aus Luther häufig dem Volke gepredigt hatte, vollendete ich den ersten Band meiner historischen Denkmale des Christlichen Fanatismus, des Buches, welches ich zur Unterstützung der Deutsch-katholischen Bewegung der römischen Pfaffheit ins Gesicht schlug.

Wir beschlossen, zu Fuß nach Eibenstock zu gehen, um die Schönheit des kaum erwachenden Frühlings ganz zu genießen und brachen eines Morgens auf, begleitet von meinem treuen Nestor und dem reizenden Hündchen meiner Frau, Iris, und gefolgt von einem Boten, welcher die Reisetaschen und etwas Proviant trug, der im Freien unterwegs verzehrt werden sollte.

Es ist eine Lust, eine Fußreise zu machen, wenn man einen eben solchen Narren, als man selbst ist, neben sich hat, und meine Frau war in einer Beziehung ein fast noch größerer Narr als ich selbst; wir waren beide enthusiastische Naturfreunde. Diese Liebe zur Natur, wie sie sich uns in Berg und Wald und Thal offenbart, ist ein den Deutschen vor allen andern Völkern der Welt vorzugsweise eigenthümlicher Charakterzug und entspringt aus dem Gemüth, wofür Franzosen und Engländer nicht einmal ein Wort haben und dessen Bedeutung es ganz unmöglich ist, ihnen begreiflich zu machen. Diese beinahe instinctive Liebe der Deutschen zu Wald und Berg und Flur durchdringt das Volksleben seit alten Zeiten und träuft von unsern Gesängen und Liedern. Dieses Gefühl ist ein himmlisches Geschenk und nicht das Resultat der sogenannten Bildung, denn wir finden es in unseren untersten gesellschaftlichen Schichten und dieser Hauch des Paradieses sänftigt und dämpft die Rohheit in unserem Bauer und geringen Arbeiter und ist der Grund, daß unser Volk ein so gutes, gemüthvolles, poetisches ist. — Andererseits ist aber auch freilich in dieser Eigenthümlichkeit des Deutschen der Grund zu manchen Uebelständen zu suchen, von denen ich jedoch dies Mal nicht reden will; Das, worauf der Deutsche vor allen Völkern Grund hat, stolz zu sein, seine Gemüths-, seine Herzensbildung, ist aber auch zugleich die Ursache seiner Erniedrigung und Demüthigung, die ihn zum Gegenstande des Spottes für Völker macht, die in geistiger Begabung weit unter ihm stehen.

Keine Genüsse sind erhebender und reiner als diejenigen, welche uns aus dem Anblick der Natur und ihrer Wunderwerke zufließen, und sie sind glücklicherweise Jedem zugänglich, der die Gabe empfangen hat, sie zu genießen. Der Ungebildete, oder vielmehr der Ununterrichtete, genießt, wie der überhaupt dafür empfängliche Laie, die Musik und es ist noch sehr fraglich, ob der Genuß an beiden dadurch erhöht wird, daß man den Contrebaß und die Naturwissenschaften kennt; obwohl gewiß Niemand läugnen wird, daß Kenntnisse überhaupt den Lebensgenuß erhöhen und in gewisser Weise auch den an der Natur wenigstens vermehren. Wer zum Beispiel malt, dessen Genuß bei Betrachtung eines Gegenstandes wird sehr vermehrt durch Beachtung der Farbenmischungen, Wahrnehmungen in Bezug auf Licht und Schatten u. s. w. Vor Allem kommt es aber doch auf die Herzens- und Gemüthsbildung an und vom Grad derselben hängt der Genuß ab.

Meine Frau und ich paßten in dieser Hinsicht, wie gesagt, trefflich zusammen. Wenn der junge Frühling kaum sich regte, durchstreiften wir die fast noch kahlen Wälder und jede neu erscheinende Blumenart wurde von uns mit Freude begrüßt; jeder Vogel, jedes Thier, welches wir trafen, war für uns ein Gegenstand der Bemerkung und eine Quelle des Genusses. Wo die „Wagner" nichts sahen „als einen Pudel", sahen und fühlten wir das geheimnißvolle Leben und Weben der Naturgeister. —

Wir kamen auf unserem Ausfluge von Zwickau frühzeitig nach Schneeberg, wo wir die Nacht bleiben wollten, und hatten Zeit genug, die große, schöne Kirche zu besehen, in welcher wir ein köstlich verrücktes Gemälde entdeckten, auf

dem Jesus in einer Menschenkelter bis an die Knie im
Blute watet. Wir waren auch begierig, Spitzenklöpplerinnen
zu besuchen und man führte uns zu einer der geschicktesten.
Um zu ihr zu gelangen, mußten wir durch eine Schmiede
und durch einen Stall gehen und kamen in ein kleines Zim=
merchen, welches nicht gedielt war, sondern die bloße Erde
zum Fußboden hatte. In diesem Loche wohnte eine alte
Frau mit ihren beiden Enkelchen, einem bleichen, sanften
Mädchen von etwa sechszehn Jahren und einem Kinde von
nicht mehr als vier Jahren, die beide fleißig klöppelnd an
einem Tische saßen, welcher vor dem Fenster stand. Der
elende Aufenthalt war äußerst sauber gehalten und es that
Einem das Herz weh zu hören, wie erbärmlich diese so fei=
nen und von den Damen so hochgeschätzten Arbeiten von den
Arbeitgebern bezahlt wurden. Ich sah ein anderes Mädchen
einen Spitzenschleier arbeiten, der im Laden etwa zehn Thaler
gekostet haben würde, und fragte, was sie bei dieser Arbeit
verdiene? „Nun", sagte sie mit Stolz", Er — (nämlich der
bestellende Kaufmann) giebt mir zwanzig Groschen dafür!" —
Am anderen Tage wollten wir nach dem zwei Meilen ent=
fernten Eibenstock gehen; allein meine bessere, zartere Hälfte,
deren Füße schmerzten, war sehr angenehm überrascht, als
wir bald hinter Schneeberg dem Oberförster in seinem Wagen
begegneten, der uns abzuholen kam.

Der Oberförster, bei dem wir einige Tage blieben, war
zwar ein königlicher Beamter, allein ein liberaler und in
jener Gegend sehr populärer Mann, der in diesem armen
Bezirke viel Gutes that. Als die Noth in jener Zeit im
Erzgebirge so hoch gestiegen war, daß durch ganz Deutschland
für die armen Bewohner gesammelt wurde, gingen auch
an die Redaction der Locomotive einige Tausend Thaler ein.
Die Regierung war sehr väterlich besorgt, die Beisteuern

mitleidiger Menschen in ihrem Sinne anzuwenden; es wurde
Brod gebacken und ausgetheilt und die Beamten nahmen das
Maul sehr voll. Die Leute waren aber nicht recht zufrieden,
beklagten sich über Parteilichkeit in der Austheilung und
meinten, daß mit den eingegangenen Beisteuern mehr hätte
ausgerichtet werden müssen. Betrügerei war in alten Zeiten
unter den sächsischen Beamten so häufig, daß deren Mangel
an Ehrlichkeit im Volke sprichwörtlich geworden war, und
dieser Aberglaube hatte sich mit großer Hartnäckigkeit erhalten, obgleich die sächsischen Beamten längst ebenso ehrlich
geworden waren, wie selbst die in Oesterreich. Da die
Personen, welche Beisteuern an die Redaction der Locomotive
einsandten, es Held überließen, wie er Gebrauch davon machen
wollte, so berieth er mit mir über die beste und wirksamste
Art. Wir waren nicht abergläubisch; wir wußten, was wir
von der Ehrlichkeit der von Seiten der Regierung eingerichteten Committees zu halten hatten; aber in unserm „be=
schränkten Unterthanenverstande" dachten wir, daß man zweck=
mäßiger verfahren könne, und ich stimmte mit Held voll=
kommen darin überein, das Geld keinem Committee zu überantworten, sondern dasselbe, unter Mitwirkung in jener Gegend bekannter, tüchtiger Männer, dazu anzuwenden, ein=
zelnen Familien, die es verdienten und bedurften,
gründlich zu helfen. Gar manche Familie kommt trotz alles
Fleißes und aller Ordnung auf keinen grünen Zweig, weil
der Verdienst, selbst in guter Zeit, für die nöthigsten Bedürfnisse eben nur ausreicht, und es ganz unmöglich ist, die
Schulden zu tilgen, welche in der Zeit der Arbeitslosigkeit
oder der Krankheit entstanden sind. Selbst wo das nicht der
Fall ist, haben solche Familien immer kleine Wünsche, deren
Erfüllung ihr Glück bedeutend erhöhen würde, welche sie
aber niemals erreichen können. Eine solche Familie ist oft

mit einem Geschenk von zwanzig Thalern schon glücklich ge=
macht; fünfzig und gar hundert sind ein Kapital. Es ist
ganz erstaunlich, was ordentlichen und fleißigen Leuten eine
solche Unterstützung wohlthut und wie sehr dieselbe sie vor=
wärts bringt. Der Gedanke, trotz alles Fleißes, aller
Sparsamkeit nicht den geringsten Wunsch über das Noth=
bürftigste hinaus erreichen zu können, entmuthigt und führt oft
zum Rückschritt; eine kleine Hülfe giebt aber Hoffnung und
freudigen Muth und diese sind die Hauptsache. Ich wünsche
wohl, reiche und wohlthätige Leute wollten sich diese Art
wohlzuthun näher überlegen; wenn sie auch in ihrem Leben
dann nur einigen Familien aufhelfen, so ist es besser, als
allmählich Tausenden einzelne Groschen zu geben, die eben
nur momentan nützen. Wer aber einmal die empfohlene
Form der Wohlthätigkeit wählt, der handle darin nicht halb:
er helfe lieber nur drei Familien gründlich, als sechsen halb.

Der Oberförster Thiersch war einer der Männer, welche
Held auf meine Empfehlung zu seinen Gehülfen erwählte,
und einen besseren konnte er nicht finden. Als die Zeit der
Noth vorüber war, blieben noch, ich glaube achthundert
Thaler in den Händen des wackeren Mannes und er fragte
an, ob er dieselben als Beitrag zur Erbauung und Ein=
richtung einer Spitzenklöppelschule in Eibenstock betrachten
dürfe, womit wir völlig einverstanden waren. Der Ober=
förster, der ja königlicher Beamter war, machte die Kreis=
direction in Zwickau mit seinem Plan bekannt und erbat
dazu die Unterstützung der Regierung; zugleich zählte er
unter den disponiblen Mitteln, die von der Redaction der
Locomotive erhaltenen achthundert Thaler auf. Wie groß
war aber sein Erstaunen, als nicht allein das Gesuch kurz
abgeschlagen, sondern er auch angewiesen wurde, die acht=
hundert Thaler der Kreisdirection einzusenden! Als er mir

das mittheilte, sandte ich ihm im Namen der Redaction der Locomotive einen der Kreisdirection vorzulegenden Brief, in welchem er ermächtigt wurde, über das Geld nach seinem Ermessen zu verfügen, da man zu der Kreisdirection nicht das allergeringste Zutrauen habe.

In Eibenstock und Umgegend wurden mehr Weißstickereien als Spitzen gemacht und selbst Männer und Kinder waren mit solchen Arbeiten beschäftigt, und wenn ich lange vor Tag zur Auerhahnbalz fuhr, sah ich überall Lichter in den Hütten, deren Bewohner schon fleißig waren. Mit all dieser Arbeit verdienten die Kinder manchmal nicht mehr als zwei Groschen die Woche! —

Die freundliche Verbindung mit der Oberförsterfamilie wurde unterhalten, so lange wir in Leipzig waren und manches Gericht Forellen, manches Hirschziemer von Eibenstock dampfte auf unserem Tische. —

Die „Weltgeschichte" fand Beifall und Abnehmer. Sie wurde ins Schwedische übersetzt und von dem liberalen Baron Hjerta herausgegeben, der auch die Clichés der Illustrationen kaufte. Diese Illustrationen waren übrigens eine Quelle nicht nur beständigen Aergers für mich, sondern endlich auch die eines Unglücks, welches mich seitdem und noch bis auf den heutigen Tag verfolgt hat! — Die Mode, Werke zu illustriren, war damals noch nicht sehr lange wieder aufgelebt; die illustrirte Zeitung bestand erst kurze Zeit, und es war schwer, in Leipzig gute Zeichner und Holzschneider zu finden. Unter den letzteren war ein Engländer, der recht Gutes leisten konnte, wenn er wollte, und derselbe verleitete mich, einen Contract mit ihm zu machen, durch welchen ich mich verbindlich machte, alle Holzschnitte für den ersten und zweiten Band der Weltgeschichte bei ihm zu festgesetzten Preisen machen zu lassen. Diese waren hoch, selbst für gute Holzschnitte, sie waren aber geradezu unerhört für die Sudeleien, die uns oft geliefert wurden. Ich war daher sehr unzufrieden mit dem mich bindenden Contract und dachte daran, das Werk auf andere Weise zu illustriren, als durch Holzschnitte, da in dem Contract nur von diesen und nicht von Illustrationen im Allgemeinen die Rede war. Der Zufall kam meinen Wünschen entgegen. Eine Nähterin, welche für meine Frau im Hause arbeitete, klagte, daß ihr Mann alles Geld, das sie verdiene, an eine Erfindung verschwende, welche er gemacht habe, und die keinen rechten Fortgang gewinnen wolle. Dieser Mann war ursprünglich ein Bäckergesell gewesen, dann wurde er Kammmacher, dann Cigarrenmacher, und endlich Schriftstecher in Kupfer, worin er recht geschickt war. Er hatte von der Erfindung der Glyphographie gehört, welche in England von Ed. Palmer gemacht worden war, dessen im Patent enthaltene Beschreibung gelesen und auf diese Weise das Verfahren herausgefunden. Ich veranlaßte die Frau, mir einige Proben von der Erfindung ihres Mannes zu zeigen, und obwohl dieselben noch keineswegs vollkommen waren, so schienen mir doch die Hauptbedingungen erfüllt und die Sache jedenfalls der Beachtung werth und der Vervollkommnung fähig. Durch diese von Palmer Glyphographie genannte Kunst erzeugt man mit Hülfe der Galvanoplastik eine kupferne Platte, auf welcher die Striche einer Zeichnung, die der Künstler auf eine besonders präparirte Tafel macht, erhaben dastehen und deren durch die Buchdruckerpresse gemachter Abdruck das Facsimile der Zeichnung ist, da die kupfernen Linien der Druckplatte in denen gewachsen sind, welche der Künstler selbst zeichnete.

Der deutsche Erfinder war außerordentlich mißtrauisch und es war schwierig, ein Urtheil über den Werth der neuen

Erfindung zu bilden, von der man eben nur unvollkommene
Resultate sah; allein der Umstand, daß dieselbe in England
mit ungeheuren Mitteln betrieben wurde und daß Palmer,
wie es hieß, zehntausend Pfund für die Ueberlassung seines
Patentes verlangte, bewog mich, näher auf die Sache ein=
zugehen. Nach reiflicher Ueberlegung bot ich dem Erfinder
zweitausend Thaler und eine Anstellung mit monatlich hun=
dert Thalern an. Der Mann hatte in seinem Leben nicht
zweitausend Groschen auf einmal besessen und kein Mensch
in Leipzig wollte ihm einen Pfennig für seine Erfindung
geben; er willigte ein aber unter der Bedingung, daß ich
das Geld zahlen solle, ehe er mir das Verfahren mitgetheilt
habe. Ich bewilligte ihm tausend Thaler vorher, fünfhundert
in einem Wechsel von zwei Monat und den Rest in einem
Wechsel auf ein Jahr. Zugleich wurde festgesetzt, daß Herr
Ahner, so hieß der Erfinder, die Hälfte von der Summe
haben solle, wofür ich die Erfindung innerhalb bestimmter
Jahre verkaufen würde. Es war nämlich meine Absicht,
dieselbe zur Vollkommenheit zu bringen und dann irgend
einem Geschäftshaus zu überlassen, oder mich mit einem
solchen als sleeping partner zu associiren. Da diese dauer=
haften glyphographischen Druckplatten auf rein mechanischen
Wegen und meistens durch Kinder erzeugt werden können,
so hatten sie vor den Holzschnitten den großen Vorzug der
Wohlfeilheit und die Eigenthümlichkeit des Verfahrens brachte
es mit sich, daß gerade die allerausgeführtesten, feinsten
Bilder, die im Holzschnitt die theuersten sind, durch Glypho=
graphie am billigsten auszuführen waren. Die Kosten von
Platten, welche im Holzschnitt mit etwa fünfzig Thalern be=
zahlt werden müssen, beliefen sich für die dauerhaftere Gly=
phographie auf etwa zwei Thaler. Solche Verhältnisse wa=
ren dann allerdings geeignet, sanguinische Hoffnungen zu

rechtfertigen. Unglücklicherweise legte mir auch noch der Zufall die Geldmittel zur Ausführung dieses Unternehmens unter die Hand.

Als Herr Ahner mir Neugierigen seine Geheimnisse offenbarte, sah ich leider, daß die Erfindung noch auf einer sehr geringen Stufe stand, aber auch, daß sie der Vervollkommnung fähig war.

Mein armes Haus verwandelte sich nun in eine Fabrik, in ein „Glyphographisches Institut," wozu ich noch den Theil des obern Stockes nahm, welchen Helbs verlassen hatten. Ordentliche Künstler waren nicht zu bekommen und ich mußte für vieles Geld mit all den Pfuschern vorlieb nehmen, die nirgends anders ein Unterkommen finden konnten. Der zweite Theil der Weltgeschichte wurde mit glyphographischen Bildern illustrirt, aber eben nicht verziert, denn es dauerte lange, ehe die neue Kunst in ihren Resultaten stets sicher war. Sie fand überdies nur sehr wenig Unterstützung, denn sie hatte den alten Schlendrian gegen sich und eine Armee von Xylographen. Die Buchhändler hatten sich so sehr an die schwarzen, klatschigen, französischen Holzschnitte gewöhnt, daß sie feiner ausgeführte Bilder verachteten; der Hauptvorwurf, den sie der Glyphographie machten, war, daß die durch sie erzeugten Bilder „wie Kupferradirungen" aussahen, was englische Künstler mit aller Mühe zu erzielen streben. Um diesem Vorurtheile zu genügen, mußten wir uns unserer Hauptvortheile begeben und mit aller Mühe Holzschnitte nachahmen. Die Drucker hatten ebenfalls sich auf die den Holzschnitten eigenthümlichen Fehler eingerichtet, und da sie bei dem Abdruck der Glyphographie anders verfahren und lernen mußten, so brummten sie; die Holzschneider aber empörten sich, und ihnen verzieh man es am leichtesten, weil es sich um ihre Existenz handelte. — Einzelne Buchhändler, wie Otto Wigand zum Beispiel, unterstützten meine Bemühungen; allein es kam mir darauf an, Bücher erscheinen zu lassen, welche durchaus mit Glyphographien illustrirt waren, und zu dem Ende hielt ich es für zweckmäßig, dem Beispiele Robert Blums folgend, mich als Buchhändler in deren Gemeinschaft aufnehmen zu lassen. Ich that also die dazu erforderlichen Schritte. Leipziger Bürger war ich schon früher geworden und hatte in die schlaffe Pfote des Bürgermeisters Groß den Eid geleistet. Ich mußte vor dem Buchhändler-Ausschuß in der Börse erscheinen. Die darin sitzenden Herren hatten gegen mich nichts einzuwenden, mit Ausnahme des Stadtraths Fleischer, der dreist genug war, mich zu fragen, ob ich mir Kenntnisse genug zutraue, Buchhändler zu werden. Heinrich Brockhaus wurde förmlich roth und verlegen über diese Frage, denn er dachte wahrscheinlich an eine Menge Kameele, die Buchhändler waren, und ich hielt mit Mühe an mich, um nicht laut aufzulachen. Ich bezwang mich jedoch und antwortete dem kenntnißreichen Stadtrathe, „daß, wenn ich den Geschäftsweg nicht ganz kennen sollte, es ja Gehülfen genug gebe und für Geld zu haben wären, die ihn verständen, und sollte ich mich einmal einfältig bei Herausgabe eines Buches anstellen und nicht auf meine Kosten kommen, nun, so brauche ich ja nur das Werk nicht fortzusetzen, wie es andere ehrenwerthe Verleger thäten." — Da er das so mit meinem Niederländischen Freiheitskriege gemacht hatte, so konnte er nichts einwenden. Ich wurde also als Buchhändler angenommen.

Im Sommer war die Erfindung so weit vervollkommnet, daß wir sehr gute und fehlerfreie Bilder produziren konnten, und es ward dringend nöthig, daß ich mich nach einem Hause umsah, welches die Sache mir aus den Händen nahm. Meine Aufmerksamkeit wurde auf die Herren Haase Söhne

in Prag gerichtet, ein Haus, welches jährlich einige Millionen
Gulden umsetzte, und in allen mit der Presse zusammen=
hängenden Zweigen sich hervor that. Ich reiste also nach
Prag. Vier Brüder standen an der Spitze des Hauses
Haase Söhne, welches für sein Geschäft ein altes Kloster
nebst Kirche in Besitz genommen hatte. Ich fand die Herren
sehr liebenswürdig und intelligent. Ich hatte nur eine ein=
zige, zum Druck fertige, Platte mitgebracht. Sie sandten
dieselbe sogleich in ihre Druckerei, um davon einen soge=
nannten Pressenabzug machen zu lassen. Dieser Abdruck, die
genaue Prüfung der Platte und meine Erklärungen über=
zeugten die Herren und wir wurden sogleich einig. Nach
genommener Abrede mit mir entwarfen sie einen Vertrag,
der in jeder Hinsicht meine Wünsche befriedigte. Aus Pietät
gegen den Erfinder, Herrn Ahner, sorgte ich dafür, daß sein
Glück durch diesen Contract ebenfalls bedacht wurde. Er
sollte seinen Gehalt von einhundert Thalern monatlich fort
behalten. Wenn wir ihm nach drei Jahren kündigten, sollte
er zwei tausend fünf hundert, wenn nach sechs Jahren zwei
tausend Thaler erhalten; er jedoch sollte uns vor Ablauf
von sechs Jahren nicht kündigen dürfen, und dann die Er=
findung in Oesterreich weder selbst ausüben, noch durch
Andere ausüben lassen. Da ich mir zum Gesetz gemacht
hatte, nie wieder einen Contract zu unterzeichnen, ohne ihn
vorher meinem Advokaten gezeigt zu haben, und auch Ahner
fragen mußte, so reiste ich sehr vergnügt mit dem von den
Gebrüdern Haase unterzeichneten Entwurf ab.

Ich war der Meinung, daß Herr Ahner ganz außer=
ordentlich entzückt sein würde über die Aussicht, welche ich
ihm eröffnete. Er hatte für sechs Jahre zwölf hundert
Thaler Gehalt; da er aber mit seiner Frau schwerlich mehr
wie sechs hundert ausgab, so konnte er in der Zeit leicht

vier tausend Thaler sparen; dazu wurden ihm zwei tausend
baar gezahlt, außer den zwei tausend von mir. Er hatte
also acht tausend Thaler Capital und für sechs Jahre sechs
hundert Thaler jährlich! Ich war daher nicht wenig erstaunt,
als Ahner die Sache sehr kühl aufnahm und allerlei Ein=
wendungen machte, unter denen auch die war, „daß er
vielleicht in Prag das Clima nicht vertragen könne!"

Einige Tage nach dieser Erklärung wurde ich durch den
Besuch eines der Herren Haase überrascht, und erfuhr, daß
Herr Ahner an sie geschrieben und sie aufgefordert hatte,
nicht mit mir abzuschließen, ehe sie nicht mit ihm gesprochen
haben würden. Dies hatte Herrn Haase veranlaßt, sogleich
herüber zu kommen, und er sagte mir, daß er von dem
unaufrichtigen Benehmen dieses Menschen wenig erbaut sei.
Als Herr Haase am Tage nach seiner Ankunft zum Früh=
stück bei mir war, ließ ich Ahner ins Zimmer rufen und
befragte ihn über sein sonderbares Benehmen. Er entschul=
digte sich und sagte: „Sehen Sie, Herr Haase, ich habe ja
ganz ehrlich gehandelt; ich habe Herrn v. Corvin Alles gesagt,
ich hätte ihm ja Etwas verschweigen können; er würde es
gar nicht gemerkt haben." — Diese Rede erfüllte uns Beide
mit Aerger und Ekel, und Haase rief: „Wenn mir das
einer von meinen Leuten sagte, müßte er mir auf der Stelle
aus dem Hause!" — Ich kündigte Herrn Ahner sogleich,
doch hatte er noch eine Landkarte von Deutschland für Haase's
fertig zu machen, die sie als eine Probe haben wollten, da
es ihnen hauptsächlich auf Landkarten ankam, die sie auf der
Buchdruckerpresse drucken konnten. Nun ist nichts leichter
für die Glyphographie, als Karten herzustellen und später ist
es oftmals geschehen; aber diese Karte wurde von Ahner
verdorben. Das Geschäft mit Haase's zerschlug sich und

damit meine besten Hoffnungen, denn sie waren die Leute, aus der Erfindung Großes zu machen.

Die sechstausend Gulden, welche ich in das Geschäft gesteckt hatte, waren ausgegeben; denn ich hatte eine Menge Leute zu bezahlen, und wußte bald nicht mehr weder aus noch ein. Mir fehlte auch der Kaufmannsgeist; ich konnte nicht knausern und schachern und die Leute drücken, sondern bezahlte freigebig. So war es denn kein Wunder, daß ich bald in Schwierigkeiten gerieth und genöthigt war, mich nach neuem Capital umzusehen. Ich reiste nach Berlin, allein meine nun schon recht alt und wunderlich werdende Tante entsetzte sich förmlich bei dem Gedanken, mir einige tausend Thaler zu leihen, und war so beunruhigt, daß sie mich lieber gar nicht gesehen hätte. — Ich versuchte nun, die Erfindung in Berlin zu verkaufen; aber Herr Hänel schimpfte über die Galvanoplastik, als eine Spitzbubenkunst, mit der man ihm all' seine Dessins stehlen könne, und mit der preußischen Regierung kam ich zu keinem Resultate. Der Generaldirektor von Olfers, den ich in dieser Angelegenheit mehrmals sprach, war zwar sehr liebenswürdig und interessirte sich für die Glyphographie; allein unglücklicherweise war die Regierung gerade damals knapp an Geld, und außerdem hatte Herr von Olfers kurz vorher für zehn tausend Thaler eine Erfindung gekauft, die keine zehn tausend Silbergroschen werth war, und daher etwas vorsichtig. Ich wandte mich auch an meinen Lehrer aus dem Kadettenhause, Professor Ritter, der viel beim Könige galt, und auch an Herrn von Humboldt, — doch Alles ohne Erfolg. Von Letzterem habe ich noch zwei Briefe, die sich auf diese Angelegenheit beziehen, und die ich hier mittheilen will, weil sie von Humboldt sind.

„Je hoffnungsvoller und wichtiger mir die Anwendung der Glyphographie scheint, desto mehr ich eile, Ew. Hochwohlgeb. den einzigen Weg zu bezeichnen, auf dem diese Kunst hier ins Leben treten kann. Der König verhandelt nie in Kunstsachen mit mir, sondern hat mit Recht sein ganzes Vertrauen in diesem Fache dem Generaldirektor der Museen, Geheime Rath von Olfers, geschenkt. Dieser allein hat den Vortrag in Kunstsachen.

Mit der ausgezeichnetsten Hochachtung
Ew. Hochwohlgeb.

Sonnabend Nacht. gehorsamster

A. Humboldt."

„Es ist mir, der ich den Geschäften in diesem Lande ganz fremd stehe, viel schwieriger, Ew. Hochwohlgeb. Rath zu geben, als Ihrer Erfindung das gebührende Lob zu ertheilen. Dem Geschäftsgange nach kann der Vorschlag zu einer jährlichen Unterstützung nur bei dem Ministerium des Innern oder unmittelbar bei dem Könige geschehen. Letztere entscheidet in technischen Sachen nie selbst, sondern läßt vorher von den Direktoren der Gewerbe untersuchen. Diesen Gang wird Ihnen gewiß auch Herr Geheime Rath von Olfers anrathen. An mich kommt die Sache zur Begutachtung nicht zurück. Mit der ausgezeichnetsten Hochachtung

Ew. Hochwohlgeb.

Berlin, Sonntag. gehorsamster

A. Humboldt."

Der Grund, weshalb ich glaubte, daß die preußische Regierung geneigt sein möchte, die Erfindung der Glyphographie zu unterstützen, war, weil sie mit der Galvanoplastik zusammen hing, für welche sich der König interessirte und wofür er, wie es hieß, Herrn von Hackwitz schon sehr bedeutende Summen bewilligt hatte. — Ich erklärte die Erfindung auch einem Verein von Künstlern, die unter den Linden ihre Sitzung hielten, und in welche ich durch meinen Vetter, Professor Eduard Mandel, eingeführt wurde. Hosemann und andere Künstler versuchten es, eine Platte zu zeichnen; allein die damals noch bei der Glyphographie für nöthig gehaltenen gekrümmten Radier-Nadeln genirten sie und sie verloren die Lust, als der erste Versuch nicht zu ihrer Zufriedenheit ausfiel. Professor Mandel radirte einen Kopf mit seiner gewohnten Meisterschaft; er fiel vortrefflich aus, allein — es war eben eine Radirung und die Buchhändler verachteten das Bild, da es nicht wie ein französischer Holzschnitt aussah!

Mein Vertrauen in die Vortrefflichkeit der Glyphographie war indessen durchaus nicht erschüttert; ich wurde vielmehr täglich mehr davon überzeugt und war sicher durchzudringen, wenn ich das Geschäft nur noch eine Zeitlang aufrecht erhalten könne. Um die ersten sechstausend Gulden nicht zu verlieren, mußte ein zweiter goldner Pfeil nachgeschossen werden. Eine unglückliche Freundin, Frau Dr. ***, theilte meine Ueberzeugung und hoffte großen Gewinn. Gegen den Rath ihres verständigen Advocaten zog sie das auf sichere Hypothek angelegte Capital ein und lieh mir dreitausend Thaler. Damit wurden die Schulden bezahlt und das Geschäft bis zum Ende des Jahres unter schweren Sorgen fortgeführt. Ich reiste nach Frankfurt, um neue Hülfe aufzutreiben, brachte aber nur sechshundert Gulden mit.

Durch die Glyphographie wurde ich veranlaßt, mich mit der Chemie und unseliger Weise auch mit der Galvanoplastik näher bekannt zu machen, die sehr viel Verführerisches hat und an der sich manche sonst ganz tüchtige Leute ruinirten.

Als ich sah, wie schwer es wurde, die Glyphographie einzuführen, dachte ich, zum Theil mit ihrer Hülfe, allerlei gravirte Gegenstände, als Präsentirteller, Becher, Dosen u. s. w. in versilbertem und vergoldetem Kupfer herzustellen. Die Proben fielen reizend aus und ich wurde fanatisch wie ein Goldmacher! Aber woher Geld nehmen? — Da träumte mir eines Nachts, ich sehe das Schloß in Gotha in hellen Flammen, die ohne Rauch grade zum Himmel emporloderten. — Feuer ohne Rauch bedeutet Freude, kurz etwas Gutes und — ich beschloß sogleich nach Gotha zu reisen, dem jungen Herzoge meine Noth zu klagen und ihn zu bitten, meine Unternehmungen zu unterstützen.

Ich habe schon früher von dieser Reise gesprochen. Ich wurde sehr freundlich von dem Herzoge aufgenommen, der mich seit fünfzehn Jahren kannte und wußte, daß mich sein Vater und seine Tante sehr gern gesehen hatten. Ein glücklicher Zufall wollte, daß der jüngste Graf Mensdorf, Arthur, damals Rittmeister in der österreichischen Armee, grade in Gotha zum Besuch war. Er sah noch grade so aus wie vor zwölf Jahren, nur daß er zu mehr als sechs Fuß emporgeschossen war. Ich besuchte ihn alle Morgen ehe er mit dem Herzoge auf die Jagd ritt und er versprach mir auf die herzlichste Weise, meine Bitte bei dem Herzoge zu unterstützen, dem die sechstausend Thaler, welche ich verlangte, etwas viel erschienen. „Wär' ich nicht selbst ein armer Teufel," sagte der Graf, „ich gäb' Ihnen das Geld sogleich." — Er hatte den Herzog und die Herzogin auf einer Reise nach Portugal begleitet und ein ganzes Album voll wirklich sehr hübscher und von Talent zeugender Skizzen von dieser Reise mitgebracht.

Der Herzog wohnte nicht im Schloß, sondern in dem kleinen Palais, welches eben nur ein hübsches Privathaus ist,

wie es in England ein Mann mit etwa fünftausend Pfund
jährlich bewohnen würde. Unmittelbar an dasselbe, die Fenster
des obern Stockes an der einen Seite mit einschließend, war
ein Treibhaus angebaut und wie ein Wintergarten eingerichtet. Hier pflegte der Herzog, die Herzogin und der Graf
oftmals zu frühstücken. Bei dem schon früher erwähnten
Ball war dieser Wintergarten gleichfalls geöffnet und durch
zahlreiche bunte Lampen geschmackvoll erleuchtet. Es ging
am Hofe noch immer vernünftig einfach zu; allein es war
Alles sehr passend und man gewahrte nichts von der zur
Zeit des alten Herzogs oft lächerlich auffallenden Genauigkeit.
Die Herzogin, eine Schwester des jetzigen Großherzogs von
Baden, war eben so vernünftig einfach wie der Herzog und
der milde herzensgute Ausdruck ihres Gesichtes wirkte sehr
angenehm auf Jeden, mit dem sie sich unterhielt.

Es hielt sich damals in Gotha ein junger Virtuos,
Namens Schad auf, der selbst componirte Variationen auf
einfache, bekannte Lieder ganz reizend vortrug und den das
musikliebende Fürstenpaar sehr bewunderte. Herr Schad gab
ein oder mehrere Concerte im Theater und eins auch bei
Hofe, zu welchem ich eingeladen war. Der Herzog beschenkte
den Künstler mit einem schönen Brillantring mit seiner Na-
menschiffre. Da Herr Schad nach Leipzig kommen wollte,
so schrieb ich einen Artikel über ihn für die Illustrirte Zeitung, in welcher auch sein Portrait erschien und ein Bild,
das Concert bei Hofe in Gotha darstellend. Als Schad
nach Leipzig kam, lud ich eine Gesellschaft von Journalisten
zu mir ein und er entzückte Alle durch sein herrliches Spiel.
Das Concert aber, welches er eines Morgens in der Buch-
händlerbörse gab, fiel grade in die erste Zeit der Ostermesse
und hatte keinen großen Erfolg. Seitdem hörte ich nichts
wieder von dem Künstler.

— 443 —

Ich habe niemals von dem musikalischen Leben in Leipzig gesprochen, da ich kein ausübender Musiker bin und bei den Musikenthusiasten für einen Barbaren gelte, weil ich die Gewandhausconcerte, die in der ganzen Welt berühmt sind, mitunter langweilig fand und über den Lißt- und Mendelsohn-Enthusiasmus lachte. Mit dem letzteren trieben die Leipziger Damen förmlich Götzendienst und Gismunde Rosenlaub, die Putzmacherin, hatte eine Haube „Mendelssohns Augen" benannt. Gismunde war sehr poetisch; deshalb mißfiel ihr auch ihr eigentlicher Namen Rosenloch und sie kam bei der Kreisdirection ein, die Endsylbe in laub verändern zu dürfen, was Herr von Falkenstein gestattete, indem er rescribirte, „sie könne mit ihrem loch machen was sie wolle."

Mit Felix Mendelssohn kam ich auch einstmals in Berührung. Ich hörte, daß er eine komische Oper zu componiren wünsche und einen Text dafür suche. Ich hatte schon früher ein dramatisches Mährchen „Midas" geschrieben, welches mir seinem Wunsche zu entsprechen schien und ich besuchte Mendelssohn in seiner Wohnung in Lurgensteins Hof. Er machte in der That einen sehr angenehmen Eindruck. Sein Gesicht war außerordentlich fein und geistreich und seine Stimme sanft und wohlthuend. Er lehnte meinen Midas in einem freundlichen Briefe ab, da ihm derselbe zu derb humoristisch war. Ich habe den Brief leider einem Autographensammler geschenkt.

Mit Lortzing, dem Componisten von Czaar und Zimmermann, traf ich häufig zusammen. Ich hatte ihn noch als Mercutio in Romeo und Julie gesehen und später als den Zimmermann Peter in seiner eigenen Oper. Er war ein sehr jovialer, liebenswürdiger Mensch, wurde aber später traurig. Herloßsohn war viel in seiner Gesellschaft und von ihm, hörte ich, stammt das Lied: „Einst, spielt ich mit Scepter, mit Kron, und mit Stern".

Ich kehre von dieser Abschweifung nach Gotha zurück. Der Herzog bewilligte meine Bitte, aber in anderer Weise, als ich sie eigentlich gemeint hatte. Ich richtete dieselbe an die Person des Herzogs, nicht an den Landesfürsten; aber der Herzog faßte sie in letzterer Eigenschaft auf und ließ mir das Geld aus der Kammerkasse bewilligen, was einige Förmlichkeiten nöthig machte und Aufenthalt verursachte. Ich verhandelte die Angelegenheit mit einem Finanzrath Otto und hatte auch mit dem Bürgermeister von Gotha zu thun; allein was es eigentlich war und bedeutete habe ich vergessen. Ich mußte mich verbindlich machen, mein Institut nach Gotha zu verlegen, wozu ich gern bereit war. Herr Otto fragte mich, ob ich Schulden habe? und ich antwortete, daß ich allerdings in Verlegenheiten gekommen sei, die mich eben veranlaßt hätten, die Hülfe des Herzogs zu suchen. Ich erhielt vorerst zwölfhundert Thaler ausgezahlt und miethete eine Wohnung. Ich fand dieselbe vor dem Thore. Sie bestand aus zwei kleinen Häusern und einem hübschen, ziemlich großen Garten am Abhange eines Berges, der von einem großen Gartenliebhaber angelegt worden war und nicht nur ganz ausgesuchte treffliche Obstbäume, sondern auch einen Ueberfluß der schönsten Blumen, unter ihnen einige vierzig verschiedene Rosenarten enthielt. Der frühere Besitzer pflegte zur Rosenzeit den Hof einzuladen, um sich an der Pracht zu ergötzen.

Mein Geschäftsoperationsplan, zu dessen Ausführung ich eben eine gute Summe brauchte, war folgender. Ich wollte eine Anzahl schöner Muster anfertigen lassen und mit diesen nach Paris reisen, um mich dort mit einem großen Hause zu verbinden, oder für das Geschäft in Gotha Bestellungen aufzunehmen. Ich hatte ein Patent in Frankreich für fünfzehn Jahre genommen und war ebenfalls um eines in Oesterreich eingekommen, wofür ich das Geld bereits nach Wien gesandt hatte.

Voll der besten Hoffnung kehrte ich nach Leipzig zurück und sandte meine Sachen, alle auf einen großen Frachtwagen geladen, in Begleitung meines Bedienten ab und eilte ihnen mit meiner Frau nach Gotha voraus. Sobald wir in unserer Wohnung eingerichtet waren, kamen auch die Künstler und Arbeiter nach, die in dem kleineren der beiden Häuser ihr Wesen trieben, welches ausschließlich für das Geschäft bestimmt war. Da diese Leute wöchentlich viel Geld kosteten, so lag mir natürlich daran, sie zu beschäftigen und das konnte ich nur, wenn die Einrichtungen getroffen waren, die ich zur Ausführung meiner Absichten nöthig hatte; dazu aber brauchte ich viel Geld auf einmal und die Auszahlung des mir vom Herzoge bewilligten wurde unter allerlei Vorwänden von den Beamten verzögert. Der Herzog war in Coburg und ich konnte ihn daher nicht sprechen. Als er einst für einen Tag nach Gotha kam, ließ ich mich melden. „Nun", rief er, „ist Ihre Angelegenheit in Ordnung? Haben Sie das Geld erhalten?" — Er wunderte sich sehr, daß es noch nicht der Fall war und versprach, dafür zu sorgen. Ich lächelte und erlaubte mir zu zweifeln, daß ich es sogleich erhalten würde. Der Herzog wurde ungeduldig und rief: „Nun, das wollen wir doch sehen!" — Ich sah es — und hatte Recht. Nach einiger Zeit erhielt ich wieder ein tausend Thaler und hätte meine Leute nicht bezahlen können, wenn der Bankier Völker mir nicht Geld vorgeschossen hätte!

Daß der Herzog mir — einem Ausländer! — sechstausend baare, harte, silberne Thaler lieh, war ein Ereigniß, welches in Gotha die ungeheuerste Sensation erregte. Jeder verschuldete Junker, jeder heruntergekommene Krämer oder Handwerker, jeder schlecht bezahlte Beamte glaubte sich durch mich persönlich beraubt. Einer von diesen Leuten sagte mir ingrimmig: "Einer von uns könnte vor dem Herzog auf den Knieen herumrutschen und würde noch nicht einen Thaler bekommen!" — Ich wurde daher mit dem äußersten Neid und bösem Willen betrachtet, und wenn man auch dem Herzoge nicht grabezu entgegen sein konnte, so legte man mir doch so viel Hindernisse als möglich in den Weg.

Gotha war ein Ländchen, an welchem die große Revolution ziemlich spurlos vorüber gegangen war, wenigstens was die Stellung des Adels den Bürgern gegenüber betraf. Der Adel wurde dort noch als eine besondere Menschenart betrachtet und beide Klassen sonderten sich überall so viel als möglich von einander ab. Es gab dort allerdings wohlhabende Edelleute, allein die Zahl der armen war dort und in Coburg sehr reichlich vertreten und mit ihren kleinen Gehalten mußten sie sich trotz der Wohlfeilheit des Landes sehr kümmerlich durchschlagen. Sechstausend Thaler schienen ihnen daher eine sehr bedeutende Summe, welche zwölf Kammerjunker schuldenfrei und glücklich gemacht haben würde. Alle hofften und wünschten, daß ich mich mit dem Gelde aus dem Staube machen möchte, um dem Herzoge recht gründlich die Lust zu benehmen, wieder einen "Ausländer" zu unterstützen. Durchgehen konnten sie auch, wie das manche adelige Hofbeamten gethan hatten, denen Geld anvertraut worden war.

Meine Stellung in Gotha, die ich mir in der Phantasie recht freundlich ausgemalt hatte, wurde dadurch nichts weniger als angenehm. Daß ich ein Vollblut-Edelmann war, daran konnte Niemand zweifeln und die mehr als dreißig Briefe, welche man meinetwegen von Seiten der Polizei überall hin geschrieben hatte, um gegen mich etwas Unvortheilhaftes herauszufinden, waren auch durchaus unergiebig. Aber einen Edelmann, der ein Geschäft hatte, konnte man doch nicht empfangen, nein, das ging nicht und am allerwenigsten einen, der zugleich ein liberaler Schriftsteller war. Die Freundlichkeit jedoch, die mir „von oben herab" zu Theil wurde, machte Andere wieder unsicher und zwang ihnen einige halbe Höflichkeiten ab. Mit den Bürgerlichen war ich fast ebenso schlimm daran. Sie waren so sehr an vom Hofe gelbsaugende Junker gewöhnt, daß sie mich begreiflicherweise vorerst ebenfalls als einen solchen betrachteten, und leider war ich nicht lange genug in Gotha, um das Mißtrauen dieser dort sehr achtungswerthen Klasse zu entfernen und ihre gute Meinung zu gewinnen.

Wir machten nach unserer Ankunft einige Besuche bei Familien, welche ich von früher her kannte; allein man schien sich das Wort gegeben zu haben, unsere Besuche nicht zu erwiedern, ja brachte sogar das Gerücht in Umlauf, daß ich mit meiner Frau gar nicht verheirathet sei. Der Hofmarschall lud uns zu einer Abendgesellschaft ein. Man war sehr freundlich, allein es leuchtete durch das Benehmen Aller eine Art von verlegenem Erstaunen hindurch, das mich sehr amüsirte. Die Aufschlüsse, welche ich ihnen über die Wunder der Galvanoplastik gab und die gelegentliche Bemerkung, daß der Herzog von Leuchtenberg an der Spitze eines großartigen Geschäftes dieser Art in Petersburg stehe, daß Herr von Hackwitz in Berlin ein galvanoplastisches Institut leite, welches der König von Preußen mit großen Summen unterstützt habe, schien diese Leute ein Wenig mit meiner Beschäftigung zu versöhnen; allein zu einer Visite konnte sich der Hofmarschall doch nicht entschließen; nur seine eine Tochter kam gelegentlich; die andere hatte einen Schauspieler gehei=

rathet, nachdem sie diesem zu Gefallen zum Fenster hinausgesprungen war und dabei ein Bein gebrochen hatte.

Die Herzogin Mutter, in deren Besuchbuch wir uns einschrieben, erwiederte diesen Besuch, indem sie in ihrem Wagen ihre sehr liebenswürdige Hofdame, ein Fräulein von Griesheim, schickte, die ich von früher kannte und mit der ich manchmal getanzt hatte. Ja die Herzogin lud uns sogar zur Tafel, trotzdem daß meine Frau eine Bürgerliche war! Sie empfing mich mit der alten Liebenswürdigkeit und ebenso meine Frau, welche ich ihr vorstellte. Sie hatte wenig gealtert, und als ich ihr ein Compliment über ihr Aussehen machte, nahm sie es freundlich lachend auf.

Auch der Minister von Stein war einige Mal bei mir. Er war überhaupt Derjenige, welcher sich meiner in Gotha am freundlichsten annahm und eine sehr gute Meinung sowohl von meiner Person, als von meinen Fähigkeiten hatte. Seine Frau war ebenfalls eine sehr liebenswürdige Dame und die schönen sehr gebildeten Töchter und Söhne machten den Eltern Ehre. Durch Herrn von Stein gelang es mir denn auch endlich, nach mehreren Monaten Zeit- und Geldverlust, den Rest der mir bewilligten Summe zu bekommen, welche mir in allerhand Münzsorten auf einem kleinen Handwagen ins Haus gefahren wurde.

Als ich einst bei Herrn von Stein war, leitete er das Gespräch auf meine literarische Thätigkeit. Er beklagte, daß ein altes Privileg der Entwickelung der Journalistik in Gotha hinderlich gewesen sei. Dieses Privileg wurde von einem elenden Blättchen dort besessen und keine andere Zeitung durfte daneben erscheinen. Der Minister sagte mir jedoch, daß solche veraltete, die Presse hemmenden Privilegien nicht länger tolerirt werden könnten, und daß man entschlossen sei, sich nicht daran zu kehren; er habe die Absicht, in Gotha, im Herzen von Deutschland, eine große Zeitung ins Leben zu rufen, deren Redaction er mir vorschlug. Anstatt mit größter Freude und Dankbarkeit dieses Anerbieten anzunehmen, alarmirte mich ganz unnütz der Gedanke, daß man mich zu einem Werkzeug machen und gewissermaßen verführen wolle, im Sinne Anderer zu schreiben und zu wirken. Ich lehnte, diese Gründe anführend, lebhaft und entschieden ab. Herr von Stein machte mich darauf aufmerksam, daß ich nicht im Geringsten zu besorgen habe, in meiner Unabhängigkeit beeinträchtigt zu werden und das um so weniger, als ich ja den Herzog und ihn und ihre lieberale Gesinnung kenne. Ich war aber von meiner Besorgniß so erfüllt, daß ich bestimmt rief: „Exellenz, ich kann wirklich nicht." — Ich denke jetzt, daß dieses Ablehnen eine sehr große Thorheit war, und das ist Alles, was ich darüber sagen will.

In diesem Jahre (1847) fand die Philosophen-Versammlung in Gotha statt, die in einem Saale des dortigen Schauspielhauses ihre Sitzungen hielt. Außer dem Herzoge und dem Minister von Wangenheim aus Coburg wohnten ihr auch einige Damen bei, unter ihnen meine Frau und Madame Held, die bei uns zu Besuch war. Ich folgte sehr aufmerksam den Vorträgen und notirte mir Manches daraus in meine Brieftasche. Herr Dr. Fichte spielte eine Hauptrolle in der Versammlung, welche indessen, wie die Berliner sagen würden, eine „ziemlich klötrige Affaire" war, die dem Herzoge, der sie gestattete, während sie andere Fürsten ablehnten, die meiste Ehre machte. Was ich da hörte, war durchaus nicht im Stande eine Revolution zu bewirken, und die Wiener Polizei würde die meisten Redner als „unschädliche Schwätzer" in ihre Register eingezeichnet haben. Ein komischer ungarischer Naturphilosoph stellte die philosophische Fassung der Herrn Philosophen auf eine Probe, welche sie nicht bestand, und ich amüsirte mich königlich. Als Herr Fichte mir am Ende der Sitzung eine Feder reichte, um meinen Namen zu denen der anwesenden Philosophen zu setzen, lehnte ich das bescheiden ab, indem ich sagte, daß ich kein Philosoph, sondern nur Geschichtschreiber sei. „Nun," entgegnete Herr Fichte mit tröstender Stimme, „das ist auch ganz achtungswerth!" Solche Anerkennung freute mich natürlich ungemein.

Am Abend waren sämmtliche Philosophen zum Minister von Stein eingeladen und meine Frau und ich ebenfalls. Der Natur-Ungar versuchte seine Philosophie einem Kreis junger Damen und besonders der Tochter des Hofmarschalls einzuflößen, und es war höchst amüsant mit anzusehen, wie manche der eingeladenen Hofherren dem Gespräch der ernsteren philosophischen Gäste mit offenem Munde zuhörten. Ein Philosoph aus Straßburg, ein Herr Wille, hatte seine Frau bei sich, vor der die adeligen Damen auswichen und die ganz allein gesessen haben würde, wenn sich meine Frau nicht mit ihr unterhalten hätte. Sie brachte auch den nächsten Tag bei uns zu. —

Der preußische Landwehrlieutenant, von dem ich früher erzählte und der am Schürzenband einer Schauspielerin in Gotha hängen geblieben war, hatte seinen Zweck wirklich erreicht. Ich fand ihn in einem hohen Hofposten, der ihm Gelegenheit bot, seine Vorliebe für die Schauspielkunst und Künstlerinnen zu befriedigen. Er hatte sich, wie es schien, seinem Dienst mit großer Aufopferung gewidmet, denn obwohl er nicht älter war als ich, sah er doch aus wie ein alter Mann und ging wie ein durch Entenjagd contract gewordener Hühnerhund. Er hatte denn auch zwei brillante Orden vom Halse bis auf die Brust hinabbaumeln, und als ich ihn lachend fragte, für welche Kriegsdienste oder sonstige Verdienste er diese Dinger bekommen habe, sagte er mir mit einiger Verlegenheit, daß er sie in Portugal erhalten. Der vornehme Mann nahm jetzt natürlich keine Notiz von mir, wie das auch in der Ordnung; denn er war ja decorirter Hofbedienter und ich nur ein liberaler Geschichtschreiber, — obwohl das „auch ganz achtungswerth," wie Fichte sagt.

Wir trösteten uns sehr leicht über die Zurückhaltung der Gesellschaft in Gotha gegen uns, denn wir waren ganz vergnügt in unserm Hause. Unser Garten war reizend und besonders schön eine in der Mitte stehende, sehr große Laube. Im Centrum derselben war ein ziemlich großes, viereckiges Laubzimmer, dessen eine Seite sich nach der Stadt zu öffnete, während die drei andern Wände zugleich die Rückseite von andern offenen Lauben bildeten. Hier aßen wir oftmals, und hingen dann Nachmittags unsere indianischen Hängematten auf, worin wir die Siesta hielten. Ein sehr liebenswürdiger gebildeter Maler, Herr Carl Merkel, war für einige Wochen unser Gast und besuchte uns häufig, als er in Gotha wohnte. Wir waren so glücklich gewesen, von ihm die Compositionen zu unserer Weltgeschichte zu erhalten und beklagten nur, daß viele derselben durch Glyphographie und Xylographie zu schändlich verpfuscht wurden. Er zeichnete wunderschön und hatte ein ganz ausgezeichnetes Talent auch für die Arabeske, welches in der That sehr selten ist. — Der Bruder meiner Frau wohnte bei uns; er führte die Bücher und stand mir, wie schon in Leipzig, bei meinen Arbeiten bei. Unser Kreis wurde des Abends auch oftmals durch Ludwig Storch vermehrt, welcher in Gotha wohnte und der uns stets ein willkommener Gast war.

Der Name Storchs ist seit langen Jahren als der eines beliebten Romanschriftstellers bekannt und ich will hier nur von dem Menschen reden, wie er sich mir in jener Zeit darstellte. Er muß in seiner Jugend ein ganz auffallend schöner Mann gewesen sein, denn er war noch schön im vorgerückten Alter. Was schmerzlich an ihm auffiel, war der Ausdruck der Trauer und der Resignation in seinem Gesichte, wozu sich noch der den Tauben eigenthümliche gespannte Zug um Mund und Auge gesellte, denn Storch war in Folge eines Unterleibsleidens harthörig. Er sah indessen niemals krank, sondern im Gegentheil kräftig und gesund aus. Wenn ich Storch mit solcher Sachkenntniß und oft Gelehrsamkeit über die verschiedenartigsten Dinge reden hörte, den Schwung seiner Rede, kernigen Inhalt derselben und die ehrenhaften Gesinnungen, die sich darin stets kundgaben, bewunderte, dann fragte ich mich oft, wie es möglich sein konnte, daß ein solch ausgezeichneter Geist sich nicht durcharbeitete, sondern allmählig in der Misère des Alltagslebens verkam. Pegasus im Joch! dachte ich manchmal, wenn ich ihn sah. Ein wenig Hülfe würde ihn wahrscheinlich aufrecht erhalten haben; aber statt derselben kam zu dem Elend des täglichen Lebens noch Hypochondrie und die Harthörigkeit, die ihn so unglücklich machte. — Wir forschten nicht nach der Quelle seiner Leiden; wir sahen nur den begabten, im Geist verdüsterten und vergrämten Menschen, dem unsere Gesellschaft, unser offenes Entgegenkommen wohlthat und der förmlich bei uns aufzuleben schien. — Es war ein Unglücksstern, der Storch nach Gotha führte und er hätte dort nicht bleiben sollen. Er lebte zu einer Zeit dort, wo die Schriftsteller in Gotha nichts galten, und wo auch seine ehrenhaften, liberalen Gesinnungen am wenigsten geeignet waren, ihm Anerkennung zu verschaffen. Trotzdem scheint es, daß er von dem alten Herzoge diese Anerkennung und entsprechende Beförderung erwartete oder hoffte. Zu diesem Ende hätte er andere Wege einschlagen müssen, die ich ihm indessen nicht anempfohlen haben würde.

Er scheint sich außerdem noch durch besondere Verbrechen in besonderen Mißkredit gesetzt zu haben. Er hatte die Tochter eines wohlhabenden Schuhmachers geheirathet und dadurch schon traditionellen gothaisch-chinesischen Vorurtheilen vor den Kopf gestoßen; allein er machte sich Feinde durch einen besonderen Vorfall, den er mir erzählte. Die Gothaer hatten sich beschwert, daß man sie bei Besetzung der unteren Stellen im Schlosse so wenig berücksichtige und der gnädige, damalige Herzog beschloß deßhalb, die Zahl der Bettmädchen aus den Bürgerstöchtern Gothas zu ersetzen. Storch's Schwägerin war ein sehr schönes Mädchen; es ward ihr durch Jemand eine solche Stelle angetragen und sie auf's Schloß beschieden, um in Augenschein genommen zu werden. Dort gefiel sie der Person, die sich besonders für die Bettmädchen interessirte und ihr ward gesagt, daß man später Jemand schicken werde, um sie zu nochmaliger näherer Inspection abzuholen. Jetzt erst erfuhr Storch etwas von der Sache und war empört. Als der Abgesandte kam, empfing er ihn, warf ihn zur Thür hinaus, gab ihm einen Tritt und machte viel Lärm. — Tugendhafte Leute protegirte man damals in Gotha nicht, welches mir von Sachverständigen als ein ganz ungeheuer frivoler Ort geschildert wurde und wo der Adel wie der in Paris zur Zeit Ludwig XV. lebte. Man nannte drei Ehepaare, welche untereinander einen merkwürdigen Vertrag geschlossen haben sollten und eine Durcheinanderehe à six führten. Die Frau eines Gelehrten, erzählte man sich, unterrichtete die ältesten Schüler in der ars amandi und betrieb ihr Geschäft so eifrig, daß oft mehrere andere Wißbegierige warteten, bis die Lection des Vorgängers beendigt war und an sie die Reihe kam. Es wurde mir zu jener Zeit ein Manuscript zugeschickt, in welcher die chronique scandaleuse von Gotha enthalten war, und ich muß gestehen, die darin gemachten

Eröffnungen übertrafen an Merkwürdigkeit die der pikantesten französischen geheimen Memoiren. Ich ließ davon eine Abschrift machen — nachdem ich die Erlaubniß des anonymen Verfassers erhalten — und sandte dieselbe Graf Mensdorf, um sie dem Herzoge mitzutheilen und zu erfahren, ob diesem die Veröffentlichung etwa unangenehm sein möchte. Der Graf war grade verreist und das Manuscript blieb lange versiegelt liegen. Als er kam war ich nicht mehr in Gotha und weiß nicht, was aus dem Manuscript geworden ist.

Ich stand schon meistens vor Tag auf und sah nach meinen galvanoplastischen Apparaten. Mein Geld flog davon als hätte es Flügel, und was dafür fertig wurde, genügte mir wenig, denn ich fand in Gotha nicht die Arbeiter, die ich dazu brauchte. — Meine literarischen Arbeiten vernachlässigte ich auch nicht; ich vollendete in Gotha „meinen Niederländischen Freiheitskrieg" und schrieb ein Bändchen eines Buches, welches mir keine Freude machte und zu welchem ich durch einen Buchhändler veranlaßt worden war. Es waren dies Biographien historisch berühmter Maitressen; es blieb bei der ersten Biographie der Aurora von Königsmark. Wichtige Ereignisse verhinderten die Fortsetzung.

Sonntags, wenn das Wetter schön war, machten wir häufig Ausflüge in den Thüringer Wald, die reizend waren. Auf einer dieser Fußreisen diente uns Storch als Führer, der jedes schöne Fleckchen im Thüringer Lande kannte. Auch einem in der Nähe der Wartburg gehaltenen Sängerfeste wohnten wir bei, wo wir mit Bechstein zusammen trafen, der damals noch den Demokraten spielte, trotzdem daß er Hofrath war. Die bei dieser Gelegenheit gehaltenen Reden nahmen überhaupt eine so verfängliche Richtung, daß der Hof von Weimar, der den Festlichkeiten beiwohnte, sich sehr unbehaglich fühlte und es endlich für besser hielt, sich zu entfernen. — Ich lasse hier ein Impromptü von Storch folgen, welches derselbe niederschrieb, während der Bediente wartete, der ihm einen Korb versprochenener Birnen aus unserem Garten brachte.

An Frau von Corvin.

Seit Ludwig Philipps königliches Haupt,
Wie eine Birne wunderlich gestaltet,
Das Frankenreich mit schlauem Geist verwaltet,
Wird kein Versprechen mehr geglaubt;
Denn diese Birne hat uns grenzenlosen
Verdruß und Aerger schon gemacht
Und nicht allein bei den Franzosen
Die Birnen in Verruf gebracht.

Doch Du, von deren liebenswürd'gem Mund
Nur Wahrheit tönt, auf deren Stirne
Die Güte thront, mit Grazien im Bund,
Du bringst zu Ehren wiederum die Birne.
Denn Dein Versprechen hieltest Du
Und schicktest mir die zarten Gaben
Und einen schönen Gruß dazu,
Um mich mit beiden recht zu laben.

Macht nun die Königsbirn' mir böses Blut,
So machen's Deine Birnen wieder gut.
Mich, der nicht glaubt an Königswort und Treu,
Hast Du an Frauenwort gelehrt zu glauben,
Und auf die nahe Zukunft hoff' ich neu.
Nichts soll die kühne Zuversicht mir rauben,
Daß von den Frauen zu erwarten sei,
Was uns die Könige nur hoffen ließen.

So ist es, holde Freundin, Dir geglückt,
Mich, den Verzweifelnden, mit süßen
Schmackvollen Birnen zu belehren.

Drum will ich Dir und Deinem Haus zu Ehren,
Wenn Dich der Dampf schon weit von hier geführt,
Dein süß Geschenk mit Muße froh verzehren,
Von Dank erfüllt und Deiner Gunst gerührt.

Gotha, 11. November 1847.

Ludwig Storch.

Eines Tages schickte der Minister von Stein den Regierungsrath Gelpke zu mir und ließ mich bitten, — ihm meine Ansichten über die Anfertigung von Papiergeld mitzutheilen, welches man nämlich in Gemeinschaft mit Weimar ausgeben wollte. Obwohl ich lachend versicherte, daß ich noch niemals Papiergeld gemacht habe, so versprach ich doch, dem Wunsche zu genügen und reichte bald einen erschöpfenden Aufsatz darüber ein, dem ich einige geschmackvolle Zeichnungen für die neuen Kassenanweisungen und auch fünf oder sechs preußische Thalerscheine beilegte, die sämmtlich von einander verschieden waren und woraus ich die Mangelhaftigkeit ihrer Anfertigung bewies. Meine in jenem Aufsatze enthaltenen Ansichten und Vorschläge sind seitdem in Anwendung gebracht worden und ich halte es für überflüssig, mich darüber weiter auszulassen. Die Ausführung des Papiergeldes wurde übrigens von Weimar übernommen. Für ein Haus in Nassau ließ ich in meinem Institut eine Platte für einen Zwanzig Guldenschein anfertigen; die Bestellung wurde indessen zu spät gemacht und die Platte kam zu spät, um bei der Bewerbung berücksichtigt zu werden.

Im Herbst endlich hatte ich meine Proben fertig und beschloß sobald als möglich nach Paris abzureisen. Da man aber schon bei einer Reise, die ich nach Berlin gemacht, mit Schadenfreude in Gotha ausgebreitet hatte, daß ich „durchgegangen" sei, so hielt ich es für zweckmäßig, diese Reise nicht ohne Wissen und Willen des Herzogs und des Ministers von Stein anzutreten, sondern mir sogar von der Stadtchronik, dem be—kannten Polizeirath Eberhardt, meinen Paß nach Paris visiren zu lassen. Ich reiste also mit einigen Proben nach Coburg, wo ich durch Herrn von Stein sogleich Audienz beim Herzog erhielt, der mich im Schlafrock empfing, meine Proben in Augenschein nahm und mir glückliche Reise und guten Erfolg in Paris wünschte. —

Man hat den Herzog später glauben machen wollen, daß ich das von ihm geliehene Geld zu revolutionären Zwecken benutzt habe; allein die Bücher des Bankiers Völker können darüber den besten Aufschluß geben. Als ich mit meiner Frau abreiste, händigte mir derselbe den ganzen Rest des Geldes, in einem Wechsel auf Paris im Betrage von — zweihundert Francs ein! Damit macht man keine Revolutionen. —

Das Geschäft in Gotha ließ ich unter der Obhut meines Schwagers, dem ich bald silberne Hilfstruppen aus Paris zu schicken hoffte. Unsere Reise ging über Dortmund, wo ich meine Frau zurückließ und wo ich sie bei meiner Rückkehr nach Gotha wieder abholen wollte. —

In Paris angekommen, suchte ich alsbald meinen Schwager — ich meine den Mann der Pflegeschwester meiner Frau auf. Diese hatte uns einst von Paris aus in Leipzig besucht und wir standen auf freundlichem Fuße. Ihr Mann hatte sich längst von den Geschäften zurückgezogen und lebte äußerst comfortable von seinen Renten, aus dem Ertrag einiger Häuser, die er besaß, und Theateractien. Er kannte alle Geschäftsleute in Paris und war eifrig bemüht, mir zu dienen.

Sowohl die Glyphographie als meine Metallarbeiten erregten unter den Fabrikanten eine gewisse Sensation. Man hatte sich viele Mühe gegeben, ein den Holzschnitt ersetzendes, wohlfeileres Verfahren aufzufinden und allerlei mehr oder weniger unvollkommnere in Anwendung gebracht; allein die Glyphographie übertraf sie alle. Die „Illustration" brachte ein schönes bei mir gemachtes Bild, und Monsieur Paulet war sehr geneigt sich mit mir in ein Geschäft einzulassen.

Als ich mit meinen Metallarbeiten in dem Patent=Büreau erschien, liefen alle Beamte zusammen, zeigten das allergrößte Interesse und ich mußte ihnen eine förmliche Vorlesung halten. Die Galvanoplastik war damals in Paris gradezu noch in der Kindheit und ihre Entwicklung wurde durch das Patent von Ruolz und Elkington aufgehalten, welches die Herrn Christophl u. Comp. gekauft hatten. Es bezog sich das zwar nur auf galvanische Vergoldungen und Versilberungen einer gewissen Art, allein sie wußten seine Bedeutung so geschickt auszudehnen, daß sie jeden Unternehmer abschreckten, besonders seit das Gericht einen derselben zu zehntausend Francs Entschädigung verurtheilt hatte. Da ich aber fertige Sachen nicht versilberte, sondern allerlei Gegenstände zuerst von Silber in der Dicke eines Blattes Papier machte, dann durch Kupfer verstärkte, so hatte dies nichts mit Christophls Patent zu thun und alle Fabrikanten in Paris jubelten: „Christophle est culbutté!" — Noch nach Mitternacht holten mich wißbegierige Fabrikanten aus meinem Bette. Ein einziges mittelgroßes Haus, welches Portemonnaie's und Notizbüchelchen machte, sicherte mir sogleich eine Bestellung für zwanzigtausend Francs zu, nur in galvanoplastisch erzeugten kleinen Kupferplättchen, an denen ich fünfhundert Procent gewann, und versprach sogar wöchentliche Vorausbezahlung! Ein sehr reicher Hotelbesitzer unterhandelte mit mir wegen der Ausschmückung seines großen Speisesaals durch meine Erfindung und war bereit, gegen einhunderttausend Francs dafür anzuwenden. Herr Froment=

Maurice, der berühmte Gold- und Silberarbeiter war ganz entzückt von meinen Proben und sprach auf meinen Wunsch seine Ansicht in einem Briefe aus, welchen ich an den Herzog nach Gotha schickte.

Ich verlor einige Zeit mit einem Herrn, der sich mit mir associiren wollte; aber endlich davon abstehen mußte, da es unmöglich war, die Eisenbahnactien, in welchen sein Vermögen bestand, ohne sehr großen Verlust umzusetzen. Ueberhaupt war es eine äußerst ungünstige Zeit für Geschäfte; Jedermann hielt seine Capitalien mit der größten Aengstlichkeit fest. — Endlich, aber erst am Anfange des nächsten Jahres, fand ich einen ganz außerordentlich reichen und unternehmenden Mann, der von dem Erfolg meiner Erfindung überzeugt war und sie auch auf England angewandt wissen wollte. Er versprach die Sache sogleich in die Hand zu nehmen, wenn er von einer Reise zurückkehren würde, die er mit seiner soeben geheiratheten Frau zu machen im Begriff sei. —

Ich hatte also die besten und wohlbegründetsten Hoffnungen, endlich meine viele Mühe durch Erfolg gekrönt zu sehen und die in mein Unternehmen gesteckten Capitalien wieder zu gewinnen, als die ausbrechende Februarrevolution all meinen Hoffnungen und Plänen ein Ende machte.

Ich schließe dieses Capitel mit einem Briefe von Ludwig Storch, den er am 22. Februar in Gotha schrieb und den ich in Paris erhielt, als sich die in demselben ausgesprochenen Erwartungen dort bereits erfüllt hatten.

„Lieber Corvin!

Es scheint als sollten Sie in Paris eine Revolution erleben. Ich beneide Sie darum. Die große Mittagsstunde an der europäischen Staatenuhr kommt immer näher, wie es natürlich nicht anders sein kann. Die Zeiger stehen auf dreiviertel. Die große Lüge seit 1815 wird nun ihre Früchte bringen. Die Saat ist üppig, reif, prächtig. Die Sicheln werden geschärft. Die Schnitter stimmen das Erntelied an. In der Fußzehe des großen europäischen Stiefels ging der Krampf an, er hat schon das ganze Bein ergriffen; er wird auch bald an das vielgerühmte Herz kommen. Gerade daß es in Italien zuerst losgeht, wo Metternich und die Päbste Alles aufboten, um das Volk zu verdummen, ist das schönste Zeichen des Siegs. Der alte Schlaukopf in Wien muß es noch erleben, daß sein künstlicher Lügenbau zusammenbricht. Es ist ihm zu gönnen, daß er das bittre Gefühl mit ins Grab nehmen muß, vergeblich gelebt zu haben. In Wien ist Alles rathlos, trotz der 80,000 Soldaten in der Lombardei. Sie haben in Sicilien mit Schrecken gesehen, daß die Heere gegen das Volk nichts mehr ausrichten, wenn es vom heiligsten Zorne über ungeheure Frevel an seiner Majestät empor- geschnellt wird. Der Alte soll nun helfen. Da hilft sich was! Er ist 75 Jahre alt. Die alte Lüge hält nicht mehr aus; sie ist wie altes Leder, mürbe und morsch. Selbst ein Heer von Bajonetten und Kanonen thut's nicht mehr. Der große Frevel geht zu Ende. Oestreich rennt auf diese Weise in den Staatsbankerott, wie vor 40 Jahren. Diesmal aber möchte die Operation anders ausschlagen. Ungarn und Böhmen sind voll revolutionärer Elemente. Wahrscheinlich brechen sie unmittelbar nach der Lombardei los. Wer soll helfen? England? Es steht selbst auf einem Vulkan, der nächstens losbrechen wird. Irland, das Gespenst des freventlich hin- geschlachteten Landes, hängt an ihm und zerrt es zu Boden. Seine amerikanischen Colonien stehen auf dem Sprung. In Montreal ist schon Revolution. Die Canada's gehen dieses Jahr noch an die Union über. Die westindischen Inseln constituiren sich zu einer Conföderativ-Republik. Nordamerika geht mit Riesenschritten der Weltherrschaft entgegen. Europa ebenso seinem Verfall. Wenn England nicht den Krieg auf= nimmt mit der Union, so ist es das schmachvollste Bekenntniß seiner Ohnmacht; und nimmt es ihn auf, so muß es unter= liegen. Das wissen die englischen Staatsmänner. England kann in Europa keine Revolution mehr unterdrücken; es ist klug und will auch nicht. Es hat mit sich zu thun. — Frankreich? Ich denke Guizot's und Louis Ph's Stunde schlägt auch nächstens. Die Rache der Weltgeschichte übereilt sie, wie Alle, die ihren Genius geschändet. — Preußen? Es ist zu unbedeutend. Es kann Oestreich nicht helfen. Nur Rußland kann es. Werden aber die Polen ruhig bleiben? Leicht möglich, daß die ganze künstliche Flickerei von einander reißt. Wir leben doch in einer gewaltigen Zeit. Seit 1789 besteht das Ringen des Menschengeistes sich der alten Formen zu entledigen und sich neu zu bilden. Was ist in diesen 60 Jahren geschehen. Das Beste aber kommt nach. Das Jahrhundert geht nicht vorüber und es gibt keine Staaten und Kirchen im alten Sinne mehr. — Wenn ich nur jetzt schreiben und drucken lassen dürfte, wie's in mir glüht und treibt. O Preßfreiheit, wenn ich dich nur erst erlebt hätte. Halb Italien hat nun schon Preßfreiheit (Neapel, Toscana, Sardinien) und Deutschland nicht. Die Schmach ist uner= träglich. Aber die Dinge werden größer als die Menschen, und der weise Friedrich Wilh. wird sie bald genug auch nicht mehr zu beherrschen vermögen. Die köstliche Geschichte in München hat dem Volk die große, moralische Lehre gegeben, was es vermag und durchsetzen kann, wenn es in Masse auftritt. Es wird sie nicht vergessen und daran erstarken. — Doch ich schwatze so fort und wollte Ihnen doch nur mich betreffende Dinge sagen. Man vergißt sich aber jetzt selbst. (Folgen einige auf literarische Pläne bezügliche

Auseinandersetzungen und Vorschläge). Ich bitte Sie, sprechen Sie doch darüber mit einem Verleger in Paris. Es ist ein großartiges Unternehmen. Käme etwas zu Stande, ginge ich gleich nach Paris. Ich bin doch des Lebens in diesem dummen, scheußlichen Neste bis zum äußersten Ekel überdrüßig. Helfen Sie mir hinaus. Wenn Sie wünschen, schicke ich Ihnen einen ausführlichen Plan. Schreiben Sie mir doch, wie Ihre Commerzien laufen.

Gotha, 22. Febr. 1848.

Mit schönstem Gruß
Ihr
Ludwig Storch.

www.ingramcontent.com/pod-product-compliance
Lightning Source LLC
Chambersburg PA
CBHW022109300426
44117CB00007B/645